Grundwissen
Recht

**Ein praktisches
Kompendium
der wichtigsten
Rechtsgebiete**

**Horst Becker
Jürgen Heß
Frank Wertheimer**

**Ernst Klett Verlag
Stuttgart · Düsseldorf · Leipzig**

Prof. Dr. Horst Becker

Dr. Jürgen Heß
Kanzler der Albert-Ludwigs-Universität Freiburg

Dr. Frank Wertheimer
Regierungsdirektor an der Albert-Ludwigs-Universität Freiburg

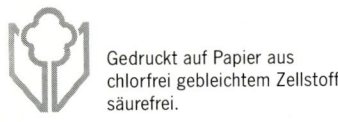

Gedruckt auf Papier aus
chlorfrei gebleichtem Zellstoff,
säurefrei.

1. Auflage   A 1 5 4 3 2 1 | 2002 2001 2000 99

Der vorliegende Band ist eine grundlegende Neubearbeitung
des Klettbuches 1009 (ISBN 3-12-100900-1) und hat eine
neue ISBN erhalten. Die beiden Ausgaben sollten nicht ne-
beneinander verwendet werden.
Die letzte Zahl bezeichnet das Jahr dieses Druckes.

Internetadresse: http://www.klett.de

Redaktion: Waltraud Gross

Druck: W. Röck, Weinsberg

ISBN 3-12-100920-6

INHALTSVERZEICHNIS

VORWORT

Immer mehr Lebensbereiche sind heute durch rechtliche Regelungen ausgestaltet. Schon die gesunde Ernährung des Kleinstkindes ist durch Rechtsvorschriften über die Trinkwasser- und Babynahrungszusammensetzung rechtlich geregelt. Schule, Ausbildung, Miete oder Kauf einer Wohnung, Partnerschaft und Familie, Erziehung der Kinder, Altersversorgung, ja selbst die Frage, ob jemand über seine Todesstunde mitendscheiden soll oder ob ihm die moderne Medizin diese Entscheidung aus der Hand nehmen darf, unterliegen rechtlichen Regelungen.

ZIELE DES BUCHES Ein GRUNDWISSEN kann sich inhaltlich nicht mit allen Bereichen des Rechts befassen; auch innerhalb der behandelten Rechtsgebiete musste ausgewählt werden. *Ziel* dieses Buches ist es somit, in einer überschaubaren Beschränkung auf *zentrale Rechtsbereiche*

- allgemein gültige Grundinformationen zur Orientierung im Rechtsalltag bereitzustellen,
- Grundsätze rechtlicher Denkweisen erfahrbar und verständlich zu machen,
- damit die Fähigkeit aufzubauen, konkrete Rechtsvorschriften (Gesetzestexte) in rechtliche Gesamtzusammenhänge einzuordnen und so
- die weit verbreitete Scheu oder Ablehnung gegenüber dem Recht zu vermindern, d. h. Recht dem heranwachsenden Bürger verfügbarer zu machen.

AUFBAU DES BUCHES Deshalb ist das Buch in erster Linie nach *didaktischen* Gesichtspunkten und erst in zweiter Linie nach *rechtswissenschaftlichen* Vorstellungen gegliedert und gestaltet. Zum Einstieg in einzelne Kapitel und Abschnitte begegnen dem Leser zumeist kurze *Fallbeschreibungen* und/oder *Gesetzestexte*. An diese anknüpfend wird in den Zusammenhang des jeweiligen Rechtsbereiches eingeführt. Aus der Darstellung des Gesamtzusammenhangs ergeben sich dann Fall-Lösungen als beispielhafte Anwendungen, an denen jeweils auch *Probleme* der Umsetzung abstrakten Rechts in konkrete Rechtsanwendung aufgezeigt werden können. Zeichnerisch geordnete *Übersichten* und kurze *Zusammenfassungen* unterstützen das Erfassen und Behalten und ermöglichen auch ein rasches Nachschlagen oder Wiederholen bereits bearbeiteter Abschnitte. Manche Abbildungen enthalten auch Informationen, die ohne weitere Erläuterung den Buchtext ergänzen können. Juristische Fachbegriffe werden nur dort verwendet (und dann erklärt), wo davon ausgegangen werden muss, dass sie dem Leser auch im Rechts-Alltag begegnen, er also ihre Bedeutung kennen sollte. Abkürzungen sind im Abkürzungsverzeichnis (S. 299) nachzuschlagen.

Die einzelnen Kapitel können – ähnlich wie in einem Handbuch – weitgehend unabhängig von anderen Buchteilen durchgearbeitet werden. Wo es hilfreich oder ggfs. erforderlich ist, Materialien oder Informationen aus anderen Teilen mit zubeachten, sind im Text *Verweise* angegeben: Innerhalb desselben Kapitels wird auf den entsprechenden Abschnitt dieses Kapitels verwiesen (z. B. „s. Abs. 3"), sonst sind das Kapitel und ggfs. der dazugehörige Abschnitt angegeben (z. B. „Kap. 4 Abs. 2"). Besonders für die Arbeit in Lerngruppen ist zu empfehlen, zur konkreten Beurteilung der Fall-Lösungen nach Möglichkeit die betreffenden *Gesetzestexte* im Wortlaut nachzulesen. Hierzu sind am Ende jedes Kapitels Literaturhinweise über preiswerte Taschenbuchausgaben aufgeführt. Wird das GRUNDWISSEN als Basis für Themen in Leistungskursen verwendet, so empfiehlt es sich, außer dem Gesetzestext zumindest eines der zusätzlich angegebenen juristischen Lehr- oder Handbücher (aus öffentlichen Bibliotheken) zu beschaffen.

Dem schnellen Informationszugriff dient das Stichwortverzeichnis am Ende des Buches. Hier wird auf Buchseiten verwiesen, wo sich zum einzelnen Stichwort wesentliche Erklärungszusammenhänge finden. Zur raschen Einordnung der aufgefundenen Begriffe in den Textzusammenhang liest man deshalb auch die auf den Rand herausgezogenen Textstichwörter davor und danach. Damit erhält man sofort eine Orientierung und kann rascher entscheiden, wo man am besten mit der Lektüre beginnt.

VORWORT ZUR NEUAUFLAGE

Seit der letzten Auflage hat sich die Gesetzgebung in vielen Bereichen rasch fortentwickelt. Das gilt vor allem für das Handels-, Arbeits- und Sozialrecht. Aber auch in anderen Rechtsgebieten sind neue Gesetze in Kraft getreten bzw. bestehende ergänzt oder geändert worden. Die 3. Auflage bringt das Buch nun auf den Stand von Juli 1998. Unser Dank gilt Frau Richterin am Verwaltungsgericht Freiburg *Katharina Jann* sowie Frau Referendarin *Annedore Flüchter* für deren wertvolle inhaltliche und didaktische Unterstützung bei der Erstellung der Neuauflage. Herrn *Michael Goldmann*, wissenschaftlicher Angestellter, danken wir für einige hilfreiche Anregungen.

Freiburg, im Juli 1998
Jürgen Heß
Frank Wertheimer

1 ERSTE ORIENTIERUNG ÜBER DAS RECHT: SEINE WURZELN, SEINE AUFGABE, SEINE GLIEDERUNG

1. Wieso wirkt das Recht häufig so fremd?

Wer die Menschen seiner Umgebung nach ihren Erfahrungen mit dem Recht befragt, trifft auf unterschiedliche, insgesamt eher skeptische Meinungen. Zwar hält jedermann die Verwirklichung von Gerechtigkeit für eine wichtige Sache (wobei man zuerst an die Verteidigung eigener Rechtsstandpunkte denkt). Doch ist die Zuversicht, das Recht werde sich in jedem Falle durchsetzen, oft gering. Ein Blick ins Gesetz (soweit dieses überhaupt greifbar ist) verwirrt rechtsunkundige Bürger oft mehr, als dass er ihnen Klarheit verschafft. Muss man sich mit seinen Rechtsproblemen schließlich an Anwälte und Gerichte wenden, begegnet man einer Fachsprache, die den meisten nicht geläufig ist. Auch wirkt die Atmosphäre im Gerichtssaal auf den, der nicht oft mit solchen Verfahren zu tun hat, irgendwie fremdartig, bedrückend. Deshalb wird der Gang zum Gericht, wo man eigentlich nichts anderes als Genugtuung und Gerechtigkeit erwarten sollte, regelmäßig nur mit Unbehagen beschritten. Zudem entsteht mitunter der Verdacht, dass die gesellschaftliche Stellung (wenn auch unbewusst) bei Gericht eine Rolle spielt. Darf man bei alledem in das Recht Vertrauen haben?

Manche Einzelkritik an der Rechtswirklichkeit ist berechtigt. Es darf aber nicht übersehen werden, dass das Recht seinem Wesen nach nicht besser und nicht schlechter ist als die Menschen, die Recht schaffen und es anwenden. Während die Naturgesetze (etwa die Anziehungskraft der Erde) zeitlos, objektiv und vor allem exakt wirken, ist unsere Rechtsordnung das Ergebnis einer Entwicklung über zahllose Menschengenerationen hinweg. Im selben Maße, wie der Mensch durch Bewusstsein und Verstand eine Sonderstellung in der Natur einnahm, büßte er das den Tieren eigene *Ordnungssystem des Instinkts* ein, der das Zusammenleben der Tiere wie ein inneres Programm lenkt. Das Recht hat teilweise die Funktion des Instinkts über-

RECHT IST EIN SOZIALES ORDNUNGSSYSTEM

9

nommen, indem es das *gesellschaftliche Verhalten* des Menschen in ein sinnvolles Miteinander lenken will. Als ein von Menschen gemachtes und angewandtes Regelungssystem nimmt das Recht (und seine Verwirklichung) zwangsläufig an den Stärken und Schwächen des Menschen teil. Das Recht kann einerseits ein Schutz gegen die Willkür der Mächtigen sein, andererseits aber auch ein Instrument der Machtausübung durch die Herrschenden.

KRITIK SETZT
KENNTNIS VORAUS

Man sieht daran, dass das Recht schon aus diesen Gründen keine vollkommene Ordnung darstellt. Da dies manche Menschen aber erwarten, werden sie enttäuscht. Zudem wird das Recht in unserer Zeit immer schwerer überschaubar und zugänglich, da der wirtschaftliche und technische Fortschritt rasch neue Bereiche menschlichen Handelns eröffnet, zu deren Regelung sich eine Flut neuer Vorschriften über uns ergießt. Man denke etwa an die Fortschritte in der Telekommunikation oder im Bereich des Computerwesens, z.B. durch das weltumspannende Internet. Noch komplizierter als das Auffinden von Rechtsvorschriften erscheint häufig die Anwendung des Rechts. Verschiedene Vorschriften verkörpern oft widerstreitende Wertvorstellungen (z.B. Gemeinwohl gegen individuelle Freiheit). Welchem Wert oder Prinzip im Einzelfall der Vorzug gebührt, ist Gegenstand der eigentlichen juristischen Beurteilung. Bei all diesen Problemen ist die Begegnung mit dem Recht anfangs mühsam. Je besser man sich jedoch in diesem System auskennt, umso mehr werden rechtliche Probleme spannend und interessant. Auch ist die Rechtsordnung nicht unantastbar. Sie bedarf vielmehr immer wieder kritischer Anstöße zur Erneuerung. Dazu kann aber nur beitragen, wer sich mit ihren Grundlagen beschäftigt hat.

2. Warum das Rechtsgefühl nicht ausreicht?

Anhand einiger alltäglicher Beispiele wollen wir überlegen, ob nicht schon unser Rechtsgefühl die richtige Lösung weiß:

(1) Der unentschlossene K. kauft ein Fahrrad mit der Vereinbarung, dieses innerhalb einer Woche wieder zurückgeben zu können. Gleich darauf stürzt der K. wegen einer Unachtsamkeit, das Fahrrad wird erheblich beschädigt.

(2) Bei der Bestellung des Schlafzimmers liest das Ehepaar E. in den Allgemeinen Geschäftsbedingungen des

Möbelhändlers, dass etwaige Mängel nicht zur Rück-
gabe oder Minderung des Preises berechtigen, sondern
den Händler nur zur Nachbesserung verpflichten.
(3)   A. verspricht B. in einem Brief, ihm seine Stereo-
Anlage zu schenken. Zwei Wochen später überlegt A. es
sich anders.

Ein Rechtsgefühl ist tatsächlich von großer Hilfe, wo es
darum geht, sich in einfachen Fällen richtig zu verhalten. So
wird K. in Beispiel (1) klar sein, dass er das Fahrrad nicht
mehr zurückgeben kann (juristisch: Ausschluss des Rück-
trittsrechts wegen schuldhafter Verschlechterung, § 351
BGB), obwohl er die maßgebliche Vorschrift noch nie gesehen hat (Bürgerliches Gesetzbuch, *s. Kap. 2*).
Dass dem rechtlichen Empfinden jedoch Grenzen gesetzt
sind, zeigt Fall (2). Hier kann man nicht so leicht aus einem
Rechtsgefühl heraus entscheiden, ob die Haftungsbeschrän-
kung zulässig ist. Die Rechtsprechung hält sie für zulässig, allerdings nur, solange die Nachbesserung Erfolg verspricht
(s. Kap. 2 Abs. 10). Die durch Fall (3) aufgeworfene Frage, ob
ein Schenkungsversprechen bindend ist, sei es in mündlicher,
schriftlicher oder notarieller Form, lässt sich nicht mit dem Gefühl beantworten. Man muss die Vorschrift kennen: Schenkungsversprechen sind nur bei notarieller Beurkundung wirksam (hier § 518 Abs. 1 BGB). Die Beispiele zeigen, dass es bei
der Beurteilung mancher Fälle darum geht, das Problem überhaupt erst zu erkennen. Dazu sind rechtliche Grundkenntnis-
se erforderlich. Man braucht sie aber auch, um besser verstehen zu können, was um uns herum vorgeht. Wer aufmerksam
die Tageszeitung liest, wird feststellen, dass ein großer Teil der
Beiträge auch einen rechtlichen Hintergrund hat.

3. Recht – Ethik – Sitte – Brauch

Das Recht ist nicht das einzige soziale Ordnungssystem.
Die Menschen sind auch eingebunden in Gewohnheiten
und Verhaltensregeln, die außerhalb des erzwingbaren
Rechts stehen. Wie grenzen sich diese Ordnungssysteme
ab, wie sind sie verknüpft?
(1)   Viele meinen, es gehöre sich, dass man Freun-
den, Geschäftspartnern, Arbeitskollegen usw. um die
Jahreswende ein gutes neues Jahr wünscht.
(2)   In einer voll besetzten Straßenbahn erwartet ein
älterer Fahrgast, dass ihm ein jüngerer seinen Sitzplatz
anbietet.

(3)   A. fleht zu Gott, dass er seinen Nebenbuhler N. tödlich verunglücken lasse.
(4)   Ein sportlich ungeübter Spaziergänger stürzt sich in einen reißenden Fluss, als er ein Kind hineinfallen sieht.
(5)   Abwandlung zu (4): Das Kind fällt in einen Weiher und der Spaziergänger ist ein geübter Sportschwimmer.

ETHIK, SITTE

Entwicklungsgeschichtlich hängen *Ethik*, *Sitte* und *Recht* eng zusammen. Die Sitte, die sich aus religiösen Vorstellungen herausgebildet hat, war das Recht der Frühzeit. Heute sind diese Bereiche, trotz Überschneidungen, voneinander zu unterscheiden. In der Sitte begegnen uns gesellschaftliche Verhaltensanweisungen, deren Beachtung jedoch nicht rechtlich erzwungen werden kann.

BRAUCH

Eng mit der Sitte verwandt ist der *Brauch*, bei dem weniger ein sittlicher Befehl als eine gute Gewohnheit im Vordergrund steht. Die Übergänge zwischen Sitte und Brauch sind fließend. Das Glückwunschritual im Fall (1) dürfte dem Brauch zuzurechnen sein, das Gebot der Rücksicht auf ältere Menschen ist eher dem Bereich der Sitte zuzuordnen (Fall (2)).

RELIGION

Auch den Geboten der *Ethik* (= Lehre vom Guten) im Allgemeinen und der *Religion* im Besonderen fehlt die rechtliche Erzwingbarkeit. Sie wenden sich an eine innere Instanz des Menschen, an das Gewissen und an den Glauben. Die Haltung des A. (3) mag moralisch verwerflich sein; solange sie nicht gesellschaftlich schädlich wird, ist sie rechtlich ohne Belang. Allerdings muss man sehen, dass die Wertvorstellungen der Ethik weite Teile des Rechts prägen. Die Verbindung wird in den Fällen (4) und (5) deutlich. Der sein Leben riskierende Spaziergänger (Fall (4)) handelt sicher ethisch wertvoll. Das Recht kann jedoch nicht zwingend verlangen, dass er sein Leben aufs Spiel setzt. Dagegen ist die Rettungshandlung im Fall (5) zumutbar, ihre Unterlassung wird bestraft (§ 323c Strafgesetzbuch; zu diesem Gesetz *s. Kap. 6*). Rechtliche Vorschriften sind also im Unterschied zu sittlichen oder religiösen Verhaltensanforderungen dadurch gekennzeichnet, dass ihre Beachtung durch Zwang durchgesetzt werden kann.

4. Geschichtliche Wurzeln des Rechts

Das Recht wird häufig als altertümlich und „verstaubt" empfunden. Mit beißender Ironie hat Goethe in seinem „Faust" die rückwärts gewandte Natur des Rechts charakterisiert: „Es erben sich Gesetz und Rechte wie eine ew'ge Krankheit fort, [...]". Auch heute wird immer noch die Frage gestellt, ob das Recht sich nicht zu stark an den Lebensformen der Vergangenheit orientiert. So sind z.b. die immer häufigeren nichtehelichen Lebensgemeinschaften der förmlichen Ehe gegenüber rechtlich benachteiligt (vgl. hierzu Kap. 2 Abs. 14).

Trotz der viel beklagten Gesetzesflut ist die Rechtsordnung in ihren wichtigsten Bestandteilen das Ergebnis einer jahrhundertealten Entwicklung. Viele Rechtsgrundsätze kann man nur verstehen, wenn man ihren geschichtlichen Hintergrund kennt.

Zu einer Zeit, als das antike römische Reich bereits ein gut durchdachtes und geschriebenes Recht hatte, um seine Weltmacht zu sichern, gab es im Bereich der *germanischen* Stammesverbände noch jenen Zustand „erlebten" (nicht gesetzten) Rechts, das eng mit Religion und Sitte verbunden ist. Die auf dieser Grundlage entstehenden *Volksrechte des Mittelalters* waren sich bei aller Unterschiedlichkeit in der Vorstellung einig, das Recht wohne dem menschlichen Gemüt inne und könne daher von jedermann stets erfahren werden. Dieses vielfach als naiv und bodenständig bezeichnete Recht hatte freilich den Vorzug, dass es für jedermann verständlich war. Man brauchte also keinen besonderen Stand von Rechtsgelehrten.

RÖMISCHES UND GERMANISCHES RECHT

VOLKSRECHTE

Die Rechtsentwicklung erhält durch einen erstaunlichen Vorgang im ausgehenden Mittelalter eine entscheidende Wende. In der Beschäftigung mit dem Altertum entdeckten die Rechtsgelehrten das systematische und abstrakt-logische Recht des alten, als Staat längst untergegangenen Roms. Daraufhin orientierte sich die Ausbildung immer mehr am römischen Recht. Das deutsche Recht wurde allmählich vom römischen durchdrungen (sog. *Rezeption:* Aufnahme des römischen Rechts). Bis auf den heutigen Tag spürt man Vor- und Nachteile dieses römischen Einflusses. Durch die dem römischen Recht eigentümliche Abstraktion (Loslösung von einem bestimmten Geschehen) können Rechtsgrundsätze besser herausgearbeitet werden, teilweise aber um den Preis der allgemeinen Verständlichkeit (aktuell ausgedrückt: mangelnde Bürgernähe).

REZEPTION

5. Die Quellen des Rechts

(1) Der Fußballclub FC Holz hat jahrelang auf einem Wiesengelände der Gemeinde ungenehmigt (aber geduldet) gespielt. Als die Gemeinde das Gelände für einen anderen Zweck braucht, beruft sich der Club auf ein Gewohnheitsrecht.
(2) Eine Universität erlässt eine Prüfungsordnung. Ist sie zu einer solchen Rechtsetzung befugt?

GEWOHNHEITS-
RECHT

Die Rechtsvorschriften treten in unterschiedlichem Gewand auf. Die Unterscheidung zwischen Gewohnheitsrecht und gesetztem, d.h. geschriebenem Recht ist heute fast nur noch von geschichtlicher Bedeutung. *Gewohnheitsrecht* entsteht aufgrund längerer Übung, die von allen Beteiligten als eine verbindliche Regelung akzeptiert wird. Die feste Überzeugung der Menschen, dass ein bestimmtes Verhalten oder ein Zustand „rechtens" ist, ersetzt gewissermaßen ein geschriebenes Gesetz. Eine bloße Duldung eines Zustandes reicht nicht aus, daher kein Gewohnheitsrecht in Fall (1). Gewohnheitsrecht findet man u.a. noch im Nachbarrecht, im Handelsrecht und insbesondere im Verwaltungsrecht (s. *Kap. 8*). Auch durch eine ständige Rechtsprechung kann sich Gewohnheitsrecht bilden.

Im modernen Rechtsstaat, in dem auch die Regierung nur im Rahmen gesetzlicher Vorschriften handeln kann, sind nahezu alle Lebensbereiche von einem lückenlosen Netz geschriebenen Rechts durchdrungen. Hierzu gehören nicht nur Gesetze im förmlichen Sinne, sondern alle „gesetzten" Rechtssätze, die vom Staat oder einer öffentlichen Institution herrühren. *Gesetze im förmlichen Sinne* werden von der

FÖRMLICHE
GESETZE

gesetzgebenden Gewalt (Parlamente, auch Legislative genannt) des Bundes oder der Länder in einem verfassungsmäßigen Verfahren erlassen. Aber auch die vollziehende Gewalt (Regierung und Verwaltung: Exekutive) kann verbindliches Recht in Form der *Rechtsverordnung* (Gesetze im materiellen Sinne) schaffen. Allerdings können Regierung und Verwaltung solche Rechtsverordnungen nur aufgrund einer Ermächtigung durch ein formelles Gesetz erlassen.

RECHTS-
VERORDNUNG

Viel größer als allgemein angenommen ist der Kreis der öffentlichen Einrichtungen, die im Rahmen einer selbständigen Aufgabenerfüllung *Satzungen* (ebenfalls materielle Gesetze) erlassen können. Hierunter fallen nicht nur die Gemeinden und Landkreise, sondern u.a. die Träger der Sozialversicherung (z.B. Krankenkassen, Berufsgenossenschaften) oder eine Vielzahl von Kammern (z.B. Industrie-

SATZUNG

und Handelskammer, Ärztekammer) sowie die Universitäten (Beispiel 2).

6. Überblick über die Rechtsordnung – Einteilung der Rechtsgebiete

Das Gefüge der Rechtsordnung, namentlich die Abgren-
zung der verschiedenen Rechtsgebiete, ist anfangs nicht
leicht zu verstehen. Ein einziger alltäglicher Fall kann in
verschiedene Rechtsgebiete hineinwirken und ganz un-
terschiedliche Betrachtungen erforderlich machen. Ein
kleiner Augenblick der Unachtsamkeit im Straßenver-
kehr macht dies deutlich:
A. übersieht als Lenker seines Fahrzeuges ein Stopp-
schild und stößt daher auf der Kreuzung mit dem Pkw
des vorfahrtsberechtigten B. zusammen. Dieser wird
verletzt, sein Fahrzeug erheblich beschädigt. Die Polizei
nimmt den Unfall auf und legt ihn der Staatsanwalt-
schaft vor. B. befragt sogleich seinen Rechtsanwalt, wie
er seinen Schaden ersetzt bekomme.

Spricht man vom Recht, so denkt man meistens zuerst an
das *Strafrecht*. In Anbetracht des klaren Verkehrsverstoßes STRAFRECHT
sowie der erheblichen Folgen muss A. mit einer Bestrafung
rechnen. Daher zeigt die Polizei in den Fällen, in denen eine
strafbare Handlung nahe liegt (hier zumindest fahrlässige
Körperverletzung des B.), den *Beschuldigten* bei der Staatsanwaltschaft an. Ziel des damit in Gang gesetzten Verfahrens ist die Beantwortung der Frage, ob dem A. tatsächlich
ein *strafbares Handeln* nachgewiesen werden kann, ob er
dafür auch die persönliche Verantwortung trägt und welches schließlich die angemessene Reaktion der Rechtsgemeinschaft auf dieses Geschehen sein soll. Man sieht dabei
deutlich, dass zwischen dem Ablauf des Verfahrens und seinem inhaltlichen Ziel zu unterscheiden ist. Im sogenannten
materiellen (inhaltlichen) Strafrecht sind die gesetzlichen Voraussetzungen einer Straftat und deren Folgen geregelt.
Sein wichtigstes Gesetz ist das *Strafgesetzbuch* (StGB). Für STRAFGESETZBUCH
den Überblick sei zunächst nur auf einen wesentlichen Ge-
staltungsgrundsatz hingewiesen. Der Gesetzgeber konnte
nicht alle nur denkbaren unerlaubten Handlungen erfassen;
es wäre auch nicht zweckmäßig, jedes zu missbilligende
Verhalten zu bestrafen. Im StGB sind vielmehr Handlungen
von besonderer *Sozialschädlichkeit* in abstrakter Form beschrieben und mit Strafe bedroht (Unrechtstypisierung).

Dabei steht der Schutz wichtiger *Rechtsgüter* (Leben, Gesundheit, Vermögen usw.) im Vordergrund. Im Bereich des *formellen Rechts* hat die *Strafprozessordnung* (StPO) sowie das *Gerichtsverfassungsgesetz* (GVG) die Aufgabe, einen korrekten und objektiven Verfahrensgang zu gewährleisten. Dies gilt sowohl für das Ermittlungsverfahren der Staatsanwaltschaft als auch für den sich bei hinreichendem Tatverdacht daran anschließenden Strafprozess (s. *Kap. 6*).
In dem Beispielsfall wird die Staatsanwaltschaft gegen A. bei dem zuständigen Gericht *Anklage* wegen fahrlässiger Körperverletzung erheben. Erweist sich die Anklage als berechtigt, wird das Gericht A. *verurteilen.*
Es liegt auf der Hand, dass dem Unfallgeschädigten B. mit einer Bestrafung des A. noch nicht geholfen ist. Sein Anspruch auf Schadensersatz und Schmerzensgeld betrifft ein

Rechtsverhältnis, das im *Bürgerlichen Recht (Zivilrecht)* geregelt ist. Während der staatliche Strafanspruch unabhängig vom Willen der Unfallbeteiligten verwirklicht wird, ist es im Bürgerlichen Recht in das Belieben der Parteien gestellt, ob sie ihre Ansprüche geltend machen. Zwischen ihnen besteht keine Über- und Unterordnung, sie stehen sich gleichberechtigt gegenüber. Ebenso wie im Strafrecht gibt es natürlich auch in diesem Bereich materiellrechtliche Vorschriften und formelle Verfahrensregeln.
Oberbegriff der Rechtsgebiete, bei denen die Beteiligten ihre Rechtsverhältnisse auf der Ebene der Gleichordnung

gestalten oder Rechte daraus geltend machen, ist das *Privatrecht.* Sein wichtigster Teil ist das bereits erwähnte Bürgerliche Recht, das im *Bürgerlichen Gesetzbuch* (BGB) und seinen Nebengesetzen geregelt ist. Dies ist vor allem der Bereich, in dem der Einzelne seine persönlichen und wirtschaftlichen Interessen wahrnimmt, insbesondere durch vertragliche Vereinbarungen (z.B. Kauf, Miete) aber auch – wie im Beispiel – durch das Einfordern von gesetzlich geregelten Schadensersatzansprüchen. Kommt es bei einem solchen privaten Rechtsverhältnis zum Streit, kann der geltend gemachte Anspruch in einem *Zivilprozess* gerichtlich festgestellt und nötigenfalls anschließend in einem *Vollstreckungsverfahren* durchgesetzt werden. Die Regeln, nach denen dies

geschieht, finden sich hauptsächlich in der *Zivilprozessordnung* (ZPO). Auf den Gang des Zivilverfahrens haben die Parteien einen viel größeren Einfluss als die Beteiligten im Strafprozess. Zivil- und Strafverfahren werden deshalb völlig unabhängig voneinander durchgeführt. Will A. (oder seine Versicherung) im Beispielsfall nichts bezahlen, kann B. seine Ansprüche (Schadensersatz und Schmerzensgeld) mit einer gerichtlichen *Klage* geltend machen. Auch hier wird das Gericht (unabhängig von dem Strafprozess) über den Unfall und seine Folgen Beweis erheben. Wenn das Gericht – wie zu vermuten – von einem alleinigen Verschulden des A. ausgeht, wird es ihn sowohl zur Zahlung des gesamten Schadens als auch eines angemessenen Schmerzensgeldes *verurteilen* (zu Privatrecht und Zivilprozess s. *Kap. 2, 3 u. 4*).

Neben den strafrechtlichen und zivilrechtlichen kann der Unfall auch noch *öffentlich-rechtliche* Konsequenzen haben, wie folgende Fallergänzung veranschaulicht:

ÖFFENTLICHES RECHT

Da A. innerhalb kurzer Zeit mehrere Unfälle verursacht hat, ordnet die für Führerscheine zuständige *Verwaltungsbehörde* eine amtsärztliche Untersuchung an. Dabei stellt sich eine das Reaktionsvermögen erheblich beeinträchtigende Krankheit heraus. Die Verwaltungsbehörde hält A. daher für ungeeignet zum Führen von Kraftfahrzeugen und entzieht ihm die Fahrerlaubnis. A. will sich dagegen wehren.

Hier geht es offensichtlich darum, dass A. als Fahrer (unabhängig von der Frage des Verschuldens) für den Straßenverkehr ein hohes Risiko bedeutet und daher im Interesse aller Straßenverkehrsteilnehmer „aus dem Verkehr" genommen werden muss. Es sind also die Belange der *Allgemeinheit* und das *Gemeinwohl*, für die das öffentliche Recht in erster Linie

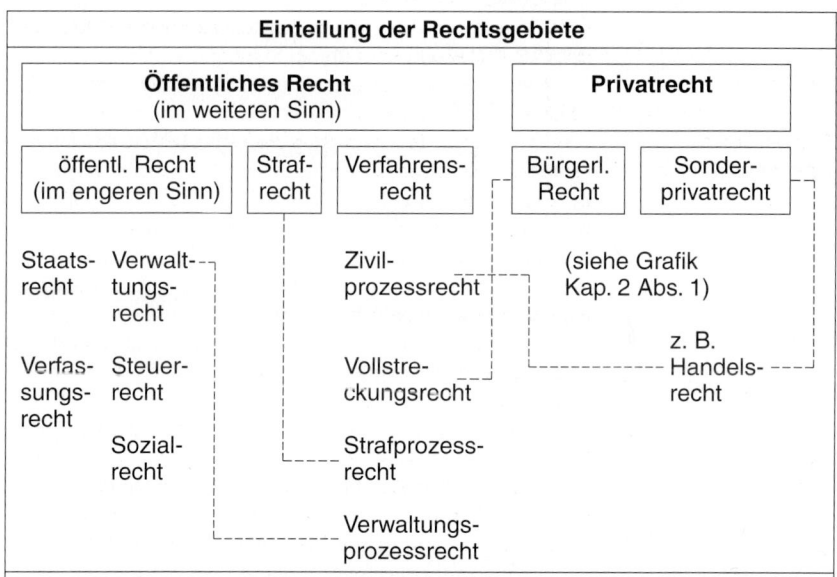

Einteilung der Rechtsgebiete

Öffentliches Recht (im weiteren Sinn)			**Privatrecht**	
öffentl. Recht (im engeren Sinn)	Straf-recht	Verfahrens-recht	Bürgerl. Recht	Sonder-privatrecht
Staats-recht Verwalt-tungs-recht		Zivil-prozessrecht	(siehe Grafik Kap. 2 Abs. 1)	
Verfas-sungs-recht Steuer-recht		Vollstre-ckungsrecht		z. B. Handels-recht
Sozial-recht		Strafprozess-recht		
		Verwaltungs-prozessrecht		

Die gestrichelten Linien verbinden das materielle Recht mit dem jeweils dazugehörigen Verfahrensrecht.

17

sorgen muss. Der Begriff des öffentlichen Rechts wird freilich nicht immer einheitlich verwandt und muss daher näher erläutert werden. Im Sprachgebrauch wird das öffentliche Recht im Allgemeinen als dritter Sektor neben die Gebiete des Zivilrechts und des Strafrechts gestellt. Dies ist begrifflich nicht ganz richtig, da öffentliches Recht im weiteren Sinn immer dann vorliegt, wenn Rechtsbeziehungen zwischen übergeordneten und untergeordneten Rechtssubjekten bestehen. So gesehen sind auch das Strafrecht und alle Verfahrensgesetze öffentliches Recht, da der Staat dort hoheitlich handelt und Zwang ausübt. Im Rahmen dieser Darstellung ist das öffentliche Recht im engeren Sinne gemeint, wozu neben den zentralen Gebieten des Staats- und Verwaltungsrechts (*Kap. 7 und 8*) auch *Völkerrecht, Europarecht* (s. unten, *Abs. 7*) und *Kirchenrecht* gehören. Systematisch gehören auch das *Sozialrecht* und das *Steuerrecht* dazu, die jedoch meist als selbständige Bereiche behandelt werden (große Sonderverwaltungen).

STAATSRECHT Das *Staatsrecht* regelt die Organisation des Staates, die grundlegenden Fragen der rechtlichen Beziehungen des Bürgers zum Staat sowie den Aufbau der staatlichen Organe. In seinem Mittelpunkt steht das Verfassungsrecht gewissermaßen als Fundament der staatlichen Ordnung.

VERWALTUNGS- Das *Verwaltungsrecht* enthält demgegenüber nähere Vorschriften, nach denen die Verwaltungsbehörden staatliche Interessen planend, gestaltend, leistend oder ordnend wahrnehmen.

VERWALTUNGS- Zahlreich sind die verfahrensrechtlichen Gesetze im öffentlichen Recht; für den Bürger am wichtigsten dürfte die *Verwaltungsgerichtsordnung* (VwGO) sein, die den Weg zum Verwaltungsgericht und den Verwaltungsprozess regelt.

Im Falle des A. vollzieht die Verwaltungsbehörde die Bestimmungen des Straßenverkehrsgesetzes, wonach demjenigen, der sich als ungeeignet zum Führen von Kraftfahrzeugen erwiesen hat, die Fahrerlaubnis entzogen werden muss. Die Maßnahme kann A. zunächst bei der Verwaltung selbst und erforderlichenfalls beim *Verwaltungsgericht anfechten*.

7. Europäische Rechtsentwicklung

Der italienische Staatsangehörige Roberto B. möchte bei der Firma X in Deutschland als Schlosser arbeiten. Beim zuständigen Arbeitsamt weist man ihn darauf hin, dass in Deutschland infolge der schlechten Konjunktur-

lage gerade ein Gesetz erlassen worden sei, wonach Ausländer nur noch im Ausnahmefall eine Arbeitserlaubnis erhalten würden. Ein solcher sei im vorliegenden Fall nicht gegeben.

Der bisherige Überblick über unser Rechtssystem beschränkte sich auf die deutsche Rechtsordnung, d.h. auf das vom bundesdeutschen Gesetzgeber erlassene Recht. Dieses bestimmt zwar in allererster Linie die Rechtsbeziehungen der Bürger untereinander und prägt ihr Verhältnis zum Staat. Unverkennbar ist jedoch, dass der Einfluss des europäischen Rechts auf das Recht der Mitgliedstaaten der Europäischen Union und damit auch auf das in der Bundesrepublik Deutschland geltende Recht stetig zunimmt, denn das Europarecht geht als Recht der Gemeinschaft dem nationalen Recht stets vor.

BEGRIFF DES EUROPARECHTS

Wenn man vom *Europarecht* spricht, muss man sich zunächst einmal einen Überblick verschaffen, welche Rechtsquellen damit eigentlich gemeint sind. Dazu zählen zum einen diejenigen Normen, welche in den Gründungsverträgen der europäischen Organisationen enthalten sind (sog. *Primärrecht)*. Zu diesen Organisationen zählen die Europäische Gemeinschaft (EG), die Europäische Gemeinschaft für Kohle und Stahl (EGKS) sowie die Europäische Atomgemeinschaft (EAG). Aufgrund des Maastrichter Vertrages wurden diese Gemeinschaften zur Europäischen Union verklammert. Erste Grundlage des primären Gemeinschaftsrechts war der Vertrag zur Gründung der Europäischen Wirtschaftsgemeinschaft vom   25.3.1957 mit zahlreichen wichtigen Bestimmungen, so etwa für die Gleichbehandlung der Geschlechter beim Arbeitsentgelt (Art. 119). Wesentliche Neuerungen erhielt der EG-Vertrag durch die einheitliche Europäische Akte vom 28.2.1986 (die z.B. der EU umweltrechtliche Kompetenzen zuschreibt) sowie durch den am 1.11.1993 in Kraft getretenen Vertrag über die Europäische Union (Maastrichter Vertrag). Die wohl bekannteste Regelung dieses Vertrages ist in der Währungsunion zu sehen, wonach an die Stelle der nationalen Wahrungssysteme ein überstaatliches treten soll. Aber auch der Europarat mit seinen Schutzsystemen der Europäischen Menschenrechtskonvention (vom 4.11.1950) sowie der Europäischen Sozialcharta (vom 18.10.1961) zählen zu den Quellen des europäischen Primärrechts. Wichtig für jeden einzelnen Bürger in der Gemeinschaft sind die durch den EG-Vertrag verbürgten Grundfreiheiten, etwa das Recht auf Freizügigkeit für Arbeitnehmer gem. Art. 48 EGV.

PRIMÄRRECHT

Zum Europarecht zählt ferner das von den Organen der EU auf der Grundlage des Primärrechts erzeugte *Sekundärrecht*. Etwa sieht der EG-Vertrag umfassende Rechtssetzungskompetenzen, insbesondere des Ministerrats in Abstimmung mit der Europäischen Kommission, vor. Solche Rechtsakte sind *Verordnungen, Richtlinien, Entscheidungen, Empfehlungen* und *Stellungnahmen*. Daneben existiert, wie auch in den nationalen Rechtsordnungen der Mitgliedstaaten, ungeschriebenes Gemeinschaftsrecht in Form allgemeiner Rechtsgrundsätze.

Die beiden wichtigsten Rechtsakte des Europarechts sind Verordnungen und Richtlinien. *Verordnungen* der EU gelten ab ihrem Inkrafttreten für Individuen und Körperschaften unmittelbar und zwingend; dies schreibt Art. 189 Abs. 2 EG-Vertrag vor. Die Behörden und Gerichte der Mitgliedstaaten haben eine Verordnung anzuwenden, ohne dass es dazu eines innerstaatlichen Umsetzungsaktes, z.B. eines Ausführungsgesetzes, bedürfte. Entgegenstehendes innerstaatliches Recht tritt dabei aufgrund des Vorranges des Gemeinschaftsrechts zurück und darf nicht angewendet werden. Zur genaueren Regelung der Arbeitnehmerfreizügigkeit wurde die sogenannte Freizügigkeitsverordnung geschaffen, auf die sich im Beispielsfall Roberto B. unmittelbar berufen kann, wenn er in Deutschland eine Arbeitsstelle antreten möchte. Danach bedürfen Staatsangehörige eines Mitgliedstaates der EU zur Aufnahme einer Arbeit in einem anderen Mitgliedstaat keiner Arbeitserlaubnis. Eine gesetzliche Regelung, nach der auch für Angehörige von EU-Mitgliedstaaten eine Arbeitserlaubnis nur im Ausnahmefall erteilt werden kann, müsste insoweit wegen Verstoßes gegen Gemeinschaftsrecht unbeachtet bleiben.

Richtlinien der EU bedürfen hingegen eines Umsetzungsaktes des nationalen Gesetzgebers. Die Mitgliedstaaten behalten dabei die Wahl von Form und Mittel der Umsetzung. Man muss sich das folgendermaßen vorstellen: Mit einer Richtlinie erlässt die EU lediglich eine Rahmenregelung, die konkrete Durchführungsmaßnahme bleibt den Mitgliedstaaten vorbehalten. Allerdings müssen sich diese bei der Umsetzung vollständig, genau und innerhalb der gesetzten Frist der Richtlinie halten.

Für die Einhaltung und Durchsetzung des Primär- wie des Sekundärrechts ist der Europäische Gerichtshof zuständig. Bei ihm kann etwa auch die mangelhafte Umsetzung von Richtlinien durch den nationalen Gesetzgeber gerügt werden; der Gerichtshof kann dies dann beanstanden. Der Europäische Gerichtshof hat dies z.B. hinsichtlich des durch das erste EG-Anpassungsgesetz geschaffenen § 611a BGB, der ein geschlechterspezifisches Diskriminierungsverbot bei der Einstellung eines Arbeitnehmers enthält, mehrfach getan. Folge ist, dass das nationale Parlament gehalten ist, die entsprechende gesetzliche Regelung richtlinienkonform auszugestalten.

Das Europarecht durchdringt mehr und mehr die verschiedensten Rechtsbereiche. Es erstreckt sich vom Agrarrecht über das Verkehrs-, Wettbewerbs, Wirtschafts-, Arbeits- und Sozialrecht, das Umwelt- und Handelsrecht bis hin zur Rechtsangleichung im Binnenmarkt der EU. Im Bürgerlichen Recht gehen eine ganze Reihe von Regelungen auf Richtlinien der EU zurück, namentlich im Bereich des Verbraucherschutzes. So beruhen etwa das Produkthaftungsgesetz, das Haustürwiderrufsgesetz, das Verbraucherkreditgesetz (vgl. hierzu *Kap. 2 Abs. 1*) oder die Novelle zum Reisevertragsrecht auf solchen Richtlinien. Spürbar ist die europäische Rechtsentwicklung vor allem auch im Arbeitsrecht. Zahlreiche Neuregelungen der letzten Jahre haben ihren Ursprung im Europarecht, etwa die Regelung über den Betriebsübergang (§ 613a BGB), Regelungen zur Massenentlassung oder Gesetze zur Verbesserung des Gesundheitsschutzes im Arbeitsleben. Mit der weiteren Verflechtung der europäischen Staaten wird auch der Einfluss des Europarechts in Zukunft noch erheblich an Bedeutung gewinnen.

ZUKÜNFTIGER EINFLUSS DES EUROPARECHTS

Literaturhinweise

Baumann, J.: Einführung in die Rechtswissenschaft. 8. Aufl. 1989

Baur, F./Walter, G.: Einführung in das Recht der Bundesrepublik Deutschland. 6. Aufl. 1992

Bockelmann, P.: Einführung in das Recht. 1975

Grimm, D.: Einführung in das Recht. 3. Aufl. 1997

Haase, R./Keller, R.: Grundlagen und Grundformen des Rechts. 10. Aufl. 1995

Koenig Ch./Haratsch A.: Einführung in das Europarecht. 1996

Model, O./Zierl, G.: Staatsbürger-Taschenbuch. 29. Aufl. 1997

Rehbinder, M.: Einführung in die Rechtswissenschaft. 8. Aufl. 1995

1. Bürgerliches Recht als Kernbestand-
teil des Privatrechts

*Als Kernbestandteil des Privatrechts bildet das Bürger-
liche Recht die Grundlage, auf der die einzelnen Bürger
sowie die privaten (nichtstaatlichen) Personenverbände
ihre persönlichen und wirtschaftlichen Verhältnisse
gestalten. Zum System des Privatrechts und zu den
Grundideen des Bürgerlichen Rechts stellen sich folgende Fragen:*
— Welche Gesetze sind privatrechtlicher Natur?
— Für wen gelten sie?
*— Hat der Begriff „bürgerlich" eine gesellschaftspoliti-
sche Bedeutung?*
*— Wieso gibt es für bestimmte Berufsgruppen teilweise
besondere Regelungen?*
*— Wie haben sich die Leitgedanken des BGB, das am
1. 1. 1900 in Kraft getreten ist, im Lauf der Zeiten verändert?*

DIE GEBIETE
DES PRIVATRECHTS

Im Sprachgebrauch wird häufig zwischen den Begriffen
Privatrecht und Bürgerliches Recht (Zivilrecht) nicht unterschieden. Die Bezeichnung Privatrecht ist jedoch die umfas-
sendere. Man versteht darunter den Teil der Rechtsordnung, der die Rechtsbeziehungen der Bürger untereinander
nach den Prinzipien der Gleichberechtigung und der Selbstbestimmung *(Privatautonomie)* regelt. Innerhalb des Privatrechts werden üblicherweise den Vorschriften des Bürgerlichen Rechts, die für alle Personen gelten, sogenannte
Sondergebiete des Privatrechts (Sonderprivatrecht) gegen-
übergestellt, die nur für bestimmte Berufsgruppen oder besondere Lebensbereiche Anwendung finden (siehe Grafik
über die Gebiete des Privatrechts).

BÜRGERLICHES
RECHT

Das *Bürgerliche Recht* ist in seinen wesentlichen Teilen im
Bürgerlichen Gesetzbuch (BGB) zusammengefasst und wird
lediglich durch eine Reihe von kleineren Gesetzen ergänzt,
von denen hier insbesondere das *Ehegesetz* (EheG), das *Verbraucherkreditgesetz* (VerbrKG) und das Gesetz zur Regelung der *Allgemeinen Geschäftsbedingungen* (AGBG) zu nennen sind. Zu den Sondergebieten des Privatrechts zählen
u.a. das Arbeitsrecht (das, etwa in Form des Arbeitsschutzrechts, allerdings auch zahlreiche öffentlich-rechtli-

che Elemente enthält) und die Gesetze des speziellen Wirtschaftsverkehrs, also z.b. das *Handelsrecht*, das *Gesellschaftsrecht* sowie das *Wettbewerbs-*, das *Urheber-* und das *Verlagsrecht*. Die besonderen wirtschaftlichen Bedingungen dieser Gebiete machen spezielle Regelungen erforderlich. Das Sonderprivatrecht schließt das Bürgerliche Recht nicht aus, sondern ergänzt es, wo die allgemeinen Vorschriften für den besonderen Regelungsbereich nicht ausreichen. Verdeutlicht sei dies am Verhältnis des BGB zum Handelsgesetzbuch (HGB). Nach § 766 BGB ist die Bürgschaftserklärung (Einstehen für fremde Schuld) einer Privatperson nur in schriftlicher Form wirksam. Es soll der Geschäftsunkundige vor einem übereilten Entschluss geschützt werden. Beim Kaufmann, der ständig mit wirtschaftlich bedeutsamen Problemen zu tun hat, ist solche Vorsicht nicht geboten. Er kann daher nach § 350 HGB mündlich bürgen.

Die Gebiete des Privatrechts		
Bürgerliches Recht	**Sonderprivatrecht**	
Bürgerliches Gesetzbuch mit Einführungsgesetz; Nebengesetze des BGB u.a.: Ehegesetz, Verbraucherkreditgesetz, Wohnungseigentumsgesetz, Gesetz zur Regelung der Allgemeinen Geschäftsbedingungen, Haustürwiderrufsgesetz	**Handels- und Wirtschaftsrecht**	**Arbeitsrecht (z.T. mit öffentl.-rechtl. Elementen)**
	Handelsgesetzbuch, Wechselgesetz, Scheckgesetz, Aktiengesetz, Patentgesetz, Börsengesetz, Gesetz gegen unlauteren Wettbewerb, Gesetz gegen Wettbewerbsbeschränkungen, Urhebergesetz, Markengesetz	Individuelles und kollektives Arbeitsrecht: Regelungen zum kleineren Teil im BGB, zum größeren Teil in Spezialgesetzen, z.B. Kündigungsschutzgesetz, Entgeltfortzahlungsgesetz, Mutterschutzgesetz, Betriebsverfassungsgesetz, Tarifvertragsgesetz

Ein mögliches (begriffliches) Missverständnis ist durch das oben Gesagte ausgeräumt: Gerade weil es für alle Personen gilt, ist das Bürgerliche Recht nicht das „Standesrecht" einer bürgerlichen Gesellschaftsklasse. Es hat jedoch insofern auch eine gesellschaftspolitische Bedeutung, als in ihm die *Leitlinien* einer *freizügigen Wirtschaftsordnung* und eines an der *Eigenverantwortlichkeit* orientierten Persönlichkeitsbildes sichtbar werden.

BÜRGERLICHE GESELLSCHAFTSORDNUNG

Einem zweiten Missverständnis muss noch vorgebeugt werden. Bürgerliches Recht bedeutet nicht, dass dem Staat und anderen öffentlichen Einrichtungen die Teilnahme am

Zivilrechtsverkehr verwehrt wäre. Wo die öffentliche Hand nicht hoheitlich handelt (s. dazu *Kap. 8 Abs. 1*), kann sie sich wie eine Privatperson betätigen (Kauf von Büroartikeln für die Verwaltung usw.).

Das Bürgerliche Gesetzbuch ist nicht nur äußerlich das Fundament des Privatrechts, auf dem sich die Neben- und Sondergebiete aufbauen, es enthält auch die wichtigsten *Grundsätze* der Privatrechtsordnung. Wie jedes Gesetz ist auch das BGB geprägt von der Zeit, in der es entstand. Die Väter des BGB waren überwiegend Vertreter einer am Ende des letzten Jahrhunderts vorherrschenden *wirtschafts-liberalen* Auffassung, d.h. sie glaubten, die persönlichen und wirtschaftlichen Interessen der Menschen könnten sich dann am besten entfalten, wenn diese möglichst frei von staatlichem Zwang und Kontrolle miteinander Verträge abschließen können. Dieser Grundsatz der *Privatautonomie* (Selbstbestimmung der rechtlichen Beziehungen) erfährt seine deutlichste Ausprägung in der *Vertragsfreiheit* (freie Wahl des Vertragspartners, grundsätzlich freie Bestimmung des Vertragsinhalts), der *Eigentumsfreiheit* (der Eigentümer kann mit seiner Sache beliebig verfahren) und der *Testierfreiheit* (der Mensch bestimmt selbst, an wen nach seinem Tod sein Vermögen fallen soll).

So wichtig die Privatautonomie für ein freiheitliches Menschenbild bis heute ist, hat man jedoch im Laufe unseres Jahrhunderts erkannt, dass ein völlig „freies Spiel der Kräfte" zu sozialen Ungerechtigkeiten führen kann. Der Gedanke des *sozialen Ausgleichs* (Schutz des wirtschaftlich oder gesellschaftlich Schwächeren) hat daher viele Korrekturen innerhalb des BGB oder zusätzliche Nebengesetze (z.B. Schutz des Käufers bei Kreditverträgen, z.B. einem Ratenkauf, im Verbraucherkreditgesetz oder bei sog. Haustürgeschäften durch das Haustürwiderrufsgesetz) notwendig gemacht.

Aufbau und Gliederung des 2385 Paragraphen umfassenden BGB sind rechtstechnisch kunstvoll, aber für den nicht geschulten Benutzer schwer zu verstehen. Seine Schöpfer haben im Bestreben, den Umfang des Gesetzes zu beschränken, die allgemeinen Regeln – vergleichbar der mathematischen Methode des „Vor-die-Klammer-Ziehens" – den besonderen Bestimmungen vorangestellt. So wird die Frage, wie Verträge geschlossen werden, in den Paragraphen 145–157 generell behandelt (vor die Klammer gezogen), erst danach finden sich einzelne Vertragsarten wie z.B. der Kaufvertrag in § 433 ff. Die dadurch erforderliche abstrakte Formulierung (die allgemeine Norm muss für die

24

verschiedensten Regelungsbereiche anwendbar sein) erschwert dem Laien den Umgang mit dem Gesetz. Diesem Mangel an Allgemeinverständlichkeit steht als Vorteil eine systematische und gedankliche Klarheit des Gesetzes gegenüber. Diesem Aufbau entsprechend trägt das erste der fünf Bücher des BGB die Bezeichnung *Allgemeiner Teil*. Seine Regeln gelten grundsätzlich für die anderen vier Bücher. Das *Schuldrecht* (in sich wiederum in allgemeine und besondere Vorschriften aufgeteilt) behandelt die Schuldverhältnisse zwischen Personen, das *Sachenrecht* die rechtlichen Beziehungen von Personen zu Sachen.

ALLGEMEINER TEIL

SCHULDRECHT

SACHENRECHT

Das Bürgerliche Gesetzbuch (BGB)

Allgemeiner Teil	Schuldrecht	Sachenrecht	Familienrecht	Erbrecht
§§ 1– 240	§§ 241– 853	§§ 854 – 1296	§§ 1297 – 1921	§§ 1922 – 2385
● Natürliche Personen	● Schuldverhältnis Gläubiger – Schuldner	● Besitz	● Verlöbnis	● Gesetzliche und testamentarische Erbfolge
● Juristische Personen	● Begründung und Erlöschen von Schuldverhältnissen	● Eigentum Eigentumsübertragung, Aneignung, Fund, Miteigentum	● Ehe Eheliches Güterrecht, Gütertrennung	● Rechtsstellung des Erben
● Rechtsgeschäfte				● Erbschein
● Vertretung und Vollmacht	● Schuldübertragung	● Nutzungsrecht an beweglichen Sachen Pfandrecht, Nießbrauch	● Ehescheidung	● Pflichtteil
● Fristen und Termine	● Schuldübernahme		● Verwandtschaft	● Erbverzicht
● Verjährung	● Einzelne Schuldverhältnisse Kauf, Tausch, Miete, Pacht, Leihe, Schenkung, Darlehen, Dienstvertrag, Werkvertrag, Bürgschaft, Unerlaubte Handlungen, Schadenersatz	● Grundpfandrecht Hypothek, Grundschuld, Rentenschuld	● Unterhaltspflicht	● Testament
● Sicherheitsleistung			● Elterliche Sorge	● Testamentsvollstrecker
			● Annahme als Kind	● Erbvertrag
			● Vormundschaft	

⊖⊖ ZAHLENBILDER
128 025

© Erich Schmidt Verlag

Die zwei letzten Bücher sind durch äußere Lebenssachverhalte gekennzeichnet. Das *Familienrecht* enthält hauptsächlich Normen über familiäre Beziehungen, das *Erbrecht* behandelt die vermögensrechtlichen Folgen des Todes eines Menschen. Eine Übersicht wie in diesem Grundwissen muss sich zwangsläufig auf die praktisch wichtigsten Bereiche beschränken und folgt nur teilweise dieser Gliederung.

FAMILIENRECHT
ERBRECHT

2. Die Rechtsfähigkeit der natürlichen Person

§ 1 BGB: „Die Rechtsfähigkeit des Menschen beginnt mit der Vollendung der Geburt."
Das BGB setzt also die Rechtsfähigkeit des Menschen voraus. Dies war nicht immer selbstverständlich. Der römische Sklave hatte keine Rechtsfähigkeit und selbst in unserem aufgeklärten Zeitalter gab es etwa unter dem Nationalsozialismus Versuche, die Rechtsfähigkeit bestimmter Personengruppen zu leugnen. Ganz andere Abgrenzungsprobleme ergeben sich heute, wie folgende Fälle zeigen:
(1) Ein Tierschutzverein klagt gegen eine Forschungseinrichtung auf Unterlassung eines bestimmten Tierversuches, da dieser das Recht der Tiere auf schmerzfreie Behandlung verletze.
(2) Der Vater setzt sein noch nicht geborenes Kind zu seinem Erben ein. Vor der Geburt des Kindes stirbt der Vater.
(3) A. verbreitet über den unlängst verstorbenen V. beleidigende Behauptungen. Können sich die Angehörigen des V. dagegen wehren?

RECHTSFÄHIGKEIT

Da die Rechtsordnung menschliches Zusammenleben regelt, kann Anknüpfungspunkt aller rechtlichen Beziehungen nur der Mensch (einzeln oder in Gemeinschaft) sein. Begrifflich versteht man unter der *Rechtsfähigkeit* die Fähigkeit, Rechte und Pflichten zu haben. Tieren kommt eine solche Fähigkeit nicht zu, weshalb etwa der viel zitierte Hundeliebhaber seinen Vierbeiner nicht zum Erben berufen kann. Auch das Verbot der Tierquälerei ist kein ‚persönliches' Recht der Tiere, sondern ein objektives Gebot der Rechtsordnung zum Schutze des ethischen Empfindens der Menschen (Fall 1). Auf die Begabung, einen ‚vernünftigen' Willen zu bilden, kommt es bei der Rechtsfähigkeit nicht an. Ist ein Säugling Eigentümer eines Hauses geworden, so trägt er u.a. die Verkehrssicherungspflicht, muss also z.B. dafür sorgen, dass keine Dachziegel auf Passanten herabstürzen. Naturgemäß kann dies der Säugling nicht selbst erledigen, er erfüllt diese Pflicht durch seinen gesetzlichen Vertreter. Nach dem Wortlaut des Gesetzes ist das ungeborene Kind nicht rechtsfähig. In verschiedenen Vorschriften wird jedoch die Leibesfrucht, wenn es später zu einer Lebendgeburt kommt, einem Kind gleichgestellt. So wird das später geborene Kind (Fall 2) Erbe, auch wenn es beim Tode des Vaters als rechtsfähiger Mensch noch nicht existierte.

Mit dem *Tode endet* die Rechtsfähigkeit. Freilich wird aufgrund einer jüngeren Rechtsentwicklung ein Fortwirken des Persönlichkeitsrechts über den Tod hinaus zum Schutz vor ehrverletzenden Angriffen anerkannt (Fall 3).

3. Die Handlungsfähigkeit (Geschäfts- und Deliktsfähigkeit)

Die Rechtsfähigkeit alleine nützt dem Menschen nichts, wenn er nicht durch Teilnahme am Geschäftsverkehr seine Bedürfnisse befriedigen könnte. Es leuchtet aber ein, dass diese rechtliche Gestaltungsmacht (Geschäftsfähigkeit) nur dem zukommt, der aufgrund seiner geistigen Entwicklung bzw. Gesundheit sinnvollen Gebrauch davon machen kann. Personengruppen, bei denen diese Voraussetzungen nicht oder nur eingeschränkt vorliegen, muss das Gesetz schützen. Auch bei der Haftung für Schäden aus unerlaubten Handlungen muss der Grad der Verantwortlichkeit (Deliktsfähigkeit) berücksichtigt werden.

(1) Der für sein Alter sehr groß gewachsene sechsjährige Max schlachtet sein Sparschwein und kauft eine Schlumpfkassette. Die Eltern verlangen vom Verkäufer den Kaufpreis gegen Rückgabe der durch Max inzwischen beschädigten Kassette zurück.

(2) Die 16-jährige Marion ist der häuslichen Gemeinschaft mit ihren Eltern überdrüssig. Ohne deren Wissen mietet sie daher ein Zimmer an.

(3) Der 14-jährige Wolfgang kauft sich von seinem monatlichen Taschengeld einen Füllfederhalter, er bekommt zudem von seinem Onkel einen Stallhasen geschenkt.

(4) Der völlig betrunkene B. tauscht seine goldene Armbanduhr gegen eine Lichtorgel ein. Am nächsten Morgen bereut er dieses Geschäft.

(5) Drei Kinder (6, 8 und 14 Jahre) entfachen in der Nähe einer Holzhütte ein ,Lagerfeuer'. Die Hütte gerät in Brand und wird vernichtet. Wer muss den Schaden bezahlen?

(6) Die 16-jährige Susanne setzt in einem handschriftlichen Testament ihren Freund Hans zum Alleinerben ein.

Es gibt zwei grundsätzlich zu unterscheidende Formen, in denen der Mensch durch sein Handeln rechtliche Folgen bewirken kann. Dies ist zum einen der Bereich des *rechtsge-*

schäftlichen Handelns. Hier ist die Willensbetätigung darauf gerichtet, eine rechtlich gewünschte Wirkung – man spricht von einem rechtsgeschäftlichen Erfolg – zu erzielen. Rechtlich bedeutsam ist aber eine Willensäußerung nur dann, wenn derjenige, der sie abgibt, *geschäftsfähig* ist. Davon zu unterscheiden sind Handlungen, die tatsächliche Auswirkungen haben, an die das Gesetz rechtliche Folgen knüpft. Die wichtigste Gruppe stellen hier die Handlungen dar, die das Gesetz anschaulich als unerlaubt bezeichnet. Für den angerichteten Schaden ist der Handelnde dann verantwortlich, wenn er *deliktsfähig* ist. In beiden Fällen geht es also darum, ob einem Menschen bestimmte Konsequenzen seines Tuns zugerechnet werden können. Oberbegriff der Geschäfts- und Deliktsfähigkeit ist die *Handlungsfähigkeit.*

GESCHÄFTS-FÄHIGKEIT

Die Vorschriften über die *Geschäftsfähigkeit* wollen Menschen, die dem Geschäftsverkehr nicht gewachsen sind, vor unvernünftigen Geschäften bewahren. Schutzbedürftig sind Kinder und Jugendliche, aber auch Erwachsene, die wegen Krankheit nicht in der Lage sind, einen vernünftigen Willen zu bilden. Da es umständlich und unsicher wäre, den Grad der Geschäftsfähigkeit bei jedem Menschen einzeln zu prüfen, unterscheidet das BGB drei Altersgruppen. Von der Geburt

GESCHÄFTS-UNFÄHIG

bis zum vollendeten 7. Lebensjahr sind Kinder *geschäftsunfähig* (§ 104 Nr.1 BGB). Der von Max getätigte Kauf (Fall 1) ist *völlig unwirksam*; der Verkäufer muss den Kaufpreis zurückzahlen, dies auch dann, wenn (wie im Beispielsfall) der Kaufgegenstand vom Kind beschädigt wurde. Dabei nützt es dem Verkäufer auch nichts, dass Max wie ein siebenjähriges Kind aussieht, da die objektive Altersgrenze allein entscheidend ist.

BESCHRÄNKT GESCHÄFTSFÄHIG

Minderjährige vom 7. Geburtstag bis zum vollendeten 18. Lebensjahr sind *beschränkt geschäftsfähig.* Diese Altersgruppe kann durchaus schon sinnvoll am täglichen Geschäftsleben teilnehmen, erforderlich ist jedoch eine Kontrolle durch den gesetzlichen Vertreter. Die Willenserklärung eines beschränkt Geschäftsfähigen bedarf daher der *Einwilligung* des gesetzlichen Vertreters (§ 107 BGB). Liegt eine solche Einwilligung nicht vor, ist die Erklärung des Minderjährigen zunächst *schwebend unwirksam.* Erfolgt die Einwilligung nachträglich *(Genehmigung),* so gilt die Erklärung als von Anfang an wirksam, wird sie vom gesetzlichen Vertreter verweigert, ist die Erklärung ebenso unwirksam wie die eines Geschäftsunfähigen. Die Anmietung eines Zimmers durch die 16-jährige Marion ist danach zunächst schwebend unwirksam (Fall 2). Wenn sich die Eltern etwa zur Vermeidung eines Konflikts diesem Schritt beugen und den Mietabschluss genehmigen, ist das Geschäft voll wirksam.

Der gesetzliche Vertreter kann einer bestimmten Art von Rechtsgeschäften auch *generell* zustimmen. Wenn ein Minderjähriger, der wegen seiner Ausbildung in einer anderen Stadt wohnen muss, von seinen Eltern einen monatlichen Unterhaltsbetrag bekommt, so kann er damit alle Geschäfte wirksam vornehmen, die zum üblichen Leben eines Auszubildenden gehören, also Kauf von Lebensmitteln, Kleidung usw., sicher auch den Theaterbesuch und die Buchung für einen Wochenendausflug.

Eine Reihe von Fällen, bei denen die Rechtsgeschäfte eines Minderjährigen keiner Zustimmung des gesetzlichen Vertreters bedürfen, hat das Gesetz ausdrücklich geregelt. Hierzu gehören die *Taschengeldgeschäfte* (§ 110 BGB) und Geschäfte, die für den Minderjährigen nur einen *rechtlichen Vorteil* bringen. In Beispielsfall (3) geht daher sowohl der Kauf des Füllfederhalters wie auch die Schenkung des Hasen in Ordnung (die Schenkung ist für den Beschenkten immer ein rechtlicher Vorteil, auf wirtschaftliche Gesichtspunkte – z.b. die von Wolfgang zukünftig aufzubringenden Futterkosten – kommt es nicht an). Wirksam sind schließlich auch Geschäfte, die ein Minderjähriger im Rahmen eines mit Zustimmung seines gesetzlichen Vertreters eingegangenen *Dienstverhältnisses* vornimmt.

TASCHENGELD-GESCHÄFTE
RECHTLICHER VORTEIL

Zum besseren Verständnis muss hier noch ein kleiner Vorgriff auf das Familienrecht angeschlossen werden. Bei dem im Gesetz genannten *gesetzlichen Vertreter* handelt es sich in der Regel um die *Eltern*, die die Vertretung gemeinsam wahrnehmen (siehe Abschnitt *14* Familienrecht, S. 67 f.). Leben die Eltern nicht mehr, so muss ein *Vormund* bestellt werden.

GESCHÄFTE IM RAHMEN EINES DIENSTVERHÄLTNISSES
GESETZLICHER VERTRETER

Auch bei den Fällen einer erheblichen Einschränkung des vernünftigen Handelns Volljähriger stuft das Gesetz in Geschäftsunfähigkeit und beschränkte Geschäftsfähigkeit ab. Nichtig sind insbesondere die Willenserklärungen der durch eine dauerhafte Krankheit *geistig gestörten* Personen. Unwirksam sind auch die Erklärungen der Personen, die sich in einer vorübergehenden Störung der Geistestätigkeit befinden (§ 105 Abs. 2). Im Beispielfall (4) muss B. demnach nicht den Verlust seiner goldenen Uhr befürchten, da das Tauschgeschäft wegen seines Alkoholrausches rechtlich nicht wirksam war; er kann sie also zurückverlangen. Eine Geschäftsunfähigkeit infolge einer Entmündigung kennt das geltende Recht mittlerweile nicht mehr. Eine körperlich oder geistig behinderte Person kann aber unter *Betreuung* gestellt werden, die jedoch grundsätzlich keine Auswirkung auf die Geschäftsfähigkeit hat (§§ 1897 ff. BGB).

STÖRUNGEN DER FREIEN WILLENS-BILDUNG

Bei der *Deliktsfähigkeit* geht es um die Fähigkeit einer natür-

DELIKTSFÄHIGKEIT

lichen Person, wegen einer unerlaubten Handlung, bei der ein Schaden entstanden ist, haftpflichtig (Pflicht zum Schadensersatz) gemacht werden zu können. Auch hier unterteilt das BGB in drei Gruppen, wobei die Altersgrenzen denen der abgestuften Geschäftsfähigkeit entsprechen. Personen unter 7 Jahren sind *deliktsunfähig.* Im Fall (5) kann daher das 6-jährige Kind für den Brandschaden nicht verantwortlich gemacht werden. *Beschränkt deliktsfähig* sind Minderjährige vom 7. bis zur Vollendung des 18. Lebensjahres. Die Verantwortlichkeit hängt hier davon ab, ob der Minderjährige aufgrund seiner persönlichen Entwicklung die *Einsicht* in das Unerlaubte und Gefährliche seines Handelns hatte. Eine solche Einsichtsfähigkeit ist bei einem 14-jährigen im vorliegenden Brandfall regelmäßig zu bejahen, bei einem 8-jährigen ist dies eher zweifelhaft. Aber auch dann, wenn die erforderliche Einsicht nicht festgestellt wird, kann der beschränkt Deliktsfähige zur Schadenswiedergutmachung herangezogen werden, wenn dies nach den persönlichen Verhältnissen der Beteiligten gerecht erscheint *(Billigkeitshaftung,* z.B. vermögendes Kind schädigt eine mittellose

Die Handlungsfähigkeit natürlicher Personen

Geschäftsfähigkeit	Deliktsfähigkeit	sonstige Altersgrenzen
I. Geschäftsunfähig: 1. Minderjährige unter 7 Jahren 2. Dauerhaft geistig Gestörte	I. Deliktsunfähig: 1. Minderjährige unter 7 Jahren 2. Personen, deren freie Willensbetätigung krankheitsbedingt ausgeschlossen ist.	I. Testierfähigkeit: 1. Notarielles Testament ab 16 Jahren 2. Handschriftliches Testament ab 18 Jahren
II. Beschränkt geschäftsfähig: Minderjährige zwischen 7 und 18 Jahren	II. Beschränkt deliktsfähig: 1. Minderjährige zwischen 7 und 18 Jahren 2. Taubstumme	II. Ehefähigkeit: grundsätzlich ab 18 Jahren, auf Antrag ab 16 Jahren möglich
III. Geschäftsfähig: Volljährige (ab 18 Jahren)	III. Deliktsfähig: Volljährige (ab 18 Jahren)	III. Religiöse Selbstbestimmung: Wahl der Religionsangehörigkeit ab 14 Jahren

Person). Ab dem 18. Geburtstag ist man voll deliktsfähig, soweit nicht eine Geisteskrankheit die freie Willensbetätigung ausschließt. Nicht verwechselt werden darf die zivilrechtliche Deliktsfähigkeit mit der Strafmündigkeit (siehe auch *Kap. 6*).

Weitere rechtlich bedeutsame Altersgrenzen gibt es an mehreren Stellen des Rechts. Minderjährige können schon mit 16 Jahren ein Testament errichten, allerdings nur vor einem Notar *(Testierfähigkeit)*. Das viel häufigere handschriftliche Testament setzt Geschäftsfähigkeit voraus. Susanne (Fall 6) hat daher Hans nicht wirksam zum Erben berufen.

SONSTIGE ALTERSGRENZEN

TESTIERFÄHIGKEIT

Die *Ehefähigkeit* tritt grundsätzlich mit Vollendung des 18. Lebensjahres ein. Auf Antrag kann das Vormundschaftsgericht bei einem der beiden Ehewilligen eine Ausnahme zulassen, sofern der minderjährige Partner mindestens 16 Jahre alt ist.

EHEFÄHIGKEIT

Noch früher, nämlich bereits mit 14 Jahren, kann ein Kind selbständig seine Religionszugehörigkeit bestimmen.

RELIGIONSZUGEHÖRIGKEIT

4. Die juristische Person

Viele Aufgaben unserer Gesellschaft sind so umfangreich und schwierig, dass sie nicht von einzelnen Personen alleine, sondern nur durch das Zusammenwirken von vielen Menschen und entsprechenden Mitteln erfüllt werden können. Es wäre unpraktisch, wenn die dabei erzeugten Rechtswirkungen jedem Mitglied solcher Vereinigungen einzeln zugerechnet werden müssten.

(1) Wegen eines Bedienungsfehlers explodiert ein Tanklager der Chemie-AG. Das Haus des benachbarten N. wird dabei so beschädigt, dass es repariert werden muss.

(2) Der Vorstand des Schützenvereins ‚Schwarzpulver e.V.‘ mietet von V. ein Vereinslokal. Wer ist Vertragspartner des V.?

Das Recht trägt der organisierten Zusammenfassung von Menschen und Gütern dadurch Rechnung, dass es verschiedenen Personenvereinigungen eine eigene Rechtsfähigkeit verleiht. Solche *juristische Personen* gibt es sowohl im öffentlichen Recht (Bundesrepublik, Bundesländer, Gemeinden) wie auch im Privatrecht. Hier sind es insbesondere die großen Gesellschaften des Wirtschaftsrechts (AG, GmbH), die heute eine wichtige Rolle spielen. Diese sind ebenso wie der ins Vereinsregister eingetragene Verein von ihren Mitgliedern *rechtlich verselbständigt*, d.h. die Mitglieder und der Verein sind verschiedene Rechtspersönlichkeiten. In Fall (1) muss N. also nicht gegen jeden einzelnen Aktionär, auch nicht gegen die Gesamtheit der Aktionäre vorgehen, sondern kann den Schadensersatz von der Chemie-AG als solcher verlangen. Die AG ist auch Partei in einem etwaigen Zivilprozess.

Die juristische Person kann auch am Geschäftsverkehr teilnehmen. Da sie als ein künstliches (juristisches) Gebilde

selbst nicht handeln kann, handeln ihre *Organe* für sie. Wenn in Fall (2) der Vereinspräsident den Mietvertrag für den Verein abschließt, wird der Verein selbst Vertragspartner.

Ein Vorteil der juristischen Person ist es schließlich auch, dass ihr Fortbestand vom Wechsel einzelner Mitglieder weitgehend *unabhängig* ist (der Tod eines Mitgliedes löst z.B. den Schützenverein nicht auf).

Nur zur Vermeidung eines häufig auftauchenden Missverständnisses sei klargestellt: Richter, Staatsanwälte, Rechtsanwälte und andere Personen mit juristischen Berufen sind keine juristischen Personen. Im Gegensatz zu natürlichen Personen (Menschen) sind juristische Personen durch Gesetz oder Rechtsakt geschaffene künstliche Gebilde.

Nicht alle Personenzusammenschlüsse besitzen eine eigene Rechtspersönlichkeit (u. a. der nicht eingetragene Verein und die Offene Handelsgesellschaft (OHG)). Zu den sich daraus ergebenden Konsequenzen, insbesondere für die Haftung des einzelnen Mitglieds, siehe *Kap. 3 Abs. 2*, Gesellschaftsrecht.

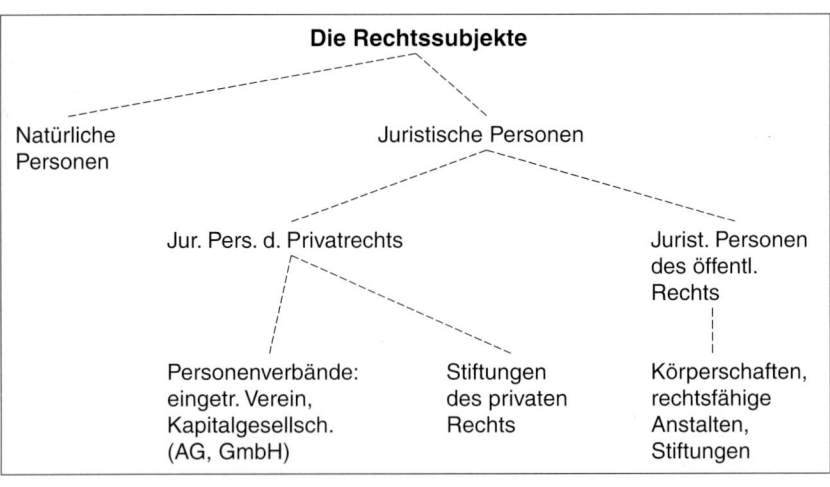

Die Rechtssubjekte

Natürliche Personen

Juristische Personen

Jur. Pers. d. Privatrechts

Jurist. Personen des öffentl. Rechts

Personenverbände: eingetr. Verein, Kapitalgesellsch. (AG, GmbH)

Stiftungen des privaten Rechts

Körperschaften, rechtsfähige Anstalten, Stiftungen

5. Die Willenserklärung: wichtigster Bestandteil eines Rechtsgeschäfts

Um die vielfältigen Bedürfnisse, die jeder Mensch hat, befriedigen zu können, sind Menschen aufeinander angewiesen. Dabei verfolgt jeder sein eigenes Interesse. Damit man sich dennoch auf andere, mit denen man arbeitet oder von denen man ein bestimmtes Handeln erwartet, verlassen kann, haben viele Handlungen einen rechtlich bindenden Charakter. Man spricht hierbei von „Rechtsgeschäften". Wichtigster Bestandteil solcher Rechtsgeschäfte ist eine (oder mehrere) Willenserklärung(en).

(1) Der eifrige Student S. erklärt: „Ich will Bundeskanzler werden!"

(2) Bei einer Versteigerung grüßt A. seinen Freund F. mit einem Handwinken. Der Auktionator hält dies entsprechend den dort üblichen Bedingungen für ein um 10,– DM höheres Gebot und erteilt den Zuschlag.

(3) K. schreibt dem Buchhändler B., er solle ihm den neuesten Roman des Schriftstellers Walser zuschicken. Als er das Buch erhält, muss er feststellen, dass dies nicht der von ihm erwünschte Roman ist, da bereits ein weiterer erschienen ist.

(4) A., der seinem Freund F. eine Schreibmaschine ausgeliehen hat, fordert diesen zur Rückgabe innerhalb einer Woche auf.

Die Willenserklärung ist das wichtigste Instrument, mit dem der Mensch seine Rechtsverhältnisse gestaltet. Wie schon der Begriff anzeigt, enthält die Willenserklärung einen *objektiven* und einen *subjektiven* Bestandteil. Äußerlich feststellbar (daher objektiv) muss die Kundgabe einer Erklärung sein, die von demjenigen, an den die Erklärung gerichtet ist, als eine *bindende* rechtsgeschäftliche Handlung verstanden wird. Zu beachten ist also, dass nicht jeder geäußerte Wille auch im rechtlichen Sinne eine Willenserklärung ist. Im Beispielsfall (1) mag der erklärte Wille des S. noch so stark sein, als persönliche Absichtserklärung richtet sie sich nicht auf eine Rechtsfolge, sie ist daher rechtlich bedeutungslos.

Die Erklärung kann in jeder erkennbaren Form vorgenommen werden. Neben der *mündlichen* oder *schriftlichen* Äußerung kann je nach den Gegebenheiten des Einzelfalles auch ein sogenanntes *„schlüssiges Verhalten"* ausreichen. Wer im Gasthaus aus dem aufgestellten Brotkorb ein Brötchen nimmt und verzehrt, erklärt damit schlüssig, dass er den

BESTANDTEILE DER WILLENSERKLÄRUNG

BINDUNGSWILLE

FORM DER ERKLÄRUNG

entsprechenden Preis dafür bezahlen will. Davon zu unterscheiden ist das *pure Schweigen* etwa nach dem Empfang von unaufgefordert zugesandter Ware. Das Schweigen hat im Bürgerlichen Recht (im Unterschied zum Handelsrecht) grundsätzlich keinen Erklärungswert, d. h. mit ihm soll nichts ausgedrückt werden.

Hinter der geäußerten Willenserklärung muss die *subjektive* Absicht stehen, einen rechtsgeschäftlichen Zweck zu *erreichen (Erklärungsbewusstsein)*. Der dem F. zuwinkende A. (2) hatte nicht die Vorstellung, eine rechtlich bedeutsame Erklärung abzugeben, so dass eine Willenserklärung und damit ein rechtswirksames Gebot auf den ersten Blick nicht vorliegt. Hier stellt sich allerdings die (im Recht sehr häufige) Frage, ob nicht der äußere Anschein ausreicht. Dies wird man dann annehmen müssen, wenn A. bei ausreichender Sorgfalt hätte wissen können, wie bei dieser Versteigerung geboten wird.

Die Willenserklärung kann ihren Zweck, rechtlich verbindliche Regelungen zu bewirken, nur erreichen, wenn die Beteiligten sich auf die Erklärung verlassen können. Es leuchtet daher ein, dass der Erklärende an sie *gebunden* ist. Aus dem rechtlichen Wollen wird ein Sollen. Kein Mensch könnte sich auf Abmachungen verlassen, wenn Willenserklärungen frei widerruflich wären. Nur unter bestimmten Voraussetzungen erlaubt es das Gesetz, dass der Erklärende durch eine *Anfechtung* seine Erklärung rückwirkend vernichtet.

Wer etwa durch *Versprechen* oder *Verschreiben* eine andere Erklärung abgibt, als er sich vorstellt (das Datum einer schriftlichen Hotelbestellung wird versehentlich verdreht), kann die fehlerhafte Erklärung anfechten. Diese Möglichkeit besteht auch für A. im Beispiel (2), soweit man ihm aus den dargelegten Gründen den Schein einer rechtlich bedeutsamen Erklärung zurechnet, obwohl er überhaupt nicht rechtsgeschäftlich handeln wollte.

Schwieriger sind die Fälle zu beurteilen, wo jemand über den *Inhalt* seiner Erklärung irrt. Ein typischer Fall eines solchen Inhaltsirrtums liegt dann vor, wenn der Erklärende mit seiner Erklärung einen ganz anderen Sinn verbindet, als sie aus der Sicht des Empfängers haben musste; so in Fall (3), wo K. mit seiner Bezeichnung „neuester Roman" tatsächlich die vorletzte Veröffentlichung meinte, weil er von der neuesten noch nichts wusste. Aber nicht jedes Abweichen des inneren Geschäftswillens von der äußeren Erklärung berechtigt zur Anfechtung. So sind grundsätzlich die Motive, die einem Geschäft zugrunde liegen, unbeachtlich. Wer einen Verlobungsring bestellt, bleibt an die Bestellung auch dann gebunden, wenn der Partner es sich noch anders überlegt und sich nicht verloben will.

Man wird einwenden, dass die Anfechtung gegenüber demjenigen, der sich auf die Erklärung verlässt, ungerecht sei. Das Gesetz schafft daher einen Ausgleich, indem der Anfechtende den sogenannten *Vertrauensschaden* ersetzen muss (der auf die Erklärung Vertrauende wird so gestellt, als sei die fehlerhafte Erklärung nicht abgegeben worden). Anfechtbar ist schließlich auch eine Erklärung, die durch Täuschung oder Drohung verursacht wurde (Hans Ängstlich verspricht, Fritz Grob sein Auto zu leihen, da dieser gedroht hat, andernfalls das Fahrzeug zu beschädigen). Da hier der Fehler nicht bei dem Erklärenden liegt, muss er auch keinen Schaden ersetzen. VERTRAUENS-SCHADEN

Die ganz überwiegende Mehrzahl rechtmäßiger Handlungen im privatrechtlichen Bereich sind *Rechtsgeschäfte*. Sie bauen auf dem Begriff der Willenserklärung auf, sind aber regelmäßig aus mehreren Bestandteilen zusammengesetzt. Das allgemein bekannteste Rechtsgeschäft, der *Vertrag*, beruht auf mindestens *zwei* oder *mehreren* Willenserklärungen, die auf den gleichen rechtlichen Erfolg gerichtet sind (s. dazu *Abs. 6*, Vertrag). Nur in verhältnismäßig wenigen Fällen entstehen auch ohne eine Willenserklärung durch rechtmäßige Handlungen tatsächlicher Art rechtliche Verpflichtungen. So begründet z.B. das Finden einer Sache Rechte und Pflichten gegenüber dem Eigentümer der verloren gegangenen Sache. Enthält ein Rechtsgeschäft nur eine Willenserklärung, so spricht man von *einseitigen* Rechtsgeschäften. Das Rückgabeverlangen des A. in Fall (4) bedeutet rechtlich eine Kündigung der unentgeltlichen Überlassung (Leihe). Es liegt auf der Hand, dass hier die Erklärung des Verleihers ausreichen muss, sonst könnte der Entleiher verhindern, dass er die geliehene Sache zurückgeben muss. Gleiches gilt für die Kündigung eines Arbeitsverhältnisses. Einseitig ist auch die Errichtung eines Testamentes. Auch bei diesen einseitigen Rechtsgeschäften handelt es sich bei näherem Hinsehen um einen zusammengesetzten Tatbestand: Die Kündigung muss der anderen Seite zugehen, um wirksam zu werden, und das Testament bedarf einer bestimmten Form (s. *Abs. 8*).

ARTEN DER RECHTSGESCHÄFTE

VERTRAG

EINSEITIGES RECHTSGESCHÄFT

6. Der Vertrag: Abschluss, Vertragsarten und Grenzen der Vertragsfreiheit

(1) A. hängt am schwarzen Brett des Betriebes einen Zettel aus: „Verkaufe Stereo-Anlage für 500,– DM". Als er kurz darauf eine Notiz seines Kollegen B. mit dem Wortlaut: „Nehme Angebot an" vorfindet, hält er den Kaufpreis für zu niedrig und will B. das Gerät nicht zum genannten Preis überlassen. Kann B. Vertragserfüllung verlangen?

(2) Großhändler G. bietet dem Einzelhändler E. per Fax 100 Flaschen Wein für 700,– DM an. E. faxt zurück: Lieferung sofort erwünscht bei Zahlungsziel 2 Monate.

(3) Ein Kanadier verkauft in Deutschland an einen Amerikaner seine Kamera für 50 Dollar, wobei der Kaufpreis überwiesen werden soll. Nach Eingang der Überweisung stellt sich heraus, dass beide Seiten jeweils die Währung ihres Heimatlandes gemeint haben.

(4) K. ist ein konservativer Kommunalpolitiker. Als er beim Buchhändler B., der fortschrittliche Politik vertritt, ein Buch kaufen will, wird ihm dies verweigert.

(5) Der Maschinenfabrikant F. verspricht dem bei der Metall AG angestellten Prokuristen P. eine Zuwendung von 10 000,– DM, wenn F. einen Großauftrag der Metall AG erhält.

EINIGUNG DER VERTRAGSPARTEIEN

Von allen Rechtsgeschäften spielt der Vertrag die größte Rolle. Einige grundsätzliche Fragen müssen daher näher betrachtet werden.

Wie Verträge zustande kommen, ist im ersten Buch des BGB geregelt. Dies hat – wie bereits beim Aufbau des BGB dargestellt – den Sinn, dass die Vorschriften über den Vertragsabschluss für alle Arten von Verträgen gelten. Das vom BGB vorgegebene Modell eines Vertragsabschlusses

ANGEBOT
ANNAHME

geht von einer ersten Willenserklärung, der *Angebotserklärung*, sowie von der sich darauf beziehenden *Annahmeerklärung* aus. Dabei muss das Angebot hinsichtlich der Vertragsbedingungen so *bestimmt* oder mindestens *bestimmbar* sein, dass die Annahme durch ein einfaches "Ja" zur Einigung führt. Bei mündlichen Verträgen wird man dieses Schema freilich nicht immer lupenrein feststellen können. Vielfach gibt es ein Hin- und-her-Verhandeln, bis die Partner einig sind. Praktisch bedeutsam ist der Ablauf von Angebot und Annahme dann, wenn die vertraglichen Erklärungen einem *abwesenden* Verhandlungspartner übermittelt werden müssen. Hier taucht zum einen die Frage auf, wie lange der Anbietende an sein Angebot *gebunden* ist. Um ihn bei einem erfolglosen Angebot möglichst bald in die Lage zu versetzen, einen anderen Vertragspartner suchen zu können, muss die Annahme innerhalb eines Zeitraumes erfolgen, in dem der Anbietende die Antwort unter regelmäßigen Umständen erwarten darf (Addition der Postlaufzeiten und einer geschäftsüblichen Überlegungsfrist). Zu beachten ist auch, dass bei einem „Angebot" gegenüber einer Mehrzahl von Personen der Anbieter noch keinem bestimmten Vertragspartner gegenüber gebunden sein will, denn es ist völlig ungewiss, wie viele Interessenten dem „Angebot" näher treten wollen. Im Beispielsfall (1) kann A. seine Stereoanlage nur einmal veräußern. Wäre sein Anschlag am schwarzen Brett als Angebot bindend, so würde er mit jeder weiteren Annahmeerklärung, die ihm zugeht, mangels Erfüllungsmöglichkeit vertragsbrüchig. In Wirklichkeit ist sein Aushang noch keine Willenserklärung, sondern nur eine *Aufforderung* zur Abgabe eines Angebots seitens der Kaufinteressenten selbst. Die Notiz des B. ist entgegen dem Wortlaut keine Annahme, sondern erst ein Angebot; ein Vertrag ist noch nicht geschlossen.

Nicht immer entspricht der Geschäftsverkehr dem Idealfall von zwei sich völlig deckenden und alle wesentlichen Punkte des Vertragsgegenstandes regelnden Erklärungen. Das offensichtliche oder versteckte *Auseinanderklaffen* von Angebot und Annahme verursacht manche Streitigkeit. Die Menschen haben unterschiedliche Ausdrucksmöglichkeiten, aber auch gleiche Worte können mehrere Bedeutungen haben. Willenserklärungen müssen daher über den buchstäblichen Ausdruck hinaus nach dem tatsächlich Gewollten *ausgelegt* werden. Dabei ist insbesondere zu berücksichtigen, wie ein vernünftiger Mensch, an den eine Erklärung gerichtet wird, diese verstehen dürfte. Gerichte sind oft damit beschäftigt, den wirklichen Willen der Parteien zu erforschen. Können die Erklärungen durch Auslegung zur Deckung gebracht werden, ist der Vertrag wirksam zustande gekommen. Andernfalls liegt ein *Einigungsmangel* vor. Dieser kann darin liegen, dass die Annahme unter *Einschränkung* oder sonstiger *Abänderung* des Angebots erfolgt. Der Sache nach handelt es sich dabei um keine Annahme, sondern im Gegenteil um eine Ablehnung, die aber ihrerseits als neues Angebot zu verstehen ist. Das Weinangebot des G. im Fall (2) hat über Zahlungsbedingungen nichts ausgesagt, demnach bezog es sich in diesem Punkt auf den gesetzlichen Normalfall, nämlich sofortige Zahlung (§ 271

AUSLEGUNG

EINIGUNGS-
MÄNGEL

BGB). Demgegenüber will E. nicht sofort, sondern erst zwei Monate später bezahlen. Wegen dieser Abänderung ist ein Kaufvertrag nicht zustande gekommen. Auch in Fall (3) liegt ein wirksamer Vertrag nicht vor, hier haben die Parteien nicht gemerkt, dass sie sich wegen der unvollständigen Währungsangabe in einem wesentlichen Punkt (Kaufpreis) nicht geeinigt haben.

VERPFLICHTUNGS-
UND VERFÜGUNGS-
VERTRÄGE

Verträge können nach verschiedenen Gesichtspunkten eingeteilt werden. Hier sei nur auf die für das deutsche Zivilrecht außerordentlich bedeutsame Unterscheidung in Verpflichtungsverträge und Verfügungsverträge hingewiesen. Man muss sich dies anhand eines einfachen wirtschaftlichen Vorganges, z.B. der Veräußerung eines Fahrrads, klarmachen. Dieser wirtschaftlich einheitliche Vorgang zerfällt rechtlich in drei Verträge. Wenn sich der Verkäufer V. entschlossen hat, sein Fahrrad an den Käufer K. zu verkaufen, schließen beide zunächst einen Kaufvertrag, in dem sie sich über den Kaufgegenstand (Fahrrad) und den Kaufpreis einigen. Dies ist ein *Verpflichtungsvertrag,* in dem beide Parteien ihre gegenseitigen Pflichten festgelegt haben. Man kann den Verpflichtungsvertrag als eine Art Handlungsprogramm verstehen, der aber hinsichtlich der Rechtsverhältnisse am Fahrrad sowie am geschuldeten Geld noch nichts in Bewegung setzt. Die entsprechenden Verfügungen werden durch zwei *Verfügungsverträge* vorgenommen: Zum einen überträgt der V. dem K. das Eigentum an dem Fahrrad, zum anderen überträgt K. dem V. das Eigentum an einer Geldsumme in Höhe des Kaufpreises. Hinter dieser auf den ersten Blick ziemlich künstlich wirkenden Aufspaltung verbirgt sich das dem deutschen Recht eigentümliche *Abstraktionsprinzip.* Das Verfügungsgeschäft ist nämlich von dem Verpflichtungsgeschäft rechtlich unabhängig (abstrakt). Dies hat im Interesse der Rechtsklarheit den Vorzug, dass sich ein Fehler im Verpflichtungsgeschäft regelmäßig nicht auf das rechtlich selbständige Verfügungsgeschäft auswirkt.

ABSTRAKTIONS-
PRINZIP

GRENZEN DER
VERTRAGS-
FREIHEIT

Für eine Gesellschaft, die den Menschen eine möglichst freie Entfaltung gewährleisten will, ist es geradezu kennzeichnend, dass der Einzelne entscheiden kann, mit wem *(Abschlussfreiheit)* und welchem Inhalt *(Gestaltungsfreiheit)* er einen Vertrag abschließen will. Allerdings hat die *Vertragsfreiheit* Grenzen und Ausnahmen. Insbesondere muss sie gegen *Missbrauch* geschützt werden. Eine Missbrauchsgefahr liegt etwa bei der krassen Ausnutzung einer wirtschaftlichen Übermacht vor. Davon kann bei der Vertragsverweigerung des B. im Fall (4) noch keine Rede sein, da sich K. das gewünschte Buch auch in einer anderen Buchhandlung besorgen kann. B. muss daher nicht mit K. abschließen, wobei es auf seine unsachlichen Motive nicht ankommt. Anders liegen die Dinge bei Unternehmen mit *Monopolstellungen*. Diese dürfen bei Leistungen der täglichen Grundversorgung (Lebensmittel, Transport usw.) Verträge nicht aus sachlich ungerechtfertigten Gründen ablehnen. (Beispiel: Der örtliche Stromerzeuger muss den Anwohner A. beliefern, auch wenn dieser die Einspeisung von Atomstrom ins Netz wiederholt scharf kritisiert hat.)

ABSCHLUSSZWANG

Das Gesetz selbst schränkt die Vertragsfreiheit an verschiedenen Stellen ein. Neben einer ganzen Reihe von speziellen *gesetzlichen Verboten*, die einem wirksamen Abschluss entgegenstehen, ist die allgemeine Schranke der *Sittenwidrigkeit* zu beachten. Ein Sittenverstoß und damit Vertragsnichtigkeit liegt nach der Rechtsprechung dann vor, wenn der Vertrag dem ,Rechts- und Anstandsgefühl aller billig und gerecht Denkenden' widerspricht. Die Probleme einer solchen Bewertung liegen auf der Hand; sie können bei einer gerichtlichen Auseinandersetzung nur durch eine sorgfältige Abwägung der Interessen im Einzelfall oder in Fallgruppen gelöst werden. Da die Schmiergeldvereinbarung im Beispiel (5) den wirtschaftlichen Wettbewerb erheblich stört und möglicherweise die Metall AG schädigt (wenn ein günstigeres Angebot unberücksichtigt bleibt), ist sie sittenwidrig.

SITTENWIDRIGE GESCHÄFTE

Die Gestaltungsfreiheit wird schließlich auch dadurch eingeschränkt, dass das Gesetz aus übergeordneten Gerechtigkeitsgründen bestimmte vertragliche Vorschriften *zwingend* festlegt. Bei den Verpflichtungsgeschäften ist das *nachgiebige* Recht die Regel, das zwingende die Ausnahme (so kann die Haftung für vorsätzliche Schadensverursachung nicht vertraglich ausgeschlossen werden). Bei den Verfügungsverträgen des Sachenrechts sind bestimmte *Vertragstypen* vorgeschrieben (bei der Übertragung eines Grundstückes muss die Einigung vor einem Notar erklärt werden, sogenannte Auflassung).

ZWINGENDES, NACHGIEBIGES RECHT

7. Allgemeine Geschäftsbedingungen

Wer heute ein Haushaltsgerät kauft, die Eröffnung eines Bankkontos beantragt oder eine Urlaubsreise bucht, wird fast immer die vertragliche Einbeziehung sogenannter Allgemeiner Geschäftsbedingungen (AGB) hinnehmen müssen. Der Bürger spricht vom ,Kleingedruckten' und meint damit jene Klauseln, die er häufig erst dann richtig liest, wenn bei der Abwicklung der Ver-

träge Schwierigkeiten auftreten und ihm dann (zu spät) die Nachteile dieser Regelungen klar werden. Zur Geltung und Kontrolle von Allgemeinen Geschäftsbedingungen folgende Beispiele:

(1) B. bestellt beim Spielwarengeschäft S. ein elektrisches Spielzeugauto. S. bestätigt den Auftrag zunächst ohne Hinweis auf seine AGB. Diese werden erst mit der Ware mitgeschickt. Sie enthalten die Klausel, dass bei mangelhafter Ware nur Nachbesserung verlangt werden kann. Da das Auto nicht funktioniert, will B. es zurückgeben.

(2) E. beauftragt die Heiß GmbH mit dem Einbau einer neuen Zentralheizung. Beim Vertragsabschluss liest er die AGB der GmbH nur flüchtig durch und übersieht, dass darin für die nächsten fünf Jahre ein jährlicher Wartungsauftrag enthalten ist.

VORFORMULIERTE VERTRAGS-BEDINGUNGEN

Bei den Geschäften des *Massenverkehrs* (etwa den Bankgeschäften) wäre es sicher nicht möglich, alle Fragen der Vertragsabwicklung in jedem Einzelfall auszuhandeln und festzulegen. Auch die gesetzliche Grundidee des Vertragsabschlusses geht dahin, dass sich die Parteien nur über die wichtigsten Pflichten einigen und sich in den Einzelfragen der Durchführung nach der gesetzlichen Regelung richten. Nun sind diese (überwiegend nachgiebigen) Vorschriften zum einen unvollkommen, da der Gesetzgeber nicht alle Probleme vorausahnen kann. Zum anderen haben sich ganz *neue Geschäftstypen* (z.B. das Leasing) entwickelt. Dies alles hat dazu geführt, dass die Wirtschaft zunehmend eigene Regelungen entwickelt hat, die die gesetzlichen Vorschriften weitgehend *verdrängen*. Dieses eigenständige ‚Recht der Wirtschaft' wirkt praktisch normativ (wie ein Gesetz), ist aber der Sache nach Bestandteil des Vertrages. Unter der Bezeichnung *Allgemeine Geschäftsbedingungen* werden *vorformulierte vertragsergänzende Klauseln* in den Vertrag einbezogen. Hierin steckt für den ‚einfachen' Verbraucher bereits ein Problem. In seiner Abneigung gegen dieses ‚juristische Klimbim', das früher oft seitenlange und schwer verständliche Ausführungen enthielt, ist er rasch bereit, sich diesen Bedingungen gleichsam resignierend zu unterwerfen. Hierbei gerät der Kunde häufig in eine benachteiligte Vertragssituation. *Das Gesetz zur Regelung des Rechts der Allgemeinen Geschäftsbedingungen* (AGBG) sorgt für eine vernünftige Verwendung der AGB. Danach muss u.a. bei dem Vertragsschluss ein Hinweis auf die AGB erfolgen, entweder durch Beifügen eines Formulars oder durch *Hinweis* auf einen

ALLGEMEINE GESCHÄFTSBEDIN-GUNGEN

AGBG

deutlich sichtbaren Aushang. Die AGB müssen so gestaltet sein, dass sie für den ‚Normalverbraucher' *lesbar* und *verständlich* sind (kein übertriebener Umfang und kein verklausuliertes Juristendeutsch). Vor allem ist ein Unterschieben der AGB nach Vertragsschluss unzulässig. B. hat daher in Fall (1) wegen des schadhaften Spielzeugs das im Gesetz vorgesehene Wandelungsrecht (Rückgängigmachung des Vertrags), da die AGB des S., nach denen nur Nachbesserung gewährt wird, erst nach Vertragsschluss eingeführt wurden.

Das AGBG strebt darüber hinaus durch eine *Inhaltskontrolle* an, dass Geschäftsrisiken und sonstige rechtliche Folgen nicht einseitig zu Lasten des Kunden geregelt werden. Klauseln, die eine dem Vertragszweck nicht entsprechende *Benachteiligung* des Kunden bedeuten würden, sind unwirksam. Dies gilt auch für *überraschende* Klauseln. Bei dem Abschluss eines Vertrages über den Einbau einer Heizung hat E. (Fall 2) sicher nicht damit gerechnet, dass er gleichzeitig eine mehrjährige (u.U. kostspielige) Wartung in Auftrag gibt. Diese überraschende Bestimmung ist nicht Vertragsbestandteil geworden.

INHALTS-KONTROLLE

8. Die Form des Rechtsgeschäftes

Über die Beachtung bestimmter Formerfordernisse des rechtsgeschäftlichen Handelns bestehen bei vielen Menschen Unklarheiten.

(1) Der wohlhabende R. trifft den weltbekannten Maler M. bei einer Ausstellung und erklärt, er möchte ein bestimmtes Bild, dessen Preis mit 50 000,– DM angegeben ist, haben. M. nickt mit dem Kopf. Später beruft sich R. darauf, er sei nicht gebunden, da ein so bedeutendes Geschäft nur schriftlich vorgenommen werden könne.

(2) Der schwer kranke E. diktiert seiner Lieblingstochter T. ein Testament in die Schreibmaschine, wonach er die T. als Alleinerbin einsetzt. Anschließend unterschreibt er das Schriftstück. Nach dem Tod des E. will sein Sohn S. das Testament nicht gelten lassen.

Immer wieder taucht im Alltagsleben die Behauptung auf, ein Vertrag sei nur dann gültig, wenn er schriftlich abgeschlossen wurde. Dies ist nicht richtig. Willenserklärungen und Verträge sind grundsätzlich an *keine bestimmte Form* gebunden, wenn nicht das Gesetz dies besonders anordnet oder die Parteien eine solche vereinbaren. Soweit eine bestimmte Form gesetz-

FORMFREIHEIT

lich angeordnet oder von den Parteien gewollt ist, geschieht dies zum Schutz vor übereiltem Handeln und vor allem zur Sicherung des Beweises über rechtserhebliche Vorgänge.

Bei Verpflichtungsgeschäften ist ein gesetzlicher Formzwang die Ausnahme. Die praktisch wichtigsten Fälle sind

die *Schriftform* bei längerfristigen Mietverträgen (länger als ein Jahr) sowie die *notarielle Beurkundung* von Schenkungserklärungen und Grundstückskaufverträgen. Der wirtschaftliche Umfang eines Verpflichtungsgeschäftes ist dagegen für sich allein kein Grund für eine Formerfordernis. Hier heißt es also aufpassen: Der rasche Kaufentschluss des R. im Fall (1) mahnt zur Vorsicht; sein mündliches Angebot wurde durch schlüssiges Handeln des M. (Kopfnicken) angenommen. Er muss das Bild abnehmen und bezahlen.

Häufiger sind Formvorschriften bei Verfügungsgeschäften über Grundstücke und insbesondere im Familien- und Erbrecht. Eine besondere Formstrenge ist bei letztwilligen Verfügungen (Testament, Erbvertrag) einleuchtend, da der Verstorbene nach seinem tatsächlichen Willen nicht mehr befragt werden kann. Wer ein Testament allein (ohne Notar) errichten will, muss den gesamten Text *handschriftlich* anfertigen. Die Unterschrift des E. im Beispiel (2) war daher nicht ausreichend. Zum Ärger der T. und zur Freude des S. ist das Testament nicht wirksam.

Wie das letzte Beispiel zeigt, führt der Verstoß gegen einen Formzwang regelmäßig zur *Unwirksamkeit* des Geschäfts. Bei einigen Fällen der formnichtigen Verpflichtung ist jedoch durch eine spätere Erfüllung die *Heilung* des Formmangels möglich. Wer aufgrund eines mündlichen Schenkungsvertrages die Schenkung tatsächlich vollzieht, gibt zu erkennen, dass es ihm ernst damit war. Der Schenkungsvertrag wird „geheilt" mit der Folge, dass das Geschenk nicht zurückgefordert werden kann.

9. Die Stellvertretung

Wer viele Geschäfte, womöglich an verschiedenen Orten, zu erledigen hat, muss sich der Hilfe anderer Personen bedienen, die im Rechtsverkehr ‚an seiner Stelle' handeln, insbesondere ihn bei der Abgabe von Willenserklärungen vertreten. Die grundlegende Norm der Stellvertretung ist § 164 BGB: „Eine Willenserklärung, die jemand innerhalb der ihm zustehenden Vertretungsmacht im Namen des Vertretenen abgibt, wirkt unmittelbar für und gegen den Vertretenen."

(1) Die allein stehende F. ist schwer erkältet. Sie lässt durch den Briefträger B. beim nächsten Lebensmittelladen eine bestimmte Bestellung ausrichten. Weiterhin bittet sie den Nachbarn N., für sie in der Stadt einen preisgünstigen Elektroofen zu kaufen.

(2) Der Juwelier J. schreibt an verschiedene Kunden, dass sein Angestellter V. ihnen demnächst persönlich einige besonders wertvolle Schmuckstücke zum Kauf anbieten wird. Kurz darauf verbietet J. dem V. wegen einer falschen Abrechnung, ihn nach außen zu vertreten. Trotzdem verkauft V. ein teures Schmuckstück an einen dieser Kunden und verschwindet mit dem Geld.

(3) Steuerberater S. schickt seinen Gehilfen G. auf die Computer-Messe, um einen Personalcomputer (PC) zu kaufen, der nicht über 5 000,– DM kosten darf. G. kauft aber vom Hersteller H. ein besonders leistungsfähiges Gerät für 10 000,– DM.

Der Begriff der Stellvertretung ist uns schon bei den Rechtshandlungen Minderjähriger und juristischer Personen begegnet. In diesen Fällen ging es darum, dass das Gesetz bestimmt, wer für diese Personen verantwortlich handelt (oder wenigstens bei den Rechtsgeschäften der beschränkt Geschäftsfähigen zustimmen muss). Deshalb spricht man hier von einer *gesetzlichen Stellvertretung.*

Wir machen uns nochmals die *Wirkung* der gesetzlichen Stellvertretung klar: Rechtsgeschäfte, die etwa die Eltern im Namen ihres Kindes vornehmen, berechtigen und verpflichten das Kind unmittelbar selbst. Bekommt ein Kind zu seinem 6. Geburtstag von seinem Paten 100,– DM geschenkt und legen die Eltern dieses Geld im Namen ihres Kindes auf ein Sparbuch an, so schließen zwar die Eltern den Vertrag mit der Bank ab, Inhaber des Sparbuches wird aber das Kind selbst. Juristisch sagt man, die Erklärung des Vertreters wirkt unmittelbar für und gegen den Vertretenen.

Eine noch größere Rolle als die gesetzliche Stellvertretung spielt im Rechtsleben die *rechtsgeschäftlich* erteilte (gewillkürte) Stellvertretung. Die Erteilung und Wirkung der Vertretungsmacht, auch *Vollmacht* genannt, ist in den §§ 164 ff. BGB geregelt. Im Unterschied zur gesetzlichen Vertretung ist es bei der Vollmacht in das Belieben einer Person gestellt, durch wen und in welchem Umfang sie sich bei der Vornahme von Rechtsgeschäften vertreten lassen will. So gesehen ist auch die Vollmachtserteilung ein Stück Privatautonomie (Selbstbestimmung), nämlich die rechtliche Möglichkeit, sich im Rechtsverkehr durch einen anderen Menschen (oder eine juristische Person) vertreten zu lassen. Die Wirkung ist dieselbe wie oben bei der gesetzlichen Stellvertretung: Der Vertreter gibt im Namen des Vertretenen eine eigene Willenserklärung ab, deren rechtliche Auswirkungen jedoch den Vertretenen treffen. So offenkundig der Vorteil der Vertretungsmöglichkeit ist (das Geschäftsleben wäre ohne diese Erleichterung gar nicht denkbar), darf aber ihr Risiko nicht übersehen werden, da die Tätigkeit des Vertreters mitunter vom Willen des Vertretenen abweichen kann.

Vor Erörterung der damit verbundenen Fragen muss die Stellvertretung von der bloßen Übermittlung einer fremden ERKLÄRUNGSBOTE Erklärung durch einen *Boten* abgegrenzt werden. Dieser gibt lediglich die Erklärung eines anderen weiter, ohne selbst einen Einfluss auf das Geschäft zu haben. So ist z. B. in Fall (1) gewissermaßen nur ein Sprachrohr der F. Er muss sich zu der ihm aufgetragenen Bestellung keine eigenen Gedanken machen. Deshalb kann auch ein geschäftsunfähiges Kind eine Erklärung als Bote überbringen. Dagegen handelt N. bei dem Kauf des Ofens als Vertreter der F., denn hier muss N. selbst entscheiden, welches Gerät er wo am günstigsten für die F. kaufen kann.

Die rechtlichen Beziehungen zwischen den Beteiligten (Vollmachtgeber, Vertreter und Erklärungsempfänger) sind VORAUSSETZUNG DER GEWILLKÜRTEN STELLVERTRETUNG bei der Stellvertretung nicht ganz einfach zu klären. Grundsätzlich tritt die Vertretungswirkung nur ein, wenn (a) klar ist, dass der Vertreter für einen anderen handeln will, (b) der Vertretene dem Vertreter eine Vollmacht erteilt hat und (c) der Vertreter im Rahmen seiner Vollmacht handelt.

(a) Es versteht sich, dass jeder, der einen Vertrag abschließt, in der Regel wissen will, wer sein Vertragspartner ist. Das OFFENKUNDIGKEIT DER STELLVERTRETUNG Handeln als Stellvertreter muss daher *offenkundig* sein, d. h. der Vertreter muss deutlich machen, dass er nicht für sich selbst, sondern für einen anderen handelt. Wenn der Hauseigentümer E. dem Malermeister M. den Auftrag erteilt, sein Haus anzustreichen, kann M. nachher nicht behaupten, er habe insgeheim den Vertrag für die Firma Kleksel abschließen wollen. Das Gesetz lässt es aber auch ausreichen, wenn sich die Stellvertretung aus den Umständen ergibt. So muss beispielsweise der Verkäufer in einem Fahrradgeschäft nicht extra darauf hinweisen, dass er für den Ladeninhaber handelt. Von der Offenkundigkeit der Stellvertretung wird nur da eine Ausnahme gemacht, wo es auf die Kenntnis der Person des Vertragspartners ersichtlich nicht ankommt. Wer für seinen Freund im Bahnhof eine Zugfahrkarte löst, muss seine Vertretungsabsicht nicht erklären, da es dem Schalterbeamten egal ist, wer diese Fahrkarte benutzt.

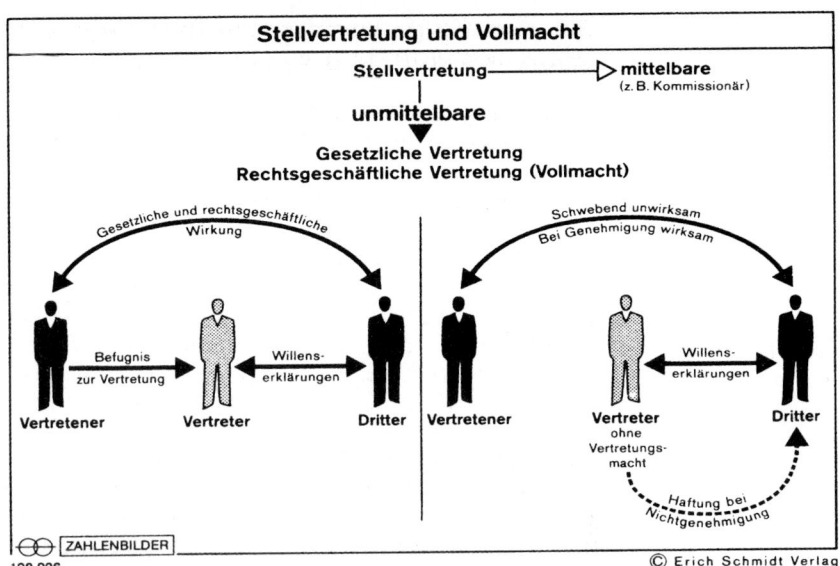

Stellvertretung und Vollmacht

Stellvertretung ──────────▷ **mittelbare** (z. B. Kommissionär)

unmittelbare
▼

Gesetzliche Vertretung
Rechtsgeschäftliche Vertretung (Vollmacht)

Gesetzliche und rechtsgeschäftliche Wirkung

Schwebend unwirksam
Bei Genehmigung wirksam

Befugnis zur Vertretung → Willenserklärungen

Willenserklärungen

Vertretener **Vertreter** **Dritter** | **Vertretener** **Vertreter** ohne Vertretungsmacht **Dritter**

Haftung bei Nichtgenehmigung

⊕⊕ ZAHLENBILDER
128 036

© Erich Schmidt Verlag

(b) Die *Erteilung* der Vollmacht geschieht durch eine einseitige Willenserklärung des Vollmachtgebers, die entweder gegenüber dem zu Bevollmächtigenden *(Innenvollmacht)* oder gegenüber dem Geschäftspartner bzw. der Öffentlichkeit *(Außenvollmacht)* ausgesprochen werden kann. Wichtig ist diese Unterscheidung wegen der Beseitigung der Vollmacht durch einen Widerruf. Die Außenvollmacht schafft für den Geschäftspartner einen Vertrauenstatbestand. Er darf sich auf die Vollmacht des Vertreters so lange verlassen, bis ihm selbst der Widerruf erklärt wird. Mit seinem Schreiben an die Kunden hat J. im Fall (2) eine Außenvollmacht für V. erteilt. Trotz des internen Widerrufs muss sich J. den späteren Verkauf des Schmuckstücks zurechnen lassen, da der Kunde diesen Widerruf nicht kannte.

ERTEILUNG DER VOLLMACHT

(c) Handelt jemand als Vertreter, ohne eine entsprechende Vollmacht zu haben (Vollmacht war nicht oder nur in engeren Grenzen erteilt), so ist das von ihm abgeschlossene Rechtsgeschäft schwebend unwirksam. Derjenige, für den der ‚Vertreter' angeblich gehandelt hat, kann das Geschäft genehmigen. Da G. bei dem Kauf des PC im Beispiel (3) nur die Vollmacht hatte, ein Gerät bis zu 5 000,– DM zu kaufen, ist der Kauf des teureren Gerätes schwebend unwirksam. Genehmigt S. diesen Vertrag, weil ihm das bessere Gerät gefällt, so wird S. selbst Vertragspartner. Verweigert S. die Genehmigung, kann H. von dem seine Vollmacht überschreitenden G. den Kaufpreis verlangen.

FEHLENDE VERTRETUNGSMACHT

10. Der Kauf: wichtigstes Beispiel eines gesetzlichen Schuldvertrages

Es wäre heute nicht mehr vorstellbar, dass die Menschen wie in der Frühgeschichte (bei Naturvölkern auch jetzt noch) ihren Bedarf an Waren durch Tausch befriedigen. Erst durch Einführung des Geldes konnte ein Wirtschaftsverkehr in größerem Umfang entstehen. Dabei begegnet uns am häufigsten der Kauf als Austausch von Ware gegen Geld.

§ 433 BGB: „(1) Durch den Kaufvertrag wird der Verkäufer einer Sache verpflichtet, dem Käufer die Sache zu übergeben und das Eigentum an der Sache zu verschaffen [...]

(2) Der Käufer ist verpflichtet, dem Verkäufer den vereinbarten Kaufpreis zu zahlen und die gekaufte Sache abzunehmen."

(1) K. kauft im Geschäft des V. einen Kühlschrank und einen Fotoapparat. Da V. beide Geräte nicht auf Lager hat, verspricht er, dass diese dem K. direkt vom Großhändler G. zugeschickt werden. Als die Lieferung ankommt, nimmt K. nur den Fotoapparat ab, da seine Küche zu klein für den Kühlschrank ist. Beim Fotoapparat fehlt die Gebrauchsanweisung. Schließlich erhält K. kurz darauf die Rechnung für beide Geräte, wobei zu dem vereinbarten Kaufpreis noch eine Transportgebühr von 50,– DM verlangt wird.

(2) A., der seine Wohnung einrichtet, kauft bei D. einen handbemalten Holzschrank, weiterhin einen Leim, mit dem man auch laut Zusicherung des D. Fliesen an die Wand kleben kann. Zu Hause stellt A. fest, dass das Holz des Schrankes morsch ist. Kurz darauf fallen die mit dem Leim angeklebten Fliesen ab und zerbrechen, da der Leim für diesen Zweck ungeeignet war.

AUFBAU DES
SCHULDRECHTS

Mit den oben stehenden Beispielen betreten wir das Recht der Schuldverhältnisse (Schuldrecht). Schuldverhältnisse sind Rechtsverhältnisse, die eine privatrechtliche Verpflichtung einer Person gegenüber einer anderen Person zum Inhalt haben. Solche Verpflichtungen können sich aus Verträgen, aber auch aus tatsächlichen Vorgängen, die etwa zum Schadenersatz verpflichten, ergeben. Wie in der Übersicht *(Abs. 1)* dargestellt, ist das Schuldrecht dem System des BGB entsprechend in einen *allgemeinen* und einen *besonderen* Teil gegliedert. Würde man diesem Aufbau folgen, müsste man zunächst die für alle Schuldverhältnisse geltenden Rechte erörtern (Inhalt, Abwicklung und Beendigung von Schuldverhältnissen) und dann die speziellen Vorschriften über einzelne Verträge und gesetzliche Schuldverhältnisse darstellen (Kauf, Miete, Werkvertrag usw.). Aus Gründen der Anschaulichkeit wird hier ein anderer Weg eingeschlagen. Am Beispiel des Kaufes als dem im täglichen Leben häufigsten Vertragstyp soll zuerst ein konkretes Schuldverhältnis dargestellt werden. Anschließend sollen einige allgemeine Regeln des Schuldrechts erläutert werden.

In einem Kaufvertrag verpflichtet sich der Verkäufer zur Veräußerung eines Gegenstandes, der Käufer zur Zahlung einer Geldsumme. Es handelt sich daher um einen gegenseitigen *Austauschvertrag*. Gegenstand des Kaufvertrages können sowohl Sachen (bewegliche Sachen und Grundstücke) als auch Rechte (z. B. Patentrechte oder Aktien) sowie jedes andere verkehrsfähige Gut (etwa ein Lotterielos als bloße Gewinnchance) sein.

Wer eine Sache verkauft, erklärt sich bereit, dem Käufer das *Eigentum* an dieser Sache zu *verschaffen*. Erneut muss man sich hierbei klarmachen, dass diese Verpflichtung streng von der eigentlichen Übertragung des Eigentums (Erfüllung der Pflicht) zu unterscheiden ist. Mit dem Kaufvertrag *verspricht* der Verkäufer, alle erforderlichen Anstrengungen vorzunehmen, damit der Käufer das Eigentum erhält. Der eigentliche Übergang des Eigentums auf den Käufer ist nicht mehr Bestandteil des Kaufvertrages, sondern vollzieht sich nach den Regeln des Sachenrechts *(Abs. 13)*. Die Bedeutung dieser dem deutschen Recht eigentümlichen Trennung zeigt sich etwa daran, dass es durchaus zulässig ist, eine Sache zu verkaufen, die einem anderen gehört. Erst bei der Erfüllung des Kaufvertrages stellt sich die Frage, ob der Verkäufer dem Käufer Eigentum an der fremden Sache verschaffen kann. In Fall (1) hatte der V. zum Zeitpunkt des Kaufvertrages die gewünschten Geräte nicht vorrätig, er musste sie selbst noch von G. erwerben. Trotzdem konnte er seine Eigentumsverschaffungspflicht erfüllen, da G. bereit war, den Kühlschrank und den Fotoapparat an K. zu liefern. Auf der Gegenseite verpflichtet der Kauf den Käufer in erster Linie zur Bezahlung des vereinbarten *Kaufpreises*. Auch hier gehört der Zahlungsvorgang selbst nicht mehr zum Kaufvertrag, sondern ist rechtlich gesehen die Erfüllung der Zahlungspflicht. Sie geschieht entweder durch Übergabe des Geldes oder – was regelmäßig zulässig ist – durch bargeldlose Zahlung (Überweisung, Übergabe eines Schecks usw.).

Für beide Seiten enthält der Kaufvertrag noch *weitere Pflichten*. So muss der Käufer die Ware nicht nur bezahlen, sondern auch abnehmen. Im Fall (1) muss K. also, auch wenn er seine Küche falsch ausgemessen hat, den Kühlschrank bei Anlieferung *abnehmen*. Er muss jedoch keine über den vereinbarten Kaufpreis hinausgehenden Transportkosten bezahlen, wenn die Lieferung zu seinem Wohnort erfolgen sollte (§ 448 BGB). V. kann also die Versandgebühr von 50,– DM nicht verlangen. Oft ergeben sich aus der Art des Kaufvertrages besondere Nebenpflichten, insbesondere *Auskunfts-* und *Informationspflichten*. So muss der Verkäufer bei technisch komplizierten Geräten eine Bedienungsanleitung beifügen, da der Käufer ohne eine solche das Gerät nicht benutzen kann. V. muss demnach zu dem Fotoapparat noch eine Anleitung nachliefern (merke: Diese Pflicht trifft nicht etwa den G., sondern den V., da der Kaufvertrag zwischen V. und K. geschlossen wurde).

Leider ist mit Erfüllung der aufgeführten Haupt- und Nebenpflichten der Kaufvertrag nicht immer erledigt. Mitunter stellt der Käufer nachträglich fest, dass die Ware einen Fehler hat, der ihren üblichen Gebrauch einschränkt oder ganz ausschließt. Natürlich muss sich der Käufer das nicht gefallen lassen. Das Gesetz gibt ihm ein Wahlrecht (§§ 459, 462

BGB). Er kann entweder *wandeln* (den Kaufvertrag rückgängig machen) oder *mindern* (eine Herabsetzung des Kaufpreises begehren). Durch die Wandelung wird der Kaufvertrag gewissermaßen umgedreht; beide Seiten müssen das jeweils Erhaltene zurückgeben. Beim Kauf des Schrankes im Beispiel (2) wird A. wohl diesen Weg wählen, da er einen morschen Holzschrank sicher nicht gebrauchen kann. Zu beachten ist, dass es sich hier um den Kauf eines bestimmten Stückes handelt (Stückkauf). Hätte A. einen neuen serienmäßig hergestellten Schrank mit ebenfalls schlechtem Holz gekauft (Gattungskauf), so hätte er noch eine dritte

Wahlmöglichkeit; er könnte *Lieferung* eines *fehlerfreien Stückes* aus dieser Gattung verlangen (§ 480 BGB).

Wer aufmerksam die Praxis vieler Kaufgeschäfte verfolgt, wird einwenden, dass bei dieser Aufzählung von Gewährleistungsrechten das häufig vereinbarte *Nachbesserungsrecht* des Käufers fehlt. Erneut muss betont werden, dass die genannten gesetzlichen Regelungen im Schuldrecht vertraglich abgeändert werden können. Insbesondere werden in Allgemeinen Geschäftsbedingungen beim Kaufvertrag häufig die gesetzlichen Gewährleistungsrechte ausgeschlossen und dafür dem Käufer ein Anspruch auf Nachbesserung (Beseitigung des Fehlers) zugestanden. Ist die

Nachbesserung jedoch nicht erfolgreich (Kaufsache bleibt fehlerhaft), so leben die gesetzlichen Gewährleistungsrechte wieder auf.

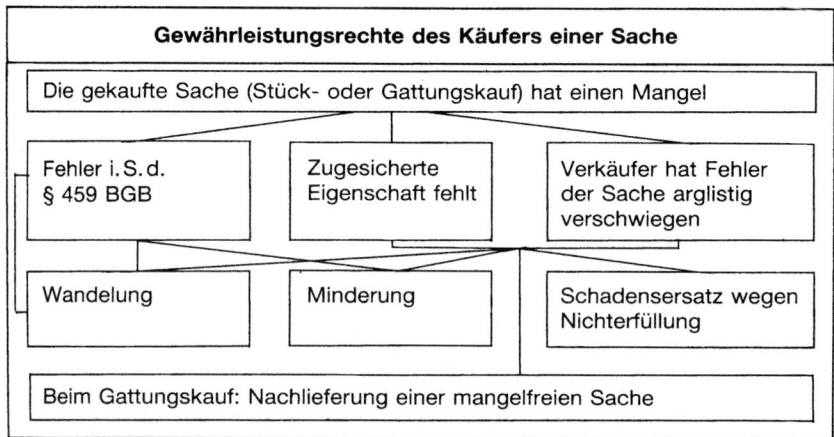

Wurde durch den mangelhaften Kaufgegenstand ein *weiterer Schaden*, etwa durch die Zerstörung anderer Gegenstände, verursacht, so kann der Käufer Ersatz dieses Schadens nur verlangen, wenn der Verkäufer einen Fehler *arglistig verschwiegen* oder eine bestimmte Eigenschaft der Sache *zugesichert* hat, obwohl diese fehlte. Da B. dem A. hinsichtlich des Klebstoffes im Fall (2) ausdrücklich zusicherte, man könne Fliesen damit kleben, kann A. von B. nicht nur den Kaufpreis für den untauglichen Klebstoff, sondern auch Ersatz der zerbrochenen Fliesen verlangen.

MANGEL-
FOLGESCHADEN

11. Leistungsstörungen im Schuldverhältnis

(1) Die Großbank B. will aus Anlass ihres Jubiläums eine publikumswirksame Ausstellung veranstalten. Am 15. 2. vereinbart sie daher mit dem Kunstsammler S., dass dieser ihr eine Reihe von Gemälden für den Monat Mai überlässt, darunter ein Bild von Renoir, eines von Picasso und eines von Dali, jeweils zum Mietpreis von 500,– DM. Aus verschiedenen Gründen kann S. diese drei Bilder im Mai nicht zur Verfügung stellen:
– Das Bild von Renoir wurde schon am 10. 2., was S. nicht wusste, durch einen Brand zerstört.
– Das Bild von Picasso wurde am 12. 2. gestohlen,
– das Bild von Dali hat S. im April an D. verkauft.

Um die Ausstellung durchzuführen, muss B. von einer anderen Galerie drei vergleichbar gute Bilder für je 1000,– DM mieten. Die Bank verlangt von S. den Mehrpreis.

(2) Der Heizölhändler H. verkauft an Fa. F. 100 000 Ltr. Heizöl zum Preis von 40 000,– DM. Noch bevor H. liefern kann, wird sein gesamter Vorrat durch eine Explosion vernichtet. H. will danach den Vertrag nicht mehr erfüllen, da er für eine Ersatzbeschaffung wegen gestiegener Ölpreise 60 000,– DM bezahlen müsste.

(3) Frau G. beauftragt die Baufirma B., ihre Gaststätte bis zum 1. 5. umzubauen. An diesem Tag soll Wiedereröffnung sein. Da die Firma B. zu viele Aufträge gleichzeitig ausführen will, wird sie mit der Gaststätte erst zum 1. 6. fertig. Frau G. hat einen Verdienstausfall von 4000,– DM.

(4) A. fliegt mit der Fluggesellschaft L. zu seinem Urlaubsort. Durch ein Versehen des Bedienungspersonals wurde sein Koffer in ein anderes Flugzeug verladen. A. muss sich am Urlaubsort neu einkleiden.

SCHULDVERHÄLT-
NIS ALS SONDER-
VERBINDUNG

Ein wichtiges Merkmal aller Schuldverhältnisse wurde schon bei der Erörterung des Kaufvertrages deutlich: Die in dem Schuldverhältnis begründeten Rechte und Pflichten bestehen grundsätzlich nur zwischen den am Schuldverhältnis beteiligten Personen. Man spricht deshalb auch von einer rechtlichen *Sonderverbindung*. Diese kann, wie erwähnt, einerseits auf einer vertraglichen Vereinbarung beruhen, deren Zustandekommen im allgemeinen Teil des BGB geregelt ist (s. *Abs. 6*). Andererseits können schuldrechtliche Verpflichtungen auch dadurch entstehen, dass jemand einem anderen Schaden zufügt, etwa durch Verletzung seines Eigentums *(Abs. 12)* Der Schädiger schuldet dem anderen den Ausgleich des Schadens.

Das Schuldrecht regelt in seinem allgemeinen Teil Fragen, die sich bei der Mehrzahl aller Schuldverhältnisse ergeben können, z.B. die Art und Weise der Leistung (wie, wo und wann ist zu leisten), wer am Schuldverhältnis beteiligt sein kann und welche Gründe ein Schuldverhältnis zum Erlöschen bringen. Rechtlicher Streit entsteht insbesondere dann, wenn sich bei der Abwicklung eines Vertrages Störungen ergeben. Daher sollen die wichtigsten Störungsformen hier erläutert werden.

Beim Kaufvertrag haben wir gesehen, dass jede der beiden Vertragsparteien Rechte und Pflichten hat. Ganz allgemein bezeichnet man denjenigen, der aus einem Schuldverhältnis

etwas fordern kann, als den *Gläubiger,* den anderen, der auf-grund seiner Pflicht etwas leisten muss, als den *Schuldner.*
Da bei den meisten Verträgen beide Parteien sowohl etwas verlangen können als auch etwas leisten müssen (Austauschprinzip), ist jede Partei zugleich Gläubiger und Schuldner (der Käufer ist Gläubiger hinsichtlich des Anspruches auf den Kaufgegenstand und Schuldner des Zahlungsanspruches, umgekehrt schuldet der Verkäufer den Gegenstand und ist Gläubiger des Zahlungsanspruches). Mit der jeweiligen Leistung werden die gegenseitigen Verbindlichkeiten erfüllt.

Von einer *Leistungsstörung* spricht man dann, wenn der Schuldner die Leistung nicht in der gesetzlich vorgeschriebenen oder vertraglich vereinbarten Weise erbringt. Dabei sind drei Möglichkeiten zu unterscheiden:
    (a) Der Schuldner kann nicht leisten;
    (b) er leistet zu spät;
    (c) seine Leistung ist schlecht.

(a) Leistet der Schuldner nicht (Kaufsache wird nicht übereignet), so kann das daran liegen, dass der Schuldner nicht leisten will oder nicht leisten kann. Liegt es daran, dass er nicht leisten will, so kann der Gläubiger mit Hilfe des Gerichts die Leistung erzwingen, notfalls auf dem Wege der Zwangsvollstreckung. Ist der Schuldner gar nicht in der Lage, die Leistung zu erbringen, wie bei dem Renoirbild, so nützt dem Gläubiger eine Erfüllungsklage nichts. Man bezeichnet dies als *Unmöglichkeit* der Leistung. Es bleibt die Frage, ob und wie der Gläubiger dann einen Schadensausgleich erhalten kann.

Ist die Leistungspflicht auf ein oder mehrere bestimmte Stücke *(Stückschuld)* bezogen, so sind die Rechtsfolgen der Unmöglichkeit je nach ihrer Art verschieden. Zeitlich unterscheidet man die *anfängliche* Unmöglichkeit (sie lag schon vor Bestehen des Schuldverhältnisses vor) von der *nachträglichen* (sie trat erst nach Begründung des Schuldverhältnisses ein). Zu trennen ist auch die *objektive* von der *subjektiven* Unmöglichkeit. Bei der objektiven Unmöglichkeit kann die Leistung von niemandem erbracht werden, bei der subjektiven zwar nicht vom Schuldner, wohl aber von einem Dritten.

Einige der sich daraus ergebenden Kombinationsmöglichkeiten dieser Merkmalspaare lassen sich an Fall (I) verdeutlichen, bei dem es sich rechtlich um eine entgeltliche Überlassung, also einen Mietvertrag handelt (kein Leihvertrag, da dieser unentgeltlich ist). Da das Bild von Renoir schon vor dem Vertragsschluss zerstört wurde (der geschuldete

Rechte des Gläubigers bei Leistungsstörungen

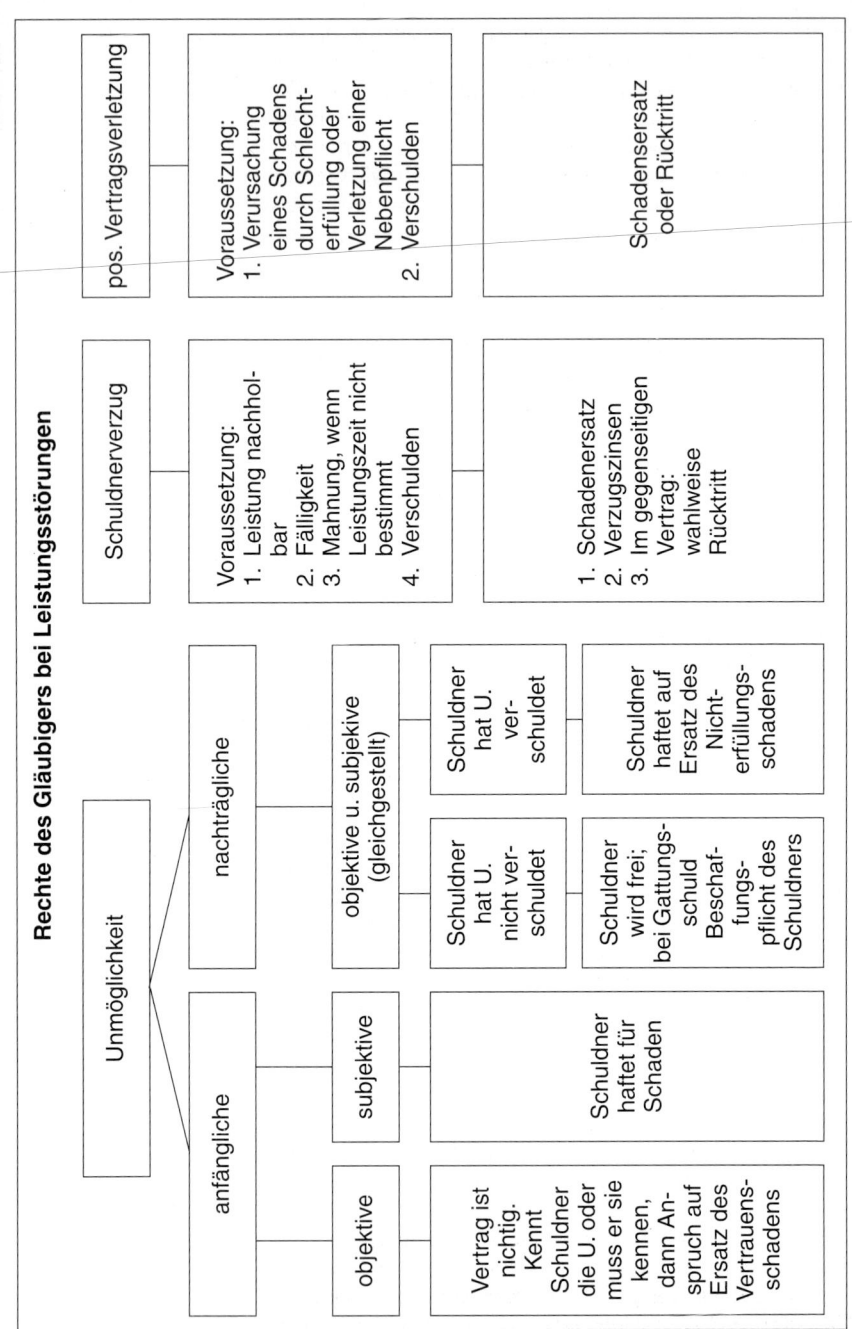

Unmöglichkeit			Schuldnerverzug	pos. Vertragsverletzung

Unmöglichkeit

anfängliche		nachträgliche
objektive	subjektive	objektive u. subjektive (gleichgestellt)

anfängliche – objektive:
Vertrag ist nichtig. Kennt Schuldner die U. oder muss er sie kennen, dann Anspruch auf Ersatz des Vertrauensschadens

anfängliche – subjektive:
Schuldner haftet für Schaden

nachträgliche – objektive u. subjektive (gleichgestellt):

Schuldner hat U. nicht verschuldet	Schuldner hat U. verschuldet
Schuldner wird frei; bei Gattungsschuld Beschaffungspflicht des Schuldners	Schuldner haftet auf Ersatz des Nichterfüllungsschadens

Schuldnerverzug

Voraussetzung:
1. Leistung nachholbar
2. Fälligkeit
3. Mahnung, wenn Leistungszeit nicht bestimmt
4. Verschulden

1. Schadenersatz
2. Verzugszinsen
3. Im gegenseitigen Vertrag: wahlweise Rücktritt

pos. Vertragsverletzung

Voraussetzung:
1. Verursachung eines Schadens durch Schlechterfüllung oder Verletzung einer Nebenpflicht
2. Verschulden

Schadensersatz oder Rücktritt

Gegenstand also von niemand geleistet werden kann), handelt es sich um einen Fall der anfänglichen, objektiven Unmöglichkeit. Daher ist der Vertrag nichtig (§ 306 BGB). Die Vereinbarung ist hinsichtlich dieses Bildes gegenstandslos. Hätte jedoch S. die Zerstörung des Bildes gekannt und trotzdem auch hinsichtlich dieses Bildes den Mietvertrag abgeschlossen, so hätte er der B. die Auslagen dafür ersetzen müssen, die sie im Vertrauen auf die Wirksamkeit dieser Vereinbarung gehabt hätte (z.b. Kosten für eine Versicherung des Bildes). Der Diebstahl des Bildes von Picasso geschah ebenfalls vor Vertragsschluss. Jedoch besteht das Bild noch, wenn auch nicht in der Verfügungsgewalt des E. Hier liegt eine anfängliche subjektive Unmöglichkeit vor. Die nicht im Gesetz geregelten Rechtsfolgen sind umstritten. Nach herrschender Meinung muss der Schuldner stets für den dadurch verursachten Schaden aufkommen, auch wenn ihn an den Umständen der Leistungshinderung kein Verschulden trifft. Das Bild von Dali wurde schließlich von S. selbst nach dem Vertragsschluss verkauft. Bei der nachträglichen Unmöglichkeit (objektiv und subjektiv) hängt die Frage, ob der Schuldner für den Schaden aufkommen muss, davon ab, ob er die Unmöglichkeit verschuldet hat (§ 280 bzw. §§ 325, 276 BGB). Da S. durch die Veräußerung des „Dali" die vertragsgemäße Überlassung an B. verhindert hat, haftet er auch für diesen Schaden. Der Umfang des Schadens ergibt sich aus der Tatsache, dass B. gleichwertige Bilder nur zum doppelten Preis mieten kann. Eine nachträgliche subjektive Unmöglichkeit liegt auch im Fall des explodierten Heizölvorrats vor Beispiel (2). Im Unterschied zu Fall (1) bezieht sich die Verpflichtung nicht auf ganz bestimmte Gegenstände, sondern auf eine der *Gattung* nach bezeichnete Sache (eine bestimmte Menge von Heizöl). Sofern – wie bei Heizöl – die Gattung als solche noch besteht, ist der Schuldner stets zur Lieferung verpflichtet (§ 243 Abs. 1 BGB). Er muss notfalls zu höheren Preisen eine Ersatzlieferung beschaffen und damit einen Verlust hinnehmen. Will er dieses Risiko ausschließen, muss er beim Vertragsschluss seine Lieferbereitschaft ausdrücklich auf seinen Vorrat beschränken.

UNMÖGLICHKEIT BEI GATTUNGSSCHULD

(b) Leistet der Schuldner zu spät *(Schuldnerverzug)*, bleibt die Leistung zunächst auch aus. Im Unterschied zur Unmöglichkeit kann sie jedoch nachgeholt werden. Durch die verspätete Leistung wird beim Gläubiger häufig ein Schaden verursacht. Ein typischer Fall des Verzögerungsschadens ist durch die verspätete Fertigstellung der umgebauten Gaststätte im Fall (3) eingetreten. Die säumige B. muss die-

SCHULDNERVERZUG

sen Schaden aber nur dann ersetzen, wenn die gesetzlichen Verzugsvoraussetzungen vorliegen:

FÄLLIGKEIT – Die geschuldete Leistung muss *fällig* sein, d.h. der Schuldner muss verpflichtet sein, die Leistung jetzt zu erbringen.,

MAHNUNG – Grundsätzlich muss der Gläubiger den Schuldner *mahnen* (Leistungsaufforderung an den Schuldner). Es bedarf jedoch keiner Mahnung, wenn der Leistungszeitpunkt kalendermäßig genau bestimmt ist.

VERSCHULDEN – Die Verzögerung muss vom Schuldner *vorsätzlich* oder *fahrlässig* verursacht worden sein.

Wenn diese Voraussetzungen vorliegen, kann der Gläubiger Ersatz seines Schadens verlangen oder, sofern es sich um einen gegenseitigen Austauschvertrag handelt, vom Vertrag zurücktreten.

SCHLECHT-ERFÜLLUNG (c) Die schlechte Leistung: Der Gesetzgeber ging offenbar davon aus, dass es neben der Unmöglichkeit und dem Verzug sowie der bei verschiedenen Vertragstypen geregelten Mängelhaftung (s. *Abs. 10*) keine weiteren Störungen gibt. Von der Rechtsprechung wurde jedoch bald anerkannt, dass es Arten der *Schlechterfüllung* gibt, die dem Gläubiger genauso Schaden zufügen können wie die verspätete oder unmöglich gewordene Leistung. Die Vertragswidrigkeit der Leistung kann sich auf den Leistungsgegenstand selbst beziehen (die mangelhafte Elektromaschine ist schadhaft und verursacht einen Brand) oder auf Sorgfalts- und sonstige Nebenpflichten, die die Erreichung des vertraglichen Zwecks sichern sollen. Die Verletzung solcher Pflichten bezeichnet man als *positive Vertragsverletzung*. Sie führt jedoch

POSITIVE VERTRAGS-VERLETZUNG wie beim Verzug nur dann zu einer Schadensersatzpflicht, wenn sie schuldhaft erfolgte (Unterschied zur Mängelhaftung beim Kauf). Im Fall (4) ist eine solche *schuldhafte* Pflichtverletzung darin zu sehen, dass der Koffer des A. versehentlich falsch verladen wurde. Der Schaden des A. besteht darin, dass er Ersatzkleidung beschaffen musste. Die entsprechenden Kosten müssen von der L. ersetzt werden.

12. Unerlaubte Handlung und Gefährdungshaftung

Schuldrechtliche Verpflichtungen entstehen nicht nur durch Rechtsgeschäfte, sondern auch durch tatsächliche Ereignisse.

§ 823 BGB: „(1) Wer vorsätzlich oder fahrlässig das Leben, den Körper, die Gesundheit, die Freiheit, das Ei-

gentum oder ein sonstiges Recht eines anderen wider-
rechtlich verletzt, ist dem anderen zum Ersatz des da-
raus entstehenden Schadens verpflichtet."
(1) A. verprügelt den B., da dieser der Freundin F. des
A. seine Zuneigung zeigt. B. wird erheblich verletzt, hat
Arztkosten, auch wurde sein neuer Anzug zerrissen.
(2) Abwandlung zu (1): Diesmal entstand die Prügelei,
weil B. die F. gegen ihren Willen stürmisch küsste und A.
den B. davon abhalten wollte.
(3) D. zeigt seinen Nachbarn N. wegen eines schweren
Verbrechens bei der Polizei an, obwohl er sich keines-
wegs seiner Sache sicher ist. Seine Zweifel äußert er
bei der Polizei nicht. Der N. wird darauf einige Tage in
Untersuchungshaft gebracht, bis sich seine Unschuld
erweist. Er hat deshalb einen Verdienstausfall von
1 000,– DM.
(4) Das Magazin S. bringt einen kritischen Bericht über
die Fernsehansagerin X. U.a. wird ausgeführt, sie sehe
aus wie eine ausgemolkene Ziege, bei ihrem Anblick
werde den Zuschauern die Milch sauer. X. will wegen
dieser krassen Beleidigung Schmerzensgeld haben.
(5) Wegen eines plötzlichen Defekts in der Bremsanla-
ge blockiert das von F. gelenkte Fahrzeug des H., kommt
auf die Gegenfahrbahn und beschädigt den Pkw der G.

Neben den Rechten und Pflichten, die durch Rechtsgeschäfte, insbesondere Verträge, entstehen, gibt es Rechtsgüter,
die so wichtig und schutzwürdig sind, dass *jedermann* sie re-
spektieren muss. Es sind dies elementare Rechte, die gewissermaßen zum Kern der menschlichen Existenz gehören und
dem Einzelnen einen Schutzraum in der Gemeinschaft gewähren. Zu diesen sogenannten *absoluten* (da gegen jedermann wirkenden) Rechten gehören die in § 823 (1) BGB aufgeführten Rechtsgüter Leben, Körper, Gesundheit, Freiheit,
Eigentum und „sonstige Rechte". Wer in diese Rechte ein-
greift, etwa durch Verletzung eines anderen Menschen oder
durch Zerstörung fremden Eigentums, muss den dadurch
verursachten Schaden ersetzen. Dieser Grundsatz ist im
wichtigsten Tatbestand (§ 823 (1) BGB) des Rechts der *un-*
erlaubten Handlung verkörpert. Obwohl man dieses Gebiet,
das auch mit dem Begriff Deliktsrecht bezeichnet wird, auf
den ersten Blick mit dem Strafrecht in Verbindung bringt,
muss man sich klarmachen, dass es sich hierbei um rein zivilrechtliche Ansprüche handelt, die auch gerichtlich völlig unabhängig vom Strafverfahren geprüft werden. Freilich besteht eine äußere Ähnlichkeit mit den Elementen der

SCHUTZ
ABSOLUTER
RECHTSGÜTER

ABSOLUTE RECHTE

Strafbarkeit im Aufbau des § 823 BGB. Die *Schadensersatz-pflicht* tritt nur ein, wenn eines der genannten Rechtsgüter in *objektiv rechtswidriger* und *subjektiv schuldhafter* Weise verletzt wurde. In Fall (1) hat A. den Körper des B. sowie dessen Eigentum verletzt. Grundsätzlich sind solche Handlungen rechtswidrig, wenn nicht ausnahmsweise ein anderes Recht dies gestattet. Ein solcher Rechtfertigungsgrund ist hier nicht ersichtlich. Auch liegt ein Verschulden des A. vor, da er vorsätzlich handelte. Er muss daher die Arztkosten und den Wert des Anzugs ersetzen. Hinzu kommt im Deliktsrecht, dass wegen der Verletzung des Körpers und der Gesundheit sowie im Falle der Freiheitsentziehung auch *Schmerzensgeld* verlangt werden kann (§ 847 BGB).

Während man sich die Rechtsgüter Leben, Körper, Gesundheit, Freiheit und Eigentum *(s. Abs. 12)* gut vorstellen kann,

bedarf die Bezeichnung *sonstige Rechte* einer Erläuterung. Gemeint sind damit weitere gegen jedermann wirkende Rechte, die teilweise vom Eigentum abgeleitet sind (z.B. das Pfandrecht), teilweise zum Schutz der Person gehören. Anerkannt ist insbesondere ein allgemeines Persönlichkeitsrecht, das die Achtung der Persönlichkeit, der Ehre und der Privatsphäre zum Ziel hat. Die völlig überzogene und beleidigende Berichterstattung über die Fernsehansagerin X. im Beispiel (4) fällt gewiss hierunter.

Der Eingriff in das fremde Rechtsgut muss *rechtswidrig* sein, wenn der Betroffene Schadensersatz verlangen will. Dies ist dann nicht der Fall, wenn der Handelnde einen Rechtfertigungsgrund hat. So kann sich der A. in Fall (2) darauf berufen, dass er die F. in Notwehr (§ 227 BGB) verteidigt hat, wenn er nicht auf andere Weise den B. von seinem stürmischen Angriff abhalten kann.

Schließlich setzt § 823 Abs. 1 BGB ein *schuldhaftes* Handeln voraus (zur Deliktsfähigkeit s. *Abs. 3*). Zu beachten ist dabei, dass der Umfang der Schadensersatzpflicht nicht vom Grad des Verschuldens abhängt. Im Unterschied zum Strafrecht führt also eine leichte Fahrlässigkeit zur gleichen Rechtsfolge wie ein vorsätzliches Tun. Durch seine Anzeige hat D. in Fall (3) die Verhaftung des N. und damit den Entzug seiner Freiheit verursacht. Zwar ist dem D. nicht vorzuwerfen, dass er den N. nur auf einen Verdacht hin anzeigt. Er handelte aber fahrlässig, da er die Ungewissheit seiner Beobachtung nicht erkennen ließ. Die Polizei hätte dann vermutlich noch weiter ermittelt und von einer Verhaftung abgesehen. D. muss den Verdienstausfall des N. ersetzen. Dieser materielle Schaden (1 000,–DM) ist im gleichen Umfang zu ersetzen, wie wenn D. die Unschuld des N.

gekannt und absichtlich eine falsche Anzeige erstattet hätte. Lediglich bei der Bemessung des Schmerzensgeldes kann die Form des Verschuldens berücksichtigt werden.

SCHADENSERSATZ

Wie *Schadensersatz* zu leisten ist, regelt das Gesetz für alle Fälle der Ersatzpflicht (also auch für die vertragliche Haftung) im allgemeinen Teil des Schuldrechts (§§ 249 ff. BGB). Grundsätzlich ist der Schädiger verpflichtet, den Zustand herzustellen, der ohne das schädigende Ereignis bestehen würde. Dieser Grundsatz der ,Herstellung in Natur' *(Naturalrestitution)* kommt freilich in der Praxis kaum vor. Bei Personen- und Sachschäden kann nämlich der Verletzte den für die Herstellung erforderlichen Geldbetrag verlangen (z. B. Reparaturkosten nach einem Autounfall). Wo eine Herstellung aus tatsächlichen Gründen nicht möglich ist, muss der Schaden ohnehin nach wirtschaftlichen Gesichtspunkten durch einen Geldbetrag ausgeglichen werden (etwa Ersatz des Verkehrswerts bei Totalschaden eines Pkw).

SCHMERZENSGELD

Eine Besonderheit des Deliktsrechts ist, wie oben erwähnt, der Ersatz des *ideellen* Schadens, wenn durch eine unerlaubte Handlung der Körper oder die Gesundheit verletzt oder die Freiheit entzogen wurde (§ 847 BGB). Gemeint ist damit ein Ausgleich für das Ertragen von Schmerzen oder den sonstigen Verlust an Lebensfreude (Behinderung nach Verlust eines Beines). Die Rechtsprechung hat u.a. anhand des höchstrichterlich entschiedenen Beispielfalles (4) den Schmerzensgeldanspruch auch auf die Verletzung der allgemeinen Persönlichkeit ausgedehnt. Bei einer so üblen öffentlichen Beleidigung ist zumindest ein ,Trostpflaster' angebracht. Rechtspolitisch ist dieser Fall insofern interessant, als die Rechtsprechung das Grundgesetz herangezogen hat, um das BGB zu ergänzen. Der Wert der Persönlichkeit wird vom Grundgesetz auf eine gleiche Stufe mit Körper, Gesundheit und Freiheit gesetzt. Dies muss sich auch bei dem zivilrechtlichen Schutz ausdrücken.

GEFÄHRDUNGS-HAFTUNG

Wir haben gesehen, dass das Recht der unerlaubten Handlung vom Grundsatz der Verschuldenshaftung beherrscht ist. Dahinter steht der Gedanke, dass man üblicherweise Schaden vermeiden kann, wenn man die nötige Sorgfalt aufwendet. Freilich gibt es (überwiegend im technischen Bereich) Sachen oder Anlagen, die schon von Natur aus so *gefährlich* sind, dass, trotz großer Aufmerksamkeit der für sie verantwortlichen Menschen, Schäden immer wieder eintreten können. Dazu gehören Tiere, deren Reaktionen nicht immer vorhersehbar sind. Praktisch wichtiger sind heute aber die technischen Risiken durch den Gebrauch von Kraftfahrzeugen, Eisenbahnen und Flugzeugen oder durch den Betrieb

GEFÄHRLICHER BETRIEB

von Gas-, Elektrizitäts- und Kernkraftwerken. Es wäre aus gesamtwirtschaftlichen Gründen nicht vertretbar, den Gebrauch dieser gefährlichen Sachen oder Anlagen zu verbieten. Andererseits muss ein Ausgleich dann geschaffen werden, wenn durch diese Gefahrenquellen andere Menschen zu Schaden kommen, ohne dass dem jeweils Verantwortlichen ein Verschulden zur Last gelegt werden kann. Der Gesetzgeber hat daher für diese gefährlichen Bereiche in verschiedenen Einzelgesetzen (nur die Haftung des Tierhalters ist im BGB geregelt) die sogenannte *Gefährdungshaftung*, nämlich eine Haftung ohne Verschulden angeordnet. Dabei trifft die Haftung denjenigen, der über die Sache oder Anlage die tatsächliche und wirtschaftliche Verfügungsgewalt hat. Beim Kraftfahrzeug kommt es also bei der Gefährdungshaftung nicht darauf an, wer das Auto fährt, sondern wer sein Halter ist. Wenn das von F. gelenkte Fahrzeug des Halters H. durch ein unvorhersehbares Blockieren der Bremsen einen Unfall verursacht Beispiel (5), muss H. den Schaden der G. ersetzen, obwohl er den Defekt und damit den Unfall nicht verschuldet hat. Da jedoch für jedes Fahrzeug eine Haftpflichtversicherung abgeschlossen werden muss (obligatorische Pflichtversicherung), wird der Schaden letztlich von der Versicherung getragen.

Der Bereich der Gefährdungshaftung wurde in letzter Zeit ausgeweitet. Aufgrund einer Richtlinie der Europäischen Gemeinschaft zur Harmonisierung des europäischen Rechts hat der Gesetzgeber das sogenannte Produkthaftungsgesetz erlassen. Danach haftet der Hersteller eines Produktes für Schäden, die durch einen Fehler seines Produktes auch ohne sein Verschulden verursacht wurden. Ähnliches ist im Arzneimittelgesetz geregelt; dort haftet der Hersteller eines Arzneimittels verschuldensunabhängig, wenn durch dieses der Tod eines Menschen oder eine Körperverletzung verursacht wurde. Weitere Anwendungsgebiete der Gefährdungshaftung finden sich im Atom- sowie im Umwelthaftungsgesetz.

13. Grundelemente des Sachenrechts

Die äußere gegenständliche Umwelt der Menschen besteht aus Sachen, beweglichen und unbeweglichen. Die meisten davon sind Personen in einer bestimmten rechtlichen Weise zugeordnet. Welche Befugnisse sich hieraus ergeben und wie ein Recht an einer Sache erworben wird und verloren geht, regelt das Sachenrecht.

(1) E. ist Eigentümer eines Fahrrads. Dieses hat er für drei Tage seinem Freund F. geliehen. Da F. es nicht rechtzeitig zurückbringt, glaubt D., er könne es unbehelligt benutzen. Kann F. ihn daran hindern?

(2) Der Grundstückseigentümer G. kommt nach einer Reise zurück und stellt fest, dass Nachbar N. Baumaterialien auf seinem Grundstück abgeladen hat. Zudem hat N. die Baumleiter des G. von dessen Grundstück geholt.

(3) Der Schriftsteller S. will vom Händler H. eine Schreibmaschine erwerben, kann den Kaufpreis aber erst nach Veröffentlichung seines nächsten Romans in drei Monaten bezahlen. S. will aber die Maschine sofort mitnehmen.

(4) V. hat an M. eine wertvolle Baumaschine vermietet. Da M. in Geldschwierigkeiten ist, verkauft und übereignet er diese Maschine an P., der den M. für den Eigentümer hält. V. erfährt dies und verlangt die Maschine von P. heraus.

(5) Abwandlung zu *(4)*: M. hat die Maschine von V. entwendet und veräußert sie dann an P.

(6) A. will sein Gartengrundstück möglichst ‚unbürokratisch' an B. veräußern. Beide schreiben an das Grundbuchamt, dass B. ins Grundbuch als neuer Eigentümer eingetragen werden soll. Ist B. Eigentümer geworden?

(7) Das Haus der S. ist mit einer 1. Hypothek von 40 000,– DM zugunsten des X. und einer 2. Hypothek von 80 000,– DM zugunsten des Y. belastet. Da S. ihre Schulden an X. und Y. nicht bezahlen kann, wird das Haus zwangsversteigert. Der Versteigerungserlös beträgt 60 000,– DM.

Da fast alle Sachen nicht im Überfluss vorhanden, sondern knapp und begehrt sind, legt das Recht als soziales Ordnungssystem fest, wem die *Verfügungsmacht* und der *Gebrauch* einer Sache zusteht und wie diese Befugnisse erworben und übertragen werden können. Darüber enthält das *Sachenrecht* (Drittes Buch des BGB) eine Fülle von Regelungen, die vielfach danach unterscheiden, ob es sich um *bewegliche* Sachen oder *unbewegliche* Sachen (Grundstücke mit deren wesentlichen Bestandteilen) handelt. Der Grund für diese Unterscheidung liegt u.a. darin, dass die Rechtsverhältnisse an Grund und Boden in besonderer Weise die Lebensgrundlage der Menschen berühren und daher in einem öffentlichen Register, dem Grundbuch, festgehalten werden.

BEFUGNISSE
AN EINER SACHE

BEWEGLICHE UND
UNBEWEGLICHE
SACHEN

BESITZ

Häufig hört man die Redewendung, dass jemand ein Auto, ein Haus etc. *besitze*. Gemeint ist damit regelmäßig, dass dem Betreffenden das Auto bzw. Haus gehöre, dass er also der Eigentümer sei. In der juristischen Sprache sind jedoch *Eigentum* und *Besitz* zwei verschiedene, scharf zu trennende Begriffe. Während das Eigentum das umfassendste Recht (Vollrecht) an einer Sache ist, bedeutet der Besitz die *tatsächliche Sachherrschaft*. Eigentümer und Besitzer können verschiedene Personen sein, sei es, dass der Eigentümer einem anderen den Besitz einräumt (z. B. durch Vermietung der Sache), sei es, dass der Eigentümer an dem Besitz seiner Sache gehindert wird (etwa durch Diebstahl). Obwohl der Besitz kein Recht an der Sache ist, wird er rechtlich geschützt. Im Fall (1) übt nach Ablauf der Leihfrist den Besitz an dem Fahrrad aus, ohne dazu gegenüber dem Eigentümer E. berechtigt zu sein. Gleichwohl kann er als Besitzer den D. von einem unbefugten Gebrauch des Fahrrads abhalten.

EIGENTUM

Das Eigentum ist – wie erwähnt – das *umfassendste Herrschaftsrecht*. Daher kann der Eigentümer nach Belieben mit seiner Sache verfahren und andere von jeder Einwirkung ausschließen (§ 903 BGB). Insbesondere hat er bei Störungen seines Eigentums einen *Beseitigungs-* und *Unterlassungsanspruch* (§ 1004 BGB). G. kann deshalb in Fall (2) von N. verlangen, dass die Baumaterialien sofort weggeräumt werden. Wird dem Eigentümer die Sache ganz entzogen, kann er vom Besitzer *Herausgabe* fordern, sofern er dem Besitzer kein Recht zum Besitz eingeräumt hat (§ 985 BGB). N. muss natürlich auch die Leiter zurückgeben. Die Herrschaftsmacht des Eigentümers ist jedoch nicht schrankenlos. Die

SOZIALBINDUNG

grundgesetzlich verankerte *Sozialbindung* des Eigentums gebietet auch dem Eigentümer, wichtige Interessen der Allgemeinheit zu berücksichtigen. So kann der Grundstückseigentümer nicht bauen, wie er will, sondern nur im Rahmen der vom Baurecht gezogenen Grenzen.

ÜBERTRAGUNG
DES EIGENTUMS
AN BEWEGLICHEN
SACHEN

Die *Übertragung des Eigentums* an beweglichen Sachen ist in den §§ 929 ff. BGB geregelt. Regelmäßig erwirbt man Eigentum, wenn man sich mit dem Berechtigten über den Eigentumsübergang einigt (sachenrechtlicher Vertrag) und die Sache von ihm übergeben bekommt (die Übergabe kann unter bestimmten Voraussetzungen ersetzt werden, siehe dazu §§ 930, 931 BGB). Bei einem käuflichen Erwerb kommt es häufig vor, dass der Käufer die Sache sofort gebrauchen möchte, den Kaufpreis aber – wie im Beispiel (3) – noch nicht bezahlen kann. Die Praxis hilft sich hier durch

EIGENTUMS-
VORBEHALT

Vereinbarung eines sogenannten *Eigentumsvorbehaltes* (in fast allen Allgemeinen Geschäftsbedingungen enthalten).

60

Sachenrechtlich bedeutet dies, dass sich Veräußerer und Erwerber schon zum Zeitpunkt der Übergabe der Kaufsache über den Eigentumsübergang einigen, allerdings unter einer aufschiebenden *Bedingung: Das Eigentum soll erst übergehen, wenn der Kaufpreis vollständig bezahlt ist.* Damit verbleibt dem Verkäufer eine gewisse rechtliche Sicherheit.

Nicht immer ist der Veräußerer, der sich als Eigentümer ausgibt, auch tatsächlich der wahre Eigentümer. Der Erwerber ist oft nicht in der Lage, die Rechtsverhältnisse zu überprüfen. Um den Erwerb nicht mit einer ständigen Unsicherheit zu belasten, schützt das Sachenrecht den *gutgläubigen* Erwerber. Wenn dieser an das vermeintliche Eigentum des Veräußerers zum Zeitpunkt der Übergabe der Sache glauben durfte, so erwirbt er Eigentum, auch wenn die Sache einem Dritten gehörte. Als der Mieter der Baumaschine M. diese P im Fall (4) zum Kauf anbot, spiegelte er damit, ohne dies ausdrücklich zu erklären, sein Eigentum vor. Da M. die Maschine in Besitz hatte, durfte P. auf dessen Eigentum vertrauen (der Besitz gilt gewissermaßen als äußeres Kleid des Eigentums) und erwarb daher die Maschine. Dies bedeutet gleichzeitig, dass V. sein Eigentum verlor und die Maschine nicht von P. herausverlangen kann. (Freilich kann er sich an M. schadlos halten.) Der Vertrauensschutz des redlichen Erwerbers hat jedoch seine Grenze, wenn die Sache dem wahren Eigentümer gestohlen wurde oder sonst gegen seinen Willen *abhanden* gekommen ist. In diesen Fällen ist ein gutgläubiger Erwerb ausgeschlossen. In Fall (5) behält V. sein Eigentum und kann die Maschine von P. zurückverlangen.

GUTGLÄUBIGER ERWERB

Für die Übertragung von *Grundstücken* gelten besonders strenge Vorschriften. Dies ist schon deshalb notwendig, weil ein Grundstück mit dem darauf errichteten Gebäude eine rechtliche Einheit bildet. Außerdem sehen viele Menschen ihr Haus oder ihre Eigentumswohnung als den wertvollsten und wichtigsten Vermögensgegenstand an.

GRUNDSTÜCKSÜBERTRAGUNG

Wer sein Grundstück auf einen Erwerber übertragen will, muss mit diesem die Einigung bei einem Notar erklären *(Auflassung)*, der den Eigentumswechsel beurkundet, § 925 BGB. Anschließend muss der Erwerber als neuer Eigentümer im *Grundbuch* (öffentliches Register über die Rechtsverhältnisse an Grundstücken) *eingetragen* werden. Also ersetzt die Eintragung im Grundbuch aus Gründen der Rechtsklarheit die uns von den beweglichen Sachen her bekannte Übergabe. Erst dann ist der Eigentumsübergang vollzogen. Im Beispielsfall (6) ist B. daher noch nicht Ei-

AUFLASSUNG

EINTRAGUNG IM GRUNDBUCH

gentümer geworden. Es fehlt sowohl an der notariellen Beurkundung der Einigung als auch an der Eintragung, die ohne diese Beurkundung nicht vorgenommen wird.

Wegen des Grundbuchs sind die Eigentumsverhältnisse an Grundstücken besser zu erkennen als bei beweglichen Sachen. Mitunter kommen aber auch unrichtige Eintragungen vor. Veräußert ein fälschlich Eingetragener das Grundstück, so kommt dem Erwerber der Schein des Grundbuches zugute. Er erwirbt das Grundstück vom ‚Scheineigentümer‘, sofern er nicht die Unrichtigkeit des Grundbuches kannte.

Wir haben das Eigentum oben als Vollrecht gekennzeichnet, das dem Eigentümer eine umfassende Herrschaft über die Sache gibt. Das Eigentum kann in einzelne Befugnisse (Nutzungsbefugnis, Verwertungsbefugnis) aufgeteilt werden, wobei es für den Wirtschaftsverkehr wichtig ist, dass solche ‚Eigentumssplitter‘ getrennt übertragbar sind. Man spricht von *beschränkt dinglichen Rechten*, die es sowohl an beweglichen Sachen wie an Grundstücken gibt. Beispielhaft sollen hier einige Sicherungsrechte kurz angesprochen werden.

BESCHRÄNKT DINGLICHE RECHTE

Wer etwa einem anderen einen größeren Geldbetrag ausleiht, will oft seinen Anspruch auf Rückzahlung sichern lassen. Das klassische Sicherungsmittel bei beweglichen Sachen ist das *Faustpfand*, d. h. der Gläubiger des Geldanspruches erhält eine bewegliche Sache als Sicherheit, die er notfalls verwerten kann, wenn der Schuldner nicht in der Lage ist, das Geld zu bezahlen. Der Nachteil des Faustpfandes besteht darin, dass der die Sicherung gewährende Eigentümer die Sache körperlich übergeben muss und sie daher nicht für sich nutzen kann. Praktisch wichtiger ist daher heute ein anderes Sicherungsmittel, das der Rechtsverkehr (und die Rechtsprechung) in der Form der *Sicherungsübereignung* geschaffen haben. Sie ist nicht im Gesetz geregelt, aber gewohnheitsrechtlich anerkannt. Hierbei überträgt der Schuldner, der die Sicherung geben muss, das Eigentum an einer Sache an den Gläubiger, gleichzeitig vereinbart er mit diesem, dass er den Besitz an der Sache behalten darf und sie nutzen kann. Der Gläubiger darf das zur Sicherung übertragene Eigentum erst dann verwerten, d.h. durch Versteigerung oder Verkauf zu Geld machen, wenn der Schuldner (= Sicherungsgeber) seine Schuld nicht bezahlt hat.

PFANDRECHT AN BEWEGLICHEN SACHEN

SICHERUNGSÜBEREIGNUNG

Pfandrechte an Grundstücken – *Grundpfandrechte* – haben wirtschaftlich die gleiche Sicherungsfunktion. Da die meisten Bauwilligen oder Hauskäufer nicht genug Geld haben, um den ganzen Bau- bzw. Kaufpreis sofort ‚aus eigener Tasche‘ zu bezahlen, müssen sie einen Teil des Geldes (meist bei einer Bank) ausleihen. Zur Sicherheit bestellen sie dem

GRUNDPFANDRECHTE

Geldgeber eine *Hypothek* oder eine *Grundschuld* (beides sind Grundpfandrechte). Damit ist das Grundstück zugunsten des Geldgebers (auch jede andere Geldforderung kann gesichert werden) in der Weise belastet, dass dieser dann, wenn er sein Geld nicht bekommt, das Grundstück zwangsversteigern lassen und seine Ansprüche aus dem Erlös befriedigen kann. Grundpfandrechte werden in das Grundbuch eingetragen. Dabei ist der Zeitpunkt der Eintragung bedeutsam, denn mehrere Grundpfandrechte auf dem gleichen Grundstück sind nicht gleichwertig, sondern haben einen verschiedenen *Rang*. Das zeitlich früher eingetragene Grundpfandrecht geht dem späteren vor. Man spricht z.B. von einer erst- oder zweitrangigen Hypothek. Dies wirkt sich in der Zwangsversteigerung aus, wenn der Erlös nicht für alle Hypothekengläubiger ausreicht. Sie werden dann nach dem Rang ihrer Hypothek befriedigt. Aus dem Versteigerungserlös von 60 000,– DM bekommt also im Fall (7) der X. für seine 1. Hypothek den vollen Betrag von 40 000,– DM, während für den Y. nur 20 000,– DM übrig bleiben.

14. Grundzüge des Familienrechts

(1) Susanne L. und Florian H. verloben sich. Da die Heirat alsbald geplant ist, gibt Susanne L. ihren Beruf als Lehrerin auf. Im August will Florian H. von einer Heirat nichts mehr wissen. Susanne L. überlegt sich, ob sie Florian H. verklagen soll.

(2) Als Karl und Brigitte D. 1977 die Ehe geschlossen haben, war Karl praktisch vermögenslos. Brigitte hatte ein Vermögen von 40 000,– DM. Eine Vereinbarung über den Güterstand treffen die Eheleute nicht. 1997 wird die Ehe geschieden. Durch eine erfolgreiche Berufstätigkeit hat Karl inzwischen 100 000,– DM gespart. Brigitte konnte ihr Vermögen nur auf 60 000,– DM erhöhen.

(3) Dagmar und Peter U. sind verheiratet, leben aber schon seit drei Jahren getrennt. Nunmehr will Peter U. sich endgültig scheiden lassen. Seine Frau ist damit nicht einverstanden, weil sie der gemeinsamen Tochter eine Scheidung der Eltern ersparen und selbst nicht auf den Unterhalt durch ihren gut verdienenden Ehemann verzichten will.

(4) Die 14-jährige Tochter T. verliebt sich in einen 35-jährigen Mann und besucht ihn häufig. Die Eltern wollen dies nicht länger zulassen.

(5) Gerda und Hans haben eine 12-jährige Tochter, sind aber nicht miteinander verheiratet. Das Sorgerecht steht Gerda zu. Als sie bei einem Verkehrsunfall ums Leben kommt, will Hans wissen, ob er nun automatisch sorgeberechtigt ist.

(6) Winfried M. lebte mit Monika T. in deren Haus in nichtehelicher Lebensgemeinschaft zusammen. Um die Zinsbelastung zu verringern, tilgte Winfried ein Baudarlehen von Monika T. in Höhe von 95 000,– DM. Nach 15 Jahren trennen sich die beiden. Winfried will nun „sein Geld" zurückhaben.

Das Familienrecht – Viertes Buch des BGB – umfasst das Eherecht, das Verwandtschaftsrecht und das Vormundschaftsrecht. Aus dieser umfassenden Materie sollen einige Fragen herausgegriffen werden, die jeder im Hinblick auf Verlöbnis und Ehe sowie auf die Stellung des Kindes in der Familie kennen sollte.

VERLÖBNIS

Der Eheschließung geht vielfach ein *Verlöbnis* voraus. Dies ist ein Vertrag, mit dem sich die Brautleute die Eheschließung versprechen. Auf Eheschließung kann freilich daraus nicht geklagt werden. Der Rücktritt eines Verlobten ist nämlich jederzeit möglich. Susanne L. kann also Florian H. nicht zum Standesamt zwingen. Ganz ohne Konsequenzen ist jedoch ein Verlöbnis nicht. Wer ohne berechtigten Grund zurücktritt, muss dem anderen Verlobten und dessen Eltern die Aufwendungen ersetzen, die in Erwartung der Ehe gemacht wurden. Darunter fällt auch der Ersatz des Schadens, den Susanne L. durch Aufgabe ihres Berufes erlitten hat (Verdienstausfall).

EHESCHLIESSUNG

Die *Eheschließung* ist ein familienrechtlicher Vertrag, der von den Heiratswilligen persönlich (keine Stellvertretung) vor dem Standesbeamten geschlossen wird. Die kirchliche Trauung hat im zivilrechtlichen Sinne keine Bedeutung. Aus der Ehe erwächst vor allem die Verpflichtung zur *ehelichen Lebensgemeinschaft* sowie zur gegenseitigen Leistung von *Unterhalt*. Das Gesetz kennt seit der Eherechtsreform vom 1977 keine Rollenverteilung mehr dergestalt, dass der Mann den Unterhalt durch eine Berufstätigkeit verdient und die Frau in der Regel den Haushalt führt. Nunmehr müssen die Eheleute einvernehmlich regeln, wer im Haushalt und wer im Beruf arbeitet bzw. ob beide Partner einen Beruf ausüben wollen. Soll einer den Haushalt führen, so ist dies sein Beitrag zum Unterhalt. Er bekommt von dem verdienenden Ehegatten das Wirtschaftsgeld für einen angemessenen Zeitraum im Voraus (also nicht scheibchenweise).

EHELICHE LEBENS-
GEMEINSCHAFT
UNTERHALT

Die Ehe macht die Ehepartner nicht automatisch zu einer Vermögensgemeinschaft. Wenn die Eheleute nicht einen besonderen Güterstand vereinbaren *(Gütertrennung* oder *Gütergemeinschaft)* gilt der gesetzliche Güterstand der sogenannten *Zugewinngemeinschaft.* Dies bedeutet, dass die Vermögensteile der beiden Ehegatten auch während der Ehe rechtlich getrennt bleiben. Insbesondere steht keinem das Recht zu, über das Vermögen des anderen zu verfügen oder es zu verwalten. Die eheliche ‚Wirtschaftsgemeinschaft' wirkt sich für die beiden getrennten Vermögensmassen erst nach Beendigung der Ehe aus. Wird die Ehe z. B. geschieden, wäre es ungerecht, wenn etwa der durch eine erfolgreiche Berufstätigkeit vermögend gewordene Mann alles für sich behalten dürfte, während die Frau, die wegen der Betreuung der Kinder nichts verdienen und daher ihr Vermögen nicht vermehren konnte, leer ausginge. Es muss daher der beiderseitige Vermögenszugewinn ausgeglichen werden, und zwar in der Weise, dass der Ehepartner, der während der Ehe den größeren Vermögenszuwachs verzeichnen konnte, die Hälfte davon zum Ausgleich abgeben muss. Bei Karl und Brigitte D. wird hierfür im Fall (2) folgende Rechnung aufgestellt: Karl hat einen Zuwachs vom 100 000,–DM, Brigitte nur von 20 000,– DM. Da der Zuwachs von Karl um 80 000,– DM größer ist, muss er 40 000,– DM als Ausgleich an Brigitte leisten. Zum Zugewinnausgleich bei der Beendigung der Ehe durch den Tod eines Ehegatten s. *Abs. 15.*

ZUGEWINNGEMEINSCHAFT

Die einschneidendsten Änderungen hat das Familienrecht durch die Reform des Jahres 1977 im Bereich der *Ehescheidung* und deren Folgen erfahren. Bis dahin konnte eine gescheiterte Ehe nur geschieden werden, wenn ein Verschulden eines (oder beider) Ehepartner durch das Gericht im Scheidungsurteil festgestellt werden konnte. Nach der Neuregelung kann die Scheidung von einem Ehepartner ohne Rücksicht auf ein Verschulden des anderen Teiles verlangt werden, wenn die Ehe *zerrüttet* ist und eine Wiederherstellung der ehelichen Gemeinschaft nicht mehr erwartet werden kann. Das Scheitern der Ehe wird nach 3-jährigem Getrenntleben unwiderlegbar vermutet. Diese Voraussetzung ist für den Scheidungsantrag des Peter U. im Beispiel (3) gegeben. Allerdings kann die Frist des Getrenntlebens auf fünf Jahre ausgedehnt werden, wenn dies im Interesse eines minderjährigen Kindes ausnahmsweise erforderlich ist oder die Scheidung für den widersprechenden Teil eine unzumutbare Härte bedeuten würde. Beide Gesichtspunkte kann Dagmar U. aber nicht geltend ma-

EHESCHEIDUNG

chen. Das Kindeswohl führt nur in Fällen einer schwerwiegenden Beeinträchtigung zu einer Fristverlängerung, und die unterhaltsrechtliche Frage ist schon deshalb keine unzumutbare Härte für Dagmar U., weil das Gesetz den Unterhalt und die Versorgung des geschiedenen Ehegatten regelt. Wenn der eine geschiedene Ehegatte wegen der Betreuung des gemeinsamen Kindes keine (oder keine volle) Berufstätigkeit ausüben kann, muss der ehemalige Partner an ihn einen angemessenen Unterhalt leisten.

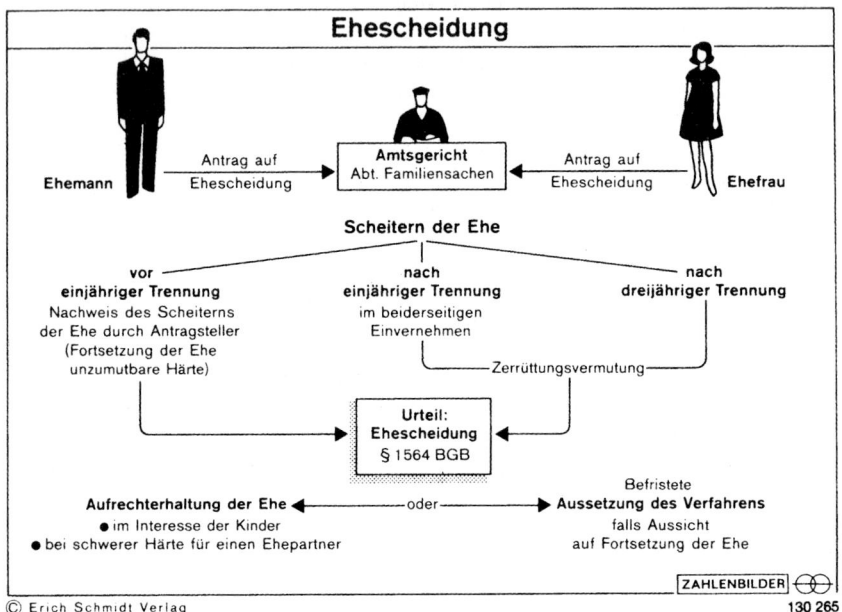

© Erich Schmidt Verlag

130 265

ELTERN-KIND-
RECHT

Wenn durch die Geburt eines oder mehrerer Kinder eine Familie wird, entstehen auch *rechtliche* Beziehungen zwischen *Eltern und Kind*. Bei kaum einem anderen Gebiet haben sich Lebensanschauung und Formen des Zusammenlebens seit Bestehen des Bürgerlichen Gesetzbuches (1900) so sehr verändert wie in der Familie. Die Entwicklung von einem ursprünglich patriarchalischen Leitbild der Familie (Vater als Führungsperson, Mutter als nachgeordneter Elternteil, Kinder den Eltern unterworfen) zu einem partnerschaftlichen Familienmodell mit ausgewogenen Rechten und Pflichten aller Familienmitglieder hat immer wieder Änderungen des Familienrechts erforderlich gemacht, etwa durch die Reform des sogenannten *Sorgerechts* im Jahre 1980 oder durch das Kindschaftsreformgesetz im Jahre 1997.

SORGERECHT

Eine besondere Schwierigkeit liegt darin, dass die Familie mehr als jeder andere Personenverband auf das Gefühl gegenseitiger Liebe und Achtung gegründet ist und gerade im Verhältnis zwischen Eltern und Kind rechtliche Maßnahmen erst dann in Betracht kommen sollten, wenn die Verständigung zwischen Eltern und Kindern grundlegend gestört ist.

Die besondere Verantwortung der beiden Elternteile für ihre Kinder hat der Gesetzgeber mit der genannten Reform des Sorgerechts (1980) insofern betont, als er den bis dahin üblichen Begriff der elterlichen Gewalt durch den der *elterlichen Sorge* ersetzte. Diese umfasst das Recht und die Pflicht, für die *Person* und das *Vermögen* des Kindes zu *sorgen* und das Kind gegenüber Dritten zu *vertreten* (gesetzliche Vertretung). Die elterliche Sorge steht beiden Eltern gemeinsam zu. Bei Meinungsverschiedenheiten bzgl. solcher Angelegenheiten, die für das Kind von erheblicher Bedeutung sind, müssen sie sich einigen, notfalls das Vormundschaftsgericht anrufen (der früher vorgesehene Stichentscheid des Vaters wurde vom Bundesverfassungsgericht wegen Verletzung der Gleichberechtigung für verfassungswidrig erklärt).

ELTERLICHE SORGE

Das Sorgerecht will insbesondere der persönlichen Entfaltung des Kindes Rechnung tragen, indem es ihm mit zunehmender Reife auch eine wachsende Eigenständigkeit zubilligt. Durch ein sich *steigerndes Mitspracherecht* in eigenen Angelegenheiten soll das Kind auf die Selbständigkeit des Erwachsenen vorbereitet werden. Diesem partnerschaftlichen Erziehungsgedanken entspricht die Pflicht der Eltern, bei streitigen Fragen der Erziehung, des Aufenthaltes oder des Umganges des Kindes durch eine vernünftige Besprechung eine einvernehmliche Lösung zu erzielen (§ 1626 BGB). So ist es im Fall der 14-jährigen T. (Beispiel (4)) sicher geboten, dass die Eltern mit ihr in aller Ruhe besprechen, welche seelischen und körperlichen Probleme unter Umständen in der Beziehung eines noch nicht erwachsenen Mädchens zu einem erheblich älteren Mann entstehen können. Ein solches Gespräch könnte etwa damit enden, dass die Tochter auf Besuche in der fremden Wohnung verzichtet, die Eltern andererseits mit gelegentlichen Treffen in ihrem Beisein einverstanden sind. Das anzustrebende Einverständnis bedeutet jedoch keinen Verzicht auf die Erziehungsverantwortung. Widersetzt sich die T. dem Vorschlag der Eltern, so müssen diese zum Wohl ihres Kindes eine Entscheidung treffen. Hier erscheint es durchaus vertretbar, wenn sie ihrer Tochter den Umgang mit dem 35-jähri-

MITSPRACHE DES KINDES

gen Mann verbieten. Sie können dieses Verbot gegenüber der Tochter durch Erziehungsmaßnahmen durchsetzen, aber auch gegenüber dem Freund ein solches Verbot aussprechen und seine Beachtung notfalls gerichtlich erzwingen.

SORGERECHT NACH EHESCHEIDUNG
Nach der Scheidung einer Ehe gehen die bisherigen Ehepartner getrennte Wege. Dies wirft die Frage auf, wer für die aus der Ehe hervorgegangenen Kinder sorgt. Nach der vorerwähnten Reform des Kindschaftsrechts gilt nunmehr: Die Scheidung der Ehe lässt die gemeinsame Sorge unberührt. Nur dann, wenn ein Elternteil dies beantragt, kann es durch eine Entscheidung des Familiengerichts dazu kommen, dass ihm die Alleinsorge übertragen wird. Einem solchen Antrag ist stattzugeben, wenn entweder der andere Elternteil zustimmt oder dies dem Wohle des Kindes am besten entspricht.

Eine ganz allgemeine Pflicht im Eltern–Kind-Verhältnis ist
UNTERHALTS-PFLICHT
die Gewährung von *Unterhalt*. Obwohl naturgemäß Eltern fast immer ihre Kinder unterhalten und nicht umgekehrt, ist dies eine gegenseitige Pflicht. Hier gilt der Grundsatz des Unterhaltsrechts, dass *Verwandte in gerader Linie* einander Unterhalt gewähren müssen (also: Großeltern – Eltern – Kinder – Enkel usw., aber z. B. keine Unterhaltspflicht zwischen Geschwistern, da diese nicht voneinander abstammen). Der *Umfang* des Unterhalts richtet sich nach dem *an-*
UMFANG DES UNTERHALTS
gemessenen Lebensbedarf und erstreckt sich auch auf die Kosten der *Ausbildung*. Die Eltern können gegenüber ihren Kindern (sofern diese unverheiratet sind, Volljährigkeit spielt keine Rolle) bestimmen, in welcher Art sie Unterhalt leisten können. Im Regelfall geschieht dies durch die tatsächliche Versorgung (sogenannte *Naturalleistung)* der Kinder im Haushalt der Eltern. Lebt das Kind im Einverständnis mit den Eltern an einem anderen Ort, so müssen die Eltern den für den Lebensbedarf erforderlichen *Geldbetrag* im Voraus zur Verfügung stellen. Diese Geldleistung kann aber ein minderjähriges Kind dann nicht erzwingen, wenn es gegen den Willen der Eltern die Wohnung verlassen hat. Kinder können von ihren Eltern Unterhalt nur insoweit verlangen, als ihre eigenen Einkünfte aus einer Arbeitstätigkeit oder die Erträge aus einem (etwa ererbten) Vermögen nicht zur Deckung des Lebensbedarfs ausreichen.

Besondere Aufmerksamkeit verdient die rechtliche Stellung der Kinder, deren Vater und Mutter nicht miteinander ver-
NICHTEHELICHE KINDER
heiratet sind. Diese vom Gesetz als *nichtehelich* bezeichneten Kinder sind häufig schon durch die tatsächlichen Verhältnisse benachteiligt (oft tritt der Vater nur als ‚Zahlvater'

Mutter, Vater, Kind: Das neue Kindschaftsrecht

Elterliche Sorge

„Die Eltern haben die Pflicht und das Recht, für das minderjährige Kind zu sorgen." (§ 1626 BGB)

► **Unterhaltpflicht**
► **Personensorge**
► **Vermögenssorge**
► **gesetzliche Vertretung**

Umgangsrecht

„Das Kind hat das Recht auf Umgang mit jedem Elternteil; jeder Elternteil ist zum Umgang mit dem Kind verpflichtet und berechtigt" (§ 1684 BGB)

► Ein (beschränktes) Umgangsrecht haben u.a. auch Großeltern und Geschwister. Das Kind kann sich um Rat und Hilfe zum Umgangsrecht ans Jugendamt wenden.

Das Sorgerecht steht den Eltern gemeinsam zu,
► wenn sie miteinander verheiratet sind
► oder erklären, daß sie die Sorge für das Kind gemeinsam übernehmen wollen.
Sonst hat die Mutter das alleinige Sorgerecht.

► Trennen sich die Eltern oder lassen sie sich scheiden, kann jeder Elternteil beantragen, daß ihm das Familiengericht das Sorgerecht allein überträgt.
Andernfalls bleibt es bei der gemeinsamen Sorge.

► Haben die Eltern gemeinsam das Sorgerecht, leben aber getrennt, kann der Elternteil, der das Kind betreut, in alltäglichen Angelegenheiten allein entscheiden. In wichtigen Fragen (z.B. Berufswahl, Schule) müssen sich die Eltern miteinander verständigen.

ZAHLENBILDER
130 250

---

in Erscheinung, der Geld für den Unterhalt leistet, oft muss auch dieser Unterhalt erst gerichtlich erstritten werden). Erst verhältnismäßig spät (1970) hat der Gesetzgeber auch die durch rechtliche Vorschriften vorhandenen Benachteiligungen dadurch zu beseitigen versucht, dass die rechtliche Stellung des nichtehelichen Kindes der des ehelichen Kindes angeglichen wurde. Dennoch blieben einige rechtliche Unterschiede für das nichteheliche Kind, vor allem im Bereich der *elterlichen Sorge*, die allein der Mutter zustand. Die Frage, ob es eine gemeinsame Sorge sowohl für Kinder geschiedener Eltern als auch für Kinder von nicht verheirateten Eltern geben soll, hatte das Bundesverfassungsgericht längst beantwortet: Schon 1982 hat es die gemeinsame Sorge geschiedener Eltern zugelassen. Neun Jahre später, also 1991, hat das Gericht den Bundesgesetzgeber beauftragt, die Voraussetzungen für eine gemeinsame Sorge nicht miteinander verheirateter Eltern zu schaffen. Mit der 1997 vom Bundestag beschlossenen Reform des Kindschaftsrechts hat die Diskussion über dieses Thema jetzt einen Abschluss gefunden. Nunmehr steht auch unverheirateten Eltern die *gemeinsame Sorge* für ihre Kinder zu, wenn sie dies übereinstimmend erklären. Können sich die Eltern nicht für eine gemeinsame Sorge entscheiden, fällt sie nach wie vor der Mutter des Kindes zu. Ein originäres Alleinsorgerecht

SORGERECHT

69

des Vaters gestattet das Gesetz nicht. Im Falle von nicht miteinander verheirateten Partnern wächst die Alleinsorge dem Vater nicht einmal dann automatisch zu, wenn die bislang allein sorgende Mutter verstirbt. Im Fall (5) hat Hans das Sorgerecht für die 12-jährige Tochter erst, wenn sie ihm vom Familiengericht übertragen wird. Dazu kommt es, wenn die Übertragung dem Kindeswohl dient.

In der Ausübung ihres alleinigen Sorgerechts ist die Mutter grundsätzlich frei, sie unterliegt also nicht etwa der Aufsicht des Jugendamtes. Allerdings erhält das Kind zur Regelung seiner Rechtsverhältnisse zu seinem Vater (Feststellung der Vaterschaft, Geltendmachung des Unterhaltsanspruches) auf Antrag der Mutter einen Beistand, wobei regelmäßig das Jugendamt als Beistand eingesetzt wird. Dies ist sinnvoll, weil die Mutter, die ohnehin in einer schwierigen Lebenssituation steht, diese Rechte des Kindes allein oft nicht entschlossen genug gegen den Vater durchsetzen kann. Für den Unterhalt des Kindes hat der Vater eine *Geldrente* zu leisten. Ihre Höhe kann – bezüglich des regelmäßigen Bedarfs – aufgrund einer staatlichen „Verordnung zur Bemessung des Regelunterhalts" bestimmt werden.

Falls beide Eltern gestorben sind oder wenn sie wegen Krankheit oder aus sonstigen Gründen nicht in der Lage sind, für das Wohl ihres Kindes zu sorgen, so hat das Gesetz eine besondere Regelung vorgesehen. In diesen Fällen bestellt das Vormundschaftsgericht eine Vertrauensperson zum *Vormund*, die alle Rechte und Pflichten der elterlichen Sorge (Vormundschaft) wahrnimmt. Der Vormund übt sein Amt unentgeltlich aus. Findet sich keine geeignete Persönlichkeit, so kann das Vormundschaftsgericht das Jugendamt als Amtsvormund bestellen.

Geht es nur um *einzelne* Aufgaben (wie z.B. die Verwaltung eines ererbten Vermögens), die von den Eltern oder dem Vormund nicht wahrgenommen werden können, so wird hierfür ein *Pfleger* eingesetzt. Für Volljährige kann kein Vormund oder Pfleger bestellt werden. Durch das Betreuungsgesetz von 1990 wurden Vormundschaft und Pflegschaft bei Volljährigen durch die Bestellung eines Betreuers ersetzt, dessen Aufgaben sich am individuellen Bedürfnis des Betroffenen orientieren.

Nicht selten leben zwei Menschen, die sich kennen und lieben gelernt haben, aber nicht an eine Ehe denken, in einer sog. *nichtehelichen Lebensgemeinschaft* zusammen. Sie nehmen dabei in der Regel rechtliche und wirtschaftliche Geschäfte vor, die zumeist auch über eine spätere Trennung

REGELUNTERHALT

VORMUNDSCHAFT

PFLEGSCHAFT

NICHTEHELICHE LEBENSGEMEINSCHAFT

hinaus Wirksamkeit entfalten: Gegenstände werden gemeinsam angeschafft, die Partner beziehen eine gemeinsame Wohnung, etwa weil sie ein Kind erwarten. Oder sie unterzeichnen, beispielsweise zur Finanzierung eines Hauses, einen Darlehensvertrag. Das sind nur einige Beispiele, die das Maß an denkbaren rechtlichen und finanziellen Bindungen verdeutlichen sollen. Heutzutage leben bereits über drei Millionen Menschen in Deutschland in solchen nichtehelichen Lebensgemeinschaften zusammen, die damit zu einem bedeutsamen gesellschaften Faktor geworden sind.

Obwohl seit vielen Jahren über die rechtliche Anerkennung nichtehelicher Lebensgemeinschaften debattiert wird, erkennt das Familienrecht des BGB als rechtliche Form des Zusammenlebens von zwei Menschen bislang nur die Ehe an. Die Regelungen über den Zugewinn- oder Versorgungsausgleich sowie über das Unterhaltsrecht gelten damit nur für Personen, die miteinander verheiratet sind bzw. es einmal waren. Obwohl sich die Situation für nicht verheiratete Partner nach langjährigem Zusammenleben gleich oder zumindest sehr ähnlich darstellt, können sie ihre persönlichen und wirtschaftlichen Leistungen nicht gegeneinander aufrechnen. Begründet wird das von der Rechtsprechung wie folgt: Bei der nichtehelichen Lebensgemeinschaft stehen die persönlichen und rechtlichen Beziehungen derart im Vordergrund, dass sie auch das die Gemeinschaft betreffende vermögensmäßige Handeln der Partner bestimmen und daher nicht nur in persönlicher, sondern auch in wirtschaftlicher Hinsicht keine Rechtsgemeinschaft besteht. Damit folgt für Fall (6), dass Winfried M. eine Rückerstattung der von ihm aufgebrachten Tilgungssumme nicht verlangen kann. Etwas anderes gilt nur dann, wenn die Partner für den Fall der Auflösung ihrer Gemeinschaft etwas Besonderes vereinbart haben. Dies kann z. B. in Form eines Partnerschaftsvertrages geschehen. Klare Verhältnisse können unverheiratete Personen aber auch auf andere Weise schaffen, z. B. durch Abschluss eines Darlehens- oder Gesellschaftsvertrages untereinander. Letzteres kommt vor allem dann in Betracht, wenn die Partner über die Lebensgemeinschaft hinaus die Absicht verfolgen, z. B. in Form eines gewerblichen Unternehmens, einen gemeinschaftlichen Wert zu schaffen, den sie für die Dauer ihrer Partnerschaft gemeinsam nutzen und der nach ihrer Vorstellung ihnen gemeinsam gehören soll.

Der Gesetzgeber hat bisher wenig getan, um der wachsenden Bedeutung nichtehelicher Lebensgemeinschaften gerecht zu werden. Ganz ignoriert hat er sie indessen nicht, wie u. a. die Reform des Kindschaftsrechts zeigt, wonach die Sorge für ein nichteheliches Kind von beiden Partnern gemeinsam wahrgenommen werden kann. Ferner gibt es Bestrebungen, die Gleichstellung nichtehelicher Lebensgemeinschaften im Mietrecht gesetzlich zu verankern. So soll der überlebende Partner künftig in den Mietvertrag des verstorbenen Partners einer Lebensgemeinschaft eintreten können. Damit ist insgesamt aber nur ein kleiner Ausschnitt der vielfältigen Problematik angegangen.

15. Gesetzliche und gewillkürte Erbfolge

(1) August G. hat kein Testament errichtet. Als er stirbt, hinterlässt er seine Frau Emma, die mit ihm im gesetzlichen Güterstand lebte, und die gemeinsamen Kinder Lotte und Fritz.

(2) Die allein stehende Ingrid F. hat 1960 mit ihrem Freund Horst M. vor einem Notar einen Erbvertrag abgeschlossen und M. darin zum Alleinerben eingesetzt. Nach ihrem Tode 1997 findet sich noch ein handschriftliches Testament aus dem Jahre 1970, in dem Ingrid F. erklärt, sie verspüre doch mehr Zuneigung zu ihrem neuen Freund Otto, den sie hiermit zum Alleinerben berufe.

Das Erbrecht enthält die Rechtsnormen, welche den Übergang des Vermögens eines Verstorbenen regeln. Wir müssen uns hier auf einige Gesichtspunkte der Erbfolge beschränken.

Beim Tod eines Menschen stellt sich die Frage, auf wen sein Vermögen übergeht. Dabei ist zunächst wichtig, sich den Grundsatz der *Gesamtrechtsnachfolge* klarzumachen. Das Vermögen des Verstorbenen (Haus, Geld, Schmuckstücke, Wertpapiere usw.) geht als Ganzes auf den oder die Erben über. Sind mehrere Personen Erben, so können diese sich nicht etwa einzelne Gegenstände entsprechend dem Wert ihres Erbteils aus der Erbschaft aussuchen, vielmehr sind sie als *Miterben* in einer *Vermögensgemeinschaft* verbunden. Diese muss durch Teilung auseinander gesetzt werden. Mit dem Vermögen gehen auch die Schulden des Erblassers auf den (oder die) Erben über. Auch aus diesem Grund gibt das Gesetz dem Erben die Möglichkeit, die Erbschaft auszuschlagen.

GESAMTRECHTS-NACHFOLGE

MITERBEN-GEMEINSCHAFT

Hat der Verstorbene keine letztwillige Verfügung (siehe unten) getroffen, so tritt die *gesetzliche Erbfolge* des BGB ein. Als Erben kommen danach die Verwandten und der überlebende *Ehegatte* des Erblassers in Betracht. Die Verwandtschaft gliedert das BGB in verschiedene *Ordnungen,* wobei die Verwandten der höheren Ordnung die Verwandten aller nachfolgenden Ordnungen von der Erbfolge ausschließen. Zu den Personen der ersten Ordnung gehören alle Abkömmlinge des Erblassers (Kinder, Enkel usw.). Mit dem 1997 verabschiedeten Erbrechtsgleichstellungsgesetz ist der bis dahin geltende Unterschied zwischen ehelichen und nichtehelichen Kindern beseitigt worden. Stand nichtehelichen Kindern vor dieser Reform nur ein sog. *Erbersatzanspruch* zu, d. h. ein Geldanspruch gegen den oder die Erben, sind nunmehr nichteheliche Kinder gleich ehelichen Kindern erbberechtigt. Sind keine unmittelbaren Abkömmlinge (mehr) vorhanden, geht die Erbfolge in die zweite Ordnung, zu der die Eltern des Erblassers und deren Abkömmlinge gehören. Fehlen auch diese, so kommen Verwandte der dritten Ordnung (Großeltern und deren Abkömmlinge) zum Zuge. Innerhalb einer Ordnung werden mehrere Verwandte nach Stämmen gegliedert. Bei der ersten Ordnung bilden z.B. die Kinder des Erblassers mit ihren Abkömmlin-

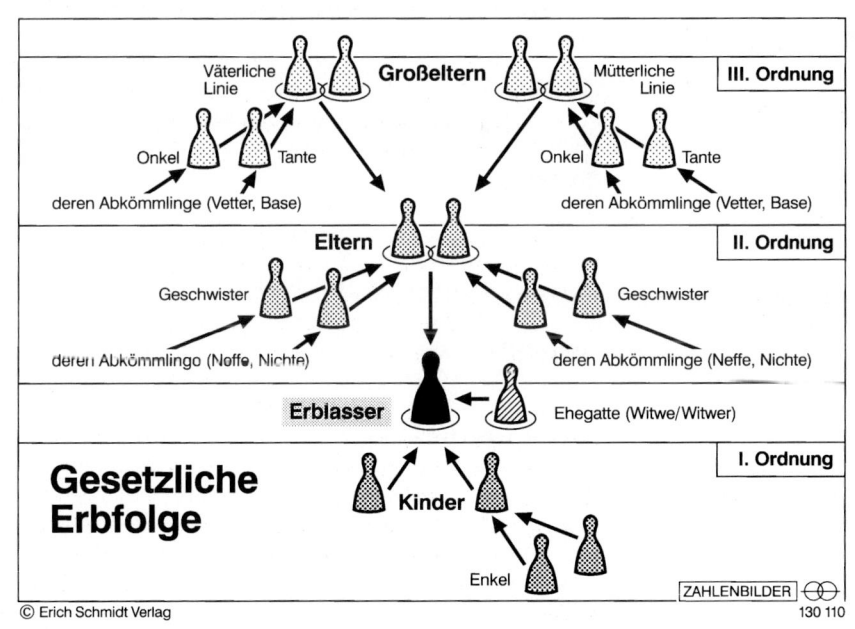

Gesetzliche Erbfolge

© Erich Schmidt Verlag

ZAHLENBILDER

130 110

gen jeweils einen Stamm. Die Stämme werden bei der Erbfolge mit gleichen Erbanteilen bedacht, allerdings schließt innerhalb eines Stammes der dem Erblasser am nächsten Verwandte die Personen mit einem entfernteren Verwandtschaftsgrad von der Erbschaft aus. Dieses mehrschichtige Erbfolgesystem wird leichter verständlich, wenn man es aufzeichnet (siehe Abb. oben).

EHEGATTEN-
ERBRECHT

Neben den Verwandten wird auch der Ehegatte gesetzlicher Erbe, wobei der Umfang seines Erbanteils davon abhängt, welcher Ordnung die miterbenden Verwandten angehören. Neben Verwandten der ersten Ordnung erbt er zu einem Viertel, neben solchen zweiter Ordnung erbt er zur Hälfte. Dabei ist allerdings nicht berücksichtigt, dass bei Ehepartnern, die im gesetzlichen Güterstand der Zugewinngemeinschaft leben, auch bei der Beendigung der Ehe durch den Tod eines Partners der Zugewinnausgleich erfolgen muss. Um die Verhältnisse nicht noch komplizierter zu machen, hält das Gesetz eine einfache Lösung parat: Zum Zwecke des Zugewinnausgleiches wird der Erbteil des überlebenden Ehegatten pauschal um ein Viertel erhöht, und zwar unabhängig davon, ob beim verstorbenen Ehepartner überhaupt ein Zugewinn vorlag.

Wir wenden diese Regeln der gesetzlichen Erbfolge auf das einfache Beispiel (1) an: Die Kinder des verstorbenen August G. sind Verwandte der ersten Ordnung. Sie werden zusammen mit der überlebenden Ehefrau des August G. Miterben, wobei sie nach rein erbrechtlichen Grundsätzen 3/4 (jeder also 3/8) und ihre Mutter 1/4 erben würden. Wegen des pauschalierten Zugewinnausgleichs erhöht sich der Anteil der Mutter auf 1/2, so dass schließlich für Lotte und Fritz jeweils nur 1/4 übrig bleibt.

LETZTWILLIGE
VERFÜGUNG

TESTAMENT

In vielen Fällen will der Erblasser das Schicksal seines Vermögens selbst regeln, insbesondere festlegen, wer ihn beerben soll *(Testierfreiheit)*. Zwei Formen solcher *letztwilligen Verfügungen* sind zu unterscheiden. Das *Testament* ist eine *einseitige* Verfügung von Todes wegen, dessen strenge Formerfordernisse wir schon kennen (s. *Abs. 8:* eigenhändiges Testament oder Errichtung des Testaments vor einem Notar). Ein Testament kann jederzeit *widerrufen* werden. Praktisch geschieht dies beim handschriftlichen Testament durch Vernichtung der Urkunde oder durch handschriftliche Anfertigung eines neuen Testaments, das hinsichtlich der abweichenden Verfügungen das ältere unwirksam macht.

ERBVERTRAG

Im Gegensatz dazu ist der *Erbvertrag*, den der Erblasser mit der als Erbe vorgesehenen Person zum Zwecke der Erbeinsetzung schließen kann, für beide Teile bindend. Ingrid F.

konnte daher den mit Horst M. geschlossenen Erbvertrag im Fall (2) nicht durch ein späteres handschriftliches Testament einseitig aufheben. Horst M. ist also Erbe geworden.

Durch die Testierfreiheit ist dem Erblasser auch die Möglichkeit gegeben, einen gesetzlichen Erben von der Erbschaft auszuschließen *(Enterbung)*. Dies kann ausdrücklich dadurch geschehen, dass der Erblasser etwa in einem Testament erklärt, sein stets ungehorsamer Sohn Emil solle nichts erben. Eine Enterbung ergibt sich aber auch dann, wenn der Erblasser, der die zwei Kinder Bernd und Lotte hinterlässt, in seinem Testament verfügt, nur die Tochter Lotte sei Alleinerbin. **ENTERBUNG**

Eine Enterbung bewirkt aber nicht, dass der gesetzliche Erbe überhaupt nichts aus der Erbschaft bekommt. Es bleibt ihm der sogenannte *Pflichtteilsanspruch* in Höhe der Hälfte seines gesetzlichen Erbteils. Hätte er als gesetzlicher Erbe z.B. den Erblasser zu 1/4 beerbt, so erstreckt sich sein Pflichtteilsanspruch auf 1/8 der Erbschaft. Allerdings wird der Enterbte nicht Mitglied der Erbengemeinschaft, d. h. er kann seinen Anspruch nur als Geldanspruch in Höhe seines Pflichtteils gegen den oder die Erben geltend machen. **PFLICHTTEIL**

Verhältnismäßig selten sind die Fälle, in denen ein gesetzlicher Erbe wegen Erbunwürdigkeit vollständig enterbt werden kann. Das Gesetz zählt die Tatbestände der *Erbunwürdigkeit* auf, darunter versuchte oder vollendete Tötung des Erblassers durch den gesetzlichen Erben oder z. B. mit Bedrohung verbundene Beeinflussungen des Erblassers bei der Errichtung des Testaments. Die Erbunwürdigkeit muss aufgrund einer Anfechtungsklage gerichtlich festgestellt werden. **ERBUNWÜRDIGKEIT**

Literaturhinweise

Bürgerliches Gesetzbuch, Gesetzessammlung mit Einführungsgesetz, Beurkundungsgesetz, AUB-Gesetz u.a., Beck-Texte im dtv, 43. Aufl. 1998 (dtv-TB 5001)

Westermann, H.: Grundbegriffe des BGB. 14. Aufl. 1994

Rüthers, B.: Allgemeiner Teil des BGB. 10. Aufl. 1997

Medicus, D.: Schuldrecht Allgemeiner Teil. 9. Aufl. 1996

Brox, H.: Allgemeines Schuldrecht. 24. Aufl. 1997

Wertheimer, F: Die Leistungsstörungen im Bürgerlichen Recht. 2. Aufl. 1998

Larenz, K.: Lehrbuch des Schuldrechts, Bd. II, Besonderer Teil, 1. Halbband. 13. Aufl. 1986

Brox, H.: Besonderes Schuldrecht. 22. Aufl. 1997

Larenz, K./Canaris, Lehrbuch des Schuldrechts, Bd. II, 2. Halbband, 13. Aufl. 1994

Baur, F./Stürner, R.: Lehrbuch des Sachenrechts. 16. Aufl. 1992

Lent, F./Schwab, K. H./Prütting, H.: Sachenrecht. 27. Aufl. 1992

Beitzke, G./Lüderitz, A.: Familienrecht. 27. Aufl. 1996

Schwab, D.: Familienrecht. 8. Aufl. 1995

Harder, M.: Grundzüge des Erbrechts. 4. Aufl. 1997

Brox, H.: Erbrecht. 16. Aufl. 1996

3 HANDELS- UND GESELL-SCHAFTSRECHT

1. Handelsrecht

(1) Der Steuerberater S. betreibt ein umfangreiches Beratungsbüro mit angestellten Mitarbeitern. Sein jährlicher Umsatz beträgt mehrere Millionen DM. Als eines Tages sein Mandant M. ihm wegen eines Beratungsfehlers schwere Vorwürfe macht, will S. ihn schnell beruhigen und erklärt mündlich ein Schuldanerkenntnis über 10 000,– DM.

(2) Die Rechtsreferendarin Dr. jur. Ulrike Klug hat keinen Spaß mehr an der Rechtswissenschaft. Sie übernimmt von ihrem Onkel einen kleinen Verkaufsladen für Sanitätsbedarf. Als neuen Firmennamen meldet sie beim Handelsregister die Bezeichnung ,City-Sanitätshaus Dr. Klug' an.

(3) Karin P. ist als Prokuristin einer Lebensmittelgroßhandlung tätig. Ihre Prokura ist im Handelsregister eingetragen. In ihrem Anstellungsvertrag steht, dass sie Lebensmitteleinkäufe bis 5 000,– DM tätigen darf. Um die Geschäftsbasis zu verbreitern, bestellt sie gegen den Willen des Inhabers ein Sortiment von Sportartikeln im Wert von 30 000,– DM.

(4) Oskar W. betreibt eine Weinhandlung. Anlässlich einer Weinprobe bei der Winzergenossenschaft G. vereinbart er mit dem Vorstand der Genossenschaft, Herrn V., die Lieferung von 2 000 Flaschen Müller-Thurgau und 1 000 Flaschen Blauburgunder. Zwei Tage später erhält er ein Schreiben der Genossenschaft, mit dem sie die Bestellung von 1 500 Flaschen Müller-Thurgau und 2 000 Flaschen Blauburgunder dankend bestätigt. W. hält die Abweichungen für einen Schreibfehler der Sekretärin und verlässt sich auf seine mündliche Abmachung mit Herrn V.

(5) Das Bekleidungsfachgeschäft Neutex bestellt bei dem Textilfabrikanten Tuch 50 seidene Damenblusen. Nach Eintreffen der Lieferung bei Neutex wird der Karton zunächst ungeöffnet in den Lagerraum gebracht. Als die Blusen einen Monat später in der Damenabteilung zum Verkauf angeboten werden sollen, sind bei allen Blusen deutlich erkennbare Webfehler zu sehen.

Auf den Zusammenhang zwischen Bürgerlichem Recht und Handelsrecht haben wir schon beim Überblick über die Privatrechtsordnung *(Kap. 2 Abs. 1)* hingewiesen. Das Handelsrecht ist innerhalb des Privatrechts ein *Sonderrecht für die Kaufleute*. Wer sich den kaufmännischen Geschäftsverkehr näher anschaut, der merkt, dass es auf eine möglichst

rasche und *klare* Abwicklung der Rechtsgeschäfte ankommt. Kaufleute, die jede einzelne Warenlieferung tagelang rechtlich diskutieren und hinterher jede Rechtsunklarheit ausleuchten wollten, könnten schon aus zeitlichen Gründen im Wettbewerb nicht bestehen. Das Gebot der unkomplizierten und schnellen Geschäftserledigung macht es aber auch erforderlich, dass der am Handelsgeschäft Beteiligte sich

auf das Verhalten eines Kaufmanns *verlassen* kann und darüber hinaus die Möglichkeit hat, sich über bestimmte wichtige Rechtsverhältnisse seines Handelspartners zu informieren. Im Interesse dieser Erfordernisse sind im Handelsgesetzbuch (HGB) zahlreiche Regelungen für Kaufleute und Handelsgeschäfte zusammengefasst. Einige Grundfragen dazu werden im Folgenden erörtert, insbesondere für wen das HGB gilt, welche Funktion das Handelsregister hat und (anhand von Beispielen) worin sich das Geschäft eines Kaufmannes von dem eines „normalen Bürgers" unterscheidet.

Dabei darf nicht vergessen werden, dass das Handelsrecht in vielen Fällen immer nur in einer Verbindung mit dem Bürgerlichen Recht gesehen werden kann. Auch für Handelsgeschäfte gelten die Bestimmungen des BGB über das Zustandekommen und die Erfüllung von Verträgen, soweit das Handelsrecht nicht besondere Regelungen trifft. Eng verknüpft mit dem Recht der Kaufleute ist auch das Recht der Handelsgesellschaften (s. *Abschnitt 2*).

Die Frage, an wen sich das Handelsrecht wendet, scheint

mit dem *Begriff des Kaufmanns* eine einfache Antwort zu finden. Aus der bisherigen Fassung des HGB hat sich jedoch gezeigt, dass der Gesetzgeber sich außerordentlich

schwer getan hat, eine praxisgerechte Bestimmung der Kaufmannseigenschaft vorzunehmen. Kaufmann war nach der alten Regelung des § 1 HGB, wer eines der dort angegebenen *Grundhandelsgewerbe* betrieb, also z. B. Waren anschaffte und veräußerte oder Waren in größerem Umfang für andere verarbeitete. Diese Tätigkeit musste *gewerbsmäßig* sein, das heißt, es musste sich um eine auf Dauer angelegte, planmäßige, erlaubte, eigenverantwortliche Tätigkeit handeln mit der Absicht, Gewinn zu erzielen. Kaufleute waren danach u. a. Warenhäuser aller Art, Metzger, Textilfabrikanten, Reinigungen, Banken, Versicherungen. Bei diesen Grundhandelsgewerbebetrieben sprach man von *Musskaufleuten*, da sie die Kaufmannseigenschaft schon durch die Art ihrer Tätigkeit haben. Sie mussten zwar ihre Eintragung im Handelsregister (öffentliches Register über grundlegende Merkmale eines kaufmännischen Betriebes) anmelden, die Eintragung hat jedoch nur erklärenden Charakter. Betriebe, die zwar nicht im Katalog der Grundhandelsgewerbe vorkamen, aber aufgrund ihres Umfanges einen kaufmännisch eingerichteten Geschäftsbetrieb erforderten (z. B. Baugeschäfte, große Reisebüros oder Grundstücksmakler), wurden als sog. *Sollkaufleute* eingestuft, weil sie sich ins Handelsregister eintragen lassen sollten, wobei sie erst mit der Eintragung die Kaufmannseigenschaft erhielten (rechtsbegründende Eintragung). Weiterhin unterschied das HGB zwischen sog. *Formkaufleuten, Kann-* und *Minderkaufleuten*. Zu den Ersteren zählten alle Handelsgesellschaften, die schon aufgrund ihrer Rechtsform als Kaufleute galten. Mit dem Minderkaufmann hatte der Gesetzgeber eine Gruppe von Gewerbetreibenden geschaffen, die eine Zwischenstellung zwischen Kaufmann und normalem Bürger einnahmen, ein Kaufmann mit verminderten Rechten und Pflichten. Z.B. konnte der Minderkaufmann keine Firma haben und brauchte keine Handelsbücher zu führen.

Dieser Kaufmannsbegriff wurde scharf kritisiert, weil er zu kompliziert war und nicht immer mit dem Grundgedanken des Handelsrechts übereinstimmte, wonach dem geschäftlich Erfahrenen im Interesse der schnellen Geschäftserledigung ein erhöhtes Risiko zugemutet werden kann. Ein Kernanliegen der vom Bundestag im April 1998 verabschiedeten Reform des Handelsrechts war daher die *Neukonzeption des Kaufmannsbegriffs*. Zwar hält das reformierte HGB, das zum 1.7.1998 in Kraft getreten ist, an der Trennung zwischen einem eher tätigkeitsbezogenen und einem eher formalen Kaufmannsbegriff fest. Der klassische Begriff des Kaufmanns wird dabei aber völlig neu definiert und an die heutigen Verhältnisse angepasst, u. a. indem der heute immer mehr an Bedeutung gewinnende *Dienstleistungssektor* dem klassischen Gewerbetreibenden gleichgestellt wird. So werden etwa der Bauunternehmer und ebenso der Betreiber eines Fitnessstudios dem klassischen Warenhändler gleichgestellt. Kaufleute sind jetzt alle Gewerbetreibenden, es sei denn, das Unternehmen erfordert nach Art oder Umfang keinen in kaufmännischer Weise eingerichteten Geschäftsbetrieb. Auch kleine Unternehmer haben zudem in Zukunft die Möglichkeit, sich *freiwillig* ins Handelsregister

eintragen zu lassen. Mit der Eintragung werden die Klein-
unternehmer dann aber auch zu vollwertigen Kaufleuten
mit allen Rechten und Pflichten eines Kaufmanns, müssen
also z.B. gekaufte Ware sofort nach dem Kauf untersuchen,
um ihr Rügerecht nicht zu verlieren. Die Rechtsfigur des
sog. Minderkaufmanns ist damit entfallen. Ferner wurde die
bisherige Privilegierung der Unternehmen der öffentlichen
Hand beseitigt: Alle gewerblichen Unternehmen der öffentlichen Hand müssen sich in Zukunft ins Handelsregister eintragen lassen.

FREIBERUFLICH
TÄTIGE SIND KEINE
KAUFLEUTE

Trotz immer wieder geäußerter Kritik hat die Reform des
Handelsrechts an der traditionellen Rechtsstellung der *freiberuflich Tätigen* und damit an ihrer fehlenden Kaufmannseigenschaft festgehalten. Dies wirkt sich in Fall (1) aus: Ein
Kaufmann kann im Unterschied zur normalen Privatperson
u.a. eine Bürgschaft sowie ein Schuldanerkenntnis in mündlicher Form erklären, da ihm regelmäßig bewusst ist, in welches Haftungsrisiko er sich begibt. Es erscheint auf den ersten Blick selbstverständlich, dass auch der Steuerberater S.
als Inhaber eines großen Beratungsbüros zu diesem geschäftlich erfahrenen Personenkreis gehört. Da aber die frei-
en Berufe wie Rechtsanwälte, Steuerberater, Ärzte und Architekten nach wie vor nicht unter die oben genannten
Gruppen von Kaufleuten fallen, haben sie keine Kaufmannseigenschaft. S. hätte daher nach den Vorschriften des
Bürgerlichen Rechts das Schuldanerkenntnis schriftlich abgeben müssen. Sein mündliches Schuldanerkenntnis gegenüber dem M. ist unwirksam. Soweit sich freiberuflich
Tätige allerdings in zulässiger Weise in der Rechtsform einer
Kapitalgesellschaft organisieren, findet das Handelsrecht
gem. § 6 HGB auf sie Anwendung *(Formkaufmann)*.

FIRMA

Das kaufmännische Unternehmen tritt im Handelsverkehr
unter einem *Firmennamen* auf, der ins Handelsregister eingetragen werden muss. Die Firma ist nach dem Handelsrecht nicht – wie in der Alltagssprache – das Unternehmen
selbst („ein Mitarbeiter geht in seine Firma"), sondern im
rechtlichen Sinne nur der Name des Unternehmens, sein
rechtliches „Aushängeschild". Dem Streben nach möglichst
werbewirksamen Firmenbezeichnungen wird jedoch durch

FIRMENWAHRHEIT

den Grundsatz der *Firmenwahrheit* eine Grenze gesetzt.
Die soeben schon erwähnte Reform des Handelsrechts hat
aber zu einer *weitreichenden Liberalisierung des Firmenrechts*
geführt. Sie führt hier zu einer weitgehenden Freigabe der
Firmenbildung, trägt aber zugleich dem Verkehrsschutz
ausreichend Rechnung. Allen Kapitalgesellschaften, Perso-
nenhandelsgesellschaften und Einzelkaufleuten ist jetzt die

freie Wahl einer aussagekräftigen und werbewirksamen Firma gestattet, wenn diese nur unterscheidungskräftig ist und – selbstverständlich – nicht irreführt. Herkömmliche Beschränkungen wie etwa die, dass der Einzelkaufmann nur seinen Vor- und Familiennamen als Firma wählen darf oder dass die Firma einer offenen Handelsgesellschaft oder Kommanditgesellschaft aus den Namen persönlich haftender Gesellschafter bestehen muss, die Firma einer Aktiengesellschaft aber dem Unternehmensgegenstand zu entnehmen ist, gehören der Vergangenheit an. Erforderlich ist lediglich, dass die Firma einen Zusatz über die bestehende Gesellschaftsform enthält, also z. B. „eingetragener Kaufmann", „eingetragene Kauffrau" oder eine allgemein verständliche Abkürzung dieser Bezeichnung, insbesondere „e. K.", „e. Kfm." oder „e. Kfr.". In Beispiel (2) bedeutet dies: Hat ein Kaufmann den Doktortitel, so kann er diesen grundsätzlich in die Firma einbeziehen. Es würde jedoch gegen das Gebot der Firmenwahrheit verstoßen, wenn durch den Titel eine einschlägige besondere Fachkunde vorgetäuscht wird. Bei einem Geschäft für Sanitätsbedarf würden die Kunden den Doktortitel mit einem Arzt oder Apotheker in Verbindung bringen. Da Ulrike Klug eine Juristin ist, darf die Firmenbezeichnung ihren akademischen Grad nicht enthalten. Davon dürfte trotz der Liberalisierung des Firmenrechts auszugehen sein, da hier über Tatsachen irregeführt wird, die für die angesprochenen Geschäftskreise wesentlich sind (§ 18 Abs. 2 HGB). Hingegen bestehen gegen die Bezeichnung „City-Sanitätshaus", also den Firmenzusatz, der den Geschäftsgegenstand bezeichnet, nach der Neuregelung keine Bedenken. Die Bezeichnung erweckt nach außen zwar den Eindruck, dass es sich um ein besonders großes und in der Stadt bedeutendes Unternehmen handelt. Ein werbewirksamer Name ist aber zulässig. Denkbar wäre somit als Firmenname „City-Sanitätshaus Klug e. Kfr." oder auch nur „City-Sanitätshaus e. Kfr.".

Meist kann der Kaufmann sein Geschäft nicht alleine betreiben, er muss Hilfspersonen einstellen. Unter ihnen nimmt der *Prokurist* eine Sonderstellung ein. Er hat nämlich eine im HGB geregelte, *umfassende Vertretungsmacht* (Prokura), aufgrund deren er für das kaufmännische Unternehmen alle Rechtsgeschäfte vornehmen kann, die im Handelsverkehr vorkommen. Nur zur Belastung oder Veräußerung von Grundstücken benötigt der Prokurist eine besondere Ermächtigung. Die Prokura wird ins Handelsregister eingetragen, so dass sich dort jeder Geschäftspartner informieren kann. Eine Beschränkung der Prokura durch eine interne

PROKURA

Vereinbarung (etwa im Anstellungsvertrag) ist also den Geschäftspartnern gegenüber aus Gründen der Rechtssicherheit unwirksam. So hat Karin P. (Beispiel (3)), entgegen der in ihrem Anstellungsvertrag festgelegten Beschränkung, einen Kaufvertrag über Sportartikel im Werte von 30 000,– DM abgeschlossen. Obwohl Sportartikel nicht zum speziellen Handelsgegenstand einer Lebensmittelhandlung gehören, muss der Kaufmann also den von seiner Prokuristin abgeschlossenen Vertrag erfüllen.

HANDELSREGISTER

Wir kennen nun schon eine Reihe von Informationen, die sich aus dem *Handelsregister* ergeben (Kaufmannseigenschaft, Firma, Prokura). Es hat offenbar eine wichtige Funktion im Handelsverkehr. Dieses Register (Verzeichnis) wird vom Amtsgericht als Registergericht geführt. Es ist öffentlich; jedermann kann es einsehen, um sich z. B. über einen neuen Geschäftspartner zu informieren. Die eigentliche Bedeutung des Handelsregisters geht aber über die Vermittlung von Informationen hinaus. Im Handelsverkehr darf man sich nämlich unter bestimmten Voraussetzungen, die hier nicht im Einzelnen ausgeführt werden können, auf das Handelsregister verlassen. Insbesondere kann man sich darauf verlassen, dass eintragungspflichtige Tatsachen, die im Handelsregister nicht eingetragen sind, auch nicht bestehen (Vertrauensschutz). Dies soll am Beispiel der Prokura verdeutlicht werden. Einzutragen ist sowohl die Erteilung der Prokura als auch (als entgegengesetzte Maßnahme) deren Aufhebung durch den Kaufmann. Hat aber ein Kaufmann die Prokura eines Mitarbeiters aufgehoben und dabei vergessen, die Aufhebung im Handelsregister eintragen zu lassen, so dürfen die gutgläubigen Geschäftspartner, die die Aufhebung der Prokura nicht erfahren haben, weiterhin von dem Fortbestand der Prokura ausgehen.

Auch das Handelsregisterverfahren ist von der Handelsrechtsreform im Jahre 1998 erfasst worden. In mehreren praktischen Details wurde das Verfahren *dereguliert* und für die Unternehmen *kostengünstiger* gestaltet. Z.T. treten diese Änderungen aber erst zum 1. 1. 1999 in Kraft.

Über die Grundlagen des Kaufmännischen Betriebs und des Handelsverkehrs hinaus enthält das HGB auch allgemeine

HANDELS-
GESCHÄFTE

und besondere Regelungen über die *Handelsgeschäfte*. Wir müssen uns hier darauf beschränken, aus dieser umfangreichen Materie den zentralen Gedanken herauszuarbeiten. Im Interesse der raschen und unkomplizierten Geschäftsabwicklung sind die Vorschriften des HGB teilweise strenger und für die Vertragspartner risikoreicher als im BGB. Als Leitsatz könnte man daher über die Handelsgeschäfte schreiben: „Augen auf im Handelsverkehr". Dieser Gesichtspunkt soll bei einem allgemeinen und einem speziellen Fall veranschaulicht werden:

— Das HGB enthält für alle von Kaufleuten abgewickelten Handelsgeschäfte *allgemeine Regelungen*, so etwa die Beachtung bestimmter handelsüblicher Sorgfaltspflichten. Neben diesen gesetzlichen Vorschriften stehen allgemeine *Handelsbräuche*, die den Charakter von Gewohnheitsrecht haben. Ein bekanntes Beispiel dafür sind die Rechtswirkungen des sogenannten *kaufmännischen Bestätigungsschreibens*. Erhält ein Kaufmann unmittelbar nach einer mündlichen (auch telefonischen) Vereinbarung von der Gegenseite ein Schreiben, das den wesentlichen Inhalt der Vereinbarung zusammenfassen soll (Bestätigungsschreiben), so muss er unverzüglich widersprechen, wenn das Schreiben die Vereinbarung falsch wiedergibt. Schweigt er, so gilt dies als Zustimmung zu dem schriftlich bestätigten Vertragsinhalt. Da Weinhändler W. (Beispiel (4)) auf das Schreiben der Genossenschaft nicht reagierte, muss er 1 500 Flaschen Müller-Thurgau und 2 000 Flaschen Burgunder abnehmen.

— Ähnlich wie im Bürgerlichen Recht ist auch im Handelsverkehr der *Kauf* einer der wichtigsten Geschäftstypen. Wir erinnern uns, dass der Käufer einer beweglichen Sache, die sich bei Lieferung als mangelhaft erweist, den Mangel innerhalb eines halben Jahres rügen muss, wenn er ein Gewährleistungsrecht geltend machen will. Bei einem beiderseitigen Handelskauf (Verkäufer und Käufer sind Kaufleute) entfällt dagegen diese Halbjahresfrist, um Mängelansprüche zu erheben. Wenn der Käufer nicht *unmittelbar* nach Empfang der Ware diese überprüft und etwaige Mängel nicht sofort rügt, gilt die Ware als genehmigt. Da Neutex (Beispiel (5)) die sofortige Rüge der fehlerhaften Blusen versäumt hat, gelten diese als ordnungsgemäße Lieferung.

Zusammenfassung

Das Handelsrecht ist als Sonderprivatrecht der Kaufleute im Handelsgesetzbuch (HGB) geregelt. Es hat im Interesse einer raschen und unkomplizierten Abwicklung der Handelsgeschäfte gegenüber dem Zivilrecht teilweise strengere und für die Handelspartner risikoreichere Vorschriften. Dabei ist der Gedanke des Vertrauensschutzes im Handelsrecht besonders ausgeprägt. Anwendung findet das Handelsrecht auf die Handelsgeschäfte von Kaufleuten. Kaufleute sind alle Gewerbetreibenden (zu denen die freiberuflich Tätigen nicht gehören), es sei denn ihr Unternehmen erfordert nach Art oder Umfang keinen in kaufmännischer Weise eingerichteten Geschäftsbetrieb. Kaufmann ist aber auch, wer sich als Gewerbetreibender in das Handelsregister eintragen lässt und schließlich derjenige, der schon wegen seiner Rechtsform die Kaufmannseigenschaft hat (Formkaufleute).

Die allgemeinen Vorschriften des Handelsgesetzbuches, z. B. über Handelsregister, Firma und Prokura, wollen dem Handelsverkehr eine möglichst gute Vertrauensgrundlage geben. Insbesondere kann sich der Kaufmann in gewissem Umfang auf die Eintragungen im Handelsregister verlassen.

2. Gesellschaftsrecht

(1) Günter F., Karin G. und Peter M. mieten bei der Firma Auto-Verleih einen Sportwagen, um gemeinsam zu einem Bundesligaspiel nach Hamburg zu fahren. Als die Fa. Auto-Verleih bei der Rückgabe des Wagens erfährt, dass Günter F. und Karin G. völlig mittellos sind, schickt sie die Rechnung an Peter M. Dieser will nur 1/3 des Rechnungsbetrages bezahlen.

(2) Albert O. und Gudrun Z. betreiben eine offene Handelsgesellschaft (OHG) zum Import von Südfrüchten. Albert O. will den Bürobetrieb verbessern und einen Computer im Wert von 20 000,– DM anschaffen. Gudrun Z. widerspricht diesem Vorhaben. Trotzdem kauft Albert O. diese Maschine bei der Firma Bürotext. Da die „O und Z Südfrüchte OHG" den Kaufpreis nicht bezahlen kann, verlangt Fa. Bürotext das Geld von Gudrun Z.

(3) Die Geschwister Konrad und Lotte R. haben eine Kunstsammlung im Wert von 500 000,– DM geerbt. Sie glauben, dass man mit dieser Sammlung einen blühenden Kunsthandel aufbauen und so das Vermögen noch vermehren könnte. Allerdings wollen sie das wirtschaftliche Risiko begrenzen und die Führung eines solchen Geschäfts dem Kunstsachverständigen K. überlassen. Sie fragen daher einen Notar, wie eine Unternehmensform rechtlich aussehen könnte, bei der sie unter begrenztem Risiko und bei fremder Geschäftsführung noch Einfluss auf das Geschäft ausüben könnten.

(4)   Der Rentner R. besitzt Daimler-Benz-Aktien im Wert von 5 000,– DM. Aus der Zeitung erfährt er, dass die Firma Daimler-Benz AG in das Kleinwagengeschäft einsteigen und einen neuen Wagentyp herstellen will. Er hält dies für einen unternehmerischen Fehler und schreibt daher an den Vorstand der Daimler-Benz AG, dass er gegen diese Entscheidung Widerspruch einlege.

Bedeutung und Begriff der Gesellschaften

Wer den Wirtschaftsteil einer Zeitung durchblättert, wird feststellen, dass es sich bei den meisten Unternehmen, über die berichtet wird, um Gesellschaften handelt. Dies liegt u. a. daran, dass viele wirtschaftliche Aktivitäten wegen ihres großen Umfanges und insbesondere wegen der dafür erforderlichen finanziellen Grundlage nur von mehreren Personen gemeinsam betrieben werden können. Das Gesellschaftsrecht ist daher ein wichtiger Teil des Unternehmensrechts und der Wirtschaftsordnung. Gesellschaften kommen aber auch außerhalb des Wirtschaftsbereiches vor, so etwa die gemeinsamen Kanzleien von Rechtsanwälten und die immer häufigeren Gemeinschaftspraxen von Ärzten.

Eine Gesellschaft liegt dann vor, wenn sich mehrere Personen durch einen privatrechtlichen Vertrag zusammenschließen, um einen gemeinsamen Zweck zu erreichen. Der dadurch entstehende Personenverband ist je nach der gewählten Gesellschaftsform rechtlich unterschiedlich organisiert. Je nachdem, wie selbständig eine Gesellschaft von den sie tragenden Gesellschaftern ist, unterscheidet man zwei Gruppen:

PERSONENVERBAND ZUR GEMEINSAMEN ZWECKERREICHUNG

Die *Personengesellschaften* bilden nur eine wirtschaftliche, aber keine rechtliche Einheit. Sie sind daher selbst nicht rechtsfähig und bleiben eng mit den Gesellschaftern verknüpft (zur Rechtsfähigkeit siehe *Kap. 2 Abs. 2*). Personengesellschaften werden üblicherweise dann gewählt, wenn der persönliche Einsatz, die unternehmerische Begabung und die Arbeitskraft der Gesellschafter im Vordergrund stehen. Dieses starke personale Element kommt vor allem bei der Haftung der Gesellschafter für Gesellschaftsschulden zum Ausdruck. Grundsätzlich haften die Gesellschafter nicht nur mit ihrem Geschäftsvermögen, sondern auch mit ihrem persönlichen Vermögen. Die „Bonität" einer Personengesellschaft, die Fähigkeit wirtschaftliche Verpflichtungen zu erfüllen, wird daher auch maßgeblich nach dem An-

PERSONEN-GESELLSCHAFTEN

sehen und Vermögen der Gesellschafter beurteilt. Die wichtigsten Formen der Personengesellschaften sind die Gesellschaft des bürgerlichen Rechts (BGB-Gesellschaft), die offene Handelsgesellschaft (OHG) und die Kommanditgesellschaft (KG).

Bei den *Kapitalgesellschaften* spielt die Person des einzelnen Gesellschafters nur noch eine untergeordnete Rolle. Viel wichtiger ist seine kapitalsmäßige Beteiligung. Da es regelmäßig nicht auf das persönliche Zusammenwirken der Gesellschafter ankommt, kann ein Gesellschafter seinen Kapitalanteil grundsätzlich ohne Zustimmung der anderen Gesellschafter veräußern. Die Kapitalgesellschaft hat dementsprechend eine eigene Rechtsfähigkeit und ist insgesamt im Verhältnis zu den Gesellschaftern viel selbständiger. Man spricht von einer körperschaftlichen Gliederung, da die Kapitalgesellschaft als juristische Person nicht selbst handeln kann, sondern ihr „Körper" zum Handeln gewissermaßen „Kopf und Hände" in Gestalt ihrer Organe braucht. Die juristische Grundform der Kapitalgesellschaft bildet der rechtsfähige Verein, der im BGB geregelt ist. Große Bedeutung für das Wirtschaftsleben in der Bundesrepublik haben die Gesellschaft mit beschränkter Haftung (GmbH) und die Aktiengesellschaft (AG).

Eine gewisse Verwandtschaft mit den Kapitalgesellschaften haben die *Genossenschaften*. Sie weisen ebenfalls eine körperschaftliche Struktur auf, d.h. sie sind rechtsfähige Körperschaften, die durch ihre Organe (Vorstand, Aufsichtsrat, Generalversammlung) handeln. Obwohl sie in erheblichem Umfang am Wirtschaftsverkehr teilnehmen, sind sie keine Handelsgesellschaften, da ihr Geschäftsbetrieb nicht auf Erwerb, sondern auf Förderung ihrer Mitglieder ausgerichtet ist. Ausgangspunkt der Genossenschaftsbewegung war der Gedanke, dass die Angehörigen von wirtschaftlich schwachen Berufsgruppen ihre Lebensbedingungen durch die Einrichtung von Selbsthilfeorganisationen verbessern können. So gibt es etwa Kreditgenossenschaften von Landwirten, die an ihre Mitglieder günstige Kredite geben. Heute spielen Genossenschaften in der gesamten mittelständischen Wirtschaft eine erhebliche Rolle.

Die *Gründung* einer Gesellschaft ist in der Regel für alle Beteiligten eine wirtschaftlich weit tragende Entscheidung. Grundsätzlich können die Gründer frei bestimmen, welchen Gesellschaftstyp sie im Gesellschaftsvertrag vereinbaren. Sie können jedoch keine neue, gesetzlich nicht geregelte

Gesellschaftsform „erfinden". Bevor sich die Gründer für einen bestimmten *Typ* entscheiden, sollten sie sorgfältig prüfen, wie ihre wirtschaftlichen Ziele mit den Vor- und Nachteilen der in Betracht gezogenen Gesellschaftsformen zu vereinbaren sind. Dabei geht es vor allem um Fragen der Geschäftsführung nach innen, der Vertretungsbefugnis nach außen, der gegenseitigen Kontrolle und insbesondere der Haftung der Gesellschafter für Gesellschaftsschulden. Auch die unterschiedliche steuerliche Behandlung der Gesellschaften, auf die hier nicht eingegangen werden kann, spielt bei der Wahl der Gesellschaftsform eine erhebliche Rolle.

Die *Gesellschaft bürgerlichen Rechts* (BGB-Gesellschaft) ist ein auf einem Vertrag beruhender Personenzusammenschluss, der das Ziel hat, einen gemeinsamen beliebigen Zweck zu erreichen. Diese im BGB in den §§ 705 ff. geregelte Gesellschaft, die keine eigene Rechtsfähigkeit besitzt, ist die Grundform aller Personengesellschaften. Wegen der Vielzahl der mit ihr verfolgbaren Zwecke hat die BGB-Gesellschaft einen außerordentlich breiten Anwendungsbereich. Dieser reicht von sogenannten Gelegenheitsgesellschaften (Wettgemeinschaften, Mitfahrgemeinschaften u.ä.) über die Büro- und Praxiszusammenschlüsse von Freiberuflern (Rechtsanwälte, Steuerberater, Architekten, Ärzte usw.) bis hin zu überbetrieblichen Zusammenschlüssen (Kartelle, Konzerne).

Nach der gesetzlichen Regelung, die allerdings im Gesellschaftsvertrag abgeändert werden kann, sind die Gesellschafter in starkem Maße voneinander abhängig. Sie müssen sowohl die Geschäfte der Gesellschaft gemeinsam erledigen (*gemeinschaftliche Geschäftsführung*) als auch die Gesellschaft zusammen nach außen vertreten (*Gesamtvertretungsmacht*). Dies bedeutet, dass die Gesellschafter intern über alle Geschäfte einen gemeinsamen Willen bilden und den Vertragspartnern der Gesellschaft gegenüber gemeinsame Erklärungen abgeben müssen.

Obwohl die BGB-Gesellschaft selbst nicht rechtsfähig ist und daher auch nicht Träger von Vermögensrechten sein kann, bilden die in die Gesellschaft eingebrachten Finanzmittel und Sachwerte ein Sondervermögen. Die dazu gehörenden Sachen und Rechte stehen allen Gesellschaftern gemeinsam zu. Juristisch nennt man das sehr anschaulich *Gesamthandsvermögen*. Keine (Gesellschafter-)Hand kann alleine über Vermögensteile verfügen. Allerdings ist die Haftung für Schulden der BGB-Gesellschaft nicht auf die-

PERSÖNLICHE
HAFTUNG

ses Gesellschaftsvermögen begrenzt. Daneben haftet jeder einzelne Gesellschafter für die Gesellschaftsschulden in vollem Umfang mit seinem *Privatvermögen*. Aus diesem Grund muss Peter M., dessen Vereinbarung mit Günter F. und Karin G. rechtlich die Bildung einer (Gelegenheits-)-BGB-Gesellschaft bedeutet, die gesamte Rechnung für den gemieteten Wagen aus eigener Tasche bezahlen (ein Gesellschaftsvermögen wird bei solchen kurzlebigen Gesellschaftszwecken oft nicht gebildet). Es ist dann sein Risiko, ob er von den beiden anderen Mitfahrern einen anteiligen Ausgleich (jeweils 1/3) zurückerhält, siehe Beispiel (1) oben.

OFFENE HANDELS-
GESELLSCHAFT

Die *offene Handelsgesellschaft* (OHG) ist eine Personengesellschaft, deren Zweck auf den Betrieb eines kaufmännischen Gewerbes gerichtet ist und bei der (wie bei der BGB-Gesellschaft) alle Gesellschafter persönlich gegenüber den Gläubigern der Gesellschaft haften. Insbesondere kleinere und mittlere Betriebe, deren Inhaber selbst die Unternehmensführung in der Hand haben, wählen gerne die Form der OHG. Die Regelungen über die OHG finden sich im HGB. Auch in diesem Bereich hat sich die Handelsrechtsreform 1998 ausgewirkt. Kleinbetriebe, deren Unternehmen keinen vollkaufmännischen Geschäftsbetrieb erfordern, können nunmehr ebenso wie reine Vermögensverwaltungsgesellschaften die Rechtsform einer offenen Handelsgesellschaft oder Kommanditgesellschaft (siehe sogleich unten) wählen. Ihnen wird damit eine weitere Option geboten, die für sie passende Unternehmensrechtsform zu wählen. Zuvor waren sie auf die doch etwas schwerfällige Gesellschaft des bürgerlichen Rechts oder die in Gründung und Unterhalt aufwendige GmbH beschränkt.

Da die OHG auf der BGB-Gesellschaft aufbaut, gelten im Wesentlichen die dort genannten Gesichtspunkte, jedoch ist die Stellung des einzelnen OHG-Gesellschafters im HGB in seinen Handlungsmöglichkeiten stärker ausgeprägt als die des BGB-Gesellschafters. Um rasch Geschäfte erledigen zu können, hat nach der gesetzlichen Regelung jeder Gesellschafter *allein* innerhalb der Gesellschaft die Befugnis zur *Geschäftsführung* und nach außen die *Vertretungsmacht*. Eine gegenseitige Kontrolle findet dadurch statt, dass jeder geschäftsführende Gesellschafter dem von einem anderen Gesellschafter beabsichtigten Geschäft widersprechen kann. Ein solcher Widerspruch wirkt aber nur auf das Verhältnis der Gesellschafter untereinander. Nach außen bleibt es bei dem Grundsatz der Alleinvertretung. Deshalb ist der Kauf des Bürocomputers in Fall (2) durch Albert O. trotz des Wi-

ALLEINGESCHÄFTS-
FÜHRUNG
ALLEINVERTRE-
TUNG

derspruchs der Mitgesellschafterin Gudrun Z. wirksam. Dies ist für Gudrun Z. umso schmerzlicher, als alle Gesellschafter einer OHG auch mit ihrem *Privatvermögen* für die Gesellschaftsschulden haften. Man sieht daran, wie risikoreich die Beteiligung an einer OHG sein kann und wie genau man sich vor dem Eintritt in eine OHG überlegen muss, ob man sich auf die anderen Mitgesellschafter verlassen kann.

Die besondere personenrechtliche Verbundenheit der Gesellschaft einer OHG hatte den Gesetzgeber dazu veranlasst, für den Fall des Ausscheidens eines Gesellschafters, z. B. durch Kündigung oder Tod, die Auflösung der Gesellschaft vorzusehen, falls im Gesellschaftsvertrag keine anderweitige Vereinbarung getroffen wurde, etwa eine Fortsetzung mit den Erben. Dieser Grundsatz wurde durch die Handelsrechtsreform umgekehrt. Als Regel gilt nunmehr, dass die Gesellschaft bei Ausscheiden eines Gesellschafters fortgeführt wird. Das gilt in gleichem Maße auch für die Kommanditgesellschaft.

Die *Kommanditgesellschaft* (KG) ist eine Sonderform der OHG, die sich von dieser vor allem insofern unterscheidet, als sie zwei verschiedene Arten von Gesellschaftern aufweist. Neben dem persönlich haftenden Gesellschafter (*Komplementär = Vollhafter*), der dieselbe Stellung hat wie der Gesellschafter einer OHG, gibt es noch den Typ des beschränkt haftenden Gesellschafters (*Kommanditist = Teilhafter*). In einer KG muss mindestens ein Gesellschafter der genannten Arten vorhanden sein.

Die beschränkt haftenden Gesellschafter sind in der Regel von der Geschäftsführung ausgeschlossen und zur Vertretung der Gesellschaft nicht befugt. Der geringeren Verantwortung des Kommanditisten entspricht das kleinere wirtschaftliche Risiko. Seine Haftung *beschränkt* sich auf die Einlage, die er nach dem Gesellschaftsvertrag zu erbringen hat. Wenn der Kommanditist seine Einlage geleistet hat, ist er mit seinem persönlichen Vermögen von der Haftung ausgenommen. Wäre also die Südfrüchte-Handelsfirma in Beispiel (2) eine KG und Gudrun Z. nur Kommanditistin, so wäre ihr Privatvermögen durch eine evtl. Überschuldung der KG nicht bedroht. Sie hätte allerdings auch kein Widerspruchsrecht gegen den Computerkauf gehabt.

Die *Gesellschaft mit beschränkter Haftung* (GmbH) – geregelt im GmbH-Gesetz – ist eine Kapitalgesellschaft mit *eigener Rechtspersönlichkeit*. Ihr Name weist auf den Unterschied zu den bisher dargestellten Gesellschaftsformen hin.

Bei der GmbH haften nämlich alle Gesellschafter nur mit ihrem *Anteil* an dem Gesellschaftsvermögen, dem sogenannten *Stammkapital*. Dieses Stammkapital muss mindestens 50 000,– DM betragen. Ein weiterer Unterschied zu den Personengesellschaften liegt darin, dass die Gesellschafter einer GmbH nicht selbst die Geschäftsführung und Vertretung ausüben müssen. Sie können vielmehr einen Geschäftsführer anstellen *(Fremdorganschaft)*. Demnach bietet

sich die GmbH für diejenigen Fälle (wie Fall 3) an, wo die Gesellschafter einen bestimmten Vermögensstock für einen Geschäftszweck zur Verfügung stellen können, gleichzeitig aber das wirtschaftliche Risiko auf das Gesellschaftsvermögen beschränken und zudem auch nicht die Last der Geschäftsführung übernehmen wollen, weil sie entweder nicht die erforderliche Zeit oder nicht die Sachkunde dafür haben. Gleichwohl bleibt den Gesellschaftern einer GmbH die Befugnis, auf die grundlegenden unternehmerischen Entscheidungen Einfluss zu nehmen.

Die *Aktiengesellschaft* (AG) ist die Gesellschaftsform, die sich für Großunternehmen mit einem erheblichen *Kapitalbedarf* eignet. Obwohl die Zahl der Aktiengesellschaften in der Bundesrepublik verhältnismäßig gering ist, nehmen sie im Wirtschaftsleben wegen ihres großen wirtschaftlichen Gewichts eine herausragende Stellung ein. Deshalb sind die Vorschriften über die Aktiengesellschaften in einem besonderen Aktiengesetz zusammengefasst.

Die AG ist wie die GmbH eine *juristische Person* mit einer körperschaftlichen Gliederung. Die Organe der AG sind der Vorstand, der Aufsichtsrat und die Hauptversammlung. Die

Beteiligung an einer AG erfolgt durch den Erwerb von *Aktien*, das sind auf einen bestimmten Betrag lautende Anteile des Grundkapitals der Gesellschaft. Dieses muss mindestens 100 000,– DM betragen. Die Aktien sind regelmäßig in Urkunden verbrieft und können meist frei gekauft und verkauft werden. Um den Erwerb und die Übertragung von Aktien zu erleichtern, geschieht der Handel vorwiegend an

den *Wertpapierbörsen*.

Das *geschäftsführende* und die Gesellschaft nach außen *vertretende Organ* ist der *Vorstand*. Der einzelne *Aktionär* (Inhaber von Aktien und damit Gesellschafter der AG) hat auf die unternehmerischen Entscheidungen des Vorstands keinen direkten Einfluss. Der Widerspruch des R. gegen den Typenplan „seiner" Aktiengesellschaft Daimler-Benz in Fall (4) entfaltet rechtlich keinerlei Wirkung. In der Praxis beschränkt sich auch das Interesse des Aktionärs auf eine möglichst günstige Kapitalanlage. Die eigentlichen Gesellschafterrechte kann der Aktionär lediglich bei der Versammlung aller Aktionäre, der Hauptversammlung, ausüben. Die Hauptversammlung entscheidet u. a. über die Verwendung des Bilanzgewinnes und die Entlastung des Vorstands (Billigung der Geschäftsführung). Es ist aber klar, dass die Hauptversammlung, die im Normalfall einmal jährlich stattfindet, schon wegen der Vielzahl der Aktionäre keine wirkliche Kontrolle des Vorstands darstellen kann. Deshalb hat die Aktiengesellschaft ein besonderes Kontrollorgan, den *Aufsichtsrat*, der den Vorstand bestellt und dessen Tätigkeit überwacht.

Da der Aktionär nur eine lose Bindung zur Gesellschaft hat, beschränkt sich auch sein wirtschaftliches Risiko auf den Wert seiner Aktien. Entwickelt sich das Unternehmen gut, steigt der Marktwert *(Kurs)* seiner Aktien, im ungünstigsten Fall sind sie bei einem Scheitern der Gesellschaft wertlos.

HAUPT-
VERSAMMLUNG

AUFSICHTSRAT

AKTIENKURS

Literaturhinweise

Handelsgesetzbuch, Gesetzessammlung mit Wechselgesetz, Scheckgesetz, Wertpapierhandelsgesetz, Beck-Texte im dtv, 32. Aufl. 1998 (dtv-TB 5002)
Groß, W.: Handelsrecht. 3. Aufl. 1994
Klunzinger, E.: Grundzüge des Handelsrechts. 9. Aufl. 1996
Jung, P.: Handelsrecht. 1998
Eisenhardt, U.: Gesellschaftsrecht. 7. Aufl. 1996
Klunzinger, E.: Grundzüge des Gesellschaftsrechts. 10. Aufl. 1997
Kraft, A./Kreutz, P.: Gesellschaftsrecht. 10. Aufl. 1997

4 DER ZIVILPROZESS

1. Prozessrecht ist Rechtsdurchsetzungsrecht

In der Kanzlei der Rechtsanwältin R. erscheint der kaufmännische Angestellte Gottfried K. und trägt voller Empörung Folgendes vor: „Ich habe auf meinem Wochenendgrundstück vor einem Jahr mit eigenen Händen ein Holzhäuschen errichtet. Als es an das Lackieren der Außenwände ging, bin ich zum Farbengeschäft B. gegangen, um mich beim Kauf eines geeigneten Lackes beraten zu lassen. Dem Geschäftsinhaber Michael B. erklärte ich, dass es mir insbesondere auf eine lange Haltbarkeit des Holzes ankomme. B. empfahl mir schließlich den Lack Dura, wobei er ausdrücklich hinzufügte, das Holz bleibe mit diesem Lack von außen und innen mindestens fünf Jahre wie neu. Zufällig war mein Arbeitskollege Z. anwesend, der das Gespräch mitgehört hat und dies auch bestätigen kann. Daraufhin kaufte ich zehn Dosen Dura im Wert von 500,– DM und trug den Lack vorschriftsgemäß auf die Holzwände auf. Vor wenigen Wochen musste ich feststellen, dass große Teile des Holzes offenbar von einer Art Pilz befallen sind. Der mit mir befreundete Schreiner S. hat mir versichert, dass dieser Schaden durch den ungeeigneten Lack verursacht wurde. Ich habe dann durch eine fachkundige Firma die schadhaften Holzteile auswechseln lassen müssen. Das Farbengeschäft B. ist nicht bereit, den mir entstandenen Schaden in Höhe von 10 000,– DM und den Kaufpreis des Lackes zu ersetzen.

Nach einem bekannten Sprichwort ist es nicht damit getan, Recht zu haben, man muss auch Recht bekommen. Damit ist gemeint, dass das materielle Recht, so wie wir es auf dem Gebiet des Privatrechts in *Kap. 3* kennen gelernt haben, nicht wie ein Geschenk des Himmels auf den Rechtsuchenden niederfällt, sondern dass es oft gegen den Widerstand eines anderen (Betroffenen) verwirklicht werden muss. Würde die Gemeinschaft sich bei privatrechtlichen Streitigkeiten auf den Standpunkt stellen, es sei auch die „private" Angelegenheit der Beteiligten, um das richtige Recht zu kämpfen, so hätte auch ein gutes Recht keinerlei Wert, da sich stets nur der Stärkere durchsetzen würde. Um ein solches Faustrecht zu verhindern, muss der Staat ein Verfahren zur Verfügung stellen, in dem in möglichst objektiver Weise über die Rechte der Beteiligten entschieden wird und danach das „gefundene" (vom Gericht erkannte) Recht auch durchgesetzt werden kann. *Ziel* eines solchen Verfahrens – auch *Prozess* genannt (lat. procedere = vorwärtsschreiten) – ist es, durch die Durchsetzung rechtlicher Ansprüche den *Rechtsfrieden* wiederherzustellen. Indem der Staat unabhängige *Gerichte* bestellt, die in einem förmlichen Verfahren mit hoheitlicher Macht ausgestattet sind und gegenüber den Rechtsuchenden (Prozessparteien) bindend erklären können, was rechtens ist, erweist sich das Verfahrensrecht als ein *Teil des öffentlichen Rechts*.

Da Prozessrecht Rechtsdurchsetzungsrecht ist, gibt es für die verschiedenen materiellen Rechtsgebiete entsprechende Verfahrensrechte. Der *Zivilprozess* findet bei Ansprüchen aus dem Bereich des Bürgerlichen Rechts und aus fast allen Gebieten des sonstigen Privatrechts Anwendung. Der Strafprozess dient der Strafverfolgung. Gegen Maßnahmen der öffentlichen Verwaltung muss nach den Regeln der Verwaltungsgerichtsordnung vorgegangen werden, usw. (s. *Kap. 8*). Im Rahmen einer rechtskundlichen Gesamtdarstellung stellt sich die Frage, ob die verschiedenen Prozessrechte jeweils im Anschluss an das dazugehörige materielle Recht oder davon gesondert in einer gemeinsamen prozessrechtlichen Betrachtung erläutert werden sollen. Wir wollen hier den ersten Weg wählen, um den inneren Zusammenhang zwischen dem jeweiligen materiellen Recht und Verfahrensrecht deutlich zu machen. Dabei soll hier der *Zivilprozess* und seine rechtliche Grundlage, die *Zivilprozessordnung* (ZPO) beispielhaft dargestellt werden. Wir verfolgen zunächst die Stationen eines einfachen zivilrechtlichen Rechtsstreits und wollen daran anschließend einige Grundsätze des Zivilprozesses auch mit vergleichenden Ausblicken auf andere Verfahrensrechte herausarbeiten. Im Übrigen werden die anderen Prozessrechte bei den jeweiligen materiellen Rechtsgebieten angesprochen.

2. Gang des Zivilprozesses

Im Ausgangsfall kommt die Rechtsanwältin R. nach kurzer Prüfung der Rechtslage zur Auffassung, dass eine gerichtliche Geltendmachung des Schadens gute Aussicht auf Erfolg hat. Sie rät daher K. zu einer Klage gegen die Firma B. Allerdings macht sie K. darauf aufmerksam, dass in jedem

Prozess ein *Risiko* enthalten ist. Die verlierende Partei muss nämlich die gesamten *Prozesskosten* (Gerichtskosten und die Kosten der Anwälte) tragen.

K. ist bereit, das Risiko einzugehen, und erteilt der Rechtsanwältin Vollmacht, seine Rechte vor Gericht wahrzunehmen. R. erstellt eine Klageschrift und erhebt im Namen des K. Klage beim Landgericht, mit der dieser die Verurteilung der Fa. B. zur Zahlung von 10 500,– DM (500,– DM Kaufpreis des Lackes und 10 000,– DM Reparaturkosten) bean-

tragt. Die *Zuständigkeit* des Landgerichts ergibt sich daraus, dass der Streitwert über 10 000,– DM liegt. Bei vermögensrechtlichen Streitigkeiten bis 10 000,– DM (sowie u. a. in familienrechtlichen Angelegenheiten unabhängig von der Höhe des Streitwerts) ist das Amtsgericht zuständig. Dies ist insbesondere deshalb von Bedeutung, weil die Parteien vor dem Landgericht durch Anwälte vertreten sein müssen

(Anwaltszwang), während Kläger und Beklagter vor dem Amtsgericht auch ohne Anwalt ihren Streit durchführen können (s. *Kap. 10, Gerichtszuständigkeit*).

Nach Eingang der *Klageschrift* beim Landgericht bestimmt der Vorsitzende der Zivilkammer, die nach dem Geschäftsverteilungsplan zuständig ist, den Termin zur mündlichen Verhandlung, wobei er das Erscheinen der beiden Parteien anordnet und die Ladung des Zeugen Z. verfügt. Eine Abschrift der Klage geht sodann der Beklagten B. zu.

Die Fa. B. lässt durch ihren Anwalt eine *Klageerwiderung* einreichen, in der sie beantragt, die Klage abzuweisen, da der Geschäftsinhaber Michael B. über die Verwendbarkeit des Lackes keine konkrete Versprechung gemacht, sondern den Lack nur in allgemeiner Form angepriesen habe. Im Übrigen habe der Pilzbefall nichts mit der Lackierung zu tun.

Die *mündliche Verhandlung* findet zum festgesetzten Zeitpunkt vor der mit drei Berufsrichtern besetzten Zivilkammer statt. Der die Verhandlung leitende Vorsitzende stellt die Anwesenheit der Parteien und insbesondere deren Rechtsanwälte (Anwaltszwang) sowie des Zeugen fest. Wäre der Kläger oder die Beklagte ohne Anwalt erschienen, so würden sie so behandelt, als ob sie vor Gericht überhaupt nicht vertreten wären. Gegen eine solche säumige Partei

kann ohne Verhandlung *Versäumnisurteil* ergehen, d. h. das Gericht entspricht dem Antrag der durch Anwalt vertretenen anderen Seite ohne Prüfung der Sachlage.

Im vorliegenden Fall sind beide Parteien ordnungsgemäß vertreten. Die Zivilkammer erörtert mit ihnen (in Abwesenheit des Zeugen, der zunächst im Zeugenzimmer warten muss) die Sach- und Rechtslage. Der Vorsitzende erläutert, dass es im Wesentlichen darauf ankomme, was der Geschäftsinhaber Michael B. gesagt habe und ob darin die Zusicherung einer Eigenschaft des Lackes zu erkennen sei, die in Wirklichkeit nicht vorlag. Da beide Seiten auf ihren Behauptungen und Anträgen beharren, tritt das Gericht in die *Beweisaufnahme* ein. Mit Hilfe von *Beweismitteln* soll festgestellt werden, welche der streitigen Tatsachen wahr sind.

BEWEISAUFNAHME

Als Beweismittel kommen nach der Zivilprozessordnung nur in Betracht: *Augenschein* des Gerichts (etwa Besichtigung einer Unfallstelle), *Zeugen*, *Sachverständige*, *Urkunden* und schließlich die *Angaben der Parteien* selbst. Es liegt auf der Hand, dass die genannten Beweismittel von unterschiedlicher Qualität sind. Am zuverlässigsten sind die Urkunden, dagegen sind die Zeugenaussagen schon deshalb mit Vorsicht zu beurteilen, weil das menschliche Gedächtnis unvollkommen ist. Das schwächste Beweismittel sind schließlich die Angaben der Parteien, da sie sich häufig am jeweiligen Interesse orientieren.

Die Beweisaufnahme unserer Zivilkammer beginnt mit der *Vernehmung* des Zeugen Z., der in den Sitzungssaal hereingeholt wird. Nachdem er auf seine Wahrheitspflicht hingewiesen und über die strafrechtlichen Folgen einer falschen Aussage belehrt wird, soll er über das Verkaufsgespräch zwischen dem Kläger und dem Geschäftsinhaber Michael B. berichten. Er führt aus, dass der Geschäftsinhaber B. wörtlich erklärt habe: „Der Lack Dura ist speziell für die klimatischen Verhältnisse eines nicht beheizten Wochenendhauses geeignet. Das Holz bleibt wie neu; damit haben Sie die nächsten fünf Jahre ausgesorgt."

ZEUGENVERNEHMUNG

Nach Abschluss dieser Zeugenvernehmung wird die Verhandlung fortgesetzt. Da das Gericht in jeder Phase des Verfahrens auf eine gütliche Einigung hinwirken soll, unterbreitet die Zivilkammer den Parteien einen Vergleichsvorschlag. Der *Prozessvergleich* ist eine Vereinbarung (prozessualer Vertrag) der Parteien über die Beendigung des Rechtsstreits. Der Vergleich hat den großen psychologischen Vorteil, dass es keine „Sieger" und „Besiegte" gibt. Angesichts des bisherigen Verlaufes der Beweisaufnahme beurteilt das Gericht die Chancen des Klägers günstiger als die der Beklagten und schlägt daher vor, dass die Beklagte 7 500,– DM an den Kläger zahlen soll. Nach kurzer Beratung mit dem anwesenden Michael B. lehnt der Rechtsanwalt der Beklagten diesen Vorschlag ab, da ja noch völlig offen sei, ob der Lack an dem Holzschaden schuld ist.

PROZESSVERGLEICH

Das Gericht setzt daher einen neuen Termin zur Fortsetzung der Beweisaufnahme fest und beauftragt den *Sachverständigen* S. mit der Vorbereitung eines mündlich zu erstattenden *Gutachtens* zu der Frage, ob der Pilzbefall und die dadurch hervorgerufene Holzfäulnis auf die Verwendung des Lackes Dura zurückzuführen ist. Glücklicherweise hat K. noch einige Bruchstücke des alten Holzes, die S. untersuchen kann. Beim nächsten Beweisaufnahmetermin macht S. folgende Ausführungen: „Der Lack Dura ist ein besonders widerstandsfähiger und abdichtender Lack. Dies hat zwar den Vorteil, dass er nach außen sehr gut schützt, andererseits ist diese Eigenschaft dann von Nachteil, wenn innerhalb der Holzwände eine hohe Feuchtigkeit herrscht, die dann nicht nach außen dringen kann und daher Pilzbefall verursacht. Deshalb ist der Lack Dura für Holzgebäude, die nicht ständig belüftet werden, nicht geeignet."

Das Gericht schließt sodann die Beweisaufnahme ab, gibt den Parteien noch Gelegenheit, sich zum Verlauf des Verfahrens zu äußern, und macht dann bekannt, dass das *Urteil* innerhalb der folgenden drei Wochen zu einem bestimmten Zeitpunkt mündlich verkündet werde.

Das dann verkündete und später den Parteien auch schriftlich zugestellte Urteil enthält ein vollständiges Obsiegen des Klägers. Die Beklagte wird verurteilt, 10 500,– DM zu zahlen und die Kosten zu tragen. In der *Urteilsbegründung* wird u. a. ausgeführt, dass die anlässlich der Verkaufsberatung vom Geschäftsinhaber Michael B. abgegebene Erklärung als Zusicherung einer Eigenschaft anzusehen sei. Zwar hätten die Parteien bei diesem Gespräch nicht unmittelbar an Pilzbefall gedacht, für den unkundigen Kläger sei die Erklärung „fünf Jahre Haltbarkeit" aber so zu verstehen gewesen, dass auch Pilzschäden von innen vermieden werden. Tatsächlich habe aber der Lack Dura wegen seiner geringen Luftdurchlässigkeit den Pilzbefall entscheidend verursacht. Rechtlich sei dies so zu beurteilen, dass eine zugesicherte Eigenschaft gefehlt habe und die Fa. B. als Verkäuferin daher den Schaden des K. gemäß § 463 BGB zu ersetzen habe (s. *Kap. 2*).

Gegen dieses Urteil kann die Fa. B. innerhalb eines Monats nach seiner Zustellung *Berufung* bei dem übergeordneten *Oberlandesgericht* (OLG) einlegen, da die Berufungssumme von 1 500,– DM erreicht ist. Das OLG überprüft das erstinstanzliche Urteil des LG sowohl in tatsächlicher als auch in rechtlicher Hinsicht. Der Gang des Verfahrens entspricht im Wesentlichen dem soeben beschriebenen Verfahren vor dem LG. Auch gegen das Urteil des OLG gibt es noch ein Rechtsmittel, nämlich die *Revision* zum *Bundesgerichtshof.*

Diese ist allerdings nur dann zulässig, wenn der Rechtsstreit von grundsätzlicher Bedeutung ist oder der Wert des Streitgegenstandes 60 000,– DM übersteigt. In der Revisionsinstanz werden nur noch rechtliche Gesichtspunkte geprüft, es findet also keine Beweisaufnahme statt.

3. Verfahrensgrundsätze

Wir können an diesem für die tägliche Praxis typischen Fall einige *Verfahrensgrundsätze* näher betrachten. Da es im Zivilprozess um den Ausgleich privater Interessen geht, ist es Sache der Parteien, die Tatsachen in den Prozess einzuführen, über die nach ihrer Ansicht verhandelt werden soll. Dieser sogenannte *Verhandlungsgrundsatz* bedeutet insbesondere, dass das Gericht nicht von sich aus erforscht, welche weiteren Tatsachen und zusätzlichen Beweismittel für die Entscheidung des Falles von Bedeutung sein könnten. Im obigen Lack-Prozess wird also das Gericht nicht von sich aus Ermittlungen anstellen, ob noch andere Zeugen das Gespräch zwischen B. und K. verfolgt haben. War etwa auch die Ladenangestellte L. bei der Verkaufsberatung anwesend, die das Gespräch ganz anders als der Zeuge Z. in Erinnerung hat, so ist es Sache der beklagten Fa. B., die L. als Zeugin zu benennen. Dieser Verhandlungsgrundsatz gilt im Übrigen nicht im Straf- und Verwaltungsprozess. Dort geht es hauptsächlich um öffentliche Interessen, so dass das Gericht von sich aus alle entscheidungserheblichen Tatsachen heranziehen kann und muss *(Untersuchungsgrundsatz)*. VERHANDLUNGS-GRUNDSATZ

Ebenso können nach dem *Verfügungsgrundsatz* (Dispositionsgrundsatz) die Parteien über Beginn, Gegenstand und Ende des Verfahrens bestimmen. So hatte es der Kläger K. selbst in der Hand, ob er eine Klage erheben wollte oder nicht. Wir haben zudem gesehen, dass die beiden Parteien die Möglichkeit gehabt hätten, durch einen Vergleich den Rechtsstreit zu beenden. Der Gegensatz zum Verfügungsgrundsatz ist der z.B. im Strafprozess überwiegende *Amtsgrundsatz*. Dort kann der Staatsanwalt mit dem Angeklagten keinen Vergleich schließen und damit das Verfahren beenden. Freilich werden die hier genannten Grundsätze nicht immer lupenrein durchgeführt. VERFÜGUNGS-GRUNDSATZ

Einen gewissen inneren Zusammenhang haben die Grundsätze der Mündlichkeit, der Unmittelbarkeit und der Öffentlichkeit, die im Allgemeinen für alle Verfahrensarten maßgeblich sind. Der Grundsatz der *Mündlichkeit* verlangt, dass nur mündlich vorgetragene und verhandelte Tatsachen MÜNDLICHKEIT in dem Urteil berücksichtigt werden können. Damit soll gewährleistet werden, dass alles, was für die Entscheidung von Bedeutung ist, auch tatsächlich zur Sprache kommt und nicht nur in umfangreichen Akten schlummert. In der Praxis wird die Mündlichkeit jedoch häufig dadurch abgeschwächt, dass die Anwälte auf ihre Schriftsätze Bezug nehmen, weshalb ein mit der Sache nicht vertrauter Zuhörer oft nicht versteht, um was es im Einzelnen geht.

UNMITTELBARKEIT

Nicht zu verwechseln mit der Mündlichkeit ist der Grundsatz der *Unmittelbarkeit*. Über den Rechtsstreit können nur die Richter entscheiden, die unmittelbar bei der Verhandlung dabei waren. Es wäre also unzulässig, die Verhandlung durch einige Hilfsrichter durchführen zu lassen, die dann dem erkennenden Gericht ihre Eindrücke von der Verhandlung weitergeben.

ÖFFENTLICHKEIT

Von allgemein rechtsstaatlicher Bedeutung ist der Grundsatz der *Öffentlichkeit*. Bei den meisten Verfahren kann jedermann als Zuhörer die Verhandlung miterleben. Dadurch sollen Geheimprozesse vermieden und das Vertrauen der Bürger in die Rechtspflege gestärkt werden. Allerdings gibt es Prozesse, bei denen das private Interesse der Beteiligten an einer vertraulichen Behandlung höher zu bewerten ist als der Grundsatz der Öffentlichkeit. Daher ist z. B. bei Familien- und Kindschaftssachen die Öffentlichkeit ausgeschlossen.

RECHTLICHES GEHÖR

Für alle Verfahrensarten gilt der Grundsatz des *rechtlichen Gehörs*. Dieser Grundsatz ist sogar in der Verfassung verankert (Art. 103 Grundgesetz); man spricht von einem prozessualen Grundrecht. Gemeint ist damit zum einen der Anspruch des Bürgers gegen den Staat auf Ausübung der Rechtspflege *(Justizgewährungsanspruch)*. Zum anderen bedeutet dieser Grundsatz, dass nur solche Tatsachen im Urteil Verwertung finden dürfen, zu denen die Beteiligten vorher angehört wurden. Daher gibt der Richter den Parteien Gelegenheit, sich zu jedem entscheidungserheblichen Gesichtspunkt zu äußern. Diese gedrängte Darstellung des Zivilprozesses vermittelt eine erste Vorstellung davon, wie mühsam es unter Umständen ist, sein Recht durchzusetzen. Dabei ist die Rechtsverwirklichung noch keineswegs damit beendet, dass man ein obsiegendes Urteil erlangt. Ist der Verurteilte nicht bereit, sich dem Urteil entsprechend zu verhalten (also z. B. die im Urteil ausgesprochene Zahlung zu leisten), so schließt sich an die Phase der Rechtsfindung (Erkenntnisverfahren) das *Vollstreckungsverfahren* an. Wir müssen uns hier mit dem Hinweis begnügen, dass die ZPO zahlreiche Vorschriften enthält, wie mit Hilfe von Voll-

VOLLSTRECKUNGS-VERFAHREN

streckungsorganen (bekanntestes Beispiel: Gerichtsvollzieher) der Ausspruch des Urteils durch staatlichen Zwang tatsächlich durchgesetzt werden kann. Man versteht jetzt, wieso es vom Zeitpunkt der Klageerhebung bis zur Verwirklichung des Rechts ein so weiter Weg sein kann.

Zusammenfassung

Da der Rechtsstaat es seinen Bürgern verbietet, sich ihre Rechte eigenmächtig zu nehmen oder gar zu erkämpfen (Faustrecht), muss er ein geregeltes Verfahren zur Verfügung stellen, mit dessen Hilfe der Rechtsuchende seine Ansprüche, sofern sie nach dem materiellen Recht bestehen, auch durchsetzen kann. Der Zivilprozess dient der Verwirklichung privater Rechte. Er gliedert sich in eine Phase der Rechtsfindung (Erkenntnisverfahren) sowie in eine Phase der zwangsweisen Vollstreckung (Vollstreckungsverfahren). Im Mittelpunkt des Zivilprozesses steht die mündliche Verhandlung vor dem zuständigen Gericht. Die Parteien haben auf den Gang des Verfahrens im Zivilprozess einen größeren Einfluss als bei den meisten anderen Verfahren. Sie bestimmen selbst, welche Tatsachen sie dem Gericht zur Beurteilung vortragen und in welchem Umfang sie Rechte geltend machen. Sie können auch durch eine gütliche Vereinbarung

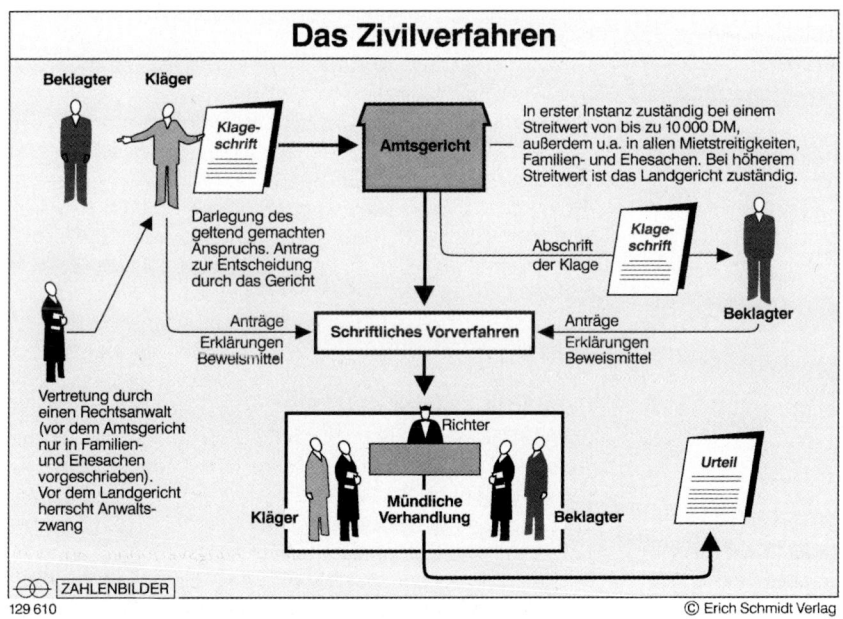

Das Zivilverfahren

Beklagter · Kläger

Klageschrift → Amtsgericht

In erster Instanz zuständig bei einem Streitwert von bis zu 10 000 DM, außerdem u.a. in allen Mietstreitigkeiten, Familien- und Ehesachen. Bei höherem Streitwert ist das Landgericht zuständig.

Darlegung des geltend gemachten Anspruchs. Antrag zur Entscheidung durch das Gericht

Abschrift der Klage · Klageschrift · Beklagter

Anträge · Erklärungen · Beweismittel

Schriftliches Vorverfahren

Anträge · Erklärungen · Beweismittel

Vertretung durch einen Rechtsanwalt (vor dem Amtsgericht nur in Familien- und Ehesachen vorgeschrieben). Vor dem Landgericht herrscht Anwaltszwang

Richter

Kläger · Mündliche Verhandlung · Beklagter

Urteil

ZAHLENBILDER
129 610

© Erich Schmidt Verlag

99

(Vergleich) den Prozess beenden. Über streitige Tatsachenbehauptungen erhebt das Gericht Beweis; die Beweismittel müssen von den Parteien beschafft werden. Kommt das Gericht aufgrund der mündlichen Verhandlung und Beweisaufnahme zur Auffassung, dass der mit der Klage geltend gemachte Anspruch ganz oder teilweise berechtigt ist, so verurteilt es den Beklagten zu einer entsprechenden Erfüllung des Anspruchs.

Literaturhinweise

Zivilprozessordnung mit Einführungsgesetz, Beck-Texte im dtv, 28. Aufl. 1998 (dtv-TB 5005)
Arens, P./Lüke, W.: Zivilprozessrecht. 6. Aufl. 1994
Baumann, J.: Grundbegriffe und Verfahrensprinzipien des Zivilprozesses. 2. Aufl. 1997
Baur, F./Grunsky, W.: Zivilprozessrecht. 9. Aufl. 1997
Jauernig, O.: Zivilprozessrecht. 4. Aufl. 1993

5   ARBEITSRECHT

1. Arbeitsverhältnis als Gegenstand des Arbeitsrechts

(1) Vera T. ist in der Firma X. als Buchhalterin tätig und erledigt dort die kaufmännischen Angelegenheiten.
(2) Martina K. arbeitet als Rechtsanwältin und betreibt eine Anwaltskanzlei.
(3) Siegfried L. ist Regierungsinspektor an der Universität Freiburg und leitet dort die Verwaltungsregistratur.
(4) Petra M. verkauft jeden Samstag Brötchen in der Bäckerei ihres Ehemannes.
(5) Bruno B. ist Häftling in der Vollzugsanstalt Ravensburg. Dort betätigt er sich täglich in der Buchbinderei.
(6) Pater Paul gehört dem Benediktiner-Orden an und verwaltet im Kloster die Bibliothek.

Charakter des Arbeitsverhältnisses

Menschen arbeiten in vielfältiger Weise und aus verschiedenen Gründen; nicht jeder erbringt jedoch Arbeitsleistungen im Rahmen eines Verhältnisses, das arbeitsrechtlichen Regelungen unterliegt. Ein Arbeitsverhältnis wird dadurch charakterisiert, dass sich jemand (der *Arbeitnehmer*) weisungsgebunden zur Erbringung einer bestimmten Leistung verpflichtet, um im Gegenzug – vom *Arbeitgeber* – dafür eine Vergütung zu erhalten. Die Vereinbarung, in der diese gegenseitigen Pflichten festgelegt werden, ist der *Arbeitsvertrag*, ein privatrechtlicher Vertrag, für den, wie für andere Verträge auch, der Grundsatz der Vertragsfreiheit gilt *(vgl. Kap. 2 Abs. 6).* Grundform des Arbeitsvertrages ist der im Bürgerlichen Recht geregelte Dienstvertrag (§ 611 BGB). Nur bei *einem* der obigen Beispiele handelt es sich um ein Arbeitsverhältnis (Vor dem Weiterlesen selbst vermuten: Welches Beispiel ist es?).

ARBEITNEHMER-BEGRIFF

Die o. g. Kriterien, die den Charakter eines Arbeitsverhältnisses ausmachen, treffen lediglich auf die Buchhaltertätigkeit der Vera T. zu. Sie muss regelmäßig an ihrem Arbeitsplatz erscheinen und weisungsgebundene Arbeit zu vorgegebenen Arbeitszeiten leisten.
Anders liegt es bei Rechtsanwältin Martina K.: Sie erbringt zwar für die Mandanten, die sie berät, auch Dienstleistungen. Sie steht aber in keinem persönlichen Abhängigkeits-

verhältnis. Das trifft auf der anderen Seite wiederum bei Siegfried L. zu, der die Registratur der Universitätsverwaltung leitet. Er ist aber Beamter und leistet seine Arbeit nicht aufgrund eines privatrechtlichen Arbeitsvertrages, sondern aufgrund eines öffentlich-rechtlichen Anstellungsverhältnisses, welches besonderen (beamtenrechtlichen) Normen unterliegt *(vgl. Kap. 8 Abs. 3)*. Nicht zu den Beamten, sondern zu den Arbeitnehmern zählen aber wiederum die Angestellten und Arbeiter des öffentlichen Dienstes, die ebenfalls aufgrund eines privatrechtlichen Vertrages arbeiten.

Auch Petra M. steht nicht in einem Arbeitsverhältnis. Wer als Ehegatte (oder auch als Kind) im Betrieb des anderen Ehegatten bzw. der Eltern mitarbeitet, ist nicht Arbeitnehmer, denn Grundlage der Mitarbeit ist nicht ein Vertrag, sondern eine gesetzliche Verpflichtung. Allerdings ist es möglich, dass eine solche Mitarbeit auf vertragliche Grundlage gestellt wird, etwa in Form eines Gesellschafts- oder auch Arbeitsvertrages. Häufig sind steuerrechtliche Überlegungen Beweggrund für eine derartige Vertragsgestaltung.

Auf den ersten Blick könnte man den Eindruck haben, dass der Häftling Bruno B. in einem Arbeitsverhältnis steht. Strafgefangene sind aber ebenso wenig wie sog. Fürsorgezöglinge Arbeitnehmer. Ihre Arbeitsleistung hat ihre Grundlage nicht in einem privatrechtlichen Vertrag, sondern in Bestimmungen des öffentlichen Rechts (Strafvollzugsgesetz, Jugendgerichtsgesetz, Jugendwohlfahrtsgesetz). Schließlich sind auch – wie Pater Paul – diejenigen keine Arbeitnehmer, die nicht in erster Linie zum Erwerb, sondern aus *karitativen*, insbesondere religiösen Motiven Arbeit leisten wie Mönche, Diakonissen oder Rote-Kreuz-Schwestern. Grundlage ihrer Tätigkeit ist nicht ein Arbeitsvertrag sondern das Mitgliedschaftsverhältnis im Orden oder einer anderen religiösen oder kirchlichen Vereinigung. Erfolgt die karitative Tätigkeit hingegen aufgrund eines entgeltlichen Vertrages mit der Kirche oder sonstigen Einrichtungen, ist der Arbeitnehmerbegriff erfüllt.

Der Inhalt abhängiger Beschäftigung, die letztlich den Arbeitnehmerbegriff ausmacht, kann völlig unterschiedlich ausfallen. Historisch bedingt differenziert man zwischen unterschiedlichen *Arten von Arbeitnehmern*, nämlich *Arbeitern* und *Angestellten*. Praktisch läuft diese Abgrenzung darauf hinaus, dass alle kaufmännische und Bürotätigkeit Angestelltentätigkeit ist und es im Übrigen darauf ankommt, ob es sich überwiegend um körperliche (Arbeiter) oder um geistige Arbeit (Angestellte) handelt. Diese Unterscheidung verliert aber zusehends an Bedeutung. So sind mittlerweile Arbeiter und Angestellte z.B. bei der Entgeltfortzahlung im Krankheitsfall oder bzgl. der Kündigungsfristen gleichgestellt, was bis ca. Mitte der neunziger Jahre noch nicht der Fall war. Hingegen legen das Betriebsverfassungs-, das Personalvertretungs- und das Mitbestimmungsrecht die Unterscheidung der Gruppen der Arbeiter und Angestellten als Strukturprinzip zugrunde. Auch trennt die Sozialversicherung bis in die Organisation der Sozialversicherungsträger hinein zwischen Arbeitern und Angestellten.

2. Rechtsquellen des Arbeitsrechts

(1) Heribert S. ist Feinmechaniker bei der Binz-AG. In seinem Arbeitsvertrag ist festgehalten, dass ihm ein Jahresurlaub von 30 Arbeitstagen zusteht. Der auf sein Arbeitsverhältnis anwendbare Tarifvertrag sieht allerdings nur einen Jahresurlaub von 28 Arbeitstagen vor.
(2) Trude L. ist Verkäuferin in einem Supermarkt. In ihrem Arbeitsvertrag ist bestimmt, dass ihr bei kurzzeitiger persönlicher Verhinderung kein Entgeltanspruch zusteht.

Die deutsche Arbeitsrechtsordnung ist *keine einheitliche staatliche Ordnung*, es gibt keinen Gesamtkodex im Sinne eines Arbeitsgesetzbuches. Mit der Wiedervereinigung Deutschlands wurde dem gesamtdeutschen Gesetzgeber zwar im Einigungsvertrag vom 31.8.1990 die Aufgabe zugewiesen, das Arbeitsvertragsrecht möglichst bald einheitlich neu zu kodifizieren. Der Gesetzgeber ist diesem Auftrag bislang aber nicht nachgekommen. Arbeitsrechtliche Regelungen finden sich daher nach wie vor verstreut in Einzelgesetzen. Neben diesen *staatlichen Gesetzen* spielen vor allem *Tarifverträge*, aber auch *Vereinbarungen auf betrieblicher Ebene (sog. Betriebsvereinbarungen)* und nicht zuletzt *vertragliche Absprachen* zwischen Arbeitgeber und Arbeitnehmer eine Rolle. Eine wichtige Ergänzung findet das nationale Recht durch internationale Bestimmungen, insbesondere durch das *Recht der Europäischen Union*.

KEINE EINHEITLICHE STAATLICHE ARBEITSRECHTSORDNUNG

Eine Reihe allgemeiner Grundsätze des Arbeitsrechts ist *verfassungsrechtlich garantiert*, so etwa die Koalitionsfreiheit (Art. 9 Abs. 3 GG), die den Kernbereich eines Tarifvertragssystems und die Tarifautonomie sichert, die Arbeitsvertragsfreiheit (Art. 2 Abs. 1 und Art. 12 Abs. 1 GG), die Gleichberechtigung von Mann und Frau im Arbeitsleben

STAATLICHES RECHT

(Art. 3 Abs. 1 GG), das Verbot der Zwangsarbeit (Art. 12a GG) und das Sozialstaatsprinzip (Art. 20 Abs. 1 GG).

In zahlreichen *Gesetzen* sichert der Staat darüber hinaus einen gewissen Mindeststandard der Arbeitsbedingungen. Die Gesetzgebung orientiert sich dabei an den Aufgaben, die das Arbeitsrecht zu erfüllen hat, in erster Linie der Schutz der Arbeitnehmer, ihre Daseinsvorsorge sowie die Eingliederung der Arbeitnehmer in Betrieb und Unternehmen (vgl. sogleich Abs. 3).

Beispielsweise enthält das *Bürgerliche Gesetzbuch* (BGB) allgemeine Regelungen über den Arbeitsvertrag, die Erbringung der Arbeitsleistung und die Pflicht des Arbeitgebers zur Entgeltzahlung. Des Weiteren finden sich dort Bestimmungen über die Kündigung des Arbeitsverhältnisses einschließlich der Kündigungsfristen. Nach den Vorschriften des *Kündigungsschutzgesetzes* können Arbeitnehmer in Betrieben mit in der Regel mehr als zehn Beschäftigten nach sechsmonatiger Beschäftigungsdauer nur dann gekündigt werden, wenn hierfür ein hinreichender Grund vorliegt, der in der Person, im Verhalten des Arbeitnehmers oder in betriebsbedingten Umständen, z.B. der Stilllegung eines Betriebsteils, liegen kann. Das *Bundesurlaubsgesetz* garantiert jedem Arbeitnehmer einen Mindesturlaub von 24 Werktagen pro Jahr bei voller Weiterzahlung des Gehalts. Die Verpflichtung des Arbeitgebers, dem Arbeitnehmer in den ersten sechs Wochen einer unverschuldeten Krankheit das Entgelt in Höhe von 80% fortzuzahlen, folgt aus dem *Entgeltfortzahlungsgesetz*. Dieses Gesetz legt dem Arbeitnehmer auf der anderen Seite aber auch die Verpflichtung auf, die Krankheit unverzüglich anzuzeigen sowie ein ärztliches Attest über die Arbeitsunfähigkeit beizubringen.

Zum Schutze der Arbeitnehmer begrenzt das *Arbeitszeitgesetz* die werktägliche Arbeitszeit auf acht Stunden. Das ArbZG enthält ferner Bestimmungen u. a. über die Nacht- und Schichtarbeit, Höchstarbeitszeitbestimmungen, die Verlängerung der werktäglichen Arbeitszeit und deren Ausgleich, Ruhezeiten und Pausen etc. In zahlreichen *Gesetzen zum technischen Arbeitsschutz* wird dem Arbeits- und Gesundheitsschutz der Arbeitnehmer in gewerblichen Betrieben Rechnung getragen.

Nach dem *Betriebsverfassungsgesetz* können in Betrieben mit mehr als fünf Arbeitnehmern Betriebsräte gewählt werden, die in sozialen, personellen und wirtschaftlichen Angelegenheiten mitwirken und mitbestimmen und so zu einer Eingliederung der Arbeitnehmer in Betriebe und Unternehmen beitragen. Die *Mitbestimmungsgesetze* (*Mitbestim-*

mungsgesetz 1976, Mitbestimmungsergänzungsgesetz, Montan-Mitbestimmungsgesetz, Betriebsverfassungsgesetz 1952) ermöglichen schließlich auch eine Beteiligung der Arbeitnehmer an der Unternehmensleitung (Besetzung des Aufsichtsrates) und übertragen ihnen wirtschaftliche Verantwortung für die vom Unternehmen zu treffenden Entscheidungen.

Die Arbeitsrechtsordnung wird ferner maßgeblich durch *Tarifverträge* geprägt. Diese werden zwischen Gewerkschaften und Arbeitgeberverbänden (*Verbandstarifverträge*) oder einzelnen Arbeitgebern (*Firmen- bzw. Unternehmenstarifverträge*) abgeschlossen und haben für das einzelne Arbeitsverhältnis im Rahmen ihres Geltungsbereiches unmittelbare und zwingende Wirkung. Die Tarifpartner handeln dabei *autonom*, d. h. ohne unmittelbaren staatlichen Einfluss, legen die grundlegenden Arbeitsbedingungen umfassend fest und passen sie den wirtschaftlichen und sozialen Entwicklungen jeweils an.

TARIFVERTRÄGE

Soweit Tarifverträge dafür Raum lassen, können die Betriebspartner (Betriebsrat und Arbeitgeber) weitere Arbeitsbedingungen mittels sog. *Betriebsvereinbarungen* festlegen, denen in Bezug auf das Einzelarbeitsverhältnis die gleiche Wirkung wie ein Tarifvertrag zukommt. Die betrieblichen Beteiligungsrechte der Arbeitnehmer beziehen sich vor allem auf die Ordnung des Betriebes, den Betriebsablauf, die Zusammensetzung der Belegschaft sowie auf Mitwirkungsrechte in wirtschaftlichen Angelegenheiten.

BETRIEBSVEREINBARUNGEN

Schließlich werden die Arbeitsbedingungen auch individuell durch unmittelbare Vereinbarungen (*Arbeitsverträge*) zwischen Arbeitgeber und Arbeitnehmer geprägt. Weitgehend unabhängig von Tarifverträgen und Betriebsvereinbarungen vollziehen sich Eingehung und Beendigung von Arbeitsverhältnissen.

ARBEITSVERTRAG

Im Zuge des Zusammenwachsens der europäischen Staaten gewinnt das *Recht der Europäischen Union* gerade für das Arbeitsrecht zunehmend an Bedeutung (vgl. allgemein zur Europäischen Rechtsentwicklung *Kap. I Abs. 7*). Bereits in seiner ursprünglichen Fassung enthielt der Vertrag zur Gründung der Europäischen Wirtschaftsgemeinschaft von 1957 eine Reihe für das Arbeitsrecht wichtiger Bestimmungen, insbesondere eine Verordnung über die Freizügigkeit der Arbeitnehmer und eine Richtlinie über die Gleichbehandlung der Geschlechter beim Arbeitsentgelt. 1977 erging eine weitere bedeutende Richtlinie, mit der der Übergang der Arbeitsverhältnisse im Falle einer Veräußerung von Betrieben angeordnet wurde.

RECHT DER EUROPÄISCHEN UNION

Bei den auf ein Arbeitsverhältnis einwirkenden unterschiedlichen Rechtsquellen stellt sich naturgemäß die Frage nach deren Verhältnis untereinander. Als Grundsatz gilt: Der Einzelarbeitsvertrag kann für den Arbeitnehmer immer *günstigere* Regelungen enthalten als der Tarifvertrag oder die Betriebsvereinbarung, jedoch keine ungünstigeren. So ist z.B. die Vereinbarung eines Lohnes, der niedriger als der für den Betrieb geltende Tariflohn ist, unwirksam, d. h. der Arbeitnehmer kann den Tariflohn als Mindestlohn verlangen. Demgegenüber ist der 30-tägige Urlaubsanspruch im Arbeitsvertrag von Heribert S. im Vergleich zum Tarifvertrag die vorteilhaftere Regelung, so dass er sich darauf berufen kann. Ebenso dürfen Betriebsvereinbarungen den Arbeitnehmer nicht ungünstiger stellen als der Tarifvertrag, es sei denn, der Tarifvertrag gestattet dies in Form einer sog. *Öffnungsklausel*. Dasselbe gilt für Abweichungen von den gesetzlichen Vorschriften: Tarifverträge, Betriebsvereinbarungen und Einzelverträge dürfen von Gesetzen abweichen, wenn sie den Arbeitnehmer günstiger stellen. Das Arbeitsrecht enthält jedoch eine Reihe sog. *dispositiver*, d. h. nicht zwingender Normen, die durch Betriebsvereinbarung, Tarif– oder Einzelarbeitsvertrag abgeändert werden können. Das trifft im Fall von Trude L. zu. § 616 BGB (Entgeltzahlung trotz vorübergehender Arbeitsverhinderung) ist keine zwingende Regelung, die daher arbeitsvertraglich aufgehoben werden kann.

3. Praktische Bedeutung und Aufgaben des Arbeitsrechts

(1) Michael K. ist Leiter der EDV-Abteilung eines großen Unternehmens. Herbert D. ist dort als Hausmeister beschäftigt.
(2) Die schwangere Gerlinde T. arbeitet im Schichtbetrieb in einer Chemiefabrik.
(3) Anja P. kann nach einem Fahrradunfall zwei Wochen nicht arbeiten.
(4) Andreas H. stellt in einem Chemieunternehmen einen speziellen Kunststoff nach einem Geheimverfahren her.
(5) In der X-AG, in der 4 000 Arbeitnehmer beschäftigt sind, möchte die Geschäftsleitung in den Betriebsräumen ein Rauchverbot durchsetzen.

Praktische Bedeutung

Der weitaus größte Anteil der Erwerbstätigen in der Bundesrepublik Deutschland besteht aus Arbeitnehmern: 1996 hatte die Bundesrepublik Deutschland eine Bevölkerung von ca. 82 Millionen Personen. Von diesen waren rund 36 Millionen erwerbstätig (darunter über 2,8 Millionen Ausländer). Die Frauenerwerbsquote lag bei über 36%. Unter den Erwerbstätigen waren mehr als 27 Millionen Arbeitnehmer (davon 59% Angestellte); ferner 2,4 Millionen Beamte und eine Gruppe von über 3,5 Millionen Erwerbstätigen, die sich aus Selbständigen und mithelfenden Familienangehörigen zusammensetzt.

Die Arbeitnehmer verteilen sich auf ganz unterschiedliche Wirtschaftszweige und Betriebsgrößen: über 8 Millionen waren 1996 im verarbeitenden Gewerbe, 2,6 Millionen im Baugewerbe, 0,5 Millionen in der Energiewirtschaft und im Bergbau, 6,4 Millionen im Dienstleistungsbereich, 5,3 Millionen bei den Gebietskörperschaften und Sozialversicherungsträgern, Sozialversicherungsträgern, 3,7 Millionen im Handel, 1,1 Millionen in der Kredit- und Versicherungswirtschaft sowie knapp 0,4 Millionen in der Land- und Forstwirtschaft tätig.

Für zahlreiche Arbeitnehmer ist das Arbeitsverhältnis nur eine Nebenerwerbsquelle. Rund 3,5 Millionen Arbeitnehmer waren 1996 teilzeitbeschäftigt mit bis zu 20 Wochenstunden (davon fast 87% Frauen).

Hauptaufgaben

Die heutigen arbeitsrechtlichen Vorschriften sind das Ergebnis eines über hundertjährigen Ringens vor allem der Gewerkschaften mit den Unternehmern und deren Verbänden sowie damit einhergehender Veränderungen in den politischen und gesellschaftlichen Verhältnissen. Solange das Arbeitsverhältnis nur vom Bedarf des Arbeitgebers an Arbeitskräften abhängig war und durch ein Überangebot an Arbeitskräften die Unternehmer nur geringe Löhne bei schlechten Arbeitsbedingungen zu zahlen brauchten, lebten die lohnabhängigen Arbeitnehmer oft unter unwürdigen Verhältnissen: lange Arbeitszeiten, unzureichendes Einkommen und keine Absicherung für den Fall der Erwerbsunfähigkeit durch Krankheit oder Alter. Das Arbeitsrecht *korrigiert* heute als „Schutzrecht für Arbeitnehmer" die grundsätzlich schwächere Stellung der abhängig Beschäftigten. Man kann als erste Übersicht die Vielzahl arbeitsrechtlicher Vorschriften nach den hieraus abgeleiteten sechs Hauptaufgaben des Arbeitsrechts gliedern:

Ein wesentliches Element des Arbeitsverhältnisses ist der *Leistungsaustausch:* Der Arbeitnehmer arbeitet, um dafür ein Entgelt zu bekommen. Der Arbeitgeber zahlt das Entgelt, um die Arbeitsleistung zu erhalten. Auf das Arbeitsverhältnis sind deshalb grundsätzlich die Vorschriften über den gegenseitigen Vertrag (§§ 320 ff. BGB) anzuwenden. Daraus, dass das Arbeitsentgelt in aller Regel die Lebensgrundlage des Arbeitnehmers darstellt, ergibt sich auf der anderen Seite die Notwendigkeit, dem Arbeitnehmer den Entgeltanspruch in manchen Fällen zu erhalten, in denen er keine Arbeitsleistung erbringt. Dies geschieht etwa für die Dauer des Erholungsurlaubs, für eine bestimmte Zeit der Erkrankung oder für die vom MutterschutzG festgelegten Schutzfristen vor und nach der Geburt eines Kindes, in denen eine Arbeitnehmerin nicht arbeiten darf. Auch bei kurzzeitiger persönlicher Verhinderung oder bei Betriebsstörungen bleibt der Entgeltanspruch bestehen. Angesichts der wirtschaftlichen Überlegenheit des Arbeitgebers muss das Arbeitsrecht auch Vorsorge dafür treffen, dass die beiderseitigen Leistungen in einem angemessenen Verhältnis zueinander stehen. Diese Vorsorge obliegt in erster Linie der Tarifvertragsordnung. Im Beispiel (1) stellt der Tarifvertrag mit seinen unterschiedlichen Vergütungsgruppen sicher, dass Michael K. und Herbert D. entsprechend ihrem Tätigkeits- und Verantwortungsbereich vergütet werden.

Arbeitsleistung in einem Verhältnis persönlicher Unselbstständigkeit bedeutet Abhängigkeit von den Weisungen des Arbeitgebers. Er bestimmt Verfahrensweise und Vorgesetzte. Das bedeutet auf der anderen Seite, dass der Arbeitnehmer auf den Schutz vor mit der Arbeitsleistung verbundenen Gefahren angewiesen ist. Dieser Schutz wird in erster Linie durch das gesetzliche *Arbeitsschutzrecht* gewährleistet. Es sieht im Mutterschutzgesetz und im Jugendarbeitsschutzgesetz Beschäftigungsverbote für besonders schutzwürdige Arbeitnehmergruppen vor. So darf im Beispiel (2) Gerlinde T. nach § 8 Abs. 1 Mutterschutzgesetz nicht mehr in der Nacht zwischen 20 Uhr und 6 Uhr beschäftigt werden. Das Arbeitszeitgesetz regelt ferner zum Schutze des Arbeitnehmers die Dauer der Arbeitszeit und deren Verteilung auf die einzelnen Wochentage. Weitere Regelungen zur Gefahrenabwehr enthalten die Arbeitsstättenverordnung, die Unfallverhütungsvorschriften der Berufsgenossenschaften und das Arbeitssicherheitsgesetz. Ergänzt wird dieses gesetzliche Arbeitsschutzrecht durch eine parallel laufende *arbeitsvertragliche Fürsorgepflicht* gegenüber dem Arbeitnehmer (§§ 617, 618 BGB).

DASEINSVORSORGE

Wer sich als Arbeitnehmer darauf einrichtet, in einem Verhältnis persönlicher Unselbständigkeit Arbeit zu leisten, verzichtet in der Regel auf die für eine selbständige Tätigkeit notwendige Ausbildung und Erfahrung. Er unterstellt sich ganz allein seinem Arbeitgeber, der durch die Verfügbarkeit des Arbeitnehmers erweiterte Wirtschafts- und Dispositionsmöglichkeiten am Markt hat. Diese ständige Verfügbarkeit wird vom Arbeitgeber durch Maßnahmen der *Daseinsvorsorge* mit abgegolten. Die Aufgabe der Daseinsvorsorge teilt sich das Arbeitsrecht mit dem Sozialrecht. Davon profitiert im Beispiel (3) Anja P.: Im Krankheitsfalle obliegt die Vorsorge für den Lebensunterhalt der Arbeitnehmerin für die ersten sechs Wochen dem Arbeitgeber, der für diesen Zeitraum in Höhe von mindestens 80% das Entgelt fortzuzahlen hat, während danach die Krankenversicherung mit der Zahlung von Krankengeld eintritt (§§ 44 ff. SGB V). Die Alters- und Invaliditätsversorgung ist in erster Linie Sache der Rentenversicherung, in Gestalt der zusätzlich zur Rente gezahlten betrieblichen Ruhegelder hat aber auch der Arbeitgeber Anteil an diesem Sektor der Daseinsvorsorge.

VERTRAUENS-SCHUTZ

Je mehr eine Vertragsbeziehung die Person der Vertragspartner mit einbezieht, umso stärkere Verhaltensanforderungen muss die Rechtsordnung an sie stellen. So verlangt das Arbeitsverhältnis, in dem der Arbeitnehmer seine Person in bestimmten Beziehungen dem Arbeitgeber und in dem Letzterer Produktionsanlagen, Verfahrensweisen usw. dem Arbeitnehmer anvertraut, nach solchen erhöhten Rücksichtnahme- und Treuepflichten (*Vertrauensschutzgedanke*). Sie konkretisieren sich etwa in der Verschwiegenheitspflicht des Arbeitnehmers bzgl. der Betriebs- und Geschäftsgeheimnisse auf der einen sowie aus einer besonderen Fürsorgepflicht des Arbeitgebers auf der anderen Seite. Im Beispiel (4) ist Andreas H. deshalb gehalten, die Geheimrezeptur nicht an einen Marktkonkurrenten weiterzugeben.

BETEILIGUNG AM ARBEITSERGEBNIS

Das Arbeitsentgelt ist am Leistungsaustausch orientiert. Durch die Leistung des Arbeitnehmers werden aber im Unternehmen oft Vermögenswerte geschaffen, deren Vergütung durch das Arbeitsentgelt allein noch nicht abgedeckt ist. Besonders deutlich ist das, wenn der Arbeitnehmer im Unternehmen eine Erfindung macht. Für diesen Fall sind im Arbeitnehmererfindungsgesetz vom 25.7.1957 Vergütungsregelungen getroffen. Auch dass der Arbeitnehmer aufgrund der Regelungen des Vermögensbildungsgesetzes vom

Arbeitgeber einen Beitrag zur Vermögensbildung verlangen kann, gehört in diesen Kontext.

Regeltyp des Arbeitnehmers ist nicht der Geselle eines Handwerksmeisters oder gar die Haushaltshilfe eines Privatmannes, sondern der Arbeiter und Angestellte in einem Betrieb mit größerer Arbeitnehmerzahl. Das Arbeitsrecht muss sich daher auch mit den Problemen befassen, die sich aus der Zusammenfassung einer großen Zahl von Arbeitnehmern in den Betrieben und ihrer Unterstellung unter die Leitung des Unternehmers ergeben. Das ist das Problem der Betriebsverfassung und der Beteiligung der Arbeitnehmer an den Unternehmensleitungen (Unternehmensmitbestimmung) sowie – im öffentlichen Dienst – der Personalvertretung. Im Beispielsfall (5) geht es bzgl. des Rauchverbotes um die betriebliche Ordnung. Besteht ein Betriebsrat, so muss sich die Geschäftsleitung mit dem Betriebsrat, der die Interessen der Arbeitnehmer wahrnimmt, einigen (§ 87 Abs. 1 Nr. 1 BetrVG).

4. Begründung des Arbeitsverhältnisses

(1) Modedesignerin Carla L. sucht für die Präsentation ihrer neuesten Damenkreation ein weibliches Model. Der modeinteressierte Walter W. fühlt sich diskriminiert, weil die Stelle nur für Frauen ausgeschrieben wird.

(2) Fred M., vor kurzem wegen Trunkenheit im Straßenverkehr verurteilt, bewirbt sich um eine Stelle als Kraftfahrer.

(3) Der schwer behinderte Fritz S. will bei der X-GmbH als Pförtner eingestellt werden.

(4) Uwe K. wurde als Elektroingenieur bei der Firma S. eingestellt. Er beansprucht einen schriftlich ausgefertigten Arbeitsvertrag.

(5) Der 17-jährige Helmut H. möchte als Hilfsarbeiter in einer Ziegelei arbeiten.

(6) Die Italienerin Francesca A. beabsichtigt, eine Arbeitsstelle in Deutschland anzutreten.

(7) Personalleiterin Sabine P. fragt nach Gestaltungsmöglichkeiten eines Arbeitsvertrages zur Erprobung eines neuen Arbeitnehmers.

Anbahnung

Für die *Arbeitsvermittlung* war bis zum Jahre 1994 ausschließlich die Bundesanstalt für Arbeit mit ihren Arbeitsämtern zuständig. Dieses Monopol ist mit dem Inkrafttreten des Beschäftigungsförderungsgesetzes 1994 am 1.8.1994 gefallen: Arbeitsvermittlung dürfen seitdem auch private Unternehmen betreiben, wenn sie vom Landesarbeitsamt hierfür eine Erlaubnis haben. Eine solche ist zu erteilen, wenn der Antragsteller die erforderliche Eignung und Zuverlässigkeit besitzt, in geordneten Vermögensverhältnissen lebt und über angemessene Geschäftsräume verfügt. Das neue System ändert aber nichts daran, dass Arbeitgeber und Arbeitnehmer frei darin sind, das Arbeitsamt oder einen privaten Arbeitsvermittler einzuschalten. Die Arbeitsvermittlung muss auch nicht zwingend zum Abschluss eines Arbeitsvertrages führen.

ARBEITSVERMITT-
LUNG

Innerbetriebliche wie öffentliche *Stellenausschreibungen* müssen sich gem. § 611b BGB „geschlechtsneutral" an Frauen und an Männer wenden. Die Betriebs- und Personalräte haben über die Einhaltung dieses Gebots zu wachen. Bei der Benachteiligung wegen des Geschlechts kann der Arbeitgeber zu Schadensersatz verpflichtet werden. Eine unterschiedliche Behandlung verstößt jedoch nicht gegen Art. 3 I GG, wenn für die auszuübende Tätigkeit ein bestimmtes Geschlecht unverzichtbare Voraussetzung ist. Sucht, wie im Beispiel (1), eine Modedesignerin Models zur Vorführung ihrer neuesten Damenkreationen, kann sich ein Mann, wird er abgelehnt oder die Stelle von vornherein nur für Frauen ausgeschrieben, nicht auf eine Geschlechterdiskriminierung berufen.

STELLENAUS-
SCHREIBUNG

Den Arbeitgeber trifft die Verpflichtung, den Bewerber in der Anbahnungsphase über den zu besetzenden Arbeitsplatz zu unterrichten, z. B. über besondere gesundheitliche Belastungen, überdurchschnittliche Anforderungen, über beabsichtigte organisatorische Änderungen, die zur Gefährdung des Arbeitsplatzes führen, sowie auch dann, wenn zukünftig Löhne und Gehälter gefährdet sind. Der Arbeitgeber darf keine falschen Erwartungen wecken, die den Bewerber zur Kündigung seiner bisherigen Stelle verleiten.

BEWERBUNGS-
GESPRÄCH

Während der Anbahnung eines Arbeitsverhältnisses kommt es zwischen Arbeitgeber und potentiellem Arbeitnehmer zwangsläufig zu einem Interessenkonflikt. Auf der einen Seite möchte der Arbeitgeber möglichst viel über den Stellenbewerber in Erfahrung bringen, um beurteilen zu können, ob er für die ausgeschriebene Stelle in Betracht

FRAGERECHT DES
ARBEITGEBERS

kommt. Dazu gehört auch, dass er Auskünfte über dessen persönliche Verhältnisse einholt. Der Bewerber möchte auf der anderen Seite seine Privat– und Intimsphäre weitestgehend geschützt wissen. Dieser Interessenkonflikt besteht unabhängig davon, ob die Befragung des Bewerbers in einem mündlichen (Vorstellungs-)Gespräch oder mittels eines Einstellungsfragebogens erfolgt. Ferner bezieht er sich nicht nur auf „Fragen" des Arbeitgebers, sondern ist auch zu berücksichtigen, wenn der Arbeitgeber andere Methoden bei der Bewerberauswahl heranzieht, etwa graphologische Gutachten einholt oder auf einer ärztlichen oder gar psychologischen Untersuchung des Bewerbers besteht.

Dieses Spannungsverhältnis zwischen Arbeitgeber- und Arbeitnehmerinteresse wird – allgemein formuliert – folgendermaßen gelöst: Der Arbeitnehmer ist verpflichtet, Fragen des Arbeitgebers, an deren Beantwortung der Arbeitgeber wegen des zu begründenden Arbeitsverhältnisses ein berechtigtes, billigenswertes und schutzwürdiges Interesse hat, wahrheitsgemäß zu beantworten. Seine Schranken findet das Fragerecht im Persönlichkeitsrecht des Arbeitnehmers. Mit anderen Worten: Das Arbeitgeberinteresse muss objektiv so stark sein, dass dahinter das Interesse des Arbeitnehmers am Schutz seiner Privatsphäre zurücksteht. Der Arbeitgeber ist damit nicht berechtigt, den Arbeitnehmer über private Angelegenheiten zu befragen, wenn dies für das Arbeitsverhältnis nur entfernt von Bedeutung ist und einen zu starken Eingriff in dessen Persönlichkeitsrecht beinhaltet.

Aus den vorvertraglichen Aufklärungspflichten kann sich auch ergeben, dass der Arbeitnehmer bestimmte Umstände ungefragt offenbaren muss. Es geht dabei um Faktoren, die das allgemeine Vertragsrisiko übersteigen, etwa solche, die der Wirksamkeit des Vertrages entgegenstehen, seine Durchführung unmöglich machen oder dem Arbeitgeber besondere Risiken aufbürden. So hat der Arbeitnehmer von sich aus den Arbeitgeber über Tatsachen zu informieren, die ihn für eine Stelle schlechthin ungeeignet erscheinen lassen (z.B. fehlende Fahrpraxis bei einer Bewerbung als Fahrer eines schweren Speditionslasters) oder die ihn außerstande setzen, seine Arbeit zum vereinbarten Termin aufzunehmen (z.B. infolge einer Kur oder Krankheit).

Dies bedeutet zunächst, dass Fragen nach *beruflichen* und *fachlichen Fähigkeiten*, Kenntnissen und Erfahrungen sowie nach dem bisherigen beruflichen Werdegang, nach Prüfungs- und Zeugnisnoten uneingeschränkt zulässig sind. Fragen nach dem *Gesundheitszustand* sind insoweit zulässig, als es sich um schwerwiegende Beeinträchtigungen der Arbeitsfähigkeit des Betroffenen oder um eine ansteckende Erkrankung handelt, die zukünftige Kollegen oder Kunden gefährdet. Weil im täglichen Leben keine Ansteckungsgefahr besteht, ist z.B. die Frage nach dem Vorliegen einer AIDS-Infektion – abgesehen vom Krankenhausbereich – regelmäßig unzulässig. Hingegen ist die Frage nach der Schwerbehinderteneigenschaft wegen der den Arbeitgeber betreffenden gesetzlichen Verpflichtungen (vgl. §§ 5 ff. SchwbG) uneingeschränkt zulässig.

Die Frage nach einer *Schwangerschaft* ist grundsätzlich unzulässig. Die Arbeitnehmerin braucht deshalb in einem Bewerbungsgespräch auf eine Schwangerschaft nicht hinweisen, solange sie die Anforderungen an den Arbeitsplatz erfüllen kann. Ausnahmsweise ist sie aber dann verpflichtet, eine bestehende Schwangerschaft offen zu legen, wenn wegen der Schwangerschaft in Bezug auf die konkrete Tätigkeit ein Beschäftigungsverbot bestehen würde, z.B. wenn eine schwangere Bewerberin als Laborantin mit infiziertem Blutserum in Berührung käme. Eine solche Tätigkeit ist nach dem Mutterschutzgesetz untersagt.

Die Frage nach *Vorstrafen* ist nur insoweit zulässig, als die Art des zu besetzenden Arbeitsplatzes dies erforderlich macht, etwa wie im Beispiel (2) bei einem Kraftfahrer, der nach Vorstrafen wegen Verkehrsdelikten gefragt werden darf. Die Zulässigkeit von Fragen nach Vorstrafen ist weiter durch die §§ 51, 53 Bundeszentralregistergesetz (BZRG) eingeschränkt, wonach Straftaten nach einer bestimmten Zeitdauer wieder aus dem Bundeszentralregister gelöscht werden. Da man sich danach als unbestraft bezeichnen kann, wenn eine Verurteilung nicht in das Führungszeugnis aufzunehmen oder wenn sie zu tilgen ist, darf nach solchen Verurteilungen auch nicht gefragt werden.

Die Frage nach der *Partei-, Gewerkschafts- und Religionszugehörigkeit* ist, außer in politisch oder kirchlich geprägten Betrieben, unzulässig. So darf selbstverständlich ein Bewerber, der sich für eine Tätigkeit in der Konrad-Adenauer-Stiftung interessiert, nach seiner Parteizugehörigkeit gefragt werden. Ebenso verhält es sich bei einem Bewerber, der bei der Caritas arbeiten möchte. Hier wäre die Frage nach der Religionszugehörigkeit zulässig.

Der Arbeitnehmer ist verpflichtet, berechtigte und begründete Fragen wahrheitsgemäß zu beantworten und mitzuteilen, welche Bedingungen des Arbeitsvertrages er nicht erfüllen kann. Werden *zulässige* Fragen vom Arbeitnehmer wahrheitswidrig beantwortet, kann der Arbeitgeber später den Vertrag gem. § 123 BGB wegen arglistiger Täuschung anfechten und sich vom Arbeitnehmer auf diese Weise wieder trennen.

BETEILIGUNG DES BETRIEBSRATES

In Betrieben mit mehr als 20 Arbeitnehmern hat der Arbeitgeber den Betriebsrat vor jeder Einstellung zu informieren und seine Zustimmung zur Einstellung einzuholen (§ 99 BetrVG). Der Betriebsrat kann seine Zustimmung nur aus bestimmten, vom Gesetz vorgegebenen Gründen verweigern. Das Zustimmungsrecht soll dem Betriebsrat einerseits eine gewisse Kontrolle darüber geben, ob der Arbeitgeber gesetzliche Vorschriften, Tarifverträge, Betriebsvereinbarungen und Auswahlrichtlinien einhält. Andererseits soll er unberechtigte Nachteile für die von einer personellen Maßnahme betroffenen Arbeitnehmer, aber auch Nachteile für die anderen Belegschaftsangehörigen verhindern können.

Abschluss des Arbeitsvertrages

Nach der auch im Arbeitsrecht geltenden *Vertragsfreiheit* können Arbeitgeber und Arbeitnehmer grundsätzlich frei wählen, mit wem sie Arbeitsverträge eingehen wollen. Für den Arbeitgeber bedeutet das, dass er weder gezwungen werden kann, bestimmte Arbeitnehmer einzustellen, noch gehindert ist, die Arbeitnehmer einzustellen, die er einstellen will. Auch der Arbeitnehmer ist weder verpflichtet noch gehindert, einen bestimmten Arbeitsvertrag abzuschließen.

ABSCHLUSS-FREIHEIT

Dieser *Abschlussfreiheit* sind jedoch gewisse *Grenzen* gesetzt: Zu Lasten des Arbeitgebers wird sie beispielsweise im *Schwerbehindertengesetz* eingeschränkt. Danach müssen alle Arbeitgeber, die über mindestens 16 Arbeitsplätze verfügen, wenigstens 6% dieser Arbeitsplätze mit Schwerbehinderten besetzen (nach einer im Jahr 1994 von der Bundesanstalt für Arbeit bekannt gegebenen Statistik waren damals lediglich 4,3% der Arbeitsplätze mit Schwerbehinderten besetzt). Fritz S. kann im Beispiel (3) dennoch keinen Einstellungsanspruch geltend machen. Die Einstellung von Schwerbehinderten ist nämlich nicht erzwingbar. Vielmehr besteht die Sanktion bei Nichterfüllung der Beschäftigungspflicht lediglich in einer monatlichen Ausgleichsabgabe von DM 200,– je unbesetzten Pflichtplatz, deren Ertrag für Zwecke der Arbeits- und Berufsförderung Schwerbehinderter verwendet wird.

Die Abschlussfreiheit ist ferner durch das oben bereits erwähnte Verbot der Geschlechterdiskriminierung (§ 611a BGB) eingeschränkt. Allerdings führt der Verstoß auch hier nicht zu einem Einstellungsanspruch, sondern lediglich zu einem Schadensersatzanspruch des diskriminierten Bewerbers gegen den Arbeitgeber.

Eine Verpflichtung des Arbeitgebers zum Abschluss eines Arbeitsvertrages kann sich aber aus einem Schadensersatzanspruch wegen Verletzung eines den Arbeitgeber bindenden besonderen *verfassungsrechtlichen Diskriminierungsverbotes* (Art. 9 Abs. 3 GG) ergeben. So kann die Ablehnung eines Bewerbers wegen seiner Mitglied- oder Nichtmitgliedschaft in einer Gewerkschaft zu einem Einstellungsanspruch führen, wenn sich der Nachweis führen lässt, dass der Bewerber sonst tatsächlich eingestellt worden wäre. In einem Prozess wird dies freilich nur in Ausnahmefällen nachweisbar sein, da der Arbeitgeber im Einzelfall andere Gründe vorschieben wird.

Der Abschluss des Arbeitsvertrages ist grundsätzlich *formfrei*, kann also auch mündlich erfolgen. Allerdings verpflichtet das nach Artikel 1 des Gesetzes zur Anpassung arbeitsrechtlicher Bestimmungen an das EU-Recht am 28.7.1995 in Kraft getretene *Nachweisgesetz* den Arbeitgeber, spätestens einen Monat nach dem vereinbarten Beginn des Arbeitsverhältnisses die wesentlichen Vertragsbedingungen schriftlich niederzulegen (§ 2 NachwG), die Niederschrift zu unterzeichnen und dem Arbeitnehmer auszuhändigen. Hierauf könnte sich in Beispiel (4) Uwe K. berufen. In die Niederschrift sind mindestens aufzunehmen: Name und Anschrift der Vertragsparteien; Zeitpunkt des Beginns des Arbeitsverhältnisses; die vorhersehbare Dauer des Arbeitsverhältnisses bei Befristungen; der Arbeitsort oder, falls der Arbeitnehmer nicht nur an einem bestimmten Arbeitsort tätig sein soll, ein Hinweis darauf, dass der Arbeitnehmer an verschiedenen Orten beschäftigt werden kann; die Bezeichnung oder allgemeine Beschreibung der vom Arbeitnehmer zu leistenden Tätigkeit; Zusammensetzung und Höhe des Arbeitsentgelts einschließlich der Zuschläge, der Zulagen, Prämien und Sonderzahlungen sowie anderer Bestandteile des Arbeitsentgelts und deren Fälligkeit; die vereinbarte Arbeitszeit; die Dauer des jährlichen Erholungsurlaubs; die Fristen für die Kündigung des Arbeitsverhältnisses sowie ein in allgemeiner Form gehaltener Hinweis auf die Tarifverträge, Betriebs- oder Dienstvereinbarungen, die auf das Arbeitsverhältnis anzuwenden sind.

Soweit Tarifverträge bestimmen, dass Arbeitsverträge schriftlich abzuschließen sind, wollen sie von der Einhaltung dieser Form regelmäßig nicht die Gültigkeit des Vertrages abhängig machen, sondern dem Arbeitnehmer nur einen

Anspruch einräumen, eine schriftliche Fassung des Arbeitsvertrages zu erhalten.

Grundsätzlich ist es den Vertragspartnern überlassen, welchen Inhalt sie dem Arbeitsvertrag geben (Entgelt, Urlaub, Arbeitszeit etc.). Die freie Gestaltung des Arbeitsvertrags ist zum Schutz des Arbeitnehmers jedoch durch Gesetze (z. B. aus dem Bereich des technischen Arbeitsschutzrechts), Tarifverträge und Betriebsvereinbarungen eingeschränkt.

Bei *minderjährigen Arbeitnehmern* ist für den Abschluss eines Arbeitsvertrages die Zustimmung des gesetzlichen Vertreters (Eltern) erforderlich. Das trifft in Beispiel (5) auf den beschränkt geschäftsfähigen Helmut H. zu. Der gesetzliche Vertreter kann aber nach § 113 BGB den Minderjährigen ermächtigen, in Dienst oder Arbeit zu treten, wodurch dieser für damit einhergehende Folgegeschäfte unbeschränkt geschäftsfähig wird. Er kann dann Verträge abschließen oder kündigen und Prozesse führen. Weil davon die Tarifwirkung auf sein Arbeitsverhältnis abhängt, umfasst die Ermächtigung auch die Befugnis des Minderjährigen, in eine Gewerkschaft ein- oder aus ihr auszutreten.

ARBEITSERLAUBNIS
Unter den Angehörigen der Staaten der Europäischen Union besteht Freizügigkeit. Sie bedürfen zur Aufnahme der Arbeit in anderen Mitgliedsstaaten keiner besonderen Arbeitserlaubnis. Für den Aufenthalt in dem Staat, in dem sie arbeiten wollen, haben Sie Anspruch auf Erteilung einer sogenannten „Aufenthaltserlaubnis" EU – die für mindestens fünf Jahre erteilt wird. Im Beispiel (6) gibt es für eine Beschäftigung von Francesca A. daher keine Probleme.

Ausländer aus Nicht-EU-Staaten brauchen regelmäßig eine *Arbeitsberechtigung* oder *Arbeitserlaubnis*. Letztere kann nur erteilt werden, wenn die Beschäftigung des ausländischen Arbeitnehmers keine nachteiligen Auswirkungen auf den Arbeitsmarkt hervorbringt, für die Beschäftigung ein deutscher Arbeitnehmer nicht zur Verfügung steht und der Ausländer nicht zu ungünstigeren Arbeitsbedingungen als vergleichbare deutsche Arbeitnehmer beschäftigt wird (§ 285 Abs. 1 SGB III). Außer der Arbeitserlaubnis benötigen Ausländer gewöhnlich auch noch eine Aufenthaltserlaubnis. Ohne diese wird eine Arbeitserlaubnis in der Regel nicht erteilt.

PROBEARBEITS-
VERHÄLTNIS
Im Beispiel (7) können der Personalleiterin zwei Gestaltungsmodelle vorgeschlagen werden: Will der Arbeitgeber eine dauerhafte Beschäftigung eines neu eingestellten Arbeitnehmers von dessen Eignung abhängig machen, kann er zunächst ein befristetes *(Probe-)Arbeitsverhältnis* abschlie-

ßen. Zeigt sich in der Probezeit, dass der Arbeitnehmer den Anforderungen des Arbeitsplatzes nicht gewachsen ist, endet das Arbeitsverhältnis durch Zeitablauf nach drei bzw. höchstens sechs Monaten. Möglich ist aber auch der Abschluss eines unbefristeten Arbeitsverhältnisses unter *Vereinbarung einer Probezeit*, die in der Regel nicht länger als sechs Monate dauern darf. Die gesetzlich vorgeschriebene (vgl. § 622 Abs. 3 BGB) oder tariflich vereinbarte Mindestfrist für eine Kündigung muss dabei eingehalten werden. Im Übrigen gelten bei beiden Konstruktionen alle arbeitsrechtlichen Gesetze, Tarifverträge und Betriebsvereinbarungen, soweit nicht ein anderes bestimmt ist.

Normalerweise wird ein Arbeitsvertrag auf unbestimmte Zeit abgeschlossen. Sachliche Gründe lassen aber auch *befristete Arbeitsverträge* zu. Ein befristeter Arbeitsvertrag ist zeit- oder zweckbestimmt und endet ohne Kündigung.

BEFRISTETES ARBEITS- VERHÄLTNIS

In einigen Fällen ist eine Befristung schon nach dem *Gesetz* zulässig. Z. B. dürfen Arbeitsverhältnisse nach dem sog. Beschäftigungsförderungsgesetz bis zur Höchstdauer von zwei Jahren ohne weiteres befristet werden. Der Gesetzgeber sieht hierin eine Chance zur Belebung des Arbeitsmarktes. Auch lässt das Bundeserziehungsgeldgesetz in seinem § 21 die Befristung von Arbeitsverhältnissen zur Vertretung einer sich im Mutterschutz oder Erziehungsurlaub befindlichen Arbeitnehmerin zu.

Im Übrigen ist eine Befristung nur gültig, wenn bei Abschluss des Vertrages ein *sachlicher Grund* dafür vorgelegen hat. Solche Gründe sind u. a.: die zeitliche Begrenzung der Aufgabe, für die ein Arbeitnehmer eingestellt wird, z.B. die Einstellung für ein bestimmtes Projekt oder zur Vertretung eines kranken Arbeitnehmers; die Saisonabhängigkeit der Beschäftigung, etwa in der Land- und Forstwirtschaft, in bestimmten Lebensmittelbranchen oder im Gaststättengewerbe; die Notwendigkeit im Bereich des Bühnenwesens, künstlerische Konzepte zu wechseln; die Erprobung des Arbeitnehmers oder der Wunsch und ein entsprechendes Eigeninteresse des Arbeitnehmers, z.B. wenn dieser die Zeit bis zur Übernahme einer Dauerstelle überbrücken will. Fehlt es an einem sachlichen oder gesetzlichen Grund für die Befristung, so gilt das Arbeitsverhältnis *als auf unbestimmte Zeit* abgeschlossen. Eine Auflösung ist dann nur durch Aufhebungsvertrag oder Kündigung möglich.

Vertragsmängel

Die allgemeinen Vorschriften über die Nichtigkeit von Verträgen wegen Geschäftsunfähigkeit (§ 105 BGB), die Unwirksamkeit wegen Fehlens der Zustimmung bei beschränkt Geschäftsfähigen (§§ 107 ff. BGB) und über die objektive Unmöglichkeit (§ 306 BGB) gelten auch für den Arbeitsvertrag. Auch der Verstoß gegen ein gesetzliches Verbot (§ 134 BGB) oder die Festlegung eines sittenwidrigen Inhalts (§ 138 BGB) führen grundsätzlich zur Nichtigkeit. Hingegen führt der Verstoß gegen Arbeitnehmerschutzbestimmungen regelmäßig nur zur Anpassung des Vertrages an den gesetzlich zulässigen Inhalt.

ANFECHTUNG

Der Arbeitsvertrag kann nach § 119 BGB wegen *Irrtums* angefochten werden, insbesondere über wesentliche Eigenschaften wie z.B. speziell erforderliche Qualifikationen oder Sachkunde, einschlägige Vorstrafen und eventuell Krankheit, falls hierdurch die vertragliche Leistung erheblich beeinträchtigt wird. Daneben besteht nach § 123 BGB ein Anfechtungsrecht wegen *arglistiger Täuschung* bei Vertragsschluss, etwa wenn – wie oben beschrieben – der Arbeitnehmer beim Bewerbungsgespräch eine zulässige Frage des Arbeitgebers falsch beantwortet.

5. Inhalt des Arbeitsverhältnisses

(1) Der Arbeitsvertrag von Buchhalterin Elvira M. enthält eine Klausel, wonach sie auch sonntags arbeiten muss.

(2) Pazifist Oskar K., der in einer Druckerei angestellt ist, widersetzt sich der Anweisung seines Vorgesetzten, einen Prospekt zu drucken, in dem für ein Kriegsbuch geworben wird.

(3) Franz T. verursacht mit dem firmeneigenen LKW einen Unfall, bei dem ein Schaden von 100 000,– DM entsteht.

(4) Martina L. bezieht bei der Firma Schulze ein Bruttogehalt von 4 200,- DM. Überwiesen werden ihr monatlich lediglich 2 900,– DM.

(5) Der Dachdeckergeselle Peter B. bricht sich beim Skifahren den linken Arm. Das gleiche Schicksal erleidet die Büroangestellte Thea Z. beim Volleyball spielen.

(6) Jan I. ist seit Januar 1998 in einer Unternehmensberatungsfirma angestellt. Im März will er eine Woche Skiurlaub machen.

Pflichten des Arbeitnehmers

Wenn nichts anderes vereinbart ist, hat der Arbeitnehmer seine Arbeit *persönlich* zu leisten, kann sich also durch niemanden vertreten lassen (§ 613 S. 1 BGB). Umgekehrt darf der Arbeitgeber die Arbeitsleistung des Arbeitnehmers auch nicht auf einen anderen Arbeitgeber übertragen. Eine Ausnahme bildet insoweit das Arbeitnehmerüberlassungsgesetz, wonach ein *Leiharbeitsverhältnis* begründet werden kann. Dies geht jedoch nur mit Zustimmung des Arbeitnehmers und bedarf, sofern die Überlassung gewerblich betrieben wird, einer behördlichen Erlaubnis (§ 1 Abs. 1 AÜG). PERSÖNLICHE ARBEITSLEISTUNG

Art und Umfang der Arbeitsverpflichtung ergeben sich in erster Linie aus dem Arbeitsvertrag. Grundsätzlich legt dieser die Arbeitsverpflichtung durch eine Tätigkeitsbeschreibung näher fest. Wo die Tätigkeit überhaupt nicht näher mit dem Arbeitgeber abgestimmt ist, muss sie durch Auslegung des Vertrages ermittelt werden. Begrenzt wird die Arbeitspflicht durch *gesetzliche* und *tarifvertragliche* Bestimmungen. So braucht in Beispiel (1) Elvira M. wegen § 9 Abs. 1 ArbeitszeitG keine Sonntagsarbeit zu leisten, wenn nicht eine Ausnahme vom gesetzlichen Sonntagsarbeitsverbot vorliegt. Mit der Bestimmung von Art und Umfang der Arbeitsverpflichtung steht noch nicht fest, welche konkrete Tätigkeit der Arbeitnehmer von Fall zu Fall auszuführen hat. Dies durch Weisungen festzulegen, ist Sache des Arbeitgebers. Man spricht insoweit von seinem *Direktionsrecht*. Wenn im Betrieb des Arbeitgebers kein Betriebsrat besteht, legt er auch Fragen der Ordnung des Betriebes, etwa Rauch– oder Alkoholverbote in den Arbeitsräumen etc. alleine fest. Je genauer allerdings die Tätigkeit im Arbeitsvertrag abgesprochen ist, umso eingeschränkter ist das Direktionsrecht des Arbeitgebers, im Einzelnen die zu leistende Arbeit zu bestimmen. Ist der Arbeitnehmer z. B. als Mechaniker eingestellt, so kann ihn der Arbeitgeber nicht kraft seines Weisungsrechts in die Personalabteilung versetzen. Nur in Notfällen, z. B. bei einer Katastrophe, müssen vom Arbeitnehmer kurzfristig andere Arbeiten übernommen werden. Der Arbeitgeber darf bei seinen Weisungen aber nicht willkürlich verfahren. Daraus folgt etwa, dass bei der Zuweisung von Arbeiten auf Gewissenskonflikte des Arbeitnehmers Rücksicht zu nehmen ist. Deshalb braucht Oskar K. auch nicht am Druck des Prospektes mitzuwirken (Beispiel (2)).

Die höchstens zulässige Arbeitszeit wird bestimmt durch das am 1. Juli 1994 in Kraft getretene *Arbeitszeitgesetz*, das

ART UND UMFANG DER ARBEITSVER-PFLICHTUNG

DIREKTIONSRECHT DES ARBEITGEBERS

ARBEITSZEIT

die noch aus dem Jahre 1938 stammende Arbeitszeitordnung abgelöst hat. Zweck des Arbeitszeitgesetzes ist es, die Sicherheit und den Gesundheitsschutz der Arbeitnehmer bei der Arbeitszeitgestaltung zu gewährleisten und die Rahmenbedingungen für flexible Arbeitszeiten zu verbessern. Arbeitszeitvorschriften enthalten ferner das Jugendarbeitsschutzgesetz, das Mutterschutzgesetz oder das Ladenschlussgesetz. *Tarifverträge* und *Betriebsvereinbarungen* haben ebenfalls großen Einfluss auf die Arbeitszeit. Im Rahmen der vereinbarten und betriebsüblichen Arbeitszeit kann der Arbeitgeber einseitig die wöchentliche Arbeitszeit auf die einzelnen Tage verteilen und Beginn sowie Ende und Pausen der täglichen Arbeitszeit festlegen. Allerdings hat er hier zwingende Mitbestimmungsrechte des Betriebsrates gem. § 87 Abs. 1 Nr. 2 BetrVG zu berücksichtigen.

Wird dem Arbeitnehmer die Arbeitsleistung *unmöglich*, etwa wegen einer Erkrankung oder eines Unfalls, dann befreit ihn das von der Arbeitspflicht (§ 275 Abs. 1 BGB). Das gleiche gilt, wenn die Arbeitsleistung *unzumutbar* ist.

Erfüllt der Arbeitgeber seine ihm aus dem Arbeitsvertrag obliegenden Pflichten nicht, verweigert er also z.B. die Lohnzahlung oder unterlässt er notwendige Sicherheitsmaßnahmen, so hat der Arbeitnehmer ein Zurückbehaltungsrecht an der Arbeitsleistung (§ 320 oder § 273 BGB). So hat beispielsweise das Bundesarbeitsgericht entschieden, dass ein *Zurückbehaltungsrecht* in Betracht kommen kann, wenn der Arbeitsplatz asbestbelastet ist und der Arbeitnehmer nicht in zumutbarer Weise durch Schutzausrüstung vor gesundheitlichen Gefährdungen bewahrt werden kann.

Für den Arbeitnehmer gelten eine Reihe von *Nebenpflichten*: Z.B. hat er *über Betriebs- und Geschäftsgeheimnisse Stillschweigen* zu bewahren. Diese Pflicht reicht über das Ende des Arbeitsverhältnisses hinaus. Sie verbietet dem Arbeitnehmer jedoch nicht, redlich erworbene Kenntnisse, Fähigkeiten und Erfahrungen für sich in einem späteren Arbeitsverhältnis zu verwerten. Ferner darf der Arbeitnehmer *keine Schmier- oder Bestechungsgelder annehmen*, mit denen er zu einem pflichtwidrigen Verhalten veranlasst oder dafür belohnt werden soll. Ebenso verboten ist es dem Arbeitnehmer, während des Arbeitsverhältnisses in *Konkurrenz* zu seinem Arbeitgeber zu treten (vgl. § 60 HGB). Der Arbeitnehmer ist seinem Arbeitgeber gegenüber zu *Auskunft und Rechenschaft* über den Stand seiner Arbeiten und Geschäfte verpflichtet. Bei der Arbeitsleistung erlangte Gegenstände hat er an den Arbeitgeber herauszugeben.

Da es sich bei dem Arbeitsvertrag um einen Schuldvertrag handelt, haftet der Arbeitnehmer bei Schäden, die er anrichtet, an sich nach allgemeinen schuldrechtlichen Grundsätzen. Diese scharfe Haftung führt vor allem dort zu unbilligen Ergebnissen, wo die dem Arbeitnehmer übertragene Arbeit mit dem Risiko großer Schäden verbunden ist. Die Rechtsprechung gesteht dem Arbeitnehmer daher Haftungseinschränkungen zu, wenn dieser den Schaden im Rahmen einer *betrieblich veranlassten Tätigkeit* verursacht hat. Bei leichter Fahrlässigkeit ist die Haftung des Arbeitnehmers ganz ausgeschlossen. Bei normaler bzw. mittlerer Fahrlässigkeit hat der Arbeitnehmer einen Schadensbeitrag zu tragen. Bei grober Fahrlässigkeit und Vorsatz bleibt es bei der vollen Haftung. Allerdings schließt das Bundesarbeitsgericht mittlerweile Haftungseinschränkungen auch bei grober Fahrlässigkeit nicht aus, wenn der Verdienst des Arbeitnehmers in einem deutlichen Missverhältnis zum Schadensrisiko der Tätigkeit steht. Im Beispiel (3) kommt es deshalb darauf an, in welchem Maße Franz T. den Unfall verschuldet hat.

Pflichten des Arbeitgebers

Mit der Arbeitspflicht des Arbeitnehmers korrespondiert die *Entgeltzahlungspflicht* des Arbeitgebers. Die Entgelthöhe ergibt sich aus dem Arbeits- oder Tarifvertrag. Sind Arbeitnehmer und Arbeitgeber tarifgebunden, gilt der Tarifvertrag unmittelbar. Tariflöhne sind Mindestlöhne, keine Festlöhne, d. h. der Arbeitgeber kann sich individualvertraglich zur Zahlung eines höheren Lohnes verpflichten. Ist auf das Arbeitsverhältnis kein Tarifvertrag anwendbar und enthält der Arbeitsvertrag keine Regelung über die Entlohnung, so kann der Arbeitnehmer die für seine Arbeit übliche Vergütung verlangen (§ 612 Abs. 2 BGB). Üblich ist der in dem gleichen oder in einem ähnlichen Gewerbe an dem betreffenden Ort für entsprechende Arbeit normalerweise gezahlte Lohn. Anhaltspunkte dafür können auch Tarifverträge sein, die auf entsprechende andere Arbeitsverhältnisse anzuwenden sind. Der Arbeitgeber muss Männern und Frauen für gleiche Arbeit auch gleichen Lohn zahlen (§ 612a BGB).

Unterschieden werden müssen grundsätzlich *Zeitlohn* und *Leistungslohn*. Beim Zeitlohn wird das Entgelt nach der vom Arbeitnehmer aufgewandten Arbeitszeit berechnet. Demgegenüber ist der Leistungslohn unmittelbar von der vom Arbeitnehmer erbrachten Arbeitsleistung abhängig. Traditionelle Form des Leistungslohns ist der *Akkordlohn*, bei der die Menge des geschaffenen Arbeitsergebnisses über das Arbeitsentgelt entscheidet. Verbreitet sind heute aber auch vielfach *Prämienlöhne*, bei denen der Arbeitnehmer ein festes nach der Arbeitszeit berechnetes Grundentgelt und dazu eine von der Leistung abhängige Prämie erhält.

ENTGELTHÖHE

Dem Charakter des Arbeitsvertrags als Austauschvertrag entspricht es, dass die Höhe des Arbeitsentgelts in Relation zu dem Wert der erbrachten Arbeitsleistung stehen muss. Für Hilfstätigkeiten kann nicht der gleiche Lohn gezahlt werden wie für qualifizierte Facharbeiten. Die damit notwendige Bewertung der Arbeit wird regelmäßig nicht gesondert für jedes Arbeitsverhältnis zwischen Arbeitgeber und Arbeitnehmer ausgehandelt. Vielmehr bestehen *tarifliche Entgeltgruppensysteme*. Diese ordnen den vorkommenden Arbeiten unterschiedlich hohe Entgelte zu und sorgen damit für die Differenzierung der Entgelte nach dem Wert der Arbeiten.

SONDERFORMEN DES ARBEITSENTGELTS

Zum Arbeitslohn zählt nicht nur der eigentliche (Zeit- oder Leistungs-)Lohn. Zu ihm gehört zum einen die *Provision*: Bei ihr wird das Arbeitsentgelt nach dem Umfang der vom Arbeitnehmer vermittelten oder abgeschlossenen Geschäfte berechnet (typisch bei Außendienstmitarbeitern). Ferner *Tantiemen*, die vor allem mit leitenden Angestellten vereinbart werden. Die Tantieme ist eine Gewinnbeteiligung, die zusätzlich zum Grundgehalt nach Abschluss eines Geschäftsjahres bezahlt wird. Arbeitsentgelt kann vorbehaltlich dem gewerberechtlichen Verbot des § 115 Abs. 2 GewO auch aus *Sachleistungen* (Kohlendeputate, Haustrunk, Jahreswagen etc.) bestehen. Schließlich können zum Grundgehalt vom Arbeitgeber noch *Zulagen* gezahlt werden (Erschwernis-, Schmutz-, Jubiläumszuwendungen, Weihnachtsgratifikationen etc.).

ABZÜGE

Der Arbeitgeber ist gesetzlich zur Einbehaltung von Lohnsteuern, Kirchensteuern und von Arbeitnehmeranteilen an den Beiträgen zur Sozialversicherung (Kranken-, Pflege- und Rentenversicherung) und zur Bundesanstalt für Arbeit (Arbeitslosenversicherung) verpflichtet. Er ist verpflichtet, Steuern und Sozialversicherungsbeiträge richtig zu berechnen und an das Finanzamt bzw. an die Krankenkassen abzuführen. Aus dieser Verpflichtung des Arbeitgebers resultiert – wie im Beispiel (4) ersichtlich – der Unterschied zwischen dem *Brutto-* und dem *Nettoentgelt*. Letzteres ist um die genannten Abzüge gekürzt.

ENTGELTSICHERUNG

Das Arbeitsentgelt dient dem Arbeitnehmer typischerweise zum Lebensunterhalt. Es muss deshalb in entsprechendem Umfang vor dem Zugriff von Gläubigern geschützt werden.

Dies geschieht zunächst einmal durch den *Pfändungsschutz:* Ein bestimmter Teil des Arbeitseinkommens kann von den Gläubigern des Arbeitnehmers nicht gepfändet werden (§§ 850 ff. ZPO). Je nach Anzahl der Personen, für die der Arbeitnehmer unterhaltspflichtig ist, wird die Pfändungsgrenze entsprechend angehoben. Gesichert werden muss das Arbeitsentgelt auch in der *Insolvenz* des Arbeitgebers. Dies geschieht einmal dadurch, dass den Arbeitnehmern für ihre Entgeltforderungen Konkursvorrechte eingeräumt werden. Freilich reicht dieser Schutz dort nicht aus, wo eine Konkursmasse nicht vorhanden ist. Um diesen Fällen gerecht zu werden, hat der Gesetzgeber das Institut des *Insolvenzgeldes* geschaffen, das dem Arbeitnehmer für die letzten der Eröffnung des Konkursverfahrens vorausgehenden drei Monate einen Anspruch auf Zahlung eines Betrages in Höhe des Nettoentgeltes gegen die Bundesanstalt für Arbeit gibt, wenn er mit seinem Arbeitsentgeltanspruch aus der Konkursmasse keine Befriedigung erlangen kann.

Entgeltzahlung ohne Arbeit

Die Krankenversorgung des Arbeitnehmers ist als Teil der *Daseinsvorsorge* im Kern Aufgabe der Sozialversicherung. Dementsprechend tritt die *gesetzliche Krankenversicherung* für die Kosten der Heilbehandlung und in Form des Krankengeldes auch für den Lebensunterhalt des erkrankten Arbeitnehmers ein. Die Vorsorge für den Lebensunterhalt der ersten sechs Wochen einer Erkrankung ist jedoch dem Arbeitgeber auferlegt. Er hat für diese Zeit dem Arbeitnehmer das Arbeitsentgelt fortzuzahlen.

Voraussetzung für den Entgeltfortzahlungsanspruch ist zunächst, dass der Arbeitnehmer in einem *Beschäftigungsverhältnis* steht und die *Arbeitsunfähigkeit infolge Krankheit* eingetreten ist (§ 3 Abs. 1 EFZG). Allerdings entsteht der Anspruch neuerdings erst nach vierwöchiger ununterbrochener Dauer des Arbeitsverhältnisses (*Wartezeit*). Infolge Krankheit arbeitsunfähig ist ein Arbeitnehmer, wenn ihn das Krankheitsgeschehen außerstande setzt, die ihm nach dem Arbeitsvertrag obliegende Arbeit zu verrichten, oder wenn er die Arbeit nur unter der Gefahr fortsetzen könnte, in absehbar naher Zeit seinen Zustand zu verschlimmern. Ob und wann das der Fall ist, richtet sich nach der von ihm konkret geschuldeten Tätigkeit. Das verdeutlicht Beispiel (5): Während Bürotätigkeit mit einem eingegipsten Arm durchaus vorstellbar ist, scheidet das bei einem Dachdecker aus. Kein Entgeltfortzahlungsanspruch besteht, wenn der Arbeitnehmer die Arbeitsunfähigkeit *verschuldet* hat. Ein Verschulden wird von der Rechtsprechung jedoch nur bei vorsätzlichem oder grob fahrlässigem Verhalten des Arbeitnehmers angenommen, beispielsweise wenn er bei einem Verkehrsunfall wegen des Nichtanlegens des Sicherheitsgurtes verletzt worden ist. Auch bei einem Unfall wegen Verstoßes gegen elementare Straßenverkehrsvorschriften (z.B. Alkoholeinwirkung) nimmt man selbst verschuldete Arbeitsunfähigkeit an.

Das Entgeltfortzahlungsgesetz legt dem Arbeitnehmer aber auch Verpflichtungen auf. So ist er etwa gehalten, dem Arbeitgeber die Arbeitsunfähigkeit und deren voraussichtliche Dauer *unverzüglich* mitzuteilen (§ 5 EFZG). Dauert die Arbeitsunfähigkeit länger als drei Tage, ist am darauf folgenden Arbeitstag eine *ärztliche Bescheinigung* über das Bestehen der Arbeitsunfähigkeit und deren voraussichtliche Dauer vorzulegen. Bringt der Arbeitnehmer entgegen diesen Verpflichtungen eine Arbeitsunfähigkeitsbescheinigung nicht bei, ist der Arbeitgeber berechtigt, die Fortzahlung des Arbeitsentgelts zu verweigern (§ 7 EFZG). Seit dem arbeitsrechtlichen Beschäftigungsförderungsgesetz aus dem Jahre 1996 begrenzt § 4 Abs. 1 EFZG die Höhe der Entgeltfortzahlung auf 80% des Entgelts, das er auch im Falle der Arbeitsleistung erhalten hätte.

PERSÖNLICHE HINDERUNGSGRÜNDE

Außerhalb einer krankheitsbedingten Arbeitsunfähigkeit verliert der Arbeitnehmer seinen Anspruch auf Vergütung nicht deshalb, weil er für eine verhältnismäßig nicht erhebliche Zeit durch einen in seiner Person liegenden Grund ohne Verschulden an der Erbringung der Arbeitsleistung verhindert wird (§ 616 BGB). Der Verlust des Entgeltanspruchs bei unterbleibender Arbeitsleistung erscheint dem Gesetz dort als unangemessen, wo die Verhinderung an der Arbeitsleistung aus der *persönlichen Sphäre des Arbeitnehmers* kommt, von ihm nicht verschuldet ist und nicht zu lange andauert. Fälle der persönlichen Verhinderung sind einmal solche aus dem Bereich der Familie wie eigene Eheschließung oder Eheschließung der Kinder, Niederkunft der Ehefrau, schwere Erkrankung oder Tod naher Angehöriger. Persönlich verhindert ist der Arbeitnehmer auch, wenn er persönliche Angelegenheiten zu einer Tageszeit erledigen muss, die in seine Arbeitszeit fällt. Hierher gehören etwa Arztbesuche, die nicht in der Freizeit erfolgen können, oder Behördengänge. Auch die Verpflichtung, als Zeuge vor Gericht auszusagen, nimmt dem Arbeitnehmer den Entgeltanspruch nicht. Hingegen sind Ereignisse, die den Arbeitnehmer nur wie jeden anderen betreffen, keine persönlichen Hinderungsgründe. Witterungsbedingter Zusammenbruch des Verkehrs, Verkehrsverbote wegen Smogalarm oder der behördliche Ratschlag, bei einem Chemieunfall die Wohnung nicht zu verlassen, sind deshalb kein Anwendungsfall des § 616 BGB. Die persönliche Verhinderung *darf nicht vom Arbeitnehmer verschuldet* sein. Hat er etwa einen Verkehrsunfall, der ihn hindert, rechtzeitig zur Arbeit zu kommen, durch ein grob verkehrswidriges Verhalten verursacht, besteht kein Entgeltanspruch.

Kommt der Arbeitgeber mit der Annahme der Arbeitsleistung in Verzug, entfällt nach § 615 Satz 1 BGB nicht nur die Arbeitspflicht für die Zeit des Annahmeverzugs, vielmehr behält der Arbeitnehmer auch den Anspruch auf das Arbeitsentgelt. Allerdings ist dieser Entgeltzahlungsanspruch nach § 615 Satz 2 BGB eingeschränkt: Der Arbeitnehmer muss sich das anrechnen lassen, was er infolge des Unterbleibens der Dienstleistung, z.B. an Fahrtkosten, erspart, ebenso wie anderweitigen Verdienst, den er während des Annahmeverzugs erzielt. Die Regelungen über den Annahmeverzug sind von großer praktischer Bedeutung vor allem im Zusammenhang mit *Kündigungen*. Beschäftigt der Arbeitgeber den Arbeitnehmer schon vor Ablauf der Kündigungsfrist nicht mehr oder erweist sich die Kündigung überhaupt nachträglich als unwirksam, kann der Arbeitnehmer Zahlung des Arbeitsentgelts verlangen.

ANNAHMEVERZUG

Auch das Urlaubsrecht zählt zu den Regelungsbereichen, in denen der Arbeitnehmer sein Entgelt erhält, ohne dafür eine Gegenleistung zu erbringen. Nach § 1 BUrlG hat jeder Arbeitnehmer in jedem Kalenderjahr *Anspruch auf bezahlten Erholungsurlaub*. Das während der Zeit des Urlaubs vom Arbeitgeber weiterzubezahlende Entgelt wird als *Urlaubsentgelt* bezeichnet. Darüber hinaus sehen die meisten Tarifverträge ein zusätzliches *Urlaubsgeld* vor, welches dem Arbeitnehmer auszuzahlen ist.

URLAUB

Die gesetzliche Mindest-Urlaubsdauer beträgt ohne Rücksicht auf das Lebensalter 24 Werktage im Kalenderjahr (§ 3 Abs 1 BUrlG). Durch tarifrechtliche Regelungen wird der Urlaubsanspruch der Arbeitnehmer jedoch in aller Regel wesentlich ausgeweitet. Nach einer Information des Bundesminsteriums für Arbeit und Sozialordnung von Ende 1995 betrug der Anteil der Arbeitnehmer mit fünf Wochen oder mehr Urlaub rund 98% für die alten Bundesländer. Sechs Wochen Urlaub erhielten 1994 rund 79% der von Tarifverträgen erfassten Arbeitnehmer. Die Zahlen für die neuen Bundesländer betragen 88% bzw. 33%. Urlaub kann vom Arbeitnehmer aber nicht gleich nach Antritt eines

Arbeitsverhältnisses beansprucht werden. So muss in Beispiel (6) auch Jan I. erst die 6-monatige Wartezeit des § 4 BUrlG erfüllen.

Bei der zeitlichen Festlegung des Urlaubs sind die Urlaubswünsche des Arbeitnehmers zu berücksichtigen (§ 7 BUrlG). Dies gilt ausnahmsweise nicht, wenn dringende betriebliche Belange dem entgegenstehen. Der Arbeitgeber kann aber auch für alle oder die meisten Arbeitnehmer Betriebsferien anordnen und den Betrieb in dieser Zeit stilllegen. Allerdings hat er hier ein zwingendes Mitbestimmungsrecht des Betriebsrates zu berücksichtigen (§ 87 Abs. 1 Nr. 5 BetrVG).

Es kann vorkommen, dass ein Arbeitnehmer aus dringenden betrieblichen Gründen seinen Jahresurlaub nicht voll ausschöpfen kann. In solchen Fällen ist der Urlaub jedoch auf das nächste Kalenderjahr *übertragbar.* Er muss dann in den ersten drei Monaten des folgenden Kalenderjahrs gewährt und genommen werden. Ist dies aus betrieblichen Gründen nicht möglich, hat der Arbeitgeber dem Arbeitnehmer den Urlaub abzugelten, d.h. der Arbeitnehmer erhält als Ersatz eine Geldleistung (sog. *Urlaubsabgeltung*).

ERZIEHUNGS-URLAUB

Vom Erholungsurlaub ist der *Erziehungsurlaub* zu unterscheiden, der einem Arbeitnehmer (gilt für Frauen wie für Männer) einen zeitlich begrenzten Ausstieg aus dem Arbeitsverhältnis ermöglichen soll, wenn ein Kind zu betreuen ist. Nach dem Bundeserziehungsgeldgesetz besteht Anspruch auf Erziehungsurlaub bis zur Vollendung des 3. Lebensjahres eines Kindes, aufgrund einiger tarifvertraglicher Regelungen sogar bis zur Vollendung des 5. Lebensjahres; der Anspruch steht aber jeweils nur einem Elternteil zu. Während des Erziehungsurlaubs hat der Arbeitnehmer für einen Zeitraum von 24 Monaten seit der Geburt des Kindes Anspruch auf Erziehungsgeld in Höhe von 600,– DM monatlich. Bei Höherverdienenden mindert sich der Anspruch (§ 5 Abs. 2 BErzGG).

NEBENPFLICHTEN DES ARBEITGEBERS

Der Arbeitgeber ist verpflichtet, Arbeitsräume, Arbeitsmittel und -ablauf so zu regeln, dass der Arbeitnehmer gegen Gefahren für Leben und Gesundheit so weit geschützt ist, wie die Natur des Betriebs und der Arbeit es gestatten. Daneben muss der Arbeitgeber die öffentlich-rechtlichen Arbeitsschutzbestimmungen einhalten. Verstößt der Arbeitgeber gegen solche Vorschriften, kann der Arbeitnehmer die Arbeit verweigern, denn er braucht nicht unter gesetzwidrigen Bedingungen zu arbeiten.

Aufgrund seiner *allgemeinen Fürsorgepflicht* ist der Arbeitgeber auch verpflichtet, den Arbeitnehmer vor ungerechter

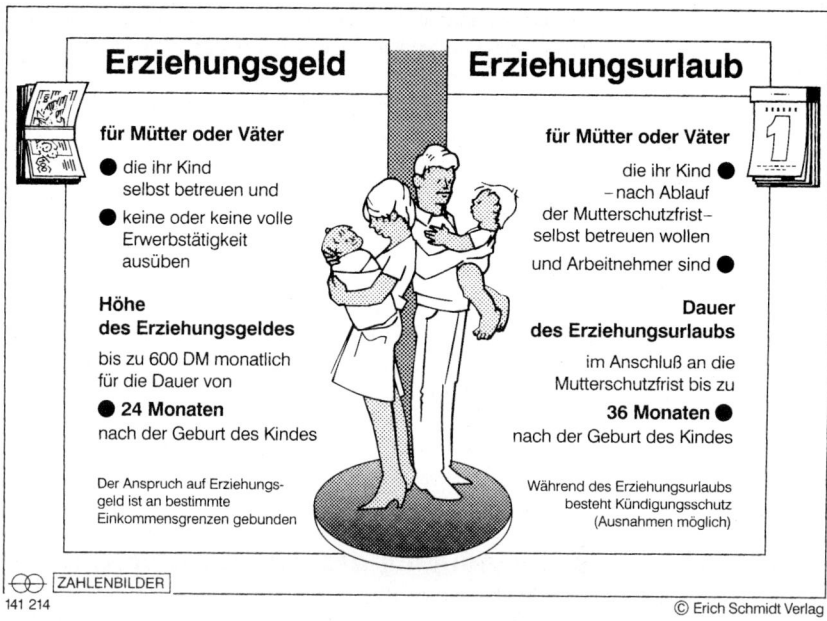

Erziehungsgeld

für Mütter oder Väter

● die ihr Kind
  selbst betreuen und
● keine oder keine volle
  Erwerbstätigkeit
  ausüben

**Höhe
des Erziehungsgeldes**

bis zu 600 DM monatlich
für die Dauer von

● **24 Monaten**
nach der Geburt des Kindes

Der Anspruch auf Erziehungsgeld ist an bestimmte
Einkommensgrenzen gebunden

Erziehungsurlaub

für Mütter oder Väter

die ihr Kind ●
– nach Ablauf
der Mutterschutzfrist–
selbst betreuen wollen
und Arbeitnehmer sind ●

**Dauer
des Erziehungsurlaubs**

im Anschluß an die
Mutterschutzfrist bis zu

36 Monaten ●
nach der Geburt des Kindes

Während des Erziehungsurlaubs
besteht Kündigungsschutz
(Ausnahmen möglich)

ZAHLENBILDER
141 214

© Erich Schmidt Verlag

Behandlung durch Vorgesetzte, vor rechtswidrigen Handlungen von Arbeitskollegen (z.B. Beleidigungen, Körperverletzungen etc.) in Schutz zu nehmen.

Den Arbeitgeber trifft eine *Verschwiegenheitspflicht* für Tatsachen, an deren Geheimhaltung der Arbeitnehmer ein berechtigtes Interesse hat, z.B. Einkommen, Gesundheitszustand oder persönliche Verhältnisse des Arbeitnehmers.

Dabei ist ohne Bedeutung, auf welche Weise der Arbeitgeber die geheimhaltungsbedürftigen Tatsachen erfahren hat. Ausdrücklich gesetzlich vorgeschrieben ist die Verschwiegenheitspflicht des Arbeitgebers bei Kenntnis einer Schwangerschaft (MutterschutzG), bei geschützten personenbezogenen Daten (BundesdatenschG) oder bei Arbeitnehmererfindungen (Gesetz über Arbeitnehmererfindungen).

Verletzt der Arbeitgeber seine Verschwiegenheitspflicht oder andere Nebenpflichten, kann er sich – selbst bei fahrlässigem Verstoß – aus positiver Vertragsverletzung (pVV) *schadensersatzpflichtig* machen. Hier haftet er nicht nur für eigenes Verschulden, sondern auch für das Verschulden seiner Erfüllungsgehilfen (§ 278 BGB).

Der Arbeitgeber hat auch für die durch ihn schuldhaft verursachten *Sachschäden* zu haften, die der Arbeitnehmer bei

HAFTUNG DES
ARBEITGEBERS BEI
PFLICHTVERLET-
ZUNGEN

127

der Arbeit erleidet. Während der Arbeitszeit hat der Arbeitgeber für persönliche Gegenstände und nach Arbeitsschluss für Arbeitskleidung und Werkzeug einen sicheren Raum, Schrank oder Ähnliches zur Verfügung zu stellen. Stellt der Arbeitgeber einen Parkplatz zur Verfügung, hat er diesen verkehrssicher zu halten. Für Parkschäden, die durch Dritte entstanden sind, braucht er jedoch grundsätzlich nicht zu haften.

Anders liegt es bei vom Arbeitgeber verursachten *Personenschäden*, die der Arbeitnehmer während der Arbeit erleidet. Hierfür gibt es eine besondere Unfallversicherung als Teil der Sozialversicherung. In Deutschland ist sie so ausgestaltet, dass die Arbeitgeber bestimmter Berufszweige zu *Berufsgenossenschaften* zusammengeschlossen sind, an die sie Beiträge erbringen müssen und die dann die Leistungen an die Arbeitnehmer erbringen, die einen Arbeitsunfall erlitten haben (vgl. im Einzelnen *Kap. 9 Abs. 2*)

6. Beendigung des Arbeitsverhältnisses

(1) Günter B., Inhaber einer Schreinerei, will das Ausbildungsverhältnis mit seinem „AzuBi" Thomas N. kündigen.

(2) Stefanie M. ist seit 18 Jahren bei der X-GmbH als Sekretärin tätig. Nun soll sie gekündigt werden.

(3) Werner D. verteilt im Betrieb des X. Flugblätter mit ausländerfeindlichen Hetzparolen.

(4) Franz-Josef S. erhält während der Probezeit eine Kündigung. Der Betriebsrat war hierüber vom Arbeitgeber nicht informiert worden.

(5) Gerda F. ist seit zwei Jahren als Graphikerin in der T-GmbH (80 Arbeitnehmer) angestellt. Die Geschäftsleitung erwägt eine Kündigung.

(6) Dem LKW-Fahrer Johannes R. wird wegen wiederholter Alkoholexzesse im Straßenverkehr für drei Jahre die Fahrerlaubnis entzogen.

(7) Bei der X-AG muss infolge einer Auftragsflaute Personal abgebaut werden. In einer der betroffenen Abteilungen arbeiten die 25-jährige ledige Martina E. sowie der 51-jährige verheiratete Theo N., der Vater von drei Kindern ist.

Beendigungstatbestände

Das Arbeitsverhältnis kann außer durch Kündigung aus zahlreichen weiteren Gründen enden: Das befristete Arbeitsverhältnis endet nach § 620 BGB mit dem *Ablauf der Zeit*, für die es eingegangen ist. Es bedarf somit für die Beendigung keiner Kündigung. Vor Ablauf der Zeit kann das befristete Arbeitsverhältnis allerdings durch Kündigung aus wichtigem Grund gekündigt werden. Eine ordentliche Kündigung ist hingegen nur möglich, wenn dies vertraglich oder tarifvertraglich vereinbart ist.

Das Arbeitsverhältnis kann auch durch Vertrag beendet werden. Ein solcher *Aufhebungsvertrag* kann vor allem aus Sicht des Arbeitgebers erstrebenswert sein, weil er weder ein Anhörungsrecht des Betriebsrats noch die Anwendung des Kündigungsschutzgesetzes auslöst. Viele Arbeitgeber bemühen sich deshalb um das Zustandekommen eines solchen Aufhebungsvertrages und sind auch bereit, dem Arbeitnehmer dafür beträchtliche Abfindungen zu zahlen. Wie oben ausgeführt, kann der Arbeitsvertrag auch durch *Anfechtung* (§§ 119, 123 BGB) beendet werden. Das Arbeitsverhältnis kann im Kündigungsschutzprozess ferner durch ein *Urteil des Arbeitsgerichtes* gem. § 9 KSchG beendet werden, wenn das Vertrauensverhältnis für eine weitere Zusammenarbeit zwischen Arbeitgeber und Arbeitnehmer zerstört ist. Schließlich beendet der *Tod des Arbeitnehmers* das Arbeitsverhältnis, während es umgekehrt beim Tod des Arbeitgebers – sofern es sich um den Betrieb eines Einzelkaufmanns oder eines freiberuflichen Einzelunternehmers handelt – grundsätzlich mit den Erben fortbesteht.

Das Arbeitsverhältnis ist ein *Dauerschuldverhältnis*. Wo es nicht von vornherein auf bestimmte Zeit befristet, sondern auf unbestimmte Zeit eingegangen ist, bedarf seine Beendigung eines besonderen Rechtsakts. Dieser kann in einer entsprechenden Vereinbarung von Arbeitgeber und Arbeitnehmer, dem sog. Aufhebungsvertrag, bestehen. Kommt ein solcher nicht zustande, wird die Beendigung durch die einseitig von einem Vertragspartner erklärte sog. *ordentliche Kündigung* bewirkt, die regelmäßig an bestimmte Fristen gebunden ist.

Wie bei jedem Dauerschuldverhältnis kann es auch beim Arbeitsverhältnis Gründe geben, aus denen dem einen oder anderen Vertragsteil das Recht zustehen muss, den Vertrag vorzeitig zu lösen. Dies gilt sowohl für das auf unbestimmte Zeit eingegangene, ordentlich nur unter Einhaltung von

129

Kündigungsfristen kündbare Arbeitsverhältnis wie für das auf bestimmte Zeit befristete Arbeitsverhältnis. Mittel der vorzeitigen Beendigung ist die *außerordentliche Kündigung*. Die Kündigung unterliegt als einseitige empfangsbedürftige Willenserklärung den allgemeinen Regeln über Willenserklärungen. Sie muss nach § 130 I BGB zugehen, um wirksam zu werden.

FORM

Die Kündigung ist grundsätzlich *formfrei*. Eine Ausnahme gilt bei Ausbildungsverhältnissen (Beispiel (1)). Die Kündigung muss dort schriftlich erfolgen. Häufig wird in Tarifverträgen Schriftform festgelegt. Wird die vereinbarte Form nicht eingehalten, ist die Kündigung in der Regel nichtig (§ 125 BGB).

Die Mitteilung der Kündigungsgründe ist keine Voraussetzung für die Wirksamkeit der Kündigung. Bei der außerordentlichen Kündigung ist jedoch zu beachten, dass der Arbeitnehmer nach Ausspruch der Kündigung verlangen kann, dass ihm der Arbeitgeber die maßgeblichen Gründe schriftlich mitteilt (§ 626 Abs. 2 S. 3 BGB). Ein Verstoß dagegen kann zu einem Schadensersatzanspruch führen. Besteht im Betrieb ein Betriebsrat, muss dieser vor Ausspruch der Kündigung gem. § 102 Abs. I BetrVG über die maßgeblichen Kündigungsgründe informiert werden.

ORDENTLICHE KÜNDIGUNG

Bis Mitte 1993 hat das Bürgerliche Gesetzbuch für die ordentliche Kündigung von Angestellten und Arbeitern noch unterschiedlich lange Kündigungsfristen vorgesehen. In dieser pauschalen Ungleichbehandlung sah das Bundesverfassungsgericht einen Verstoß gegen Art. 3 I GG. Seit dem 7.10.1993 sind nun die Fristen durch das Gesetz zur Vereinheitlichung der Kündigungsfristen von Arbeitern und Angestellten für beide Arbeitnehmer–Gruppen gleich. Nach § 622 Abs. I können Arbeitsverhältnisse mit einer Frist von vier Wochen zum 15. oder zum Ende eines Kalendermonats gekündigt werden. Die Kündigungsfrist verlängert sich mit zunehmender Beschäftigungsdauer des Arbeitsverhältnisses auf bis zu sieben Monate im Falle einer 20-jährigen Beschäftigung. Im Beispiel (2) muss die X-GmbH nach § 622 Abs. 2 Nr. 7 BGB eine sechsmonatige Kündigungsfrist einhalten. In einigen Fällen, so etwa auch bei *Probearbeitsverhältnissen* mit einer Dauer bis zu sechs Monaten, kann die vierwöchige Grundkündigungsfrist auch unterschritten werden.

Ist ein Arbeitsverhältnis auf die *Lebenszeit* einer Person oder für längere Zeit als fünf Jahre abgeschlossen worden, so kann der Verpflichtete es nach dem Ablauf von fünf Jahren mit einer Frist von sechs Monaten kündigen (§ 624 BGB).

Die Bestimmung soll eine übermäßige Beschränkung der persönlichen Freiheit des Arbeitnehmers verhindern, sie ist deshalb, wie schon das Reichsgericht ausgesprochen hat, zwingend.

Andererseits kann die ordentliche Kündigung durch Gesetz (§ 15 II Nr. 1 BBiG), Tarifvertrag (häufig für Arbeitnehmer mit einer längeren Dauer der Betriebszugehörigkeit oder höherem Lebensalter), aber auch einzelvertraglich (z. b. keine Kündigungsmöglichkeit vor Aufnahme der Arbeit) ausgeschlossen sein.

Die außerordentliche Kündigung ist die *einschneidendste Maßnahme zur Beendigung des Arbeitsverhältnisses*. Sie beendet das Arbeitsverhältnis unmittelbar mit ihrem Zugang beim Vertragspartner. Sie kann ebenfalls formfrei ausgesprochen werden. Möglich ist das aber nur innerhalb einer *Frist von zwei Wochen* ab dem Zeitpunkt, zu dem der Kündigungsberechtigte von den für die Kündigung maßgeblichen Tatsachen Kenntnis erlangt. Verstreicht diese Frist, so kann eine Kündigung auf diese Tatsachen nicht mehr gestützt werden.

AUßERORDENTLICHE KÜNDIGUNG

Arbeitgeber wie Arbeitnehmer können das Arbeitsverhältnis nach § 626 BGB aus wichtigem Grund kündigen, wenn ihnen unter *Abwägung der beiderseitigen Interessen* die Fortsetzung des Arbeitsverhältnisses bis zum Ablauf der ordentlichen Kündigungsfrist nicht mehr zugemutet werden kann. Daraus ergibt sich, dass die außerordentliche Kündigung nur bei besonders schweren Verfehlungen eines Arbeitsvertragspartners zulässig ist. Wann liegt solch ein wichtiger Grund vor? Einmal dann, wenn der *Arbeitnehmer seine Arbeitspflicht* nicht erfüllt. Tritt er grundlos die Arbeit nicht an oder verlässt er sie ohne Einhaltung der für ihn geltenden Kündigungsfrist, ist dem Arbeitgeber das Festhalten am Arbeitsverhältnis regelmäßig unzumutbar. Aber auch wenn der Arbeitnehmer eigenmächtig Urlaub nimmt, unpünktlich zur Arbeit kommt oder sie vor Arbeitsschluss verlässt, kann darin ein wichtiger Grund zur Kündigung liegen. Denkbar ist dies auch bei einer gravierenden *Schlechtleistung* eines Arbeitnehmers. Etwa kann einem angestellten Tierarzt, der bei der Fleischbeschau leichtfertig verdorbene Tierkörper zum Verzehr freigibt, wegen der damit verbundenen Gefährdung fristlos gekündigt werden.

Wer die *Pflicht zur Wahrung des Betriebsfriedens* nachhaltig stört, z. B. andere Arbeitnehmer tätlich angreift, sexuell belästigt oder – wie in Beispiel (3) – ausländerfeindliche Äußerungen im Betrieb abgibt, kann einen Grund für eine fristlose Kündigung geben. Schließlich kommt eine Kündigung aus wichtigem Grund bei *Verletzung der Pflichten des Arbeitnehmers zu loyalem Verhalten*, etwa dem Verrat von Geschäftsgeheimnissen oder der Annahme von Schmiergeldern, in Betracht. Auch strafbare Handlungen gegen das Vermögen des Arbeitgebers gehören hierher.

Wegen einer Vertragsverletzung kann dem Arbeitnehmer auch aus wichtigem Grund regelmäßig nur dann gekündigt werden, wenn er vorher abgemahnt worden ist. Nur bei schweren Loyalitätspflichtverletzungen, insbesondere strafbaren Handlungen, ist eine solche vorherige *Abmahnung* dem Arbeitgeber nicht zumutbar.

Verletzt umgekehrt der Arbeitgeber den Arbeitsvertrag, kann dies den Arbeitnehmer zur Kündigung aus wichtigem Grund berechtigen. In Betracht kommen Zahlungsverzug, aber auch die Nichtbeachtung von Arbeitnehmerschutzvorschriften und die Verletzung der auch dem Arbeitgeber obliegenden Loyalitätspflichten, z.B. durch sexuelle Belästigungen und Beleidigungen.

Im Gegensatz zur ordentlichen Kündigung stellt die außerordentliche Kündigung nach § 626 BGB *zwingendes Recht* dar. Sie kann also weder durch Tarifvertrag noch Betriebsvereinbarung oder Einzelarbeitsvertrag ausgeschlossen oder eingeschränkt werden.

Nach § 102 Abs. 1 BetrVG ist der Betriebsrat *vor jeder Kündigung* zu hören. Das gilt auch für eine Kündigung während der Probezeit (Beispiel (4)). Geschieht dies nicht, ist diese unwirksam. Der Betriebsrat kann Bedenken gegen eine außerordentliche Kündigung innerhalb von drei Tagen, gegen eine ordentliche Kündigung innerhalb von einer Woche nach Unterrichtung durch den Arbeitgeber diesem mitteilen. Die Freiheit des Arbeitgebers, trotz dieser Bedenken eine Kündigung auszusprechen, bleibt aber unberührt.

Kündigungsschutz

Der *allgemeine Kündigungschutz* gilt für alle Arbeitnehmer, die unter den Geltungsbereich des Kündigungsschutzgesetzes fallen. Hierzu ist erforderlich, dass das Arbeitsverhältnis ohne Unterbrechung länger als sechs Monate in einem Betrieb oder Unternehmen bestanden hat, in dem in der Regel mehr als zehn Arbeitnehmer ausschließlich der Auszubildenden beschäftigt werden (§§ 1, 23 KSchG). Ist das – wie in Beispiel (5) – der Fall, ist eine Kündigung nur dann sozial gerechtfertigt, wenn sie durch Gründe, die in der *Person des Arbeitnehmers oder in dessen Verhalten liegen oder durch dringende betriebliche Erfordernisse* bedingt ist (§ 1 Abs. 2 KSchG).

Die Möglichkeit der *personenbedingten* Kündigung trägt dem Austauschcharakter des Arbeitsverhältnisses Rechnung: Wo der Arbeitnehmer auf Dauer die Leistung nicht mehr erbringen kann, zu der er sich verpflichtet hat, verliert das Arbeitsverhältnis seinen wesentlichen Inhalt und muss deshalb aufgelöst werden können.

Als Kündigungsgrund kommt das Fehlen von persönlichen Eigenschaften und Fähigkeiten oder sonstiger aus der persönlichen Sphäre des Arbeitnehmers stammender Gründe, die ihn an der Erbringung seiner vertraglichen Pflichten hindern, in Betracht, z.B.: Fehlen einer Arbeitserlaubnis, Mängel in der physischen und psychischen Eignung etc. In diesen Bereich gehört es auch, wenn − vgl. insoweit Beispiel (6) − einem Kraftfahrer für längere Zeit die Fahrerlaubnis entzogen wird.

Wichtigster Unterfall der personenbedingten Kündigung ist die Kündigung wegen *Krankheit* des Arbeitnehmers. Zwar hat der Arbeitgeber in bestimmtem Umfang krankheitsbedingte Arbeitsausfälle hinzunehmen, ohne das Arbeitsverhältnis kündigen zu können. Zum Anlass einer Kündigung kann die Erkrankung deshalb nur genommen werden, wenn Ausmaß, Dauer und Auswirkung der infolge der Krankheit eintretenden Leistungsverhinderung so groß sind, dass das Interesse des Arbeitgebers an der Wiedererlangung der Dispositionsfreiheit über den Arbeitsplatz durchschlägt. Letztlich ist eine Interessenabwägung durchzuführen, die alle Umstände des Einzelfalls berücksichtigt. Auch muss der Arbeitgeber vor einer Kündigung eine Versetzung oder Umschulung des Arbeitnehmers in Erwägung ziehen. Kommt auf diese Weise eine anderweitige Beschäftigungsmöglichkeit in Betracht, scheidet eine Kündigung aus.

Mit der *verhaltensbedingten* Kündigung wird dem Arbeitgeber eine Reaktionsmöglichkeit auf vertragswidriges Verhalten des Arbeitnehmers eingeräumt. Auch wenn dieses nicht so gravierend ist, dass es eine außerordentliche Kündigung nach § 626 BGB rechtfertigen könnte, soll es der Arbeitgeber doch nicht einfach hinnehmen müssen, sondern sich aus der Vertragsbindung lösen können.

Zu einer verhaltensbedingten Kündigung berechtigen schuldhafte Pflichtverstöße des Arbeitnehmers, etwa: Verstoß gegen Leistungspflichten (z.B. Schlechtleistungen, Arbeitsverweigerung, unentschuldigtes Fehlen), Verletzungen der betrieblichen Ordnung (z.B. Verstoß gegen Rauch- und Alkoholverbote, Schlägereien mit anderen Arbeitnehmern etc.) und Verletzungen vertraglicher Nebenpflichten (z.B. Verstöße gegen die Verschwiegenheitspflicht).

Weil eine Kündigung aber immer nur das äußerste Mittel sein darf, auf eine Vertragsverletzung des Arbeitnehmers zu reagieren, muss der Arbeitnehmer in der Regel vor Ausspruch einer Kündigung *abgemahnt* werden. Die *Abmahnung* muss eine genaue Schilderung des vertragswidrigen Verhaltens, dessen Beanstandung durch den Arbeitgeber, die Aufforderung zum vertragsgemäßen Verhalten sowie die Androhung der Kündigung bei erneuter Pflichtverletzung enthalten.

BETRIEBSBEDINGTE KÜNDIGUNG

Anders als bei der personen- und verhaltensbedingten Kündigung liegt bei der *betriebsbedingten* Kündigung der Grund für die Beendigung des Arbeitsverhältnisses nicht in der Sphäre des betroffenen Arbeitnehmers, sondern in der des Arbeitgebers.

Mit dem Recht zur betriebsbedingten Kündigung zieht das Gesetz eine notwendige Folgerung aus der Tatsache, dass ein Unternehmen in der Marktwirtschaft rentabel arbeiten muss. Die betriebsbedingte Kündigung meint im Bereich der privaten Wirtschaft sowohl den Fall, dass die Freisetzung von Arbeitskräften ihre Ursache in den Außenbeziehungen des Unternehmens hat, insbesondere auf den Mangel an kostendeckenden Aufträgen, Rohstoff- oder Energiemangel oder auf Finanzierungsschwierigkeiten zurückzuführen ist, als auch den, dass der Personalbedarf infolge einer Veränderung der Gegebenheiten im Unternehmen oder Betrieb selbst sinkt, etwa weil der Betriebszweck geändert wird, Rationalisierungsmaßnahmen ergriffen oder neue Produktions- und Arbeitsmethoden eingeführt werden.

Trotz Vorliegens dringender betrieblicher Erfordernisse ist die Kündigung aber dann sozial ungerechtfertigt, wenn der Arbeitgeber bei der *Auswahl der gekündigten Arbeitnehmer* unter mehreren in Betracht kommenden Arbeitnehmern soziale Gesichtspunkte nicht oder nicht ausreichend berücksichtigt hat (§ 1 Abs. 3 KSchG). Mit dieser Vorschrift verfolgt das Gesetz das Ziel, im Verhältnis der Arbeitnehmer zueinander Gerechtigkeit bei dem gravierenden Eingriff des Arbeitsplatzverlustes walten zu lassen. Bei der Sozialauswahl ist auf das *Lebensalter*, die *Dauer der Betriebszugehörigkeit* sowie die einen Arbeitnehmer treffenden *Unterhaltspflichten* abzustellen. Im Beispiel (7) bedeutet dies, dass Martina H. im Vergleich zu Theo N. weniger schutzbedürftig ist.

KÜNDIGUNGS-SCHUTZVERFAHREN

Verfahrensmäßig wird der Kündigungsschutz so durchgeführt, dass dem Arbeitnehmer die Möglichkeit eingeräumt wird, im Klagewege die Unwirksamkeit einer Kündigung, der ein zureichender Grund fehlt, feststellen zu lassen. Eine solche Klage muss der Arbeitnehmer gem. § 4 KSchG *innerhalb einer Frist von drei Wochen nach Zugang der Kündigung* erheben. Versäumt er diese Frist, kann er sich später nicht mehr auf die etwaige Rechtsunwirksamkeit der Kündigung berufen.

Bekommt der Arbeitnehmer in einem Kündigungsschutzprozess Recht, muss das nicht unbedingt zur Fortsetzung des Arbeitsverhältnisses führen. Vielmehr kann er selbst und auch der Arbeitgeber gem. § 9 KSchG trotz Feststellung der Unwirksamkeit der Kündigung eine *Auflösung des Arbeitsverhältnisses gegen Zahlung einer Abfindung* beantragen. Praktisch endet die große Mehrzahl der Kündigungsschutzverfahren in einer solchen Auflösung des Arbeitsverhältnisses gegen Abfindung, sei es im Wege eines entsprechenden Urteils oder im Wege eines Vergleichs.

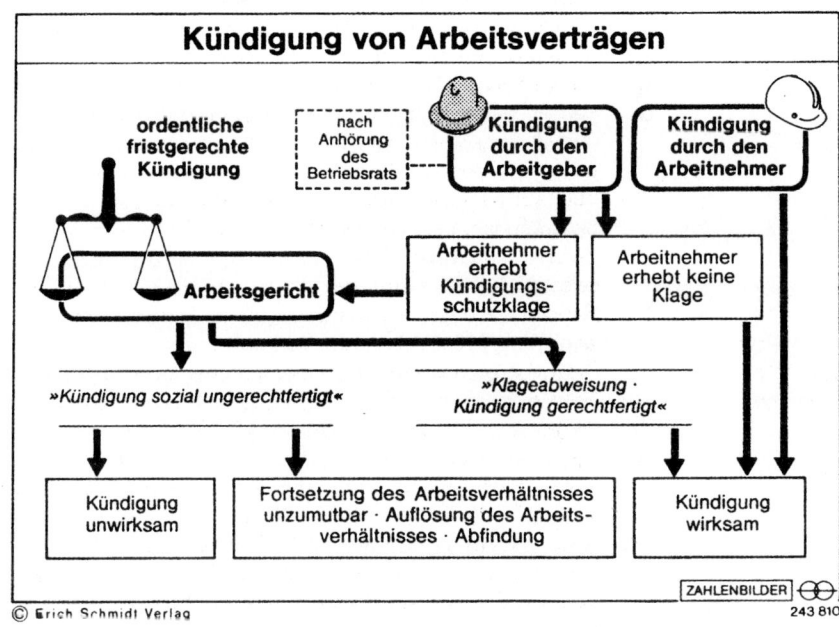

Kündigung von Arbeitsverträgen

ordentliche fristgerechte Kündigung

nach Anhörung des Betriebsrats

Kündigung durch den Arbeitgeber

Kündigung durch den Arbeitnehmer

Arbeitsgericht

Arbeitnehmer erhebt Kündigungsschutzklage

Arbeitnehmer erhebt keine Klage

»Kündigung sozial ungerechtfertigt«

»Klageabweisung · Kündigung gerechtfertigt«

Kündigung unwirksam

Fortsetzung des Arbeitsverhältnisses unzumutbar · Auflösung des Arbeitsverhältnisses · Abfindung

Kündigung wirksam

ZAHLENBILDER

© Erich Schmidt Verlag

243 810

Für Arbeitnehmer, die aus persönlichen oder sozialen Gründen in erhöhter Weise schutzbedürftig sind, gibt es *besondere Kündigungsschutzvorschriften*. Nach § 15 KSchG ist eine ordentliche Kündigung von Mitgliedern des Betriebsrats und der Jugendvertretung während ihrer Amtszeit und ein Jahr danach unzulässig, dasselbe gilt für Wahlvorstandsmitglieder und alle Kandidaten bis zum Abschluss der Betriebsratswahl. Nach § 9 MuSchG ist jede Kündigung gegenüber

BESONDERER KÜNDIGUNGSSCHUTZ

einer Frau während der Schwangerschaft oder bis zum Ablauf von vier Monaten nach der Niederkunft nichtig (absolutes Kündigungsverbot, Ausnahmen nur in wenigen Fällen nach Genehmigung durch das Gewerbeaufsichtsamt möglich). Auch während des Erziehungsurlaubs genießt jede/r Arbeitnehmer/in nach § 18 BErzGG Kündigungsschutz. Eine Kündigung gegenüber Schwerbehinderten kann nach § 14 des Schwerbehindertengesetzes (SchwbG) nur mit Zustimmung der Hauptfürsorgestelle ausgesprochen werden. Im Rahmen des besonderen Kündigungsschutzes sind ferner Auszubildende (§§ 13, 15 BBiG), Wehrdienstleistende (§ 2 ArbPlSchG, § 2 EignungsübungsG) und Zivildienstleistende (§ 78 ZivildienstG) zu nennen.

ZEUGNIS

Jeder Arbeitnehmer hat Anspruch darauf, dass der Arbeitgeber ihm bei Beendigung des Arbeitsverhältnisses ein schriftliches Zeugnis über das Arbeitsverhältnis und seine Leistungen erteilt (§ 630 BGB). Da das Zeugnis für das weitere Fortkommen des Arbeitnehmers erhebliche Bedeutung hat, muss auf seine Ausstellung die nötige Sorgfalt verwendet werden. Die Angaben im Zeugnis müssen richtig sein. Notfalls kann auf Erteilung eines richtigen Zeugnisses sogar geklagt werden.

Man unterscheidet das sog. *einfache* vom *qualifizierten* Zeugnis. Das einfache Zeugnis enthält Angaben zur Person des Arbeitnehmers sowie Art und Dauer der Beschäftigung. Im qualifizierten Zeugnis muss hingegen auch die Leistung des Arbeitnehmers genau beschrieben und beurteilt werden.

WETTBEWERBS-VERBOTE

Dass der Arbeitnehmer während der Dauer seines Arbeitsverhältnisses einem Wettbewerbsverbot unterliegt (vgl. § 60 HGB), ist aus seiner Sicht regelmäßig nicht problematisch, weil er sein Einkommen aus dem betreffenden Arbeitsverhältnis bezieht. Anders liegt es nach dessen Beendigung. Er ist dann auf eine neue Beschäftigung angewiesen, die er zumeist nur auf dem Gebiet finden kann, auf dem er bisher tätig gewesen ist. Deshalb bedarf die Zulässigkeit nachvertraglicher Wettbewerbsverbote einer Regelung, die die Interessen des Arbeitgebers an dem Festhalten unerwünschter Konkurrenz und das Interesse des Arbeitnehmers, seine Kenntnisse und Erfahrungen in einem neuen Arbeitsverhältnis zu verwerten, ausgleicht.

Ein nachvertragliches Wettbewerbsverbot ist nach den §§ 74 ff. HGB nur zulässig, wenn es die Verpflichtung des Arbeitgebers enthält, für die Dauer des Verbots mindestens die Hälfte des zuletzt bezogenen Arbeitsentgelts weiterzuzahlen *(Karenzentschädigung);* es darf insgesamt nicht auf längere Zeit als *zwei Jahre* erstreckt werden und den Arbeitnehmer in seinem beruflichen Fortkommen nicht unangemessen benachteiligen. Auch muss sich der Arbeitgeber auf ein berechtigtes geschäftliches Interesse berufen können.

7. Kollektives Arbeitsrecht

(1) Paul B. ist Koch in der Kantine der Intermetall AG. Bei der IG Metall fragt er an, ob er dort Mitglied werden kann.

(2) Eva-Maria N. ist seit drei Jahren arbeitslos. Bei der X-GmbH wird sie eingestellt, weil sie sich im Arbeitsvertrag verpflichtet, auf einen Teil ihres Tariflohns zu verzichten.

(3) Eine Gruppe von Angestellten der Universität Freiburg streikt, um gegen die Pläne der Landesregierung zum weiteren Stellenabbau im Hochschulbereich zu protestieren.

(4) In der Schokoladen- und Pralinenfabrik Z. in M. werden nach einigen technischen Veränderungen an den Arbeitsplätzen die Akkordsätze neu festgelegt. Weil die Arbeitnehmer dadurch einen höheren Arbeitszeitdruck befürchten, macht sich Karl W. zum Sprecher und verlangt von der Betriebsleitung die Einberufung einer Betriebsversammlung. Die Betriebsleitung müsse die vorgesehenen Änderungen mit der Belegschaft besprechen. Andernfalls müsse mit spontanen Reaktionen der Belegschaft gerechnet werden. Am darauf folgenden Tag erhält Karl W. eine fristlose Kündigung. Er habe die Belegschaft systematisch gegen den Arbeitgeber aufgehetzt. Seine Forderungen lehnt die Betriebsleitung ab.

(5) Im Kaufhaus M+N teilt die Betriebsratsvorsitzende, Frau Sieglinde H., der Betriebsleitung mit, dass die neue Pausenregelung vom Personal nicht akzeptiert werde und auch nicht rechtswirksam sei, weil man den Betriebsrat an der Aufstellung dieser neuen Pauseneinteilung nicht beteiligt habe. Man lehne die neue Regelung ab. Da unter den Mitarbeitern große Unruhe herrsche, werde man für Samstag, 14.00 Uhr, eine außerordentliche Betriebsversammlung im Casinosaal einberufen.

Koalitionen als Träger des Tarifvertragssystems

Die Tarifvertragsordnung wird in Deutschland durch Gewerkschaften auf der einen Seite sowie Arbeitgeberverbände auf der anderen Seite geprägt. Die ersten Gewerkschaften sind in Europa Mitte des 19. Jahrhunderts entstanden (1865: Zentralverband für Tabakarbeiter, 1866: Zentralverband für Buchdrucker, 1867: Zentralverband für Schneider). In Deutschland existierten bis 1848 Koalitionsverbote, so auch im Allgemeinen Preußischen Landrecht. Nachdem 1933 alle Gewerkschaften durch das nationalsozialistische Regime aufgelöst und durch die aus Arbeitnehmern und Arbeitgebern bestehende Deutsche Arbeitsfront (DAF) ersetzt worden waren, konnte erst 1945 wieder mit der Gründung von Gewerkschaften begonnen werden. Ziel war dabei die Bildung von zentral organisierten Einheitsgewerkschaften, die politisch und weltanschaulich neutral sein sollten. In der unmittelbaren Nachkriegszeit stieß dieses Ziel zunächst auf den Widerstand der drei Westmächte. Im Jahre 1947 wurde dann aber der Deutsche Gewerkschaftsbund (DGB) in der britischen Zone gegründet. Es folgten Gewerkschaftszusammenschlüsse auf Landesebene in der amerikanischen und der französischen Zone. 1949 kam es dann zur Gründung des Deutschen Gewerkschaftsbundes auf Bundesebene als Spitzenorganisation von damals 16 Einzelgewerkschaften. Im gleichen Jahr wurde die Deutsche Angestelltengewerkschaft (DAG) ins Leben gerufen. Weitere Gründungen folgten: neben der Christlichen Gewerkschaftsbewegung Deutschlands u. a. der Deutsche Beamtenbund (beide 1955). Die genannten Gewerkschaften einschließlich des Deutschen Beamtenbundes erreichen heute einen Organisationsgrad von etwa 46% aller beschäftigten Arbeitnehmer und Beamten. Mit 9,76 Mio. Mitgliedern und 83% aller Organisierten nimmt der DGB dabei die Spitzenstellung ein. In der DAG mit 520 000 Mitgliedern sind 4,4 % der Gewerkschaftsmitglieder organisiert; mit 306 000 Mitgliedern kann der CGB 2,5% der Organisierten auf sich vereinen. Über 1 Mio. Arbeitnehmer sind im Deutschen Beamtenbund organisiert, der damit 9,2% der Organisierten erfasst.

Die Gewerkschaften sind in der Regel *nichtrechtsfähige Vereine*; die dem DGB angehörigen Gewerkschaften folgen dem *Industrieverbandsprinzip*, d. h. die Zugehörigkeit eines Arbeitnehmers zu einer Gewerkschaft bestimmt sich nicht nach seinem ausgeübten Beruf, sondern danach, in welchem Wirtschaftszweig er tätig ist. In Beispiel (1) kann daher auch Paul B. als Koch Mitglied in der IG Metall werden. Hingegen haben die Gewerkschaften außerhalb des DGB das *Berufsverbandsprinzip* beibehalten: Hier spielt der konkret ausgeübte Beruf die entscheidende Rolle. So könnten Angestellte aller Wirtschaftszweige Mitglieder in der DAG werden. Die dem DGB angehörenden Einzelgewerkschaften – also auch die IG Metall – sind *mehrstufig aufgebaut*. Die Mitgliedschaft besteht im jeweiligen Bundesverband. Unterhalb der Bundesebene sind sie in verschiedene (Landes-) Bezirke aufgeteilt, die ihrerseits wiederum in regionale und/oder lokale Stellen untergliedert sind. Die DAG ist ähnlich gegliedert wie die Gewerkschaften des DGB.

Arbeitnehmer erwerben durch die Mitgliedschaft in einer Gewerkschaft *Rechte* (z.B. Stimmrechte bei Wahlen zur Vertreterversammlung oder Leistungsrechte wie etwa Ansprüche auf Unterstützungszahlungen während der Dauer von Arbeitskämpfen). Auf der anderen Seite treffen sie auch *Pflichten* (z.B. Beitragspflicht, Mitwirkungs- und Folgepflichten bei Arbeitskämpfen).

Arbeitnehmerorganisationen in Deutschland

DGB Deutscher Gewerkschaftsbund
15 Einzelgewerkschaften mit 8,97 Mio Mitgliedern

Mitglieder in 1000 – Ende 1996

IG Metall	2 752
Gewerkschaft Öffentliche Dienste, Transport und Verkehr	1 712
IG Chemie-Papier-Keramik*	695
IG Bauen-Agrar-Umwelt	692
Deutsche Postgewerkschaft	513
Gew. Handel, Banken u. Versicherungen	505
Gew. der Eisenbahner Deutschlands	382
IG Bergbau und Energie*	335
Gew. Nahrung-Genuss-Gaststätten	311
Gew. Erziehung und Wissenschaft	296
Gewerkschaft der Polizei	199
Gewerkschaft Textil-Bekleidung	199
IG Medien	197
Gewerkschaft Holz und Kunststoff	160
Gewerkschaft Leder*	22

* 1997 zusammengeschlossen zur IG Bergbau, Chemie, Energie

DAG Deutsche Angestellten-Gewerkschaft — 501

DBB Deutscher Beamtenbund — 1 101

CGB Christlicher Gewerkschaftsbund — 303

Deutscher Bundeswehr-Verband — 240

© Erich Schmidt Verlag

ZAHLENBILDER
240 110

Die ersten Arbeitgeberverbände entstanden Ende des 19. Jahrhunderts. Nach der Überwindung des Widerstandes der Besatzungsmächte gegen die Neugründung von Ar-

ARBEITGEBER-VERBÄNDE

beitgeberverbänden wurde 1949 schließlich die „Sozialpolitische Arbeitsgemeinschaft der Arbeitgeber des Vereinigten Wirtschaftsgebietes" gegründet. Aus ihr ging 1950 die *Bundesvereinigung der Deutschen Arbeitgeberverbände (BDA)* hervor. Die BDA ist heute die Spitzenorganisation der Arbeitgeberverbände. Neben der BDA bestehen als selbstständige Arbeitgebervereinigungen auf Bundesebene die Wirtschaftsvereinigung Eisen– und Stahlindustrie, die Tarifgemeinschaft Deutscher Länder und die Arbeitsgemeinschaft kommunaler Arbeitgeberverbände. Die Arbeitgeberverbände haben sich durchweg in regionalen Verbänden zusammengeschlossen, die sich nach dem Industrieverbandsprinzip voneinander abgrenzen. Die bezirklichen Industrieverbände sind auf Bundesebene vielfach zu einem Verband zusammengeschlossen. Die jeweiligen Spitzenverbände und Landesverbände der Arbeitgebervereinigungen gehören als Dachorganisation der BDA an.

Tarifvertragsrecht

TARIFVERTRÄGE

Tarifverträge nehmen auf den größten Teil der Arbeitsbeziehungen in Deutschland entscheidenden Einfluss. Ihre praktische Bedeutung lässt sich an folgenden Zahlen verdeutli-

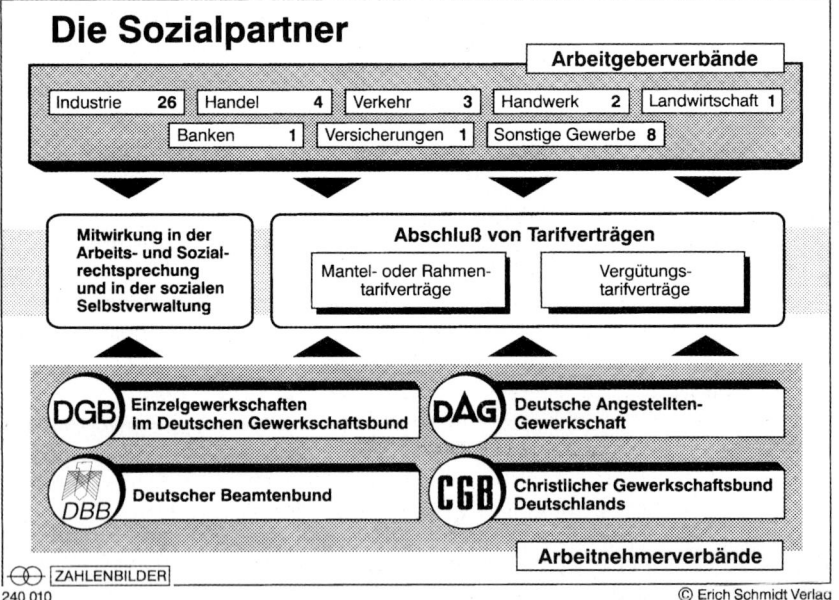

Die Sozialpartner

Arbeitgeberverbände

| Industrie | 26 | Handel | 4 | Verkehr | 3 | Handwerk | 2 | Landwirtschaft | 1 |

| Banken | 1 | Versicherungen | 1 | Sonstige Gewerbe | 8 |

Mitwirkung in der Arbeits- und Sozialrechtsprechung und in der sozialen Selbstverwaltung

Abschluß von Tarifverträgen

Mantel- oder Rahmentarifverträge

Vergütungstarifverträge

DGB Einzelgewerkschaften im Deutschen Gewerkschaftsbund

DAG Deutsche Angestellten-Gewerkschaft

DBB Deutscher Beamtenbund

CGB Christlicher Gewerkschaftsbund Deutschlands

Arbeitnehmerverbände

ZAHLENBILDER

240 010

© Erich Schmidt Verlag

140

chen: Insgesamt wurden in das Tarifregister seit 1949 bis Ende 1993 rd. 271 000 Tarifverträge eingetragen. Die Zahl der gültigen Tarifverträge stieg bis Anfang 1994 auf rd. 41 700. Tarifverträge werden – auf der Grundlage des Tarifvertragsgesetzes – zumeist zwischen den Verbänden der Arbeitgeber und den Gewerkschaften (sog. *Verbandstarifverträge*), aber auch zwischen einzelnen Arbeitgebern und den Gewerkschaften abgeschlossen (*Firmen-* bzw. *Unternehmenstarifverträge*). So entstehen für einzelne Gewerbezweige und Berufsgruppen Kollektivverträge, die sicherstellen sollen, dass möglichst viele Arbeitnehmer mit gleichen Arbeitsanforderungen auch zu gleichen Bedingungen arbeiten. Nach ihrer inhaltlichen Gestaltung lassen sich zwei Grundkategorien von Tarifverträgen unterscheiden: auf der einen Seite *Entgelttarifverträge*, die die Vergütung für die Arbeitsverhältnisse unmittelbar festlegen, auf der anderen Seite sog. *Manteltarifverträge* mit allgemeinen Bedingungen für das Arbeitsverhältnis, wie etwa Regelungen über die Arbeitszeit, Pausen, Urlaub, Sozialleistungen, Kündigungsschutz etc.

Tarifverträge sind *schriftlich* abzuschließen und werden in ein beim Bundesarbeitsministerium geführtes *Tarifregister* eingetragen. Die Arbeitgeber müssen die Tarifverträge in ihrem Betrieb so auslegen, dass jeder Arbeitnehmer sich über den Inhalt jederzeit Kenntnis verschaffen kann.

Nach dem TVG haben diese Tarifverträge für die Vertragspartner dieselbe Wirkung wie rechtliche Normen. Es handelt sich hier also um einen Bereich freiwilliger, privater Gesetzgebung, dessen Gestaltung der Staat bewusst den im Gesetz genannten Tarifvertragsparteien überlässt (vgl. § 2 TVG). Die Tarifverträge schützen so wiederum besonders den einzelnen Arbeitnehmer, denn ein Arbeitgeber, der Mitglied eines Arbeitgeberverbandes als Tarifpartner ist, darf keine geringere (wohl aber eine höhere) Vergütung bezahlen oder mehr Arbeitsstunden verlangen, als der Tarifvertrag vorschreibt. Der Rechtsnormencharakter kommt in der sogenannten *Unabdingbarkeit* zum Ausdruck: Unabdingbarkeit heißt, dass Vereinbarungen des Einzelarbeitsvertrags rechtsunwirksam sind, die den Arbeitnehmer – auch mit seinem schriftlich festgelegten Einverständnis – schlechter stellen würden, als es der Tarifvertrag regelt. Selbst wenn also eine Arbeitnehmerin – wie im Beispiel (2), um überhaupt eine Arbeitsstelle zu bekommen – einzelvertraglich mit einem geringeren Lohn einverstanden wäre, wären diese Vereinbarungen unwirksam und sie könnte die tariflichen Leistungen verlangen.

UNMITTELBARE UND ZWINGENDE WIRKUNG

UNABDINGBARKEIT

Tarifverträge entfalten ihre Wirkung aber nicht nur dann, wenn die Arbeitsvertragsparteien den tarifschließenden Verbänden angehören. So kann auch das Bundesarbeitsministerium unter bestimmten Voraussetzungen einen Tarifvertrag für *allgemein verbindlich* erklären, d.h. auch auf nicht organisierte Arbeitnehmer und Arbeitgeber erstrecken (§ 5 TVG). Im Falle einer solchen *Allgemeinverbindlicherklärung* findet der Tarifvertrag Anwendung auf alle einschlägigen Arbeitsverhältnisse in dem betreffenden Wirtschaftszweig. In Deutschland werden vor allem in der Bauwirtschaft Tarifverträge für allgemein verbindlich erklärt.

Noch häufiger in der Praxis ist die Wirkung tariflicher Normen infolge einer Bezugnahme auf den Tarifvertrag im Einzelarbeitsvertrag. Beim Abschluss von Arbeitsverträgen mit nicht organisierten Arbeitnehmern wird sehr häufig *Bezug auf den Tarifvertrag* genommen, dem der Arbeitgeber unterliegt. Damit wird die Geltung des Tarifvertrages praktisch auf den überwiegenden Anteil der Arbeitsverhältnisse erstreckt.

Der Tarifvertrag begründet aber auch *Rechte und Pflichten der Tarifvertragsparteien* untereinander, wobei die beiden Hauptpflichten, die Friedens – und Durchführungspflicht, nicht ausdrücklich vereinbart sein müssen, sondern per se gelten. Mit der *Friedenspflicht* ist gemeint, dass die Tarifvertragsparteien für die Laufzeit eines Tarifvertrages diesen nicht in Frage stellen, d.h. vor allem während dieser Zeit keinen Arbeitskampf führen dürfen. Für den Arbeitgeber bringt das den Vorteil mit sich, dass er für die Laufzeit mit festen Lohnkosten kalkulieren und keine Arbeitsausfälle zu befürchten braucht, weil die Arbeitnehmer in dieser Zeit nicht unvorhergesehen höhere Vergütungen fordern oder zur Durchsetzung ihrer Forderungen zum Streik aufgerufen werden dürfen.

Arbeitgeberverbände und Gewerkschaften können darüber hinaus auch noch weitere Pflichten vereinbaren, z.B. die Pflicht zu Gesprächen während der Laufzeit eines Tarifvertrages.

Arbeitskampfrecht

Der Arbeitskampf erfüllt im Rechts- und Wirtschaftssystem der Bundesrepublik Deutschland die Funktion eines *Konfliktlösungsmittels*. Können die Tarifpartner nach Ablauf eines Tarifvertrages im Wege der Verhandlung keine Einigung über die Festlegung der Arbeitsbedingungen erzielen, muss diese letztlich im Wege des Arbeitskampfes erfolgen.

Das Recht des Arbeitskampfes ist in Deutschland *gesetzlich nicht geregelt*. Die Ausgestaltung des Arbeitskampfrechts beruht fast ausschließlich auf Richterrecht.

Die wichtigsten *Kampfmittel*, mit denen die Gegenseite unter Druck gesetzt werden soll, sind *Streik* und *Aussperrung*. Der Streik – vollständige oder teilweise Einstellung der Arbeitstätigkeit in gemeinsamen Aktionen der Arbeitnehmer – ist als legitimes Kampfmittel zur Durchsetzung von Tarifvertragsforderungen anerkannt. Als Gegenwehr dürfen die Unternehmen in angemessenem Umfang die Arbeitnehmer durch Aussperrung von der Arbeit fernhalten. Streik und Aussperrung sind also kein Verstoß gegen die Arbeitsvertragspflichten, wenn der Streik nach Ablauf eines Tarifvertrags in einem geregelten Verfahren durch die Gewerkschaften organisiert wird. Streikende können also nicht wegen ihrer Teilnahme am Streik entlassen werden (kein Kündigungsgrund). „Wilde", d. h. nicht von einer Gewerkschaft organisierte Streiks sowie Streiks mit anderen Zielen als solchen, die zwischen den Tarifparteien in Tarifverträgen geregelt werden können (z.B. politische Streiks), sind dagegen rechtlich nicht abgedeckt. Weil der Streik im Beispiel (3) nicht den Abschluss eines Tarifvertrages zum Ziel hat, ist er unzulässig.

Der zulässige Streik und die zulässige Aussperrung *suspendieren* für ihre Dauer die arbeitsvertraglichen Pflichten: Der Arbeitnehmer ist nicht zur Arbeitsleistung, der Arbeitgeber nicht zur Beschäftigung und Entgeltzahlung verpflichtet. Um den Verdienstausfall auf der Arbeitnehmerseite zu kompensieren und unter den Arbeitnehmern überhaupt eine Streikbereitschaft zu errreichen, leisten die Gewerkschaften an ihre Mitglieder während des Streiks Unterstützungszahlungen. Nicht organisierte Arbeitnehmer sind dagegen zumeist auf Sozialhilfeansprüche verwiesen. Sind Streik und Aussperrung zulässig, stellt die Teilnahme an ihnen auch keinen Arbeitsvertragsbruch dar. Sie berechtigen weder zur Kündigung noch zum Schadensersatz.

Nimmt der Arbeitnehmer hingegen an einem *unzulässigen Streik*, etwa an einem wilden Streik teil, verletzt er damit den Arbeitsvertrag. Der Arbeitgeber hat dann ein Recht zur Kündigung des Arbeitsverhältnisses. Allerdings muss der Kündigung dabei eine Abmahnung vorausgehen. Ist die *Aussperrung unzulässig*, bleibt der Arbeitgeber zur Zahlung des Arbeitsentgelts verpflichtet. Dieses muss er nach Ende des Arbeitskampfes nachzahlen, soweit der Arbeitnehmer nicht etwas eingespart (z.B. Fahrtkosten) oder anderweitig etwas verdient hat.

Arbeitskämpfe sind für beide Seiten teuer: Die Unternehmen haben durch Produktionsausfälle aufgrund von Streik oder Aussperrung hohe Kosten, die Gewerkschaften sind durch das „Streikgeld", das sie an ihre streikenden Mitglieder zum Ausgleich des Lohnausfalls zahlen, belastet. Auch der einzelne Arbeitnehmer muss kalkulieren, ob seine Verdienstminderungen während des Arbeitskampfes nicht höher sind als der angestrebte Vorteil. Deshalb schalten die Tarifparteien häufig ein *Schlichtungsverfahren* ein; sie bitten einen möglichst neutralen „Schlichter" (oft erfahrene Politiker), Kompromissvorschläge auszuarbeiten, wenn sie selbst in ihren Verhandlungspositionen zu festgefahren sind. Misslingt der Schlichtungsversuch, dann leiten die Gewerkschaften durch die *Urabstimmung* den Arbeitskampf ein. In der Urabstimmung müssen i.d.R. mindestens 75% der Gewerkschaftsmitglieder zustimmen, dass zur Durchsetzung der Forderungen gestreikt werden soll. Auch über die Beendigung des Streiks stimmen die Gewerkschaftsmitglieder ab. Dabei genügt eine 25%ige Zustimmung.

SCHLICHTUNG

URABSTIMMUNG

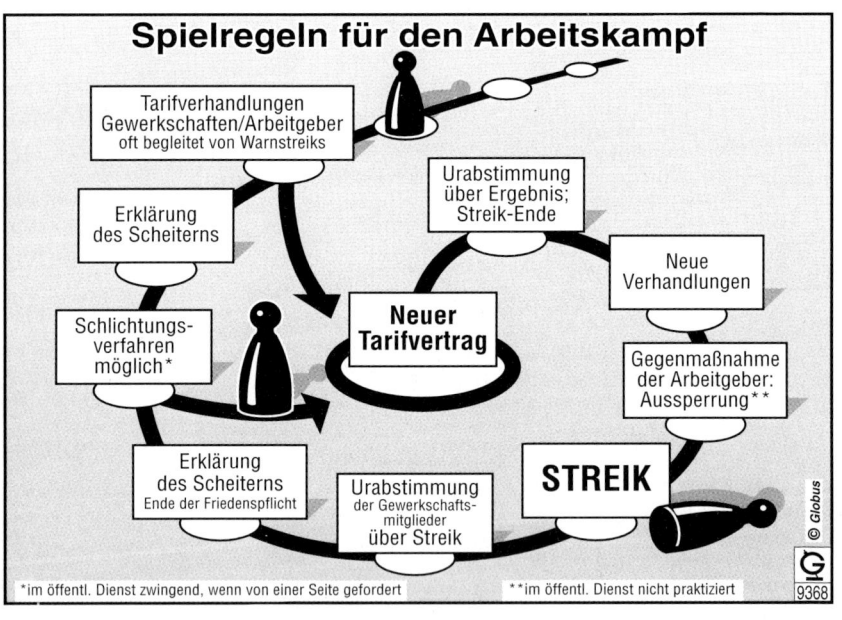

Spielregeln für den Arbeitskampf

Tarifverhandlungen
Gewerkschaften/Arbeitgeber
oft begleitet von Warnstreiks

Erklärung
des Scheiterns

Schlichtungs-
verfahren
möglich*

Erklärung
des Scheiterns
Ende der Friedenspflicht

Urabstimmung
der Gewerkschafts-
mitglieder
über Streik

**Neuer
Tarifvertrag**

Urabstimmung
über Ergebnis;
Streik-Ende

Neue
Verhandlungen

Gegenmaßnahme
der Arbeitgeber:
Aussperrung**

STREIK

© Globus

*im öffentl. Dienst zwingend, wenn von einer Seite gefordert   **im öffentl. Dienst nicht praktiziert

9368

Mitbestimmung der Arbeitnehmer

Die Fälle (4) und (5) sind zufällige Einzelbeispiele dafür, wie Zusammenarbeit und Betriebsfrieden durch organisatorische Maßnahmen gefährdet sein können. Jedoch kann man an ihnen auch den grundlegenden Konflikt erkennen, um den es bei den arbeitsrechtlichen Mitbestimmungsregelungen geht: Dem Interesse jedes Unternehmens und jeder Betriebsleitung an möglichst hohem Gewinn und geringen Kosten steht das Interesse der Arbeitnehmer gegenüber, die Arbeitsabläufe, die betriebliche Zusammenarbeit und das Zusammenleben der Menschen im Betrieb ihren Bedürfnissen anzupassen.

Für jeden Menschen ist es wichtig, seinen Lebensbereich selbst mitgestalten zu können sowie im Austausch von Leistung und Gegenleistung gerecht behandelt zu werden. Karl W. (4) handelt aus diesem Motiv. Er ist jedoch nicht offiziell als Vertreter der Belegschaft bestellt; deshalb kann ihn die Betriebsleitung als Querulanten hinstellen und seinen Hinweis auf mögliche Unruhen in der Belegschaft als Drohung auffassen. Für Karl W. wird es nicht leicht sein, vor Gericht glaubhaft zu machen, dass er damit nicht die Belegschaft zum Widerstand gegen die Anordnungen des Arbeitgebers aufhetzen wollte.

Sieglinde H. dagegen handelt in Beispiel (5) als *Betriebsrat*. Rechtsgrundlage hierfür ist das *Betriebsverfassungsgesetz* (BetrVG 1972). Es bestimmt, dass in (privaten) „Betrieben mit in der Regel mindestens fünf wahlberechtigten Arbeitnehmern, von denen drei wählbar sind", Betriebsräte gewählt werden können. Im öffentlichen Dienst wird die Mitbestimmung der dort beschäftigten Beamten, Angestellten und Arbeiter durch die *Personalvertretungsgesetze* des Bundes und der Länder sichergestellt.

BETRIEBSVERFAS-SUNGSGESETZ

PERSONALVERTRE-TUNGSGESETZ

Betriebsräte werden als Vertreter der Arbeitnehmer von den mindestens 18 Jahre alten Belegschaftsmitgliedern gewählt. Ihre Anzahl richtet sich nach der Betriebsgröße (s. Tab. S. 146). Wählbar ist jeder über 18-jährige – auch Ausländer –, der mindestens sechs Monate dem Betrieb angehört. Ob jedoch ein Betriebsrat gebildet wird, hängt von der Initiative der Arbeitnehmer ab. Der Arbeitgeber ist von sich aus dazu nicht verpflichtet. Beantragen mindestens drei Belegschaftsmitglieder die Bildung eines Betriebsrats, so muss der Arbeitgeber die dazu nötigen Maßnahmen dulden und – besonders organisatorisch und finanziell – ermöglichen.

Anzahl der Betriebsratsmitglieder nach dem BetrVG

| Betriebsrat | | Jugendvertretung | |
Wahlberechtigte Arbeitnehmer	Betriebsratsmitglieder	Jugendliche unter 18 Jahre	Jugendvertreter bis 24 Jahre
5–20	1	5–20	1
21–50	3	21–50	3
51–150	5	51–200	5
151–300	7	201–300	7
301–600	9	:	:
601–1000	11	ab 300	9
: :	:		
7001–9000	31	+ jeweils 2 weitere Mitglieder pro 3000 Arbeitnehmer	

ZWECK DES BETRIEBSVERFASSUNGSGESETZES

Das Betriebsverfassungsrecht zielt im Unterschied zum Unternehmensmitbestimmungsrecht nicht auf eine Beteiligung der Arbeitnehmer an den wirtschaftlichen und unternehmerischen Entscheidungskompetenzen des Arbeitgebers, sondern hat in erster Linie die *sozialen Belange der Arbeitnehmer* im Auge, vor allem einen kollektiven Schutz gegenüber sozialen Härten aus wirtschaftlichen Entscheidungen des Arbeitgebers, die mitverantwortliche Teilnahme der Arbeitnehmer am betrieblichen Geschehen und die Sicherung einer Persönlichkeitszone im Bereich der abhängigen Arbeit.

BETRIEBSRATSARBEIT

Jeder aus mehreren Personen bestehende Betriebsrat hat einen Vorsitzenden und dessen Stellvertreter zu wählen. Ist der Vorsitzende Arbeiter, muss der Stellvertreter Angestellter sein und umgekehrt. Die Sitzungen des Betriebsrats finden in der Regel während der Arbeitszeit statt (§ 30). Der Arbeitgeber ist verpflichtet, die Kosten der Tätigkeit des Betriebsrats zu tragen und diesem im erforderlichen Umfang Räume, sachliche Mittel und Büropersonal zur Verfügung zu stellen (§ 40 BetrVG). Die Kostenpflicht umfasst auch die Aufwendungen, die den einzelnen Betriebsratsmitgliedern durch ihre Tätigkeit entstehen, insbesondere Reisekosten oder Kosten für Briefporto und Ferngespräche sowie Kosten bei Schulungs- und Bildungsveranstaltungen. Auch Schäden, die das Betriebsratsmitglied infolge seiner Betriebsratstätigkeit an seinen eigenen Sachen erleidet, sind vom Arbeitgeber zu ersetzen.

Der Betriebsrat soll in allen Fragen, die den Betrieb betreffen, vertrauensvoll mit dem Arbeitgeber zusammenarbeiten. Darunter fällt u.a. die Pflicht der Betriebsräte zur Wah rung der Betriebs- und Geschäftsgeheimnisse und das an den Betriebsrat gerichtete Verbot, durch einseitige Handlungen in die Leitung des Betriebs einzugreifen. Der Arbeitgeber ist zur Gleichbehandlung sowie zu Schutz und Förderung des Persönlichkeitsrechts angehalten. Des weiteren gilt für beide Seiten eine Besprechungs- und Verhandlungspflicht, beide sind für die Erhaltung des Betriebsfriedens verantwortlich. Die Betriebsräte haben sich auch einer parteipolitischen Betätigung zu enthalten (vgl. im Einzelnen §§ 74, 75 BetrVG). Auch sind dem Betriebsrat Arbeitskampfmaßnahmen untersagt – dies ist Sache der überbetrieblich organisierten Tarifpartner.

Die *Betriebsvereinbarung* (§ 77 BetrVG) ist die *wichtigste Einigungsform* zwischen Betriebsrat und Arbeitgeber in den dem Betriebsrat zugewiesenen Mitbestimmungsfällen, aber auch in nicht mitbestimmungspflichtigen Angelegenheiten. Sie wird schriftlich abgefasst, von beiden Seiten unterzeichnet und ist im Betrieb auszulegen. Regelungen in Betriebsvereinbarungen, die Normen für die Arbeitsverhältnisse der Arbeitnehmer enthalten, gelten für diese wie Normen eines Tarifvertrages, also *unmittelbar und zwingend* (§ 77 Abs. 4). Soweit ein Tarifvertrag Regelungen über mitbestimmungspflichtige soziale Angelegenheiten (z. B. Fragen der betrieblichen Lohngestaltung) oder über Arbeitsentgelte oder sonstige Arbeitsbedingungen enthält, kann keine Betriebsvereinbarung mehr getroffen werden (§ 77 Abs. 3). *Das Tarifrecht geht dem Betriebsverfassungsrecht insoweit also vor.*

BETRIEBSVEREINBARUNGEN ALS EINIGUNGSFORM

Können sich Arbeitgeber und Betriebsrat über mitbestimmungspflichtige Angelegenheiten nicht einigen, besteht die Möglichkeit einer *Konfliktlösung* durch die sog. *Einigungsstelle* (§ 76 BetrVG). Diese wird im Bedarfsfalle gebildet, kann aber auch per Betriebsvereinbarung als ständige Einrichtung geschaffen werden. Sie besteht *paritätisch* aus Beisitzern der Arbeitgeber- und der Arbeitnehmerseite sowie einem unparteiischen Vorsitzenden. Der Spruch der Einigungsstelle ersetzt die Einigung zwischen Arbeitgeber und Betriebsrat und ist nur in beschränktem Umfang vom Arbeitsgericht überprüfbar. Die *Kosten* der Einigungsstelle werden vom Arbeitgeber getragen (§ 76 a).

EINIGUNGSSTELLE ALS KONFLIKTLÖSUNGSMITTEL

Systematisch unterteilt das Gesetz die *Aufgaben* des Betriebsrats in *allgemeine* (z.B. Überwachung der gesetzlichen, tariflichen und betrieblich vereinbarten Vorschriften, Interessenvertretung der Arbeitnehmer, Schutzbelange von Jugendlichen, Behinderten u.a.), in *soziale, personelle* und *wirtschaftliche* Angelegenheiten (s. Grafik S. 149).

AUFGABEN DES BETRIEBSRATES

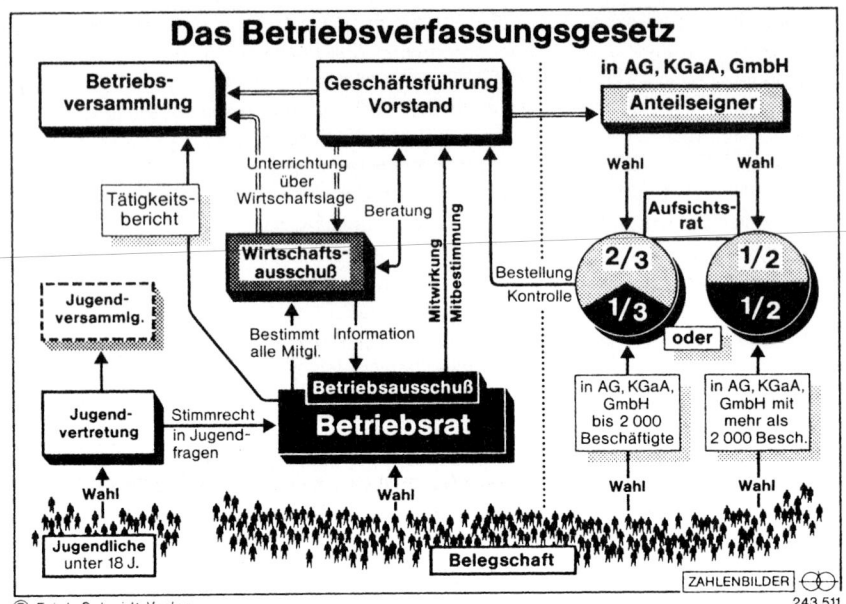

Das Betriebsverfassungsgesetz

in AG, KGaA, GmbH

Betriebsversammlung ← **Geschäftsführung Vorstand** → **Anteilseigner**

Wahl — Wahl

Tätigkeitsbericht

Unterrichtung über Wirtschaftslage — Beratung

Aufsichtsrat

Jugendversammlg.

Wirtschaftsausschuß

Mitwirkung Mitbestimmung

Bestellung Kontrolle

2/3 · 1/3 — 1/2 · 1/2

oder

Bestimmt alle Mitgl. — Information

Betriebsausschuß

Betriebsrat

Jugendvertretung — Stimmrecht in Jugendfragen

in AG, KGaA, GmbH bis 2 000 Beschäftigte — in AG, KGaA, GmbH mit mehr als 2 000 Besch.

Wahl — Wahl — Wahl — Wahl

Jugendliche unter 18 J. — **Belegschaft**

ZAHLENBILDER

© Erich Schmidt Verlag — 243 511

MITBESTIMMUNG

Hierbei spricht das BetrVG von „Mitwirkung" und „Mitbestimmung", ohne diese Begriffe genauer zu definieren. Bei Fragen der Mitbestimmung, wie sie in § 87 BetrVG unter der Überschrift *Soziale Angelegenheiten* aufgezählt sind (s. die folgenden Auszüge aus dem BetrVG), stehen sich Arbeitgeber und Arbeitnehmer gleichberechtigt gegenüber. Jede Seite kann die dort genannten Maßnahmen beantragen, keine Seite kann eine solche Maßnahme einseitig, ohne Abstimmung mit der anderen, einleiten. Kommt es zu keiner Einigung, dann kann die Einigungsstelle angerufen werden, die dann für beide Seiten verbindlich entscheidet. Hier liegt also „echte" Mitbestimmung vor.

Bei den *personellen Angelegenheiten* handelt es sich ebenfalls überwiegend um Mitentscheidungsrechte (also Mitbestimmung). Der Betriebsrat kann in diesem Bereich, etwa wenn es um eine Einstellung oder Versetzung eines Mitarbeiters geht, einen Aufschub derartiger Maßnahmen erreichen, indem er seine Zustimmung, die allerdings begründet sein muss, versagt.

Der Streit wird dann letztlich zwischen den Betriebspartnern vor dem Arbeitsgericht ausgetragen, das die vom Betriebsrat vorgetragenen Gründe prüft und am Ende eine Entscheidung trifft.

148

Als *Mitwirkung* bezeichnet man die Beteiligung des Betriebs-rats in der Form, dass zwar für den Arbeitgeber eine Pflicht zur Information und Anhörung des Betriebsrats besteht. Je-doch hat der Betriebsrat hierbei keine rechtliche Möglichkeit, die Entscheidungen des Unternehmers zu beeinflussen. Diese Mitwirkungsrechte bestehen besonders in *wirtschaft-lichen* und *organisatorischen* Angelegenheiten, personell bei Kündigungen, wo dem Betriebsrat ein Anhörungsrecht zu-steht (§ 102 BetrVG). Weil solche Maßnahmen immer auch Folgen für den personellen und sozialen Bereich haben, muss

Rechte des Betriebsrats nach dem BetrVG
beziehen sich auf

Soziale Angelegenheiten	**Personelle Angelegenheiten**	**Wirtschaftliche Angelegenheiten**
z. B. • Betriebsordnung • Urlaubsplanung • Sozialeinrichtungen • Technische Über-wachungseinrichtungen	z. B. • Einstellungen • Ein-/Umgruppierungen • Personalfragebögen • Kündigungen	z. B. • Unterrichtung und Beratung bei Betriebs-änderungen • Interessenausgleich • Sozialplan

Abstufung der Rechte des Betriebsrates
Beispiele:

Stufe 1: Information und Anregung ➡

Informationen über
• Gehaltslisten
• Behandlung einer AN-Beschwerde
• Einstellung eines ltd. Angestellten

Stufe 2: Beratung und Erörterung ➡

Beratung mit BR über
• Arbeitsschutzmaßnahmen
• Planung von Arbeitsverfahren
• Interessenausgleich
• Betriebsänderungen

Stufe 3: Widerspruch/Zustimmungs-verweigerung bei Vorliegen bestimmter Gründe
= Maßnahme des Arbeitgebers wird aufgeschoben ➡

Zustimmungsverweigerung bei
• personellen Einzelmaßnahmen (z. B. Einstellung, Versetzung etc.)
Widerspruch gegen
• Kündigungen

Stufe 4: Echte Mitbestimmung
= Maßnahme des AG ist ohne Mitbe-stimmung des BR unwirksam ➡

Volle Mitbestimmung bei
• sozialen Angelegenheiten (z. B. Betriebsordnung, Urlaubs-planung, Verteilung der Arbeitszeit)
• Personalfragebogen, Auswahlricht-linien, Sozialplan

149

der Unternehmer den Betriebsrat rechtzeitig informieren und ihn anhören.

Verletzt der Arbeitgeber seine Beteiligungs- und Informationspflichten, so können – je nach Einzelbereich – vom Arbeitsgericht *Zwangsgelder*, von den Verwaltungsbehörden *Bußgelder* bis zu 20 000,– DM verhängt werden. Die Offenbarung von Betriebsgeheimnissen oder eine Behinderung der Wahl oder der Aufgaben des Betriebsrats können mit Geld- oder Freiheitsstrafen bis zu einem Jahr bestraft werden.

JUGEND-
VERTRETUNG

Sind mindestens fünf Jugendliche unter 18 Jahren im Betrieb beschäftigt, so können diese alle zwei Jahre eine *Jugendvertretung* zum Betriebsrat wählen (s. Tab. oben). Die Jugendvertreter können nicht direkt, sondern nur über den Betriebsrat tätig werden. Sie nehmen an allen Betriebsratssitzungen teil, beantragen dort nötige Maßnahmen, insbesondere zur Einhaltung der Bestimmungen des JArbSchG und des BBiG, und haben bei Abstimmungen im Betriebsrat über Jugendangelegenheiten volles Stimmrecht.

BETRIEBSVERSAMM-
LUNG

Der Betriebsrat muss vierteljährlich eine *Betriebsversammlung* einberufen und die Belegschaft über seine Tätigkeit informieren (§ 43 BetrVG). Diese Betriebsversammlungen finden während der Arbeitszeit statt und sind wie normale Arbeit zu vergüten. Wie in Beispiel (5) können darüber hinaus in wichtigen Fällen weitere Betriebs– oder Abteilungsversammlungen außerhalb der Arbeitszeit – jedoch in betrieblich bereitzustellenden Räumen – einberufen werden, um mit der Belegschaft wichtige Belange zu erörtern. Der Arbeitgeber hat das Recht, an Betriebsversammlungen teilzunehmen und zu sprechen.

Sieglinde H. (Beispiel (5)) handelt also rechtmäßig und richtig. Denn ohne die Beteiligung des Betriebsrats ist die Neuregelung der Pausenzeiten unwirksam. Der für die Betriebsversammlung angegebene Termin setzt voraus, dass an diesem Tag die Arbeitszeit um 14 Uhr – ggf. mit besonderem Einverständnis des Arbeitgebers – endet. In allen Fällen hat der Betriebsrat keine eigenmächtige Handlungsbefugnis, d. h. die Durchführung der gemeinsamen Beschlüsse kann nur auf Anweisung des Arbeitgebers erfolgen.

UNTERNEHMENS-
MITBESTIMMUNG

Von der Mitbestimmung auf *betrieblicher* Ebene muss man die Beteiligung und *Mitbestimmung auf der Unternehmensebene* bei Großbetrieben (Kapitalgesellschaften) unterscheiden. So können z.B. große Aktiengesellschaften 30 oder 50 Einzelbetriebe umfassen und in jedem Betrieb können Betriebsräte mitwirken. Grundlegende wirtschaftliche Entscheidungen über das Gesamt-*Unternehmen* werden jedoch von der Unternehmensleitung getroffen. Diese wiederum untersteht dem *Aufsichtsrat,* gewählten Vertretern der Kapitalgeber (s. *Kap. 3 Abs. 2).* Um auch hier die Interessen der Arbeitnehmer gegenüber den Kapitaleigentümern zu berücksichtigen, schrieb bereits das frühere *Betriebsverfassungsgesetz von 1952* vor, dass im Aufsichtsrat von Aktiengesellschaften (AG) und Kommanditgesellschaften auf Aktien (KGaA) sowie in Gesellschaften mit beschränkter Haftung (GmbH) mit mehr als 500 Beschäftigten ein Drittel der Aufsichtsratsmitglieder von den Arbeitnehmern gewählt werden.

BETRIEBSVERFASSUNGSGESETZ VON 1952

Für Großbetriebe ab 2 000 Beschäftigen wurde diese Mitbestimmung durch das *Mitbestimmungsgesetz* (MitbestG 1976) erweitert. Man spricht hier von „paritätischer" (= parteigleicher) Mitbestimmung, weil in den von diesem Gesetz betroffenen Aufsichtsräten ebenso viele Arbeitnehmervertreter wie Kapitalvertreter sitzen. Ein gewisses Übergewicht der Arbeitgeberseite bleibt jedoch dadurch erhalten, dass einer der Arbeitnehmervertreter von den sogenannten „leitenden Angestellten" (z. B. Betriebs- und Abteilungsleiter, Personalchefs u.a.) gestellt wird und dass bei Abstimmungen mit Stimmengleichheit (z.B. 6:6) der Aufsichtsratsvorsitzende, der immer ein Vertreter der Anteilsigner ist, in einer zweiten Abstimmung ein doppeltes Stimmrecht hat.

MITBESTIMMUNGSGESETZ VON 1976

Nur in Unternehmen des Bergbaus und der Eisen– und Stahlerzeugung (sog. Montan-Betriebe) ist nach dem *Montanmitbestimmungsgesetz* von 1951 die „Parität" im Aufsichtsrat voll verwirklicht. Um Entscheidungen durch Stimmengleichheit nicht zu blockieren, einigen sich Anteilseigner und Arbeitnehmervertreter auf ein neutrales „elftes" (bzw. 15. oder 21.) Aufsichtsratsmitglied. Zusätzlich wählen die Arbeitnehmervertreter einen „Arbeitsdirektor" in den Vorstand (d. h. die Unternehmensleitung) der Montanunternehmen.

MONTANMITBESTIMMUNGSGESETZ

8. Arbeitsgerichtsbarkeit

Der gekündigte Karl P. erhebt Kündigungsschutzklage vor dem Arbeitsgericht. Die Schriftsätze lässt er nicht von einem Rechtsanwalt, sondern von einem Gewerkschaftssekretär fertigen.

Bei Streitigkeiten aus dem Arbeitsleben sind es die Gerichte für Arbeitssachen, an die sich der Einzelne zur verbindlichen Entscheidung wenden kann. Entsprechend der Eigenständigkeit des Arbeitsrechts ist die *Arbeitsgerichtsbarkeit ein selbständiger Zweig der Rechtspflege* (vgl. *auch Kap. 10*). Mit der Einrichtung dieses besonderen Zweiges wird der

Zweck verfolgt, für die Entscheidung von Rechtsstreitigkeiten aus dem Arbeitsleben ein Verfahren zu haben, welches den Bedürfnissen der Beteiligten, insbesondere der Arbeitnehmer, angemessen ist. Grundlage ist das *Arbeitsgerichtsgesetz* aus dem Jahre 1953. Charakteristisch in der Arbeitsgerichtsbarkeit ist, dass an den Entscheidungen Vertreter der Arbeitgeber- und der Arbeitnehmerseite als ehrenamtliche Richter mitwirken. Des Weiteren werden als Prozessvertreter auch Gewerkschafts- und Verbandsfunktionäre zugelassen. Schließlich ist das arbeitsgerichtliche Verfahren in erster Linie auf gütliche Einigung angelegt und kostengünstig ausgestaltet.

Die Arbeitsgerichtsbarkeit ist *dreistufig* aufgebaut. Erste Instanz ist das Arbeitsgericht in der Besetzung mit einem Berufsrichter als Vorsitzendem und zwei ehrenamtlichen Richtern aus Kreisen der Arbeitnehmer und Arbeitgeber. In der zweiten Instanz entscheidet das Landesarbeitsgericht. Die Kammern an den Landesarbeitsgerichten sind besetzt wie die Kammern bei den Arbeitsgerichten. Gegen die Entscheidung der Landesarbeitsgerichte kann unter bestimmten Voraussetzungen Rechtsmittel zum Bundesarbeitsgericht eingelegt werden. Die Senate des Bundesarbeitsgerichts bestehen aus jeweils drei Berufsrichtern und zwei ehrenamtlichen Richtern aus Kreisen der Arbeitnehmer und der Arbeitgeber.

Im Wesentlichen sind die Arbeitsgerichte in folgenden Fällen zuständig: Streitigkeiten aus der Koalitionsfreiheit (z. B. über die Berechtigung einer Gewerkschaft, im Betrieb Werbung zu betreiben), Streitigkeiten zwischen den Tarifvertragsparteien oder zwischen diesen und Dritten aus Tarifverträgen (z. B. über die Vereinbarkeit eines Tarifvertrages mit staatlichem Recht), Streitigkeiten aus Arbeitskämpfen (z. B. über die Berechtigung einer vom Arbeitgeber vorgenommenen Aussperrung), Streitigkeiten über die Tariffähigkeit und Tarifzuständigkeit einer Koalition, Streitigkeiten aus dem Betriebsverfassungsgesetz, dem Sprecherausschussgesetz und den Mitbestimmungsgesetzen (z. B. über die Einsetzung einer Einigungsstelle, die Berechtigung eines Sprecherausschussmitgliedes, in Unterlagen des Arbeitgebers Einsicht zu nehmen oder über die ordnungsgemäße Durchführung einer Wahl zum Aufsichtsrat), Streitigkeiten zwischen Arbeitnehmer und Arbeitgeber aus dem Arbeitsverhältnis (z. B. über die Berechtigung einer vom Arbeitgeber ausgesprochenen Kündigung).

Zu unterscheiden sind das *Urteilsverfahren* und das *Beschlussverfahren*. Im Beschlussverfahren sind die Arbeitsgerichte zuständig für Streitigkeiten aus dem Betriebsverfassungsgesetz, für die meisten Streitigkeiten aus dem Mitbestimmungsgesetz sowie für Entscheidungen über die Tariffähigkeit und Tarifzuständigkeit einer Vereinigung. Im Übrigen wird im Urteilsverfahren entschieden.

In der ersten Instanz ist ein *Güteverfahren* vorgeschaltet, in dem der Vorsitzende allein mit den Parteien oder ihren Vertretern den Sachverhalt erörtert und klärt und, wenn es hierbei nicht zu einem Vergleich kommt, das Verfahren so vorbereitet, dass es vor der Kammer (also unter Zuziehung der ehrenamtlichen Beisitzer) möglichst in einem Termin zu Ende geführt werden kann.

Die Parteien können vor dem Arbeitsgericht den Prozessstreit selbst führen oder sich vertreten lassen. Eine Vertretung durch *Vertreter der Gewerkschaft* – wie im Beispielsfall – oder der *Arbeitgebervereinigung*, der die Prozesspartei angehört, ist zulässig. Da es zu den satzungsmäßigen Aufgaben der Gewerkschaften und der Arbeitgeberverbände gehört, ihre Mitglieder in allen arbeitsrechtlichen Fragen kostenlos zu beraten, treten solche Verbandsvertreter in Arbeitsgerichtsprozessen sehr häufig auf (auf Gewerkschaftsseite die sog. Rechtsschutzsekretäre). Es ist aber grundsätzlich auch eine Vertretung durch Rechtsanwälte möglich.

PROZESS-
VERTRETUNG

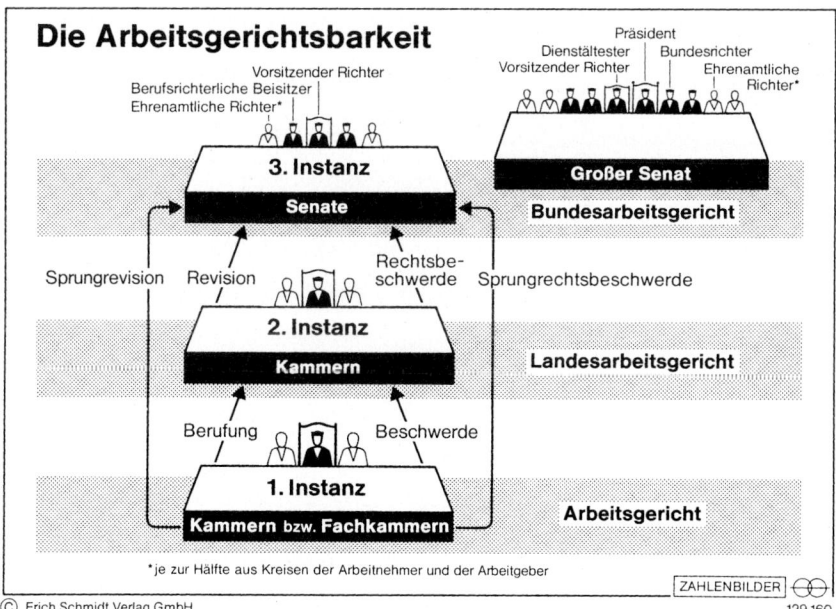

Die Arbeitsgerichtsbarkeit

Präsident
Dienstältester | Bundesrichter
Vorsitzender Richter | Ehrenamtliche Richter*

Vorsitzender Richter
Berufsrichterliche Beisitzer |
Ehrenamtliche Richter* |

3. Instanz — **Senate**

Großer Senat
Bundesarbeitsgericht

Sprungrevision Revision Rechtsbeschwerde Sprungrechtsbeschwerde

2. Instanz — **Kammern**

Landesarbeitsgericht

Berufung Beschwerde

1. Instanz — **Kammern bzw. Fachkammern**

Arbeitsgericht

*je zur Hälfte aus Kreisen der Arbeitnehmer und der Arbeitgeber

ZAHLENBILDER

129 160

153

Vor dem Landesarbeitsgericht und vor dem Bundesarbeitsgericht müssen sich die Parteien durch einen zugelassenen Rechtsanwalt vertreten lassen. Vor den Landesarbeitsgerichten können an dessen Stelle Vertreter der Gewerkschaft oder der Arbeitgebervereinigung treten, der die Partei angehört.

Literaturhinweise

Arbeitsgesetze, mit den wichtigsten gesetzlichen Bestimmungen zum Arbeitsverhältnis wie Kündigungsrecht, Tarifvertragsrecht, Berufsausbildungsrecht, Betriebsverfassungsrecht u.v.a. Beck-Texte im dtv, 53. Aufl. 1998 (dtv-TB 5006)

Brox, H./Rüthers B.: Arbeitsrecht. 13. Aufl. 1997

Löwisch, M.: Arbeitsrecht. 4. Aufl. 1996

6 STRAFRECHT

1. Strafrecht – Sinn und Aufgabe

Innerhalb des Rechtssystems zieht das Strafrecht ein großes Interesse auf sich. Es zielt nämlich auf einen inneren Kern des Menschen, es scheidet zwischen „gut" und „böse". Bestraft wird, wer schuldig geworden ist – er hat die für das Zusammenleben in einer Gesellschaft unentbehrlichen Verhaltensregeln nicht eingehalten. Strafe trifft den einzelnen Menschen schwer – deshalb muss das Straf-*Recht* genau vorschreiben, unter welchen Bedingungen Menschen bestraft werden können, und so den Rechtsverletzer zugleich gegen „ungerechte" Bestrafung schützen. Strafrechtliche Zusammenhänge kann man besser verstehen, Strafrechts-Abläufe besser beurteilen, wenn man etwa folgenden Fragen nachgeht:

– Warum brauchen Gesellschaften und Staaten ein Strafrecht? Welche Bedeutung hat das Strafrecht in unserer Gesellschaft? *(Abs. 1)*

– Welche einzelnen Ziele und Zwecke soll das Strafrecht erreichen, worin liegt der Sinn der Bestrafung? *(Abs. 2)*

– Nach welchen allgemeinen Grundsätzen erfolgt die Feststellung von Schuld und die Zurechnung von Strafe? *(Abs. 3 u. 4)*

– Wodurch wird erreicht, dass die rechtsverletzende Person möglichst nicht zu Unrecht verurteilt und bestraft wird? Welche Chancen erhält der Rechtsverletzer, wieder ein unbescholtenes Gesellschaftsmitglied zu werden? *(Abs. 5 u. 6)*

Aus dem Strafgesetzbuch (StGB)

§ 211 Mord (1) Der Mörder wird mit lebenslanger Freiheitsstrafe bestraft.

(2) Mörder ist, wer aus Mordlust, zur Befriedigung des Geschlechtstriebs, aus Habgier oder sonst aus niedrigen Beweggründen, heimtückisch oder grausam oder mit gemeingefährlichen Mitteln oder um eine andere Straftat zu ermöglichen oder zu verdecken, einen Menschen tötet.

§ 242 Diebstahl (1) Wer eine fremde bewegliche Sache einem anderen in der Absicht wegnimmt, dieselbe sich rechtswidrig zuzueignen, wird mit Freiheitsstrafe bis zu fünf Jahren oder mit Geldstrafe bestraft.

(2) Der Versuch ist strafbar.

§ 107 Wahlbehinderung (1) Wer mit Gewalt oder durch Drohung mit Gewalt eine Wahl oder die Feststellung ihres Er-

gebnisses verhindert oder stört, wird mit Freiheitsstrafe bis zu fünf Jahren oder mit Geldstrafe [...] bestraft.

(2) Der Versuch ist strafbar.

§ 185 Beleidigung: *Die Beleidigung wird mit Freiheitsstrafe bis zu einem Jahr oder mit Geldstrafe und, wenn die Beleidigung mittels einer Tätlichkeit begangen wird, mit Freiheitsstrafe bis zu zwei Jahren oder mit Geldstrafe bestraft.*

§ 194 Strafantrag *(1) Die Beleidigung wird nur auf Antrag verfolgt [...]*

DAS STRAFRECHT
SCHÜTZT WICHTIGE
RECHTSGÜTER

Aus den nachstehenden Paragraphen des Strafgesetzbuches (StGB) der Bundesrepublik Deutschland kann man beispielhaft ablesen, womit das Strafrecht zu tun hat. Denn in allen Gesellschaften sind den Menschen bestimmte Güter wie Leben, Gesundheit, Eigentum, persönliche Würde und Ehre und vieles andere wichtig; in demokratischen Staaten zählt dazu z.B. auch ein unverfälschtes Wahlergebnis. Für je wichtiger die Menschen ein Gut oder eine Verfahrensweise zum Umgang mit Gütern und Menschen halten, umso strenger werden diese Güter vor Verletzungen geschützt. Mord, Diebstahl oder Wahlbehinderung werden z.B. schwerer bestraft als Beleidigungen von Personen.

STRAFRECHT ALS
GARANT DER
RECHTSORDNUNG

Zudem wird bei diesen Delikten bereits der Versuch bestraft, während bei anderen Delikten – z.B. Vortäuschen einer Straftat, Verletzung des Briefgeheimnisses, also bei den weniger schwer eingestuften Vergehen – der bloße Versuch straflos bleibt. Eine Beleidigung zieht sogar nur dann eine Strafe nach sich, wenn der Beleidigte ausdrücklich Strafantrag stellt. In islamischen Kulturen gelten die religiösen Vorschriften des Koran zugleich als schutzwürdige Rechtsgüter; der Genuss von Schweinefleisch oder Alkohol wird z.B. hart bestraft. Deshalb kann in unterschiedlichen Gesellschaften und unter anderen geschichtlichen Bedingungen das Strafrecht unterschiedlich ausgestaltet sein. Seine grundlegende Bedeutung gewinnt es immer daraus, dass es die jeweiligen *Rechtsgüter* dadurch *schützt*, dass es durch Strafandrohung jeden zu ihrer Beachtung *zwingt*.

Das im Strafgesetzbuch (und zu einem geringeren Teil auch in anderen Gesetzen wie z.B. Umweltschutzgesetzen, Gewerbe- und Handwerksordnung) beschriebene Strafrecht hat jedoch nicht allein den Zweck anzugeben, wie hoch das eine oder andere Rechtsgut von der Gesellschaft bewertet wird und wie hoch eine Strafe für die jeweilige Rechtsgüterverletzung ausfallen soll. Neben diesen sogenannten *„relativen"* Zwecken (relativ = rückbezüglich, bezogen auf bestimmte Werte als Rechtsgüter) hat das Strafrecht auch davon losgelöste, *„absolute"* Zwecke: Es garantiert, dass der Bestand einer *rechtlichen Ordnung* insgesamt von allen anerkannt wird. Das Zivilrecht, das etwa im Bereich der unerlaubten Handlungen (§§ 823 ff. BGB, siehe *Kap. 2 Abs. 12*) auch den Schutz bestimmter Rechtsgüter bezweckt, vermag diese Aufgabe nicht alleine zu bewältigen. Die Verpflichtung zum Schadensersatz bietet nicht immer einen ausreichenden Rechtsgüterschutz. Dem Interesse der staatlichen Gemeinschaft an der Erhaltung ihrer Grundwerte und an der Bewahrung des Rechtsfriedens innerhalb der Gesellschaft kann nur dadurch Rechnung getragen werden, dass die Rechtsordnung bestimmte sozialschädliche Verhaltensweisen *bei Strafe* verbietet. Deshalb wird auch ein Dieb, der die gestohlene Sache zurückgegeben, alle Schäden und Kosten bezahlt und damit die Verletzung des Rechtsgutes „Eigentum" wieder vollständig „geheilt" hätte, noch bestraft. Würde man Diebe, Räuber, Erpresser und andere, die alles wieder gutgemacht, ihre Taten bereut, die Geschädigten um Verzeihung gebeten hätten, nicht mehr bestrafen, dann wäre es gleichsam erlaubt, zu stehlen oder zu rauben unter der Bedingung, dass man die Sache hinterher wieder gutmacht. Durch den Schutz von Rechtsgütern dient das Strafrecht der Verwirklichung des Gemeinwohls und der Wahrung des Rechtsfriedens. Für das Strafrecht folgt daraus die Aufgabe, die elementaren Grundwerte des Gemeinschaftslebens zu sichern, die Erhaltung des Rechtsfriedens im Rahmen der sozialen Ordnung zu gewährleisten und das Recht im Konfliktfall gegenüber dem Unrecht durchzusetzen. Über den Rechtsgüterschutz hinaus hat Strafrecht auch eine *Sozialisationsfunktion* (Sozialisation = Vorgang der Eingliederung von Menschen in eine Gesellschaft und ihre Verhaltensvorschriften) sowie eine *Integrationsfunktion* für eine Gesellschaft (Integration = Einordnung, Zusammenführung). Denn das Strafrecht macht für alle klar, welches Verhalten in der Gesellschaft als „unrecht" zu betrachten ist. Dadurch wird es zu einer Richtschnur für die Erziehung und den Umgang der Menschen miteinander. Sie müssen lernen, sich nicht „sozialschädlich" zu verhalten.

Zusammenfassung

Strafrecht hat in jeder Gesellschaft die Aufgabe des Rechtsgüterschutzes. Mit Rechtsgütern sind zum einen alle für das Zusammenleben als unabdingbar angesehenen Werte (Leben, Gesundheit, Würde, Ehre, Selbstbestimmung, Sicherheit u. v. a.) und Einrichtungen (Eigentum, Religion u. a.) gemeint, aber auch die Rechtsordnung selbst. Das Strafrecht muss also, losgelöst von einzelnen Strafzwecken, die grundsätzliche Geltung und Anerkennung von Ordnungsregeln in einer Gesellschaft sichern. Die Bestrafung von Menschen – die im Einzelfall schweres Leid bedeuten kann – muss also sowohl von der einzelnen Rechtsgüterverletzung her als auch als Verstoß gegen das Vorhandensein der rechtlichen Ordnung insgesamt verstanden werden.

2. Sinn und Zweck der Strafe

(1) Eine ganze Stadt ist empört. Der Mörder eines achtjährigen Kindes wurde nicht bestraft, sondern in eine Heil- und Pflegeanstalt eingewiesen. „Der wird dort auf unsere Kosten behandelt und vielleicht nach fünf Jahren als geheilt entlassen. Ein Mörder – wo bleibt da die Gerechtigkeit?"

(2) 70–80% aller Straftäter werden „rückfällig", d. h. sie begehen nach ihrer ersten Bestrafung weitere Straftaten. Meinungen zu diesem Sachverhalt bei einer Befragung:

„Früher gab es das nicht. Da waren die Strafen noch viel härter und länger."

„Das ist kein Wunder. Die meisten lernen im Gefängnis ja erst alle kriminellen Tricks."

„Das zeigt, dass Einsperren nichts bringt. Man sollte den Leuten echt helfen, z.B. ihnen einen guten Beruf verschaffen, sie ausbilden [...]

(3) Aus dem StGB: § 56 Strafaussetzung „(1) Bei der Verurteilung zu Freiheitsstrafe von nicht mehr als einem Jahr setzt das Gericht die Vollstreckung der Strafe zur Bewährung aus, wenn zu erwarten ist, dass der Verurteilte sich schon die Verurteilung zur Warnung dienen lassen und künftig [...] keine Straftaten mehr begehen wird [...]

(3) Bei der Verurteilung zu Freiheitsstrafe von mindestens sechs Monaten wird die Vollstreckung nicht ausgesetzt, wenn die Verteidigung der Rechtsordnung sie gebietet."

Gegenläufigkeit der Strafzwecke

Strafrechtliche Entscheidungen sind manchmal nur schwer zu verstehen, weil mit der Strafe unterschiedliche, zum Teil gegenläufige Zwecke erreicht werden sollen. Die angeführten Beispiele machen dies sichtbar. Manche Gerichtsurteile erscheinen ungerecht, weil sie als zu milde oder zu streng gelten. Welche Arten von Strafen die besseren seien und welche Wirkungen mit Strafe erzielt werden sollen, darüber gibt es teilweise gegensätzliche Ansichten. Auch das Strafgesetzbuch berücksichtigt unterschiedliche Ziele der Strafe. So wird der Vollzug einer Freiheitsstrafe in den meisten Fällen nach § 56 *(s. o. (3))* zur Bewährung ausgesetzt, in einigen Fällen wird jedoch – nach *Abs. 3* – den Straftätern diese Begünstigung verweigert.

Die Frage nach den Straf-*Zwecken* hängt mit den Funktionen des Straf*rechts* – Rechtsgüterschutz, Garantie der Rechtsordnung durch Sozialisations- und Integrationswirkungen *(s. Abs. 1)* – eng zusammen. Aus den Strafrechts-Funktionen heraus kann man aber allein noch nicht verstehen, warum z.B. der eine Mörder für seine Tat lebenslänglich in Haft gehalten wird – wie es § 211 StGB vorschreibt –, während einem anderen nach einigen Jahren und nach eventueller Heilbehandlung der Rest seiner Strafverbüßung erlassen wird. Strafurteile als Ergebnisse von Strafverfahren werden oft erst verständlich, wenn man die durch Strafe angestrebten drei Zwecke insgesamt berücksichtigt:

(1) Strafe soll *Vergeltung,* Ausgleich für die verletzte Rechtsordnung sein. Strafe ist ein notwendiges Mittel, um den Gesellschaftsschutz auf gerechte Weise zu erreichen. Wäre die Herstellung von Gerechtigkeit allerdings der einzige Zweck der Strafe, dann müsste sie immer möglichst genau der Straftat entsprechen, wie in dem biblischen Sprichwort „Auge um Auge, Zahn um Zahn". In dem Ausspruch der angemessenen Strafe wegen einer begangenen Rechtsverletzung liegt vor allem die sichtbare Bestätigung der Unverbrüchlichkeit der Rechtsordnung, von deren Bestehen die soziale Ordnung letztlich abhängt. Das gerichtliche Urteil führt dem Täter, aber auch der Allgemeinheit vor Augen, dass sich das Recht letztlich durchsetzt. VERGELTUNG

(2) Strafe soll auch *Abschreckung* für alle sein, ein gesetzliches Verbot zu übertreten. Wäre dies der Hauptzweck, dann müssten Strafen möglichst hart sein und möglichst für alle sichtbar vollzogen werden. In diesem Zusammenhang gehört etwa die Diskussion über die Verhängung der Todesstrafe für besonders schwere Delikte. Medienberichte aus den Staaten der USA, in denen die Todesstrafe praktiziert wird, machen deutlich, dass eine Exekution in der Öffentlichkeit mit großer Aufmerksamkeit verfolgt wird. Freilich zeigt die Praxis, dass sie kriminalpolitisch nicht notwendig ist, da sie keine größere Abschreckungswirkung erreicht als die lebenslange Freiheitsstrafe. ABSCHRECKUNG

(3) Strafe soll *Besserung* und *Umkehr* des Täters sowie die Wiedergutmachung der Rechtsverletzung ermöglichen. Ziel der Bestrafung ist die Wiedereingliederung des Täters in die Rechtsgemeinschaft; er soll dazu angehalten werden, künftig in sozialer Verantwortung ein Leben ohne Straftaten zu führen. Freilich gelingt das nur mit mäßigem Erfolg, ein Großteil der Täter wird rückfällig und begeht auch nach einer Verurteilung erneut Straftaten. Bei dem Strafzweck

der *Resozialisierung* käme es nicht auf die Schwere der Verfehlung an und strenge Strafen oder bedingungslose Vergeltung könnten diesen Strafzweck vereiteln.

Auf den ersten Blick könnte man vermuten, dass der Strafzweck „Vergeltung" aus frühgeschichtlicher Zeit stammt und nur noch in „primitiven" Kulturen verfolgt werde. Der Strafzweck „Abschreckung" erinnert an mittelalterliche Strafpraxis: Öffentliches Abhacken von Gliedmaßen, Kerker mit Folterungen, öffentliches Anketten am Pranger und öffentliche Hinrichtungen. Das moderne Strafrecht erscheint dagegen zunehmend als *Erziehungs- oder Resozialisierungsstrafrecht;* neben der Geldstrafe gibt es nur noch die Freiheitsstrafe, deren Ziel nach § 2 des Strafvollzugsgesetzes in der Resozialisierung des Straftäters liegt. Vergeltung und Rache darf nach diesem Rechtsverständnis der Staat nicht ausüben. Schon seit Jahrhunderten ist bekannt, dass auch harte Strafen die Täter kaum abschrecken, weil diese im Augenblick der Tat davon ausgehen, dass sie nicht entdeckt werden. So gab es z. B. im Mittelalter während der öffentlichen Hinrichtung von Dieben die meisten Taschendiebstähle.

Dennoch berücksichtigt das geltende Strafrecht alle drei *Strafzwecke.* Im ersten Beispiel geht es um den Strafzweck der Vergeltung. Wer es für ungerecht hält, dass ein seelisch kranker Mörder als schuldunfähig betrachtet und darum nicht bestraft wird, der denkt an „Vergeltung", der will, dass eine solche Tat in jedem Fall vergolten werden sollte. Nach § 20 StGB handelt ein Täter jedoch „ohne Schuld", wenn er „bei der Begehung der Tat wegen einer krankhaften seelischen Störung [...] unfähig ist, das Unrecht seiner Tat einzusehen oder nach dieser Einsicht zu handeln". Voraussetzung für eine Bestrafung ist jedoch, dass ein Täter „schuldig" geworden ist, d. h. ihm die Tat persönlich zum Vorwurf gemacht werden kann.

Der Strafzweck „Vergeltung" findet sich im Strafgesetzbuch also im Zusammenhang mit dem Begriff der „Schuld". Das Strafmaß ist durch das Maß der Schuld bestimmt; je geringer die Schuld ist, desto geringer ist die Strafe. Ohne Schuld gibt es keine Vergeltung, also keine Strafe.

Die Begrenzung der *Strafhöhe* durch das Ausmaß der Schuld ist deswegen wichtig, weil die alleinige Orientierung einer Strafmaßnahme am Zweck der Besserung dazu führen könnte, einen z.b. an krankhafter Stehlsucht (Kleptomanie) leidenden Ladendieb vorbeugend zu einer eventuell jahrelangen Heilbehandlung zu zwingen, obwohl er immer nur Kleinigkeiten mitgenommen hat. Deshalb dürfen freiheitsbeschränkende Maßnahmen zur Resozialisierung von Straftätern, die wegen krankhafter Einflüsse für ihr Handeln ja nicht voll verantwortlich sind, nicht länger dauern als die Strafe für die schuldhaft begangene Tat. Der Stehlsüchtige könnte also nur für die Zeit zu sozialtherapeutischen Maßnahmen in ein psychiatrisches Krankenhaus eingewiesen werden, wie ein schuldiger Dieb für diese Bagatelldiebstähle ins Gefängnis müsste – es sei denn, er unterzieht sich freiwillig einer längeren Behandlung.

Umgekehrt führt der Resozialisierungszweck häufig zu Strafverkürzungen. Insbesondere die kurzen Freiheitsstrafen bis zu sechs Monaten werden überwiegend zur Bewährung ausgesetzt oder durch Geldstrafen ersetzt. Allerdings schreibt das StGB in § 56 (3) auch vor, dass die Vollstreckung nicht ausgesetzt werden kann, „wenn die Verteidigung der Rechtsordnung sie gebietet". Damit ist gemeint: Wenn das Gericht es für notwendig hält, der Öffentlichkeit zu zeigen, dass bestimmte Delikte ohne Nachsicht bestraft werden – z.B. fahrlässige Vergiftung von Flüssen und Seen – dann wird der Vollzug der Strafe nicht ausgesetzt. Dadurch soll die Allgemeinheit bzw. jeder Einzelne daran erinnert werden, dass das Recht unnachsichtig ist und dass es sich eher lohnt, die Gesetze zu befolgen als sie zu missachten. Selbst wenn einzelne Straftäter sich dadurch nicht abschrecken lassen, so wird die Rechtsordnung doch dadurch verteidigt, wenn die große Zahl gesetzestreuer Bürger erkennen kann, dass z.B. Gewässerverschmutzung kein „Kavaliersdelikt" ist.

Zusammenfassung

Die drei Strafzwecke
– *Vergeltung* zum Ausgleich der schuldhaft verletzten Rechtsordnung,
– *Abschreckung* der Allgemeinheit, besser mit dem Fachwort „*Generalprävention*" = allgemeine Vorbeugung bezeichnet,
– *Besserung* des Straftäters (juristisch als „*Spezialprävention*" = auf den Einzeltäter bezogene Vorbeugung)

161

finden also bei jeder Strafe Berücksichtigung. Erst in dem Bemühen, alle drei Strafzwecke zugleich zu berücksichtigen, wird die Strafe nicht zu streng, aber auch nicht zu nachsichtig ausfallen. Häufig berücksichtigen jene, die – wie in den beiden ersten Beispielen zu diesem Abschnitt – Gerichtsurteile als unangemessen kritisieren, nur einseitig den einen oder den anderen Strafzweck.

(1) Ein geschiedener Mann hat längere Zeit für Frau und Kinder keinen Unterhalt bezahlt und wird wegen Verletzung der Unterhaltspflicht gemäß § 170 StGB zu 3 000,– DM Geldstrafe oder sechs Wochen Haft verurteilt.
(2) Ein Elektroinstallateur wurde wegen Teilnahme an einem bewaffneten Raubüberfall zu vier Jahren Freiheitsstrafe verurteilt. Während dieser Zeit muss seine Frau arbeiten, kann sich nur wenig um ihre drei Kinder kümmern. Diese werden von den Nachbarn abgelehnt, verlieren ihre Freunde und bekommen Schwierigkeiten in der Schule und bei der Suche nach einem Ausbildungsplatz.

Probleme der Strafzweckerreichung

An den Beispielen kann man erkennen, dass es oft nicht gelingt, alle Strafzwecke angemessen zu berücksichtigen bzw. zu erreichen. Solange der Unterhaltsanspruch von Kindern und erziehenden Müttern gegen den Vater als ein Rechtsgut angesehen wird, das durch Strafandrohung geschützt werden muss, können Väter, die keinen Unterhalt geleistet haben, bestraft werden. Wie soll jedoch der Bestrafte „Besserung" beweisen, wenn ihn die Strafverbüßung daran hindert, endlich Unterhalt zu bezahlen? Wie wird er sich verhalten, wenn er nach einer eventuellen Haftstrafe seine Arbeitsstelle verloren und außer den Unterhaltsansprüchen noch weitere Schulden hat? Muss andererseits die Strafe nicht vollzogen werden, um andere Zahlungsunwillige zu warnen und den Betroffenen selbst endlich zur Einsicht zu bringen?
Auch das zweite Beispiel zeigt, dass das Ziel der speziellen Vorbeugung (Resozialisierung) durch Strafe kaum zu erreichen ist. Vielleicht sieht der Bankräuber ein, dass sich Verbrechen nicht lohnt, und ist fest entschlossen, nach der Strafverbüßung keine Straftaten mehr zu begehen.
Was aber wird aus den Kindern, wenn ihre bisherigen Freunde plötzlich nicht mehr mit ihnen spielen dürfen, wenn

sie als Kinder eines Bankräubers von der Nachbarschaft sofort verdächtigt werden, wenn irgendwo etwas zerstört wurde oder abhanden gekommen ist, wenn sie in der Schule zurückbleiben, weil die berufstätige Mutter sich nur wenig um sie kümmern kann, wenn sie keinen Ausbildungsplatz bekommen? Besteht für diese Kinder nicht die Gefahr, dass sie schließlich genau das tun, was ihnen ihre Umwelt ohnehin leichtfertig unterstellt?

Zusammenfassung

Die Strafzwecke Vergeltung, Abschreckung und Resozialisierung sind im Hinblick auf ihre Verwirklichung durch Strafmaßnahmen gegenläufig. Insbesondere gerät der Abschreckungs- mit dem Resozialisierungszweck in Konflikt, weil abschreckende Strafen vom Straftäter selbst selten als angemessen empfunden werden und ihn oft an der Wiedergutmachung seines Fehlverhaltens hindern. So kommt es dann, dass durch eine Bestrafung mancher Rechtsbrecher und seine Angehörigen erst in eine kriminelle Laufbahn gedrängt werden. Würde man jedoch den Strafzweck des Schuldausgleichs durch Vergeltung und den Abschreckungszweck aufgeben, so müsste man Rechtsbrecher zwar wie Unschuldige, jedoch wie (gesellschaftlich) Kranke so lange behandeln, bis sie als „geheilt" wieder entlassen werden könnten. Dadurch wäre der Straftäter entmündigt und könnte theoretisch unbegrenzt in „Behandlung" gehalten werden. Davor schützt das geltende Strafrecht, indem es versucht, alle drei Strafzwecke zu vereinigen: Die Schuld bestimmt und begrenzt das Strafmaß (Schuldstrafrecht). Durch eine sinnvolle Gestaltung der Strafe und des Strafvollzugs kann versucht werden, den Täter zu resozialisieren, und die Abschreckung wird vor allem dadurch erreicht, dass möglichst viele Straftaten aufgeklärt werden.

3. Grundsätze eines „gerechten" Strafrechts

(1) Grundgesetz Art. 103 (2) und StGB § 1: „Keine Strafe ohne Gesetz!"
(2) Ein Hauseigentümer betritt wiederholt in Abwesenheit des Mieters dessen Wohnung, obwohl ihm der Mieter dies untersagte. Auf Antrag des Mieters bestraft das Gericht den Vermieter wegen Hausfriedensbruch.

(3) Ein Hauseigentümer möchte erreichen, dass seine Mieter ausziehen. Er ruft deshalb wiederholt nach Mitternacht und in aller Frühe in der Wohnung des Mieters an, obwohl ihm dieser Telefonanrufe vor 9 Uhr morgens und nach 20 Uhr abends untersagt hat. Im Strafprozess wegen Hausfriedensbruch wird der Hauseigentümer freigesprochen.

(4) StGB: § 123 Hausfriedensbruch „(1) Wer in die Wohnung [...] eines anderen [...] widerrechtlich eindringt, oder wer, wenn er ohne Befugnis darin verweilt, auf die Aufforderung des Berechtigten sich nicht entfernt, wird mit Freiheitsstrafe bis zu einem Jahr oder mit Geldstrafe bestraft.

(2) Die Tat wird nur auf Antrag verfolgt."

Aus der Aufgabe des Rechtsgüterschutzes, dem Zweck, das Rechtssystem selbst als „gerecht" abzusichern und aus den Strafzwecken der Vergeltung, Abschreckung und Resozialisierung ergeben sich Grundsätze, die das gesamte System des Strafrechts und seiner Anwendung bestimmen und formen:

– der Gesetzesgrundsatz,
– der Bestimmtheits- oder Tatbestandsgrundsatz,
– der Schuldgrundsatz.

Von diesen Grundsätzen her lässt sich der Aufbau, das System des Strafrechts, systematisch erklären und verstehen.

Der Gesetzesgrundsatz

Die unterschiedlichen Urteile in den Beispielen (2) und (3) sind aus dem in § 1 StGB ausgesprochenen „Gesetzesgrundsatz" erklärbar, der seine Grundlage in Art. 103 Abs. 2 GG hat. Nach diesem Grundsatz kann eine Strafe nur ausgesprochen werden, wenn eine Tat zu dem Zeitpunkt, zu dem sie begangen wurde, bereits durch Gesetz unter Strafe gestellt war. Im Einzelnen umfasst der Gesetzesgrundsatz (die Rechtswissenschaftler benützen den Begriff „Legalitätsgrundsatz" nach dem lateinischen Wort „leges" = die Gesetze, „legalis" = gesetzmäßig) das Bestimmtheitsgebot und das Rückwirkungsverbot.

BESTIMMTHEITS-
GEBOT

Mit dem *Bestimmtheitsgebot* ist gemeint: Ein Täter kann nur für die Taten bestraft werden, die unter Strafe gestellt sind. Die Gesetzesfassung muss dem Bürger Klarheit darüber verschaffen, was verboten ist, damit er sein Verhalten darauf ausrichten kann. Demgemäß sind die einzelnen Merkmale des Straftatbestandes so konkret zu umschreiben, dass ihr Sinn- und Bedeutungsgehalt sich durch Auslegung ermitteln lässt. Dies gilt z. B. für die Handlung „Hausfriedensbruch". Dazu muss das Strafgesetz möglichst genau beschreiben, was Hausfriedensbruch ist. Aus § 123 StGB (siehe *oben (4)*) geht hervor, dass der Täter den Tatbestand Hausfriedensbruch nur erfüllt, wenn er körperlich in den Räumen „verweilt" und sich auf Aufforderung nicht entfernt. Der Gesetzestext sagt nichts über ein telefonisches Eindringen; nächtliche Telefonanrufe erfüllen deshalb den Tatbestand, wie ihn das Gesetz bestimmt, nicht. Der Täter „verweilt" bei Beispiel (3) nicht in der Wohnung. Das Gericht darf auch nicht von sich aus eine solche Handlung, die die häusliche Ruhe erheblich stört, mit Hausfriedensbruch gleichsetzen oder eine Strafbarkeit durch Gewohnheitsrecht (siehe hierzu *Kap. I Abs. 5*) begründen. Es muss sich auf den Wortlaut des Gesetzes beschränken. Der Telefonanrufer kann nicht wegen Hausfriedensbruch bestraft werden. Es wäre allerdings zu prüfen, ob der Telefonanrufer nicht gegen ein anderes gesetzliches Verbot, z. B. gegen § 117 OWiG (Unzulässiger Lärm) verstößt – was mit Geldbuße bis zu 10 000,– DM geahndet werden könnte.

ANALOGIEVERBOT

Das *Rückwirkungsverbot* verhindert, dass jemand zu einem späteren Zeitpunkt bestraft wird für ein Verhalten, das früher nicht verboten war. Würde also der Gesetzgeber den § 123 StGB so ändern, dass auch unerlaubtes telefonisches Eindringen strafbar wäre, so dürfte der Hauseigentümer dennoch nicht bestraft werden, wenn seine Telefonanrufe schon vor dem Zeitpunkt lagen, zu dem die Gesetzesänderung in Kraft trat.

RÜCKWIRKUNGS-
VERBOT

Im Beispiel (2) dagegen ist klar, dass auch der Hauseigentümer die von ihm vermietete Wohnung nicht ohne Erlaubnis des Mieters betreten darf und sich also des Hausfriedensbruchs schuldig gemacht hat.

(1) Der mittellose, bereits mehrfach mit dem Gesetz in Konflikt gekommene Stadtstreicher Erwin Z. nimmt beim Verlassen eines Gasthauses statt seines abgetragenen den hochwertigen Lodenmantel eines Försters im Wert von 800,– DM mit. Im alten Mantel war ihm immer kalt. Auf eine solche Gelegenheit hatte er schon seit längerem gewartet.

(2) Frau M. findet beim Verlassen des Friseursalons im Flughafen an der Garderobe statt ihres 800,– DM teuren Popeline-Mantels einen ähnlichen neuen von geringerer Qualität im Wert von etwa 200,– DM. Sie erstattet Anzeige wegen Diebstahl. Zehn Minuten vor ihr

hat eine Kundin eilig den Salon verlassen, um ihre Maschine nach Kanada noch zu erreichen.

(3) Frau G. verbringt eine Woche Winterurlaub in Oberstdorf. Im Restaurant bemerkt sie, dass jeden Abend an der Garderobe ein echter Leopardenfellmantel hängt, der ihrem eigenen Kunstfellmantel sehr ähnlich sieht. Von einem solchen Mantel hat sie schon immer geträumt. Am letzten Urlaubsabend geht sie mit ihrem Mantel in das Restaurant und nimmt beim Verlassen den echten Mantel mit.

(4) StGB: § 242 Diebstahl „(1) Wer eine fremde bewegliche Sache einem anderen in der Absicht wegnimmt, dieselbe sich rechtswidrig zuzueignen, wird mit Freiheitsstrafe bis zu fünf Jahren oder mit Geldstrafe bestraft.

(2) Der Versuch ist strafbar."

(5) StGB: § 46 Grundsätze der Strafzumessung „(1) Die Schuld des Täters ist Grundlage für die Zumessung der Strafe. Die Wirkungen, die von der Strafe für das künftige Leben des Täters in der Gesellschaft zu erwarten sind, sind zu berücksichtigen.

(2) Bei der Zumessung wägt das Gericht die Umstände, die für und gegen den Täter sprechen, gegeneinander ab. Dabei kommen in Betracht:
– die Beweggründe und die Ziele des Täters,
– die Gesinnung, die aus der Tat spricht, und
– der bei der Tat aufgewendete Wille,
– das Maß der Pflichtwidrigkeit,
– die Art der Ausführung und die verschuldeten Auswirkungen der Tat,
– das Vorleben des Täters, seine persönlichen und wirtschaftlichen Verhältnisse sowie
– sein Verhalten nach der Tat, besonders sein Bemühen, den Schaden wieder gutzumachen, sowie das Bemühen des Täters, einen Ausgleich mit dem Verletzten zu erreichen."

Schuld begrenzt die Strafe

Die Fälle (1) bis (3) stellen drei äußerlich gleiche Tatbestände – Wegnahme eines Mantels – vor. Dennoch liegt es nahe, dass diese drei Straffälle aufgrund der verschiedenen Umstände, unter denen sie sich ereignen, zu unterschiedlichen Strafen führen. Im Falle der Frau M. (2) ist es sehr wahrscheinlich, dass die vorherige Kundin in der Eile die Mäntel verwechselt hat. Der Tatbestand „Diebstahl" wäre dann nicht erfüllt, da die Flugreisende nach Kanada gar nicht erkannt hat, dass es sich bei dem Mantel um eine fremde Sache handelt, und auch die Absicht einer rechtswidrigen Zueignung als Tatbestandsmerkmal fehlt (s. *oben (4)*). Sie müsste den Mantel allerdings unverzüglich zurückgeben, sobald sie die Verwechslung bemerkt. Sonst läge Unterschlagung nach § 246 StGB vor. Bei den anderen beiden Fällen ist die Wegnahme vorsätzlich erfolgt. Frau G. hat mit ihrem Diebstahl einen weitaus höheren Schaden bewirkt als Erwin Z. Im Gegensatz zu diesem ist sie jedoch zum ersten Mal einer Versuchung erlegen; hinterher bereut sie ihre Tat und lebt bis zur Entdeckung in quälender Angst. Erwin Z. dagegen hat planmäßig zum Winter auf eine solche Gelegenheit gewartet; außerdem stand er schon öfters wegen ähnlicher Delikte vor Gericht. Sollte er nicht als „Denkzettel" und auch zur Abschreckung anderer „Kollegen" härter bestraft werden als Frau G.? Andererseits – Erwin Z. war auf einen wärmenden Mantel angewiesen, Frau G., die sich einen Urlaub in Oberstdorf leisten kann, dagegen nicht. Ist der Diebstahl von Erwin Z. nicht eher aus seiner Notlage entschuldbar?

Diese Überlegungen zeigen, dass eine Strafzumessung am Maßstab der Schuld nicht einfach ist. Schuld kann nicht (allein) nach dem angerichteten Schaden bestimmt sein. Auch wenn man – nach einer Prüfung der Zusammenhänge nach den Bestimmungen in § 46 StGB *(s. Beisp. (4), Abs. (5), (I))* – zu der Ansicht käme, dass Frau G. mehr Schuld auf sich geladen habe als Erwin Z., weiß man noch nicht, wie hoch nun die Strafe tatsächlich sein soll. Soll Z. – da er keine Geldstrafe bezahlen kann – vier Wochen oder sechs Monate oder zwei Jahre ins Gefängnis? Hierüber müssen die Gerichte in jedem Fall einzeln entscheiden. § 46 StGB zählt dazu die Gesichtspunkte auf, nach denen die Schuldhöhe bestimmt werden muss. Ist der Täter unschuldig – z.B. bei unabsichtlicher Verwechslung – tritt keine Bestrafung ein. Trifft den Täter die volle Schuld, gibt es keine Entschuldigung, dann begrenzt das im Gesetz genannte Strafmaß die Strafe.

Ein Dieb kann also nach § 242 StGB mit höchstens fünf Jahren Freiheitsentzug bestraft werden – ein Strafrahmen, der in der Praxis der Rechtsprechung nur selten ausgeschöpft wird. Für besonders schwere Diebstähle sehen die §§ 243 und 244 StGB allerdings noch höhere Strafen vor.

Zusammenfassung

Soll Strafrecht seine Aufgaben – Rechtsgüterschutz und Garantie der Rechtsordnung – erfüllen, dann muss die Bestrafung nach Grundsätzen erfolgen, die jedem Bürger ein hohes Maß an Rechtsklarheit und Sicherheit vor willkürlicher Bestrafung garantieren. Deshalb ist nach unserem Strafrecht die Bestrafung an die Grundsätze
– *Gesetzmäßigkeit* (kein Verbrechen und somit keine Strafe ohne gesetzliche Bestimmung, Analogieverbot und Verbot von Gewohnheitsrecht),
– *Bestimmtheit* (die Tat muss im Strafgesetz möglichst genau beschrieben, also bestimmt sein),
– *Rückwirkungsverbot* (keine Strafe für Taten, die vor Inkraftsetzung einer Vorschrift begangen wurden)
gebunden. Aber auch dann, wenn für eine Straftat alle diese Grundsätze zutreffen, kann ein Bürger nur bestraft werden, wenn ihn auch eine *Schuld* an der Tat trifft. Je nach Ausmaß der Schuld werden – unter Berücksichtigung auch der Straffolgen für das künftige Leben des Täters – geringere oder höhere Strafen auferlegt. Die Schuld begrenzt also die Strafe, Unschuldige können nicht bestraft werden.

4. Das materielle Strafrecht – Übersicht über das Strafgesetzbuch

Wer vom „Strafrecht" spricht, meint damit in der Regel die Vorschriften des Strafgesetzbuches (StGB). Es stellt das Strafrecht im engeren Sinne dar. In einem umfassenderen Verständnis gehören hierzu auch das Strafprozessrecht nach der Strafprozessordnung (StPO), das Strafvollstreckungsrecht sowie das Ordnungswidrigkeitenrecht (OWiG), in dem die früheren „Bagatelldelikte" wie z.B. unzulässiger Lärm, Belästigung der Allgemeinheit und anderes als Ordnungswidrigkeiten, nicht mehr als Straftaten, mit Geldbußen geahndet werden. Ordnungswidrigkeiten werden im Unterschied zu Straftaten erstinstanzlich auch nicht von den Gerichten verfolgt, ihre Ahndung obliegt zunächst der Verwaltung (etwa dem Amt für öffentliche Ordnung einer Stadtverwaltung). Rechtssystematisch muss man diese zuletzt genannten Vorschriften aber vom Strafgesetzbuch (StGB) unterscheiden. Während das sogenannte „formelle" Recht der Strafprozessordnung nur die Regeln enthält, nach denen die Strafverfolgungsbehörden und die Gerichte vorgehen, wenn sie feststellen müssen, ob eine

Handlung nun strafbar war und wie der Täter zu bestrafen ist, und während Ordnungswidrigkeiten gar nicht als eigentliche Straftaten gelten – obwohl sie verboten sind –, sind im StGB die tatsächlichen, d.h. die *materiellen* Voraussetzungen beschrieben, nach denen eine Bestrafung erfolgt. *Materielles Strafrecht* sagt also, unter welchen Bedingungen eine Tat strafbar ist und ein Täter überhaupt bestraft werden kann, beschreibt die möglichen Strafarten und umgrenzt das Strafmaß. Seit der Strafrechtsreform von 1975 sind diese Vorschriften deutlich vom früher stärker durchschlagenden Vergeltungsgrundsatz zum Resozialisierungsgrundsatz hin verändert worden. Mit dem 6. Strafrechtsreformgesetz vom 1. 4. 1998 orientiert sich das Strafgesetzbuch jetzt aber stärker an dem Gewicht der bedrohten Rechtsgüter, wie es unserem heutigen Verständnis entspricht, und vollzieht damit in seinem Besonderen Teil einen Perspektivwechsel hin zum *Standpunkt des Opfers*. Das zeigt sich etwa daran, dass die Strafandrohungen für Taten gegen das Leben, die Gesundheit und die persönliche Freiheit erhöht worden sind.

Allgemeiner und besonderer Teil des StGB

Die tabellarische Übersicht über das StGB (s. unten) spiegelt die in den voranstehenden Kapiteln vorgestellten Grundsätze des Strafrechts wider. Im „Allgemeinen Teil" finden wir die Regelungen, die eine gleichmäßige und für jeden berechenbare Geltung der Strafrechtsbestimmungen sichern sollen. Es wird hier in der Folge des in § 1 StGB ausgedruckten Gesetzesgrundsatzes im 1. Abschnitt geklärt, wann, wo und für wen die Strafrechtsbestimmungen überhaupt gelten sollen und welche Arten von Straftaten (Verbrechen und Vergehen) das Gesetz berücksichtigt. Der zweite Abschnitt befasst sich sodann mit der Beschreibung und Definition der Straftat: Welche Merkmale müssen erfüllt sein, damit eine Tat als Straftat gilt und ein Täter bestraft werden kann? Im dritten Abschnitt ist schließlich geregelt, welche Folgen aus einer festgestellten Straftat für den Täter eintreten können: verschiedene Strafen (Freiheits- oder Geldstrafen), Nebenstrafen und Nebenfolgen, Maßregeln der Besserung und Sicherung sowie die Grundsätze zur Bemessung und Durchführung dieser Rechtsfolgen.

Der vierte Abschnitt behandelt die Voraussetzungen, unter denen „Strafanträge" gestellt werden können. Dies betrifft jene Straftaten, bei denen die Täter nicht von Amts wegen,

ALLGEMEINER TEIL

VERBRECHEN = TATEN, DIE MIT MINDESTENS EINEM JAHR FREIHEITSENTZUG BEDROHT SIND

STRAFANTRÄGE BEI „ANTRAGSDELIKTEN"

d.h. auf eigene Initiative der Strafverfolgungsbehörden, verfolgt und angeklagt werden, sondern die nur auf Antrag des betroffenen „Verletzten" zur Bestrafung führen (Hausfriedensbruch, Beleidigung, Körperverletzung und Verletzung des Briefgeheimnisses, Bedrohung, Sachbeschädigung und einige Delikte aus dem Wettbewerbsrecht – vgl. § 374 StPO).

VERJÄHRUNG

Schließlich wird geregelt, nach welchen Verjährungsfristen welche Straftaten nicht mehr verfolgt bzw. die Strafen nicht mehr vollstreckt werden können. Hier finden sich Abstufungen von 30, 20, zehn, fünf bis zu drei Jahren. Nur die Verfolgung von Mord und Völkermord verjährt nicht; ebenso kann die Vollstreckung einer lebenslangen Freiheitsstrafe nicht verjähren.

BESONDERER TEIL

Der „Besondere Teil" zählt sodann – nach dem Bestimmtheitsgrundsatz – alle Straftaten und die mit ihnen verbundenen Strafmaße auf. Diese Vorschriften sind fast durchgehend nach einem einheitlichen Schema in zwei Schritten aufgebaut. Der erste Schritt beschreibt den verbotenen Tatbestand so genau und umfassend wie möglich, der zweite Schritt nennt die Rechtsfolgen der Straftat.

Beispiel § 223 (1) StGB Körperverletzung:

Wer einen anderen körperlich misshandelt oder an der Gesundheit schädigt,	Schritt 1: **Tatbestand** als Beschreibung des verbotenen Verhaltens.
wird mit Freiheitsstrafe bis zu drei Jahren oder mit Geldstrafe bestraft.	Schritt 2: **Rechtsfolge**anordnung als Beschreibung der möglichen Strafen. (Strafandrohung)

Eine genauere Übersicht über die einzelnen Tatbestände als in der hier abgedruckten Tabelle erhält man aus dem Inhaltsverzeichnis des Strafgesetzbuches (als Taschenbuch preiswert erhältlich). Auch in einer Reihe anderer Gesetze (z.B. im Wettbewerbs- und Gewerberecht) tauchen Straftatbestände auf. Die folgenden Abschnitte beziehen sich auf den Allgemeinen Teil des StGB *(2. und 3. Abschnitt).*

(1) Volker B. sitzt ruhig an einer Bar. Er wird von dem angetrunkenen Harald S. angerempelt. Als Volker B. sich beschwert, geht Harald auf ihn los und will ihn verprügeln. Volker nimmt die auf der Bar stehende Whisky-Flasche und schlägt damit Harald auf die Faust. Mit einer schmerzhaften Prellung zieht Harald sich zurück. Die Flasche ist durch den Schlag zu Boden gefallen und

zerbrochen, was Volker schon gleich befürchtet hatte, als er sie an sich nahm.

(2) Krankenschwester Elvira T. beabsichtigt, einem unheilbar kranken Patienten eine Überdosis Morphium zu verabreichen, um den Todeseintritt zu beschleunigen. Bevor hierdurch der Tod verursacht wird, begeht der Patient – unbeeinflusst durch die Medikamentenüberdosis – Selbstmord.

Übersicht über das Strafgesetzbuch (StGB)
vom 15. Mai 1871 in der Fassung vom 10. März 1987

Allgemeiner Teil §§ 1–79 b		**Besonderer Teil** §§ 80-358

Allgemeiner Teil		Besonderer Teil
1. **Das Strafgesetz: Wann** und **wo** gilt eine Tat als Straftat, **wer** unterliegt dem Strafgesetz? Welche Taten gelten als Verbrechen, welche als Vergehen? §§ 1–12		**Straftaten**
	1.–6.	Straftaten gegen den Staat: z. B. Spionage, Sabotage, . . .
	7.–8.	Straftaten gegen die öffentliche Ordnung, z. B. Bildung terroristischer Vereinigungen, Landfriedensbruch, Geld und Wertzeichenfälschung
2. **Die Tat:** Wodurch werden Handlungen **strafbar**? Wann sind strafbare Handlungen gerechtfertigt oder entschuldbar? Wie sind Versuche strafrechtlich zu werten? §§ 13–37		
	9.–10.	Straftaten gegen die Rechtspflege, z. B. Meineid, Falsche Aussage
	11.–12.	Straftaten bzgl. Religion und Familie
3. **Rechtsfolgen der Tat:** Strafarten (Geld- und Freiheitsstrafen, Nebenstrafen und Nebenfolgen), Strafbemessung ud Strafaussetzung, Maßregeln der Besserung und Sicherung §§ 38–76 a	13.	Straftaten gegen die sexuelle Selbstbestimmung
	14.–15.	Straftaten gegen die Ehre und den persönlichen Lebens- und Geheimbereich
4. **Strafantrag, Ermächtigung, Strafverlangen:** Wer kann Strafanträge stellen? Wann sind Strafanträge zu stellen? §§ 77–77 e	16.	Straftaten gegen das Leben
	17.–18.	Straftaten gegen die körperliche Unversehrtheit und die persönliche Freiheit
5. **Verjährung:** Nach welchen Fristen können verschiedene Straftaten nicht mehr verfolgt bzw. können Strafen nicht mehr vollstreckt werden? §§ 78–79 b	19.–24.	Straftaten gegen Eigentum und Vermögen, z. B. Diebstahl, Betrug, Hehlerei, Urkundsdelikte, Konkursstraftaten
	25.	Strafbarer Eigennutz
	26.	Straftaten gegen den Wettbewerb
	27.	Sachbeschädigung
	28.	Gemeingefährliche Straftaten
	29.	Straftaten gegen die Umwelt
	30	Straftaten im Amt

(3) Angelika S. muss sich einer Blinddarmoperation unterziehen. Vor der Operation unterzeichnet sie eine Erklärung, in der sie in den ärztlichen Eingriff einwilligt.
(4) Tourist X. veranlasst den 8-jährigen Sohn S. der Reiseführerin, er möge aus „seinem" auf dem Parkplatz abgestellten und nicht abgeschlossenen Audi Cabriolet „seine" Kamera herausholen, damit er von der Reisegruppe ein schönes Bild knipsen könne. X. gehörte weder Wagen noch Kamera, er hatte kurz zuvor vielmehr bemerkt, dass der Wagen unverschlossen war, und die Kamera gesehen. S. handelt entsprechend den Anweisungen des X.
(5) StGB: § 223 Körperverletzung „(1) Wer einen anderen körperlich misshandelt oder an der Gesundheit schädigt, wird mit Freiheitsstrafe bis zu drei Jahren oder mit Geldstrafe bestraft."
(6) StGB: § 303 Sachbeschädigung „(1) Wer rechtswidrig eine fremde Sache beschädigt oder zerstört, wird mit Freiheitsstrafe bis zu zwei Jahren oder mit Geldstrafe bestraft. (2) Der Versuch ist strafbar.
(7) StGB: § 32 Notwehr (1) Wer eine Tat begeht, die durch Notwehr geboten ist, handelt nicht rechtswidrig. Notwehr ist die Verteidigung, die erforderlich ist, um einen gegenwärtigen rechtswidrigen Angriff von sich oder einem anderen abzuwehren.
(8) StGB: § 34 Rechtfertigender Notstand: Wer in einer gegenwärtigen, nicht anders abwendbaren Gefahr für Leib, Leben, Freiheit, Ehre, Eigentum oder ein anderes Rechtsgut eine Tat begeht, um die Gefahr von sich oder einem anderen abzuwenden, handelt nicht rechtswidrig, wenn bei Abwägung der widerstreitenden Interessen, namentlich der betroffenen Rechtsgüter und des Grades der ihnen drohenden Gefahren, das geschützte Interesse das beeinträchtigte wesentlich überwiegt. Dies gilt jedoch nur, soweit die Tat ein angemessenes Mittel ist, die Gefahr abzuwehren.

Die Straftat

Eine Bestrafung setzt voraus, dass ein Mensch einen im Gesetz mit Strafe bedrohten Tatbestand verwirklicht sowie rechtswidrig und schuldhaft handelt. Zur strafrechtlichen Beurteilung des Vorfalls zwischen Volker B. und Harald S. muss man sich auf die *drei Merkmale jeder Straftat* beziehen: (1) *Tatbestandsmäßigkeit:* Erfüllt das Verhalten einen Tatbestand (oder mehrere), der im Gesetz unter Strafe gestellt, also verboten ist?

DREI MERKMALE

(2) *Rechtswidrigkeit:* Ist das Verhalten rechtswidrig oder – weil eine Notstands- oder Notwehrsituation vorlag – gerechtfertigt?

(3) *Schuld:* Ist dem Täter schuldhaftes Verhalten vorzuwerfen oder gibt es Gründe, sein Verhalten zu entschuldigen? Dieses hier skizzierte Vorgehen kann man nicht unmittelbar aus dem Strafgesetzbuch ablesen – jedoch werden alle drei Fragen durch das StGB beantwortet. Untersuchen wir die Handlungen des Volker B. Nach dem Strafgesetzbuch hat er dem Harald S. durch den Schlag mit der Flasche eine schmerzhafte Prellung zugefügt – Tatbestand: gesundheitliche Schädigung und körperliche Misshandlung nach § 223 StGB. Außerdem hat er die Flasche zerbrochen und den Inhalt zerstört – Tatbestand: Sachbeschädigung nach § 303 StGB. Es genügt aber grundsätzlich noch nicht, dass ein Täter eine strafrechtlich relevante Handlung begeht und ein Erfolg (wie hier die Körperverletzung und die Sachbeschädigung) eingetreten ist. Zwischen der Handlung und dem eingetretenen Erfolg muss darüber hinaus ein *Kausalzusammenhang* bestehen, d.h. die Handlung muss ursächlich für den eingetretenen Erfolg gewesen sein. Im Fall (1) ist das bzgl. der Handlungen von Volker B. unproblematisch. In Fall (2) fehlt es hingegen an der Ursächlichkeit, weil sich das von Elvira T. geschaffene Risiko nicht verwirklicht. Der Tod des Patienten wurde durch ein anderes Ereignis verursacht. Es kommt folglich zulasten der Krankenschwester nur eine Bestrafung wegen versuchter Tötung in Betracht.

TATBESTAND PRÜFEN

Zur objektiven Verwirklichung eines Straftatbestandes erfordert eine Bestrafung des Täters aber noch eine subjektive Komponente. Im Regelfall ist eine Tat nur strafbar, wenn sie *vorsätzlich* begangen wurde, es sei denn das Gesetz stellt ein fahrlässiges Handeln ebenfalls unter Strafe (vgl. § 15 StGB). *Vorsatz heißt Wissen und Wollen* der Tat. Man kann sagen: Der Vorsatz ist als psychischer Sachverhalt der Wille zur Verwirklichung eines Straftatbestandes in Kenntnis aller seiner objektiven Tatumstände. Legt man das zugrunde, so hat Volker B. in Fall (1) ohne Zweifel vorsätzlich gehandelt. Eine Verurteilung setzt ferner voraus, dass der Täter rechtswidrig gehandelt hat. Generell gilt der Satz: „Wer tatbestandsmäßig handelt, handelt auch rechtswidrig". Eine Handlung verstößt dann aber nicht gegen eine strafrechtliche Rechtsnorm, wenn die Rechtsordnung ein Tun oder Unterlassen für gerechtfertigt hält. Das ist beim Vorliegen eines Rechtfertigungsgrundes der Fall. Es gibt zahlreiche solche Rechtfertigungsgründe, ein Teil der wichtigsten befindet sich im StGB. Nach den §§ 32–34 erkennt das Ge-

SUBJEKTIVER TATBESTAND

VORSATZ

173

setz Handlungen, die in *Notwehr* – zur Abwendung eines „gegenwärtigen rechtswidrigen Angriffs von sich oder einem anderen" – oder zur Abwendung einer Gefahr für ein eigenes Rechtsgut *(rechtfertigender Notstand)* erfolgen, als *nicht rechtswidrig* an, wenn die Handlungen das zur Abwehr notwendige Maß nicht überschreiten. Volker B. wurde von Harald S. angegriffen, der Angriff war „gegenwärtig" und „rechtswidrig", denn es ist kein rechtlicher Grund ersichtlich, dass Harald S. den Volker B. verprügelt. Volker B. konnte den Angriff wirksam nur mit Hilfe der Flasche abwehren und hat nur auf die Hand des Angreifers geschlagen – Notwehr.

Mit der Verwendung und der Zerstörung der Flasche hat Volker B. in ein Rechtsgut des Wirtes eingegriffen. Hier kann – gegenüber dem Wirt – nicht Notwehr als Rechtfertigung gelten, aber „rechtfertigender Notstand": Die Abwendung der Gefahr war nicht anders als durch die Benützung und dabei Zerstörung der fremden Sache möglich, der Schutz vor eigener Körperverletzung ist ein deutlich schützenswerteres Rechtsgut als die Unversehrtheit der Whiskyflasche. Die Sachbeschädigung war damit zu rechtfertigen, also nicht rechtswidrig. Wichtigster Rechtfertigungsgrund im medizinischen Bereich ist die Einwilligung des Patienten. In diesem Zusammenhang muss man wissen, dass die Rechtsprechung in einer ärztlichen oder pflegerischen Behandlung auch dann den Tatbestand einer Körperverletzung als erfüllt ansieht, wenn das Handeln in heilender Absicht erfolgt und objektiv als Heilmaßnahme geeignet ist. Demnach begeht auch der Chirurg, der Angelika S. (Fall (3)) den Blinddarm entfernt, eine Körperverletzung. Allerdings ist sein Handeln wegen der von Angelika S. vor dem Eingriff erklärten Einwilligung gerechtfertigt und damit nicht strafbar.

Stellt man also fest, dass Volker B. in Fall (1) nicht rechtswidrig gehandelt hat – sein Handeln war gerechtfertigt –, so ist damit eine Strafbarkeit ausgeschlossen. Man braucht also nicht mehr nach Schuld oder Unschuld von Volker B. zu fragen. Denn ist eine Tat nicht rechtswidrig, handelt der Täter auch (strafrechtlich) nicht schuldhaft. Die Schuld können wir jedoch bei Harald S. untersuchen, etwa ob nicht Schuldunfähigkeit nach den §§ 19 oder 20 StGB vorläge: Kinder, die zum Zeitpunkt der Tat noch nicht 14 Jahre alt und alle Personen, die „bei Begehung der Tat wegen einer krankhaften seelischen Störung, wegen einer tief greifenden Bewusstseinsstörung oder wegen Schwachsinn oder wegen einer schweren anderen seelischen Abartigkeit unfähig [sind], das Unrecht der Tat einzusehen oder danach zu handeln", handeln ohne Schuld. Ist Harald S. gesund, dann müsste in der Situation einer Wirtshausschlägerei überprüft werden, ob zum Tatzeitpunkt Haralds Schuldfähigkeit erheblich vermindert war (§ 21 StGB). Er könnte in einem solchen Zustand sich seinerseits von Volker B. bedroht gefühlt und deshalb versucht haben, ihn mit Faustschlägen von sich abzuhalten. Verminderte Schuldfähigkeit kommt in Betracht bei Taten, die unter nicht unerheblicher Alkohol- oder Medikamenteneinwirkung (auch bei Drogen) begangen wurden. Harald S. bliebe in einem solchen Fall zwar grundsätzlich schuldfähig, die Strafe könnte aber infolge der besonderen Umstände gemildert werden.

Voraussetzung für ein schuldhaftes Verhalten ist ferner, dass der Täter die Einsicht hatte, dass sein Verhalten rechtlich verboten ist. Dabei genügt es, dass der Täter bei zumutbarem Einsatz seiner Erkenntniskräfte und Wertvorstellungen die Einsicht in das Unrecht der Tat gewinnen konnte. Fehlt ihm hingegen bei der Begehung der Tat infolge eines unvermeidbaren Verbotsirrtums (§ 17 StGB) die Einsicht, Unrecht zu tun, so handelt er ohne Schuld. An die Unvermeidbarkeit des Irrtums werden jedoch strenge Anforderungen gestellt. Verlangt wird vom Täter eine Anspannung seines Gewissens sowie die Pflicht, sich nach der Rechtslage zu erkundigen.

UNRECHTS-BEWUSSTSEIN

Schließlich fehlt es an der Schuld des Täters, wenn er sich bei der Tat in einem entschuldigenden Notstand (§ 35 StGB) befunden hat, d. h. ihm in einer Notsituation ein rechtmäßiges Verhalten nicht zugemutet werden konnte.

ENTSCHULDI-GUNGSGRÜNDE

Bestraft werden kann nicht nur derjenige, der eine Straftat als *Alleintäter* begeht. In den §§ 25-27 sieht das StGB Beteiligungsformen vor, die den staatlichen Strafanspruch ebenfalls auslösen. Möglich ist neben einer *Mittäterschaft*, d. h. der gemeinsamen Begehung einer Straftat durch mehrere Täter, zum einen, dass jemand die Tat durch eine andere Person begeht, die selbst nicht strafbar handelt. So liegt es im Beispielsfall (4): Der als „Werkzeug" missbrauchte 8-jährige S. handelt selbst straflos, weil er wegen seines Alters noch nicht strafmündig ist (§ 19 StGB). Dafür ist X. als sog. *mittelbarer Täter* zu bestrafen. Strafbar macht sich zum anderen, wer eine andere Person zu einer Straftat *anstiftet*, wenn diese die Tat daraufhin begeht (§ 26 StGB). Auch wer einem anderen bei der Begehung einer Tat Hilfe leistet (§ 27 StGB – sog. *Beihilfe)*, z. B. dem Bankräuber einen Fluchtwagen besorgt, wird bestraft.

BETEILIGUNG AN EINER STRAFTAT

ANSTIFTUNG

BEIHILFE

Zusammenfassung

Eine Handlung kann nur bestraft werden, wenn alle drei Merkmale einer Straftat zutreffen: Tatbestand, Rechtswidrigkeit, Schuld. Zur tatbestandlichen Erfüllung eines Strafgesetzes gehört nicht nur, dass der Täter dessen Merkmale objektiv verwirklicht; dem Täter muss diesbezüglich auch ein vorsätzliches Handeln nachweisbar sein, es sei denn das Gesetz stellt auch ein fahrlässiges Handeln unter Strafe (z.B. § 230 StGB – fahrlässige Körperverletzung). Wer tatbestandsmäßig handelt, handelt im Regelfall auch rechtswidrig, wenn er sich nicht auf einen Rechtfertigungsgrund (z. B. Notwehr) berufen kann. Schuldhaft begeht eine Straftat, wer schuldfähig ist und wer sich nicht auf einen Verbotsirrtum oder einen Entschuldigungsgrund stützen kann.

Tatort Deutschland
Polizeilich registrierte Straftaten in 1000

Quelle: PKS

ZAHLENBILDER
131 112

© Erich Schmidt Verlag

Der Stadtrat Klaus M., Juwelier und Goldschmiedemeister, fährt innerorts mit ca. 100 km/h grob verkehrswidrig über zwei Kreuzungen, gefährdet dadurch zwei Passanten und wird von einer Verkehrsstreife der Polizei gestoppt. Eine Blutprobe ergibt 1,25 Promille Blutalkohol. Durch Zufall entdeckt die Polizei in der Reisetasche, die Klaus M. nicht aus der Hand geben wollte, Goldbarren im Wert von

360 000,– DM, die er über die nahe gelegene Grenze ein-
geschmuggelt hatte. Die weiteren Ermittlungen ergeben,
dass Klaus M. in einem besonderen Geheimfach über dem
Kraftstofftank des Autos wiederholt Schmuck und Edel-
metalle eingeschmuggelt hat.

Tatvoraussetzungen und Tatfolgen

Am Beispiel des Goldschmieds Klaus M. lassen sich strafrechtliche Zusammenhänge zwischen Straftat, Tatvoraus-
setzungen und Tatfolgen darstellen. Als objektive Tatbestände liegen vor: Verkehrsgefährdung nach § 315c StGB,
Trunkenheit im Straßenverkehr nach § 316 StGB und Bann-
bruch (Schmuggel) nach §§ 372, 373, 375 AO (Abgabenordnung). Rechtfertigungs- oder Entschuldigungsgründe
kommen nicht in Betracht. Welche Rechtsfolgen hat Klaus
M. zu erwarten?
Zunächst müsste das Gericht nach § 46 StGB die Strafe in
dem vom Gesetz vorgesehenen Rahmen bemessen. Hierzu
kann man feststellen: Die Beweggründe und Ziele des Täters richten sich beim Schmuggel auf Bereicherung, beide
Taten sprechen für eine Gesinnung der Rücksichtslosigkeit,
die wiederholte Ausführung des Schmuggels, die raffinierte
Ausführung, die Höhe des Schadens durch die hinterzogenen Zoll-Abgaben und auch die gesicherten wirtschaftlichen Verhältnisse des Täters enthalten wenig, was dem
Täter entschuldigend zugute gehalten werden könnte. Das
Gericht wird also von einer eher beträchtlichen Schuld ausgehen. § 315c StGB sieht für Verkehrsgefährdung Freiheitsstrafe bis zu fünf Jahren oder Geldstrafe, § 370 AO ebenfalls Freiheitsstrafe bis fünf Jahre oder Geldstrafe vor. Da
Klaus M. bisher jedoch noch nie straffällig war, seine Tat bereut und die hinterzogenen Zollabgaben bereits nachbezahlt
hat (wofür er seine Eigentumswohnung verkaufen musste),
bildet das Gericht aus den beiden Delikten eine Gesamt-
strafe von zwölf Monaten Freiheitsentzug. Die Strafe wird
jedoch gemäß § 56 StGB zur Bewährung ausgesetzt mit der
Auflage, 20 000,– DM an eine gemeinnützige Einrichtung
zu überweisen. Als Nebenstrafe erhält er allerdings nach
§ 44 StGB noch ein Fahrverbot für drei Monate. Damit ist
Klaus M. noch einmal davongekommen – er kann seinen
Geschäftsbetrieb weiterführen. So besteht eine gute Chance, dass ihm das Urteil eine Warnung ist und er sich zukünftig vor Straftaten hütet.
Allerdings treffen ihn noch weitere rechtliche Nebenfolgen:
Nach § 74 StGB bzw. § 375 AO wird das Auto, das für den

Schmuggel umgebaut und benützt wurde, eingezogen. Welche weiteren gesellschaftlichen und eventuell außerstrafrechtlichen Folgen noch möglich wären, zeigt die Übersicht. Mit der Bestrafung und ihren Nebenfolgen wird im Fall Klaus M. eine in der *Vergangenheit* entstandene Schuld ausgeglichen. Im Rahmen dieses Schuldausgleichs werden zugleich auch Chancen zur Besserung und Wiedergutmachung durch die Strafaussetzung eingeräumt. Häufig genügt dies. In manchen Fällen – insbesondere bei wiederholter Straffälligkeit oder bei Straftaten, bei denen die Täter keine Schuld trifft, aber bei Wiederholungen eine Gefahr für die Allgemeinheit besteht – sieht das StGB in den §§ 61 ff.

Die Folgen von Straftaten			
Rechtliche Folgen			Gesellschaftliche Folgen
strafrechtlich		außerstrafrechtlich	
Strafen	Maßregeln der Besserung und Sicherung		
Hauptstrafen (1) Freiheitsstrafe mit oder ohne Aussetzung zur Bewährung (2) Geldstrafe **Nebenstrafe** Fahrverbot **Nebenfolgen** Verlust der Amtsfähigkeit, der Wählbarkeit, des Stimmrechts, Verfall/Einziehung von Werten und Sachen, Bekanntgabe der Verurteilung	**Nach § 61 StGB** (1) die Unterbringung in einem psychiatrischen Krankenhaus, (2) – in einer Entziehungsanstalt (3) – in der Sicherungsverwahrung. (4) die Führungsaufsicht, (5) die Entziehung der Fahrerlaubnis, (6) das Berufsverbot.	**z. B.** arbeits- oder mietrechtlich bei Kündigungen, schuldrechtlich bei Schadenersatz, familienrechtlich bei Scheidung, beamtenrechtlich bei Disziplinarverfahren, verwaltungsrechtlich u. sozialrechtl. bei Unterstützung der Angehörigen und des Täters.	**z. B.** Nachbarn grüßen nicht mehr, Freunde dürfen mit Kindern nicht mehr spielen, Kunden bleiben fern, Kaufmann und Bank verweigern Kredit u. v. a.

Maßregeln vor, die in die *Zukunft* gerichtet sind. Diese „Maßregeln der Besserung und Sicherung" werden neben der Strafe ausgesprochen. Mit diesen Maßregeln kommt die Resozialisierungsabsicht des modernen Strafrechts besonders zum Ausdruck. Weil der Strafzweck „Besserung" heute wichtiger erscheint als die Vergeltung, werden immer dann, wenn eine Unterbringung in Anstalten angeordnet ist, diese Maßregeln grundsätzlich vor der Freiheitsstrafe vollzogen (§ 67 StGB) und zeitlich auf diese angerechnet. Nur die Sicherungsverwahrung von Tätern, die als hochgefährliche Wiederholungstäter aufgefallen sind, wird erst nach Verbüßung der Freiheitsstrafe vollzogen. Weil hier Besserung kaum zu erwarten ist, tritt der „generalpräventive" Zweck (Schutz der Gesellschaft) in den Vordergrund. Für die Betroffenen ist sie allerdings nur eine Verlängerung der durch die Tatschuld eigentlich begrenzten Freiheitsstrafe. Sie wird deshalb nur noch selten angeordnet.

Demgegenüber dürfte die *Führungsaufsicht* durch einen Bewährungshelfer zukünftig an Bedeutung gewinnen: Der Wiederholungstäter wird nach der Strafverbüßung in Freiheit dazu angehalten, sich eine geregelte Lebensweise aufzubauen. Zugleich wird er – auch im Interesse der Allgemeinheit – während dieser Zeit beaufsichtigt.

Zusammenfassung

Das Strafgesetzbuch (StGB) geht in seinem Aufbau von dem aus dem Grundgesetz Artikel 103 (2) als § 1 StGB übernommenen Grundsatz der *Gesetzmäßigkeit* aus. Dieser Grundsatz fordert, dass strafbare Handlungen möglichst *bestimmt*, also genau beschrieben werden. So besteht der *Besondere Teil* des StGB mit der Mehrzahl der Bestimmungen (§§ 80–358) aus der Beschreibung jener Rechtsgüter, deren Verletzung als *Straftatbestände* mit Strafe bedroht ist. Neben diesem sogenannten *Kernstrafrecht* des StGB finden sich noch in anderen Gesetzeswerken (z. B. Abgabenordnung, Gewerbe-, Handels- und Wettbewerbsrecht) solche Straftatbestände. Der das StGB einleitende *Allgemeine Teil* regelt, unter welchen Bedingungen ein Straftatbestand zur Bestrafung von Tätern führt (Tatbestand erfüllt, Rechtswidrigkeit gegeben, Verhalten schuldhaft) und welche Rechtsfolgen von den Gerichten anzuordnen sind. Wenngleich im Strafurteil nur strafrechtliche Folgen angeordnet werden können (Strafen als Geld- und Freiheitsstrafen, Maßregeln der Besserung und Sicherung, Nebenstrafen und Nebenfolgen), berücksichtigt das Gericht auch mögliche weitere Rechtsfolgen und die gesellschaftlichen Folgen für den Täter. Mit jedem Strafurteil wird dem Täter und der Allgemeinheit ausdrücklich klargemacht, dass die Tat auf keinen Fall hätte begangen werden dürfen (Vergeltung und Abschreckung als Straffunktion). Mit der Ausgestaltung der Rechtsfolgen wird jedoch zugleich versucht, dem Täter nach Möglichkeit Wege in eine straffreie Zukunft zu öffnen. Mit der Strafrechtsreform von 1975 wurden jene rechtswidrigen Handlungen, die früher als „Übertretungen" strafbar waren, aus dem Strafgesetzbuch herausgenommen und im *Gesetz über Ordnungswidrigkeiten* neu zusammengefasst. Ordnungswidrigkeiten wie z.B. unzulässiger Lärm werden durch Geldbußen (und als Nebenfolge z.T. auch mit der Einziehung von Tatgegenständen) geahndet. Da es sich jedoch nicht um Straftaten im Sinne des StGB handelt, werden die Rechtsfolgen nicht durch das Gericht, sondern durch die Verwaltungsbehörde verhängt. Diese Bußverfahren führen auch nicht – wie Strafurteile – zu einer Eintragung in das Strafregister.

5. Das Strafprozessrecht

(1) Am 5. März 1981 wurden in Nürnberg nach einer Demonstration 141 überwiegend junge Leute im städtischen Jugendzentrum „KOMM" verhaftet, eingesperrt und verhört. Ihnen wurde unter anderem schwerer Hausfriedensbruch vorgeworfen. Im Januar 1983 wurde in dieser Sache auch für die letzten der damals Festgenommenen das Strafverfahren eingestellt und den Betroffenen eine Entschädigung für die ungerechtfertigte Inhaftierung zugesichert.

(2) Peter Z. steuert nach einer ausgiebigen Zechtour seinen Wagen nach Hause, gerät dabei aber in eine allgemeine Verkehrskontrolle. Die anschließende Blutprobe ergibt einen Blutalkoholgehalt von 1,5 Promille. Per Strafbefehl verhängt das Amtsgericht eine Geldstrafe und entzieht ihm für acht Monate die Fahrerlaubnis.

(3) Hans S. wird wegen des Verdachts des betrügerischen Bankrotts in mehrfacher Millionenhöhe von der Polizei aufgegriffen. Die Staatsanwaltschaft befürchtet, dass Hans S. wichtige Unterlagen vernichten wird, wenn er weiterhin in Freiheit bleibt. Sie beantragt daher einen Haftbefehl.

Gegenstand und Aufgaben des Strafprozessrechts

Wir haben oben gesehen, dass das Strafgesetzbuch die Voraussetzungen der Strafbarkeit, die Arten der Strafe und sonstige zu verhängende staatliche Maßnahmen beschreibt. Diese im StGB geregelten Strafen und Maßnahmen bedürfen aber der Durchsetzung durch den Staat. Sonst könnte das materielle Recht seine Aufgabe, die Gesellschaft vor Straftätern zu schützen, nicht erfüllen. Diese Rechtsdurchsetzung ist *Gegenstand* des Strafverfahrensrechts, welches die Formen der Verbrechensermittlung sowie den Ablauf eines Verfahrens von der Anzeige bis hin zur Vollstreckung einer gerichtlich angeordneten Strafe regelt. Das Strafverfahrensrecht ist formelles Recht und findet seine Grundlage vornehmlich in der Strafprozessordnung (StPO), ferner im Gerichtsverfassungsgesetz (GVG), das die sachliche Zuständigkeit, den Aufbau und die Zusammensetzung der einzelnen Gerichte bestimmt (vgl. hierzu *Kap. 10*). Die StPO ist seit ihrem Inkrafttreten im Jahre 1877 infolge zahlreicher Reformen mehrfach geändert worden. Das verwundert nicht, bedenkt man, wie viele Wandlungen der Staatsform sie vom damaligen Kaiserreich bis heute überstehen musste. Um die Systematik des Strafprozessrechts verstehen zu können, muss man sich mit seinen beiden Hauptaufgaben vertraut machen. Auf der einen Seite sollen vom Staat Verfahrensformen zur Verfügung gestellt werden, die eine Überführung des Schuldigen gewährleisten, um die Gesellschaft vor Straftätern weitestgehend zu schützen. Das darf jedoch nicht um jeden Preis geschehen. Bei den Ermittlungen gegen einen potentiellen Straftäter muss auch Vorsorge dafür getroffen werden, dass nicht ein Unschuldiger verurteilt und in die Rechte eines Verdächtigen nicht über Gebühr eingegriffen wird. Der Staat muss daher in der Strafprozessordnung unzulässige von zulässigen Ermittlungsmethoden abgrenzen. Wie schwierig das im Einzelfall sein kann, zeigen etwa die politisch äußerst kontrovers geführten Diskussionen über die Zulässigkeit des sog. „genetischen Fingerabdrucks" oder die Einführung des sog. „Großen Lauschangriffs", mit dem vor allem das organisierte Verbrechen wirksamer bekämpft werden soll. Man kann diese beiden in ihren Zielen gegenläufigen Aufgaben auf die verkürzte Formel bringen: Das Strafprozessrecht muss einerseits den Schutz des Einzelnen wie auch der Gesellschaft insgesamt durch das Strafrecht realisieren, andererseits aber auch den Einzelnen vor dem

GEGENSTAND

AUFGABEN

181

Strafrecht, insbesondere vor Übergriffen der Strafverfolgungsorgane, schützen. Vor diesem Hintergrund verstehen sich dann auch die Grundsätze, die das Strafprozessrecht prägen:

Grundsätze für den Strafprozess

Fragt man in Beispiel (I), wie es nach einer Massenverhaftung von 141 Personen zu einer allgemeinen Verfahrenseinstellung und einer Entschädigungszusage kommen konnte, so müssen zur Beantwortung dieser Frage die Grundsätze, nach denen ein Strafverfahren abläuft, bekannt und verstanden sein.

GESETZMÄSSIG-
KEITS-, NICHT
ZWECKMÄSSIG-
KEITSGRUNDSATZ

Wie für das materielle Strafrecht im StGB gilt auch für das *formelle Strafrecht* nach der *Strafprozess*ordnung der sogenannte „Legalitätsgrundsatz" (Gesetzesgrundsatz). Er wirkt sich darin aus, dass die vom Gesetz bestimmten Organe die ihnen bekannt gewordenen Straftaten verfolgen müssen. Dieser Grundsatz wird verständlich, wenn man ihm den „Opportunitätsgrundsatz" (Zweckmäßigkeitsgrundsatz) gedanklich gegenüberstellt: Es darf nicht von Zweckmäßigkeitsüberlegungen irgendwelcher Amtspersonen abhängen, ob ein Strafverfahren eingeleitet wird oder nicht. Zwar räumen das StGB und die StPO Möglichkeiten ein, Strafverfahren unter bestimmten Bedingungen einzustellen, z. B. wenn die Schuld des Täters gering ist und an der Verfolgung kein öffentliches Interesse besteht. Solche Zweckmäßigkeitsgründe für die Einstellung eines Verfahrens können jedoch für die Aufnahme eines Strafverfahrens nicht gelten. Im Fall der Nürnberger Demonstranten war es in den Augen der Staatsanwaltschaft und der sie unterstützenden Ermittlungsrichter wahrscheinlich zweckmäßig („opportun"), gegen die unbequemen jungen Leute streng vorzugehen. Zugleich konnten sie sich aber auch auf den Legalitätsgrundsatz berufen. Denn bei Verdacht oder tatsächlichen Hinweisen auf Straftaten dürfen sie nicht untätig bleiben, sondern müssen ermitteln.

Der Ausgang dieses Verfahrens verweist auf einen zweiten wichtigen Prozessgrundsatz: Grundlage einer Verurteilung muss die zweifelsfreie Überzeugung des Gerichts sein, dass die vorgebrachten Beschuldigungen tatsächlich wahr sind.

„IM ZWEIFEL
FÜR DEN
ANGEKLAGTEN"

Bestehen Zweifel – ist also eine Beschuldigung nicht zweifelsfrei zu „beweisen" –, darf es nicht zu einer Verurteilung kommen und darf keine Strafe verhängt werden. Dieser Grundsatz *„in dubio pro reo"* (zu deutsch = im Zweifel für den Angeklagten") gilt bei jedem Strafprozess. Im KOMM-

Fall hat er bereits vor Prozesseröffnung dazu geführt, dass die Gerichte die Eröffnung des Hauptverfahrens abgelehnt haben.

Durch den *Anklagegrundsatz* („Akkusationsprinzip", lateinisch accusare = anklagen) werden die beiden Grundsätze der Wahrheit und der Gesetzlichkeit unterstützt. Der Anklagegrundsatz unterteilt das Strafverfahren auf zwei unterschiedliche Organe. Als Erstes *ermitteln* zunächst *Staatsanwaltschaft* und *Polizei* die Tatsachen und Tatumstände, auch solche, die zugunsten des Tatverdächtigen sprechen. Sind diese Ermittlungen abgeschlossen, dann erhebt die Staatsanwaltschaft beim zuständigen Gericht schriftlich Anklage gegen den Beschuldigten. Hierbei muss die Staatsanwaltschaft bereits genügend Anhaltspunkte (Beweise) für die Richtigkeit ihrer Anklage vorlegen. Aufgrund dieser Anklageschrift entscheidet nun das Gericht, ob gegen den Angeschuldigten ein Prozess eröffnet werden soll.

ANKLAGEGRUND-
SATZ

Dadurch, dass nun das Verfahren an das Gericht übergeht, wird der Angeklagte davor geschützt, dass die Ermittlungsbehörde eventuell einseitig weiterhin nur die Schuld des Angeklagten zu beweisen versucht, falls sich z.B. – wie in unserem Fall (I) – herausstellt, dass die Ermittlungen zu ungerechtfertigten Beweissicherungsmaßnahmen (z.B. Untersuchungshaft) geführt haben und die Ermittlungsbehörden diesen Irrtum nicht gerne zugeben möchten. Die Staatsanwaltschaft kann also nur ermitteln und gegen die Angeschuldigten Anklage erheben. Im Zweifel kann aber erst das Gericht darüber entscheiden, ob ein Verfahren einzustellen ist. Die Trennung von Anklage- und Urteilsverfahren geht letztlich auf das Gedankengut der Aufklärung zurück. Im früheren Inquisitionsprozess lagen sämtliche Verfahrensfunktionen in der Hand des Richters, der verfolgen und urteilen sollte. Damit aber war die Unparteilichkeit des Richterspruches nicht gewährleistet.

Andererseits wird auch kein gerichtlicher Strafprozess eingeleitet und kein Urteil gefällt, ohne dass bei Gericht eine Anklage vorliegt. Im Strafprozess vor dem Gericht wirkt der Anklagegrundsatz weiter: Es wird dort über keine anderen Sachverhalte verhandelt – selbst wenn sie dem Gericht bekannt wären –, als über das, was in der Anklageschrift steht. So weiß der Angeklagte genau, wogegen er sich verteidigen muss. Er kann nicht durch unvorhergesehene Vorwürfe überrascht werden. Im Fall der 14 Jugendlichen in Nürnberg sorgte die Aufteilung nach dem Anklageprinzip dafür, dass die Gerichte, bei denen die Ermittlungsbehörden ihre Anklageschriften eingereicht hatten, bei der Überprüfung und

„WO KEIN KLÄGER,
DA KEIN RICHTER!"

teilweise eigenen Nachermittlung feststellten, dass die Anklagebegründungen für eine Verurteilung nicht ausreichen würden. Deshalb stellte das Gericht das Verfahren ein.

StPO und Gerichtsverfassungsgesetz enthalten noch einige weitere Sicherungen, die ein rechtsstaatliches Verfahren garantieren. Damit ein Beschuldigter nicht ohne öffentliche Kontrolle in einem geheimen Verfahren abgeurteilt werden kann, ist in Strafprozessen grundsätzlich die *Öffentlichkeit* zugelassen, d.h. der einzelnen Bürger kann einen Prozess als Zuschauer verfolgen und sich davon überzeugen, dass alles „mit rechten Dingen" zugeht. Um die Unabhängigkeit des Richters weitestgehend zu sichern, sind die Medien, etwa das Fernsehen, bei laufenden Gerichtsverhandlungen ausgeschlossen. Weitere Bausteine in dieser Richtung sind die Beteiligung von *Laien als Richter* (sog. Schöffen) im Strafverfahren sowie der *Grundsatz der Mündlichkeit* der Hauptverhandlung (siehe dazu sogleich unten).

Die einzelnen Schritte eines Strafverfahrens müssen also genau geregelt sein. Denn erst durch die rechtlich geregelte

„Justizförmigkeit" des Verfahrens kann garantiert werden, dass Strafrecht immer gleichmäßig angewendet wird.

Zusammenfassung

Mit den Prozessgrundsätzen ist stichwortartig die „Theorie" des Strafprozessrechtes dargestellt. Diese Theorie macht den tatsächlichen Verfahrensablauf und die manchmal kleinlich erscheinenden Verfahrensregelungen verständlicher und durchsichtiger. Der gemeinsame Sinn der Verfahrensgrundsätze liegt darin, bei der Durchsetzung der materiellen Vorschriften des Strafrechts den rechtsstaatlichen Schutz des Einzelnen vor staatlichen Eingriffen sowie die allgemeinen Grund- und Menschenrechte des Einzelnen auch bei Strafverfolgungen zu schützen. An diesem Ziel endet auch der Grundsatz der Wahrheitsfindung; sie darf nicht mit Mitteln erreicht werden, die gegen die Würde oder die körperliche und seelische Unverletzlichkeit des Menschen verstoßen.

Zielsetzung

An dieser Stelle kann der Ablauf des Strafverfahrens nur in Grundzügen dargestellt werden. Die genaue Regelung umfassen die Vorschriften der StPO sowie des Gerichtsverfassungsgesetzes über den Aufbau der Gerichte.
Im Folgenden wird dargestellt:

- die Dreigliederung des ordentlichen Erkenntnisverfahrens in Vor-, Zwischen- und Hauptverfahren,
- der Prozessverlauf und die Prozessgrundsätze im Hauptverfahren,
- die Bedeutung unterschiedlicher Gerichtsinstanzen,
- die Rechtsmittel der Berufung und Revision.

Der Ablauf des Strafverfahrens

Ein Strafverfahren umfasst zunächst rein äußerlich zwei große Abschnitte:
1. Das „Erkenntnisverfahren" bis zur Rechtskraft des Urteils,
2. Das „Vollstreckungsverfahren".

Wir beschränken uns hier auf das ordentliche Erkenntnisverfahren. Daneben gibt es in Sonderfällen noch besondere Verfahren; das bekannteste ist der *Strafbefehl*, bei dem das Gericht in Sachen von geringerer Bedeutung ohne öffentliche Verhandlung den Beschuldigten auf Antrag der Staatsanwaltschaft sofort zu einer Strafe verurteilt. Zumeist handelt es sich um Geld- und Nebenstrafen oder um Maßregeln der Besserung und Sicherung, wie in Beispiel (2) die Entziehung der Fahrerlaubnis. Wenn Peter Z. mit der angeordneten Strafe oder der Entziehung der Fahrerlaubnis nicht einverstanden ist, kann er gegen den Strafbefehl Einspruch einlegen. Die Sache muss dann in einer Hauptverhandlung geklärt werden. Diese stellt den letzten des drei Schritte umfassenden Strafverfahrens dar. Die drei Schritte umfassen:

(1) Das *Ermittlungs-* oder *Vorverfahren* liegt in der Hand der Staatsanwaltschaft. Erhält diese durch die Polizei – die bei frischer Tat auch selbständig ermittelt, Verdächtige und Zeugen festhält und verhört oder auf andere Weise, z. B. durch die Strafanzeige eines Bürgers, Informationen, die Anhaltspunkte für Straftaten enthalten, so ermittelt sie mit Hilfe der Polizei „von Amts wegen" (§ 160 StPO). Sie sammelt vor allem durch Vernehmung beteiligter Personen, von Zeugen und ggf. Sachverständigen sowie durch Sicherstellung von Beweisgegenständen alle Informationen, die zur Klärung des Tatbestands, der Rechtswidrigkeit und der Schuldfrage nötig sind. Wichtig ist in diesem Zusammenhang, dass die Staatsanwaltschaft nach § 160 Abs. 2 StPO auch verpflichtet ist, die zur Entlastung des Beschuldigten dienenden Umstände zu ermitteln. Das hat ihr die Bezeichnung der „objektivsten Behörde der Welt" eingebracht. Bei ihrer Ermittlungstätigkeit können die Ermittlungsbehörden

ERMITTLUNGS-ODER VORVER-FAHREN

z. T. empfindlich in die körperliche Unversehrtheit (z.B. Blutprobe, vgl. Beispiel (2)) in das Eigentum oder die Unverletzlichkeit der Wohnung sowie durch die (richterlich genehmigte) Anordnung von Untersuchungshaft in die Freiheit des Beschuldigten eingreifen. Mit dem Strafverfahrensänderungsgesetz v. 17. 3. 1997 hat der Gesetzgeber in den §§ 81e, 81 f. nunmehr auch den umstrittenen sog. genetischen Fingerabdruck als Zwangsmaßnahme geregelt. Danach dürfen – nur auf Grund richterlicher Anordnung und unter weiteren einschränkenden Voraussetzungen – molekulargenetische Untersuchungen zur Feststellung der Täterschaft oder von Abstammungsverhältnissen vorgenommen werden. Auch gegenüber Zeugen sind Zwangsmittel wie Vorführung und Verhaftung, erkennungsdienstliche Maßnahmen oder körperliche Untersuchungen möglich. Allerdings müssen fast alle diese *Zwangsmittel* von einem Richter angeordnet sein. Nur wenn der Untersuchungserfolg durch eine Verzögerung gefährdet erscheint, dürfen Staatsanwaltschaft und Polizei von sich aus Zwangsmittel anordnen; diese müssen dann im Rahmen des Ermittlungsziels bleiben und sind diesbezüglich richterlich überprüfbar. Freiheitseinschränkende Haft kann nur von einem Ermittlungs*Richter* angeordnet werden. Denn auch im Vorverfahren ist der Beschuldigte wie ein Unschuldiger zu behandeln. Das gilt auch im Fall von Hans S. im Beispiel (3). Besteht die begründete Gefahr, dass Hans S. belastendes Beweismaterial beseitigen will, so muss die Staatsanwaltschaft beim zuständigen Ermittlungsrichter einen Haftbefehl beantragen. Bei der hier bestehenden Verdunkelungsgefahr (§ 112 Abs. 1 Nr. 3 StPO) ist davon auszugehen, dass der Richter per Haftbefehl die beantragte Untersuchungshaft anordnen wird.

Das Ermittlungsverfahren endet mit der Einreichung der Anklageschrift beim zuständigen Gericht (§§ 199 (2), 200 StPO), wenn durch die Ermittlungen „hinreichender Tatverdacht" besteht, d. h. mit einiger Wahrscheinlichkeit mit einer Verurteilung zu rechnen ist. Erscheint dem Staatsanwalt der Tatverdacht nicht als hinreichend, so stellt er das Verfahren ein, der Beschuldigte wird nicht weiter verfolgt.

ZWISCHENVERFAHREN

(2) Im *Zwischenverfahren* tritt zum ersten Mal das Gericht in Funktion. In diesem Verfahrensstadium entscheidet es allerdings noch nicht über Schuld oder Unschuld des „Täters"; es prüft lediglich, ob die Anklage zu Recht erhoben worden ist. Erscheint dem Gericht der Tatverdacht durch die vorliegenden Ermittlungsergebnisse als hinreichend begründet, endet das Zwischenverfahren mit dem Beschluss des Ge-

186

Überblick über Verfahren und Instanzen im Strafprozessrecht

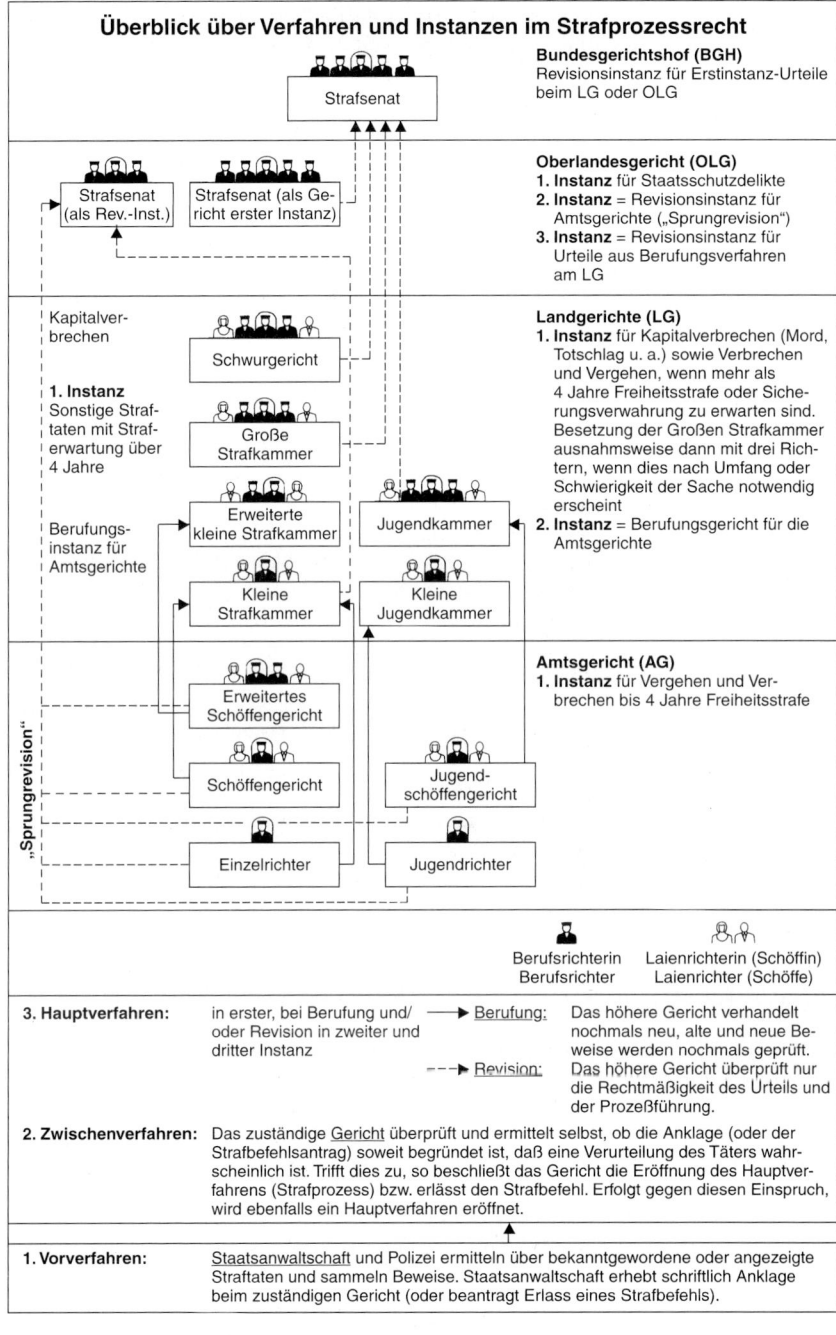

Bundesgerichtshof (BGH)
Revisionsinstanz für Erstinstanz-Urteile beim LG oder OLG

Strafsenat

Strafsenat (als Rev.-Inst.) — Strafsenat (als Gericht erster Instanz)

Oberlandesgericht (OLG)
1. **Instanz** für Staatsschutzdelikte
2. **Instanz** = Revisionsinstanz für Amtsgerichte („Sprungrevision")
3. **Instanz** = Revisionsinstanz für Urteile aus Berufungsverfahren am LG

Kapitalverbrechen

1. Instanz
Sonstige Straftaten mit Straferwartung über 4 Jahre

Berufungsinstanz für Amtsgerichte

Schwurgericht

Große Strafkammer

Erweiterte kleine Strafkammer — Jugendkammer

Kleine Strafkammer — Kleine Jugendkammer

Landgerichte (LG)
1. **Instanz** für Kapitalverbrechen (Mord, Totschlag u. a.) sowie Verbrechen und Vergehen, wenn mehr als 4 Jahre Freiheitsstrafe oder Sicherungsverwahrung zu erwarten sind. Besetzung der Großen Strafkammer ausnahmsweise dann mit drei Richtern, wenn dies nach Umfang oder Schwierigkeit der Sache notwendig erscheint
2. **Instanz** = Berufungsgericht für die Amtsgerichte

„Sprungrevision"

Erweitertes Schöffengericht

Schöffengericht — Jugendschöffengericht

Einzelrichter — Jugendrichter

Amtsgericht (AG)
1. **Instanz** für Vergehen und Verbrechen bis 4 Jahre Freiheitsstrafe

Berufsrichterin / Berufsrichter — Laienrichterin (Schöffin) / Laienrichter (Schöffe)

3. Hauptverfahren: in erster, bei Berufung und/oder Revision in zweiter und dritter Instanz

→ **Berufung:** Das höhere Gericht verhandelt nochmals neu, alte und neue Beweise werden nochmals geprüft.

--→ **Revision:** Das höhere Gericht überprüft nur die Rechtmäßigkeit des Urteils und der Prozeßführung.

2. Zwischenverfahren: Das zuständige <u>Gericht</u> überprüft und ermittelt selbst, ob die Anklage (oder der Strafbefehlsantrag) soweit begründet ist, daß eine Verurteilung des Täters wahrscheinlich ist. Trifft dies zu, so beschließt das Gericht die Eröffnung des Hauptverfahrens (Strafprozess) bzw. erlässt den Strafbefehl. Erfolgt gegen diesen Einspruch, wird ebenfalls ein Hauptverfahren eröffnet.

1. Vorverfahren: <u>Staatsanwaltschaft</u> und Polizei ermitteln über bekanntgewordene oder angezeigte Straftaten und sammeln Beweise. Staatsanwaltschaft erhebt schriftlich Anklage beim zuständigen Gericht (oder beantragt Erlass eines Strafbefehls).

richts, die Anklage zur Hauptverhandlung zuzulassen und das Hauptverfahren zu eröffnen. Das Zwischenverfahren schützt also den „Angeschuldigten" (wie er nach Erhebung der Anklage genannt wird) vor einer eventuell unberechtigten öffentlichen Verhandlung. Das Gericht lehnt nämlich – wie im obigen KOMM-Prozess – die Eröffnung des Hauptverfahrens ab, wenn ihm eine Verurteilung als unwahrscheinlich erscheint.

HAUPTVERFAHREN

(3) Im Mittelpunkt des *Hauptverfahrens* steht die *Hauptverhandlung* vor einem Gericht. Welches Gericht als erste Instanz in der Sache zuständig ist, ergibt sich aus der vorgeworfenen Straftat und muss in der Anklageschrift angegeben werden (vgl. Übersicht). Zur Hauptverhandlung werden der Angeklagte und seine Verteidiger (bis zu drei Verteidiger sind zulässig), die Zeugen und die Sachverständigen „geladen", d. h. zur Teilnahme aufgefordert, und die Beweismittel durch die Staatsanwaltschaft herbeigeschafft. Der Angeklagte ist in der Regel zur Anwesenheit verpflichtet; er kann jederzeit vom Gericht durch Vorführungsbefehl oder Haftbefehl dazu gezwungen werden. Der genaue Ablauf der Hauptverhandlung ist in § 243 StPO geregelt (siehe unten).

BEWEISAUFNAHME

Schwerpunkt der Hauptverhandlung ist die *Beweisaufnahme*, denn das Gericht muss hinsichtlich der Anklagepunkte zweifelsfreie Ergebnisse erzielen. Der Angeklagte braucht seine Unschuld nicht zu beweisen; das Gericht muss umgekehrt so lange seine Unschuld vermuten, als noch Zweifel am Tatbestand, an der Rechtswidrigkeit oder der Schuld bestehen.

Damit auch hier zu jeder Zeit der Angeklagte vor willkürlichen Urteilen geschützt wird, gilt für die Hauptverhandlung

ÖFFENTLICHEKEIT
MÜNDLICHKEIT

der Grundsatz der *Öffentlichkeit* und *Mündlichkeit*. In Protokollen festgehaltene Zeugenaussagen oder Aussagen des Angeklagten sowie Sachverständigengutachten müssen mündlich vorgetragen werden, Beweisgegenstände im Ge-

UNMITTELBARKEIT

richtssaal *unmittelbar* zur Besichtigung durch die Prozessteilnehmer vorliegen. Das Gericht *untersucht* im Rahmen der Anklagepunkte auch unabhängig von den Ergebnissen

UNTERSUCHUNGS-
GRUNDSATZ

der Voruntersuchung. Dazu gehört auch, dass im Strafprozess jedermann ein Anrecht auf *rechtliches Gehör* hat, d. h. alle Verfahrensbeteiligten, besonders der Angeklagte, sein Verteidiger und der Staatsanwalt, können zu jedem Beweisvortrag und zu jedem Gerichtsbeschluss eine Äußerung abgeben, die das Gericht beachten muss. Die Hauptverhandlung endet mit der Urteilsverkündung; das Urteil enthält die genaue Darlegung des vom Gericht festgestellten Sachverhalts und dessen rechtliche Bewertung.

In groben Zügen läuft eine *Hauptverhandlung* wie folgt ab: Der Vorsitzende Richter, der die Verhandlung leitet, ruft zunächst die Strafsache auf und stellt fest, ob der Angeklagte und sein Verteidiger anwesend und die Beweismittel herbeigeschafft sind, insbesondere die geladenen Zeugen und Sachverständigen erschienen sind. Diese müssen anschließend den Sitzungssaal verlassen. Sodann wird der Angeklagte über seine persönlichen Verhältnisse vernommen. Anschließend verliest der Staatsanwalt die Anklageschrift, worauf der Angeklagte, wenn er sich äußern will, zur Sache gehört wird, sich verteidigen und alle zu seinen Gunsten sprechenden Umstände geltend machen kann (§§ 243, 136 Abs. 2 StPO). Es folgt die Beweisaufnahme (§ 244 StPO); dabei soll vermieden werden, dass Beweiserhebungen ungerechtfertigterweise unterlassen oder abgelehnt werden (§§ 244–246) und dass die persönliche Anhörung der Zeugen, Sachverständigen und Mitbeschuldigten in zu großem Umfang durch die Verlesung früherer Protokolle ersetzt wird (§§ 250 ff. StPO) – Grundsatz der Mündlichkeit. Nach den einzelnen Teilen der Beweisaufnahme wird zuerst der Angeklagte wieder gehört (§ 257); nach ihrem Abschluss folgen die Plädoyers, d.h. die Schlussvorträge des Staatsanwaltes und des Verteidigers; das letzte Wort gebührt dem Angeklagten (§ 258). Das Gericht zieht sich anschließend zur Beratung und Abstimmung zurück (§§ 192 ff. GVG). Die Hauptverhandlung schließt mit der Verkündung des Urteils. Es wird „im Namen des Volkes" durch Verlesung der Urteilsformel (der sog. Urteilstenor) und Eröffnung der Urteilsgründe verkündet (§ 268 StPO). Damit ist das Verfahren in erster Instanz abgeschlossen.

ABLAUF DER HAUPTVERHANDLUNG

Sind der Verurteilte oder der Staatsanwalt mit dem Urteil nicht einverstanden, so können sie die *Rechtsmittel* der *Berufung* oder der *Revision* bei einem höheren Gericht beantragen. Dann wird das Urteil noch nicht rechtswirksam und kann bis zur endgültigen Entscheidung nicht vollzogen werden. Wie sich aus dem nachfolgenden Schaubild ergibt, kann gegen Urteile des Strafrichters oder des Schöffengerichts zunächst Berufung an die kleine Strafkammer des Landgerichts und gegen deren Urteil Revision beim Oberlandesgericht eingelegt werden. Demgegenüber können die erstinstanzlichen Urteile der großen Strafkammer des Landgerichts nur mit der Revision zum Bundesgerichtshof angefochten werden. Diese Systematik verwundert etwas, weil der Instanzenzug bei weniger bedeutenden Delikten länger ist als bei den schwersten Straftaten, für die es keine zweite Tatsacheninstanz gibt.

RECHTSMITTEL

(1)   Karl M. hat bei einem Unfall mit seinem Mofa schuldhaft eine Radfahrerin verletzt. Er erhält eine „Ladung" zur Vernehmung bei der Polizei. Sein Freund Michael rät: „Da brauchst Du nicht hinzugehen."
(2)   Die verletzte Radfahrerin wird einen Monat später von der Staatsanwaltschaft als Zeugin zur Vernehmung geladen. Da sie fürchtet, man werde sie auch über das Fahrrad befragen, das sie – was niemand bisher weiß – kurz zuvor entwendet hatte, geht sie nicht zu der Vernehmung.
(3)   Kriminalhauptwachtmeister Kurt Z. vernimmt Gernot L., der ein Auto gestohlen haben soll. Gernot L. sagt zu dieser Sache aus, bestreitet jedoch jede Tatbeteiligung. Nach über zwei Stunden verliert der Polizist die Geduld. Er packt Gernot L. am Arm, dreht ihm diesen auf den Rücken und droht, ihm den Arm auszukugeln, falls er nicht endlich die Tat zugebe. Aus Angst gesteht Gernot L. den Diebstahl, den er auch tatsächlich begangen hat.

Die Stellung der Beteiligten im Strafverfahren

Die Beispiele geben einen kleinen Ausschnitt von Situationen wieder, die im Verlauf eines Strafverfahrens auftreten können. Im Vorverfahren werden verdächtige Personen als Beschuldigte von der Polizei, der Staatsanwaltschaft oder dem Ermittlungsrichter vernommen, Zeugen und Sachverständige werden befragt und sollen Aussagen machen. In der Hauptverhandlung steht neben dem Angeklagten sein Verteidiger. Staatsanwaltschaft und Gericht verhören Zeu-

Übersicht über die wichtigsten Zwangsmittel zur Sicherung des Strafverfahrensablaufs	
Wenn Zeugen, Sachverständige, Beschuldigte nicht zur Vernehmung erscheinen:	Wenn Beweistatsachen sichergestellt werden müssen:
– Polizeiliche Vorführung – Ordnungsgeld – Ordnungshaft – Beugehaft	– Durchsuchung von Räumen und Personen – Körperliche Untersuchung – Molekulargenetische Untersuchungen – Lichtbilder und Fingerabdrücke – Beschlagnahme von Gegenständen – Überwachung des Fernmeldeverkehrs – Untersuchungshaft

gen und lassen Sachverständige zu Wort kommen. Die Beispiele beziehen sich hauptsächlich auf die Stellung von Beschuldigten und Zeugen im Strafverfahren. Die StPO enthält hierzu viele Einzelbestimmungen; hier können nur die wichtigsten Grundsätze dargestellt werden.

Für jede Vernehmung von Beschuldigten und Zeugen gilt als wichtigster Grundsatz, dass niemand sich selbst zu beschuldigen braucht. Deshalb kann der Beschuldigte grundsätzlich in jedem Prozessstadium zur Sache schweigen. Zeugen sind zwar zur wahrheitsgemäßen Aussage verpflichtet; sie machen sich sonst der falschen Aussage oder – falls der Zeuge vereidigt wird – des Meineids schuldig (§§ 153, 164 StGB). Besteht jedoch für einen Zeugen die Gefahr, durch seine Aussage sich selbst einer Strafverfolgung auszusetzen, dann kann auch er (nach § 55 StPO) die Aussage verweigern. Dasselbe gilt, wenn ein Zeuge nahe Anverwandte (Ehegatte, Eltern, Kinder) belasten müsste. Angehörige des Beschuldigten können deshalb die Aussage als Zeugen verweigern.

Damit ein Beschuldigter sich nicht ungewollt oder unwissend belastet, müssen ihn Polizei, Staatsanwalt oder Richter vor dem ersten Verhör auf das Recht zur Aussageverweigerung hinweisen. Sie müssen ihn über das informieren,

GRUNDSÄTZE BEI VERNEHMUNGEN

KEINE PFLICHT, SICH SELBST ZU BESCHULDIGEN

VERHÖRPERSONEN MÜSSEN BESCHULDIGTEN AUF AUSSAGEVERWEIGERUNGSRECHT HINWEISEN

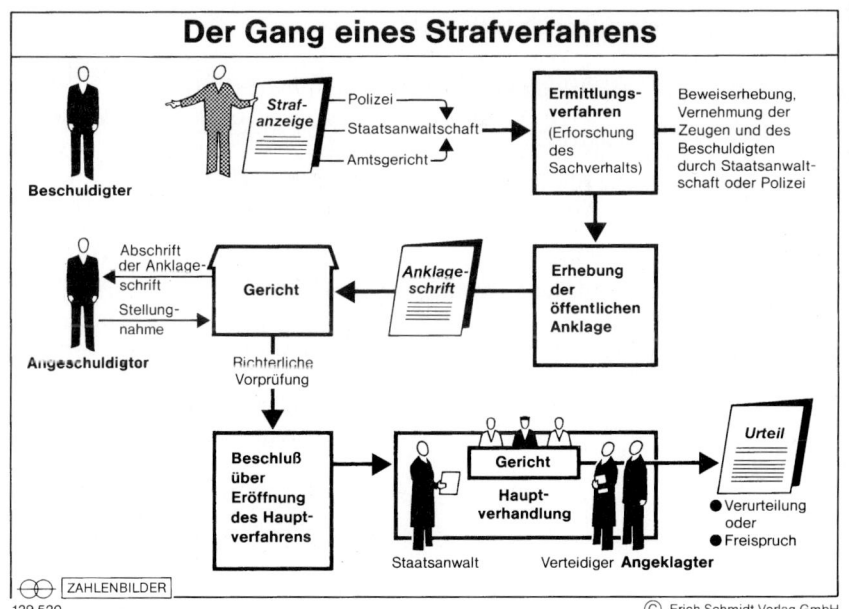

Der Gang eines Strafverfahrens

ZAHLENBILDER

129 520

© Erich Schmidt Verlag GmbH

was ihm vorgeworfen wird (§ 136 StPO). Neben dem Recht, zur Sache zu schweigen, hat er auch das Recht, sich zur Sache zu äußern, schon vor der Vernehmung einen Verteidiger seiner Wahl zu befragen und Zeugenvernehmungen zu seiner Entlastung zu beantragen (Beweisanträge). Einer polizeilichen Ladung zur Vernehmung muss niemand – weder Beschuldigter noch Zeugen – Folge leisten, wohl aber, wenn der Staatsanwalt oder ein Richter dies verlangt. Staatsanwaltschaft und Gericht können zur Durchsetzung ihrer Anordnungen sogar „Zwangsmittel" einsetzen.

ZWANGSMITTEL

Diese Zwangsmittel sind jedoch keine Strafen. Dies wird besonders an der Untersuchungshaft deutlich. Untersuchungshaft wird angeordnet, wenn zu befürchten ist, dass der Beschuldigte – der ja bis zur Verurteilung als unschuldig behandelt wird – zu fliehen versucht (Fluchtgefahr), wichtige Beweise zunichte machen und so die Wahrheitsermittlung behindern könnte (Verdunkelungsgefahr) oder – etwa bei Sexualstraftätern – die Gefahr einer Wiederholungstat besteht (Wiederholungsgefahr). Die Untersuchungshaft ist

ZWECK DER VERFAHRENS-SICHERUNG

VERHÄLTNISMÄSSIG-KEITSGRUNDSATZ

also – wie die übrigen Zwangsmittel auch – an den *Zweck* gebunden, den ordnungsgemäßen *Gang des Strafverfahrens* zu sichern. Nur unter diesem Zweck – und nicht irgendeinem Strafzweck – sind die Zwangsmittel gerechtfertigt. Ihr Ausmaß muss in einem vertretbaren Verhältnis zum jeweils erstrebten Verfahrenszweck stehen; dies gilt insbesondere bei freiheitsbeschränkender Haft.

Aus der Strafprozessordnung (StPO)

§ 136a *Verbotene Vernehmungsmethoden* (1) Die Freiheit der Willensentschließung und der Willensbetätigung des Beschuldigten darf nicht beeinträchtigt werden durch Misshandlung, durch Ermüdung, durch körperlichen Eingriff, durch Verabreichung von Mitteln, durch Quälerei, durch Täuschung oder durch Hypnose. Zwang darf nur angewandt werden, soweit das Strafverfahrensrecht dies zulässt. Die Drohung mit einer nach seinen Vorschriften unzulässigen Maßnahme und das Versprechen eines gesetzlich nicht vorgesehenen Vorteils sind verboten.

(2) Maßnahmen, die das Erinnerungsvermögen oder die Einsichtsfähigkeit des Beschuldigten beeinträchtigen, sind nicht gestattet.

(3) Das Verbot der Absätze 1 und 2 gilt ohne Rücksicht auf die Einwilligung des Beschuldigten. Aussagen, die unter Verletzung dieses Verbots zustande gekommen sind, dürfen auch dann nicht verwertet werden, wenn der Beschuldigte der Verwertung zustimmt.

Die Zwangsmittel dürfen auch nicht mit *verbotenen Vernehmungsmethoden*, wie sie in § 136a StPO aufgeführt sind, verwechselt werden. § 136a StPO soll garantieren, dass die Menschenwürde in einem Ermittlungsverfahren gewahrt bleibt. Die Aussage, die der Polizist in unserem Beispiel erzwungen hat, darf also vor Gericht nicht verwertet werden, denn eine Aussage unter Angst kann ebenso oft falsch wie wahrheitsgemäß sein.

Zusammenfassung

Das Strafprozessrecht regelt als „formelles" Strafrecht, wie die Ermittlungsbehörden (Staatsanwaltschaft und Polizei) und die Gerichte vorgehen müssen, um die mit dem materiellen Strafrecht beabsichtigten Zwecke zu verwirklichen. Das Strafprozessrecht wird manchmal auch als „angewandtes Verfassungsrecht" bezeichnet, weil es ganz besonders von rechtsstaatlichen Grundsätzen geprägt ist. Am Strafverfahrensrecht erkennt man, ob es der Staat mit dem Schutz der persönlichen Freiheit und Unverletzlichkeit des Einzelnen ernst meint. Neben den *allgemeinen Verfahrensgrundsätzen* der Justizförmigkeit, dem Anklagegrundsatz und dem Grundsatz der Zweifelsfreiheit bietet besonders auch die *Aufteilung des Strafverfahrens* in ein Vor-, Zwischen- und Hauptverfahren dem Beschuldigten größtmöglichen Schutz vor ungerechtfertigter Bestrafung oder strafähnlichen Maßnahmen. Durch die Öffentlichkeit und Mündlichkeit der Hauptverhandlung kann darüber hinaus jedermann kontrollieren, wie eine Verurteilung zustande gekommen ist. Mit den *Rechtsmitteln* der Berufung und der Revision können schließlich erstinstanzliche Urteile überprüft und gegebenenfalls geändert werden.

Diesem weit gehenden Schutz des Einzelnen – insbesondere als Beschuldigtem – steht andererseits die Notwendigkeit gegenüber, dass Straftaten genau aufgeklärt werden, damit sich die Täter ihrer gerechten Strafe nicht entziehen können. Zu diesem Zweck können die Justizbehörden auch gegenüber Unschuldigen, z. B. Zeugen, *Zwangsmittel* einsetzen. Jeder Bürger sollte jedoch wissen, dass ihn auch hierbei gesetzliche Vorschriften schützen. So haben bei einer ersten Vernehmung die Verhörpersonen die Pflicht, dem Beschuldigten genau anzugeben, welche Beschuldigungen (Verdacht) ihm vorgeworfen werden; sie müssen ihn darüber belehren, dass er das Recht hat, zur Sache auszusagen oder zu schweigen und auch vor seiner Vernehmung einen Rechtsanwalt zu befragen.

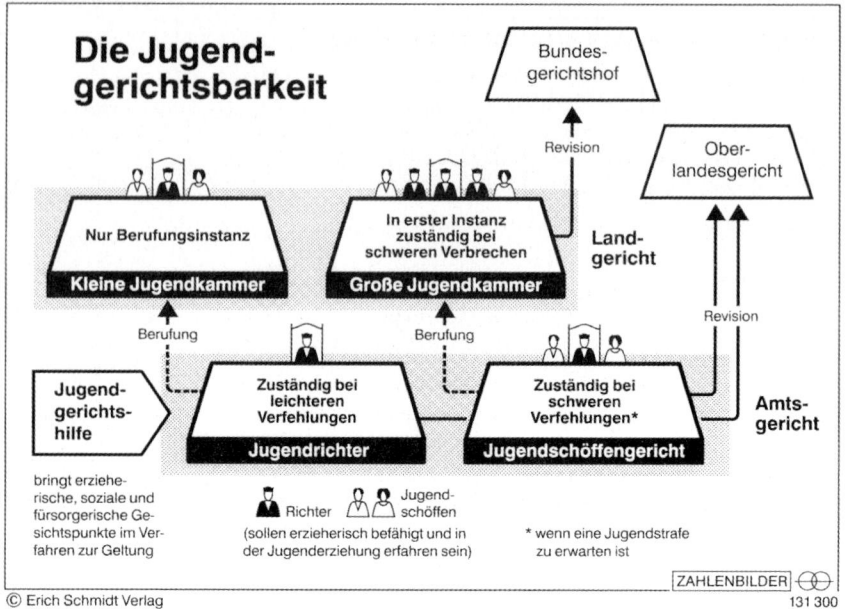

Die Jugend-gerichtsbarkeit

Bundes-gerichtshof

Revision

Ober-landesgericht

Nur Berufungsinstanz

Kleine Jugendkammer

In erster Instanz zuständig bei schweren Verbrechen

Große Jugendkammer

Land-gericht

Revision

Berufung

Berufung

Jugend-gerichts-hilfe

Zuständig bei leichteren Verfehlungen

Jugendrichter

Zuständig bei schweren Verfehlungen*

Jugendschöffengericht

Amts-gericht

bringt erziehe-rische, soziale und fürsorgerische Ge-sichtspunkte im Ver-fahren zur Geltung

Richter

Jugend-schöffen

(sollen erzieherisch befähigt und in der Jugenderziehung erfahren sein)

* wenn eine Jugendstrafe zu erwarten ist

ZAHLENBILDER

© Erich Schmidt Verlag

131 300

6. Besonderheiten des Jugendstrafrechts

(1) Zwei Männer im Alter von 29 und 22 Jahren wur-den zu je 14 Monaten Freiheitsstrafe verurteilt. Sie hat-ten sich abends in einem Warenhaus versteckt und einschließen lassen. In der Schmuckabteilung räumten sie dann die Schubladen mit Schmuck und Uhren für ca. 60 000,– DM aus.

(2) Zwei Schüler im Alter von 17 und 19 Jahren wur-den zu je vier Wochen Jugendarrest verurteilt. Sie hat-ten sich abends in einem Supermarkt versteckt und in der Nacht vor allem elektronische Geräte im Wert von ca. 15 000,– DM sowie etwa 3 000,– DM Bargeld ge-stohlen und ca. 20 000,– DM Schaden angerichtet.

(3) „Supermarkt teilweise ausgebrannt" – Als die Feu-erwehr in den Supermarkt eindrang, fand sie zwei Drei-zehnjährige, die sich bei Geschäftsschluss hatten ein-schließen lassen und zugaben, aus Übermut mehrere der größten Silvesterraketen angezündet und so das Feuer verursacht zu haben. Der Schaden beträgt etwa 600 000,– DM.

194

Rechtsfolgen von Jugendstraftaten nach § 5 JGG

Maßnahmen	Art der Durchführung	Strafgründe
A. Erziehungsmaßregeln (§ 9) 1. Weisungen	Gelten nicht als Strafen, kein Eintrag ins Strafregister Gebote und Verbote zur Regelung der Lebensführung, z. B. Arbeitsstelle annehmen, in einem Heim wohnen u. a.	Besonders bei: Einmalige Straftaten, die durch Umstände der Lebensführung wesentlich mitverursacht wurden.
2. Erziehungsbeistandschaft	Durch gerichtlich bestellte Erziehungsbeistände, z. B. Helfer des Jugendamts, Verwandte, Lehrer u. a.	Wenn mangelhafte elterliche Erziehungsmöglichkeit als Tätermerkmal festgestellt wird.
3. Heimerziehung	In Erziehungsheimen oder sonstig betreuter Wohnform	Wenn die Familie eine drohende Verwahrlosung nicht aufhalten kann.
B. Zuchtmittel (§ 13) 1. Verwarnung	Gelten nicht als Strafen Förmliche Zurechtweisung des Täters, die dem Jugendlichen das Unrecht eindringlich in Erinnerung rufen.	Einmalige Straftaten, für die der Jugendliche in seiner Person selbst verantwortlich ist. Schäden aus Übermut – Wiedergutmachung und persönliche Entschuldigung
2. Auflagen	Gesteigerte Verwarnung durch Auferlegung von Leistungen, z. B. Erbringung einer Arbeitsleistung oder Zahlung eines Geldbetrages an gemeinnützige Einrichtungen.	Delikte aus mangelnder Selbstkontrolle bei besonderer Gelegenheit, z. B. leichter Diebstahl, Körperverletzung u. a.
3. Jugendarrest	Freizeitarrest bis zu 2 Freizeiten, Kurzarrest bis 4 Tage, Dauerarrest bis 4 Wochen.	
C. Jugendstrafe (§ 17) Freiheitsentzug	Bei „schädlicher Neigung", d. h. wenn Erziehungsmaßregeln und Zuchtmittel nicht ausreichen Mind. 6 Monate, höchstens 10 Jahre, Strafaussetzung u. vorzeitige Entlassung möglich zur Bewährung.	Schwere Straftaten mit hohem Schuldgehalt, insbesondere bei Heranwachsenden und Feststellung „schädlicher Neigung" z. B. bei Wiederholungstätern
D. Maßregeln der Besserung und Sicherung (§ 7)	Meist begleitend zu den Maßnahmen A bis C, z. B. Entziehungskur bei Drogen, Führungsaufsicht, Entziehung der Fahrerlaubnis, Unterbringung in einem psychiatrischen Krankenhaus.	Im Zusammenhang mit bestimmten Straftaten

Das Jugendgerichtsgesetz

Welche Strafe haben die beiden Dreizehnjährigen zu erwarten? Warum müssen die beiden Jugendlichen nur vier Wochen, die Schmuckdiebe jedoch 14 Monate ins Gefängnis? Die Beantwortung dieser Fragen führt zur Beschäftigung mit dem Jugendstrafrecht.

Werden Straftaten von Jugendlichen oder Heranwachsenden bis zum Alter von 21 Jahren begangen, so ist neben dem StGB das *Jugendgerichtsgesetz* (JGG) anzuwenden. Schon die Benennung dieses Gesetzes drückt aus, dass nicht so sehr Tat, Schuld und Strafe im Vordergrund stehen. Das Jugendgericht soll sich vielmehr mit der *Person des Täters* beschäftigen *(Täterstrafrecht)*, indem es herauszufinden versucht, durch welche Einflüsse oder Lebenssituationen der Jugendliche dazu kam, straffällig zu werden. Das Gesetz geht also davon aus, dass bei Jugendstraftaten eher die Lebensumstände als der Jugendliche selbst verantwortlich zu machen sind. *Kinder* bis zu 14 Jahren werden vom Gesetz überhaupt nicht als verantwortlich, also als schuldunfähig betrachtet und können nicht bestraft werden. Sie sind nocht nicht strafmündig. Jugendliche, d.h. also der Personenkreis der 14- bis 18-jährigen, werden nach § 3 JGG als bedingt strafmündig angesehen. Der Jugendliche ist nur dann strafrechtlich verantwortlich, wenn er z. Zt. der Tat nach seiner sittlichen und geistigen Entwicklung reif genug ist, das Unrecht der Tat einzusehen und nach dieser Einsicht zu handeln. Aber auch 18- bis 21-jährige, die nach dem StGB als voll schuldfähig gelten, werden als „Heranwachsende" in fast allen Fällen nach den Grundsätzen des JGG behandelt. Dies bedeutet für sie vor allem, dass die *Rechtsfolgen* der Tat nicht den Bestimmungen des StGB folgen. Denn das als *Erziehungsstrafrecht* gestaltete JGG verzichtet weitgehend auf den Vergeltungs- und Abschreckungszweck; die als Rechtsfolgen vorgesehenen Maßnahmen verfolgen fast uneingeschränkt die auf die zukünftige Straffreiheit gerichtete *Resozialisierungs*absicht. Nur bei sehr schweren Verfehlungen wie Mord, Totschlag, schwerer Körperverletzung oder schweren Vermögensdelikten tritt auch der Vergeltungs- und Abschreckungszweck von Strafen wieder deutlicher hervor (vgl. nachfolgende Tabelle „Rechtsfolgen von Jugendstraftaten").

TÄTERSTRAFRECHT

ERZIEHUNGS-STRAFRECHT

Das Jugendstrafverfahren

Jugendstrafverfahren finden vor speziellen *Jugendgerichten* statt. Richter und Staatsanwälte sind hierfür besonders ausgesucht und ausgebildet. Das Verfahren läuft zwar wie im Erwachsenenstrafrecht in den drei Schritten Vor-, Zwischen- und Hauptverfahren ab, jedoch gibt es vier zusätzliche Merkmale. Erstens ermitteln im Vorverfahren nicht nur Polizei und Staatsanwalt, sondern auch die beim Jugendamt eingerichtete *Jugendgerichtshilfe* erforscht die Lebensumstände und die persönliche Entwicklung des Täters. Zweitens findet die Hauptverhandlung zum Schutze des Jugendlichen in *nichtöffentlicher* Sitzung statt. Nur den NICHTÖFFENTLICH Verfahrensbeteiligten, damit auch den Erziehungsberechtigten und dem Vertreter der Jugendgerichtshilfe, dem Verletzten, den Beamten der Kriminalpolizei sowie dem bereits bestellten Erziehungsbeistand oder Bewährungshelfer steht ein Recht auf Anwesenheit zu. Ferner kann der Jugendrichter den jugendlichen Angeklagten vorübergehend aus der Verhandlung entfernen (§ 51 JGG), wenn Angelegenheiten erörtert werden, die Nachteile für die Erziehung nach sich ziehen könnten, etwa dann, wenn das Versagen des Elternhauses zur Sprache kommt, oder bei der Anhörung eines Sachverständigen über die Persönlichkeit des Angeklagten. Intention des Jugendgerichtsverfahrens ist es ferner, zu einer raschen Prozesserledigung zu gelangen, da die Rechtsfolgen ihre beabsichtigte Erziehungs- oder Hilfswirkung nur haben können, wenn sie möglichst unmittelbar auf die Tat folgen. In den Worten des schriftlichen Berichts des Rechtsausschusses des Bundestages zu § 55 JGG 1953: „Alle im JGG vorgesehenen Maßnahmen haben nämlich die erforderliche erzieherische Wirkung in der Regel nur, wenn sie noch in unmittelbarem Zusammenhang mit der Tat angeordnet werden. Hat der Jugendliche erst die innere Beziehung zu seiner Verfehlung verloren, so empfindet er die verspätete Vollziehung von Maßnahmen oder Jugendstrafe nicht mehr als einleuchtende Reaktion auf seine Tat, sondern als ein mehr oder weniger unverständliches Übel, dem er sich notgedrungen beugen muss. Dadurch würde der mit der Maßnahme angestrebte Erziehungserfolg stark beeinträchtigt, wenn nicht gar vereitelt". Deshalb sind auch die Möglichkeiten, Rechtsmittel wie Berufung oder Revision einzulegen, gegenüber dem normalen Strafverfahren eingeschränkt.

Als Rechtsfolgen kommen vor allem *Erziehungsmaßregeln* und *Zuchtmittel* zur Anwendung. Nur wo diese nicht ausreichen, werden *Jugendstrafen* und in Einzelfällen zusätzliche Maßregeln der Besserung und Sicherung (Therapie, Entzug der Fahrerlaubnis) eingesetzt (vgl. Tabelle S. 195). Sind Freiheitsstrafen nicht zu umgehen, soll der Strafvollzug gewährleisten, dass der Verurteilte dazu erzogen wird, künftig einen rechtschaffenen und verantwortungsbewussten Lebenswandel zu führen. Innerhalb der Anstalt werden die Straffälligen in Lehrwerkstätten beruflich gefördert oder ausgebildet und erhalten auch allgemeine Weiterbildungsmöglichkeiten. Hauptziel ist, sie durch intensive Betreuung in die Lage zu versetzen, nach der Strafverbüßung in ein straffreies Leben einzusteigen. Da die Jugendstrafanstalten aber naturgemäß nicht das gesamte Ausbildungs- und Berufsspektrum abdecken können, erlaubt es das JGG, den Vollzug aufzulockern, d. h. jugendlichen Verurteilten zu ermöglichen, ihre schulische oder berufliche Ausbildung oder Berufstätigkeit außerhalb des Jugendgefängnisses fortzuführen und nach Ende der Arbeitszeit in die Anstalt zurückzukehren.

Literaturhinweise

Strafgesetzbuch (mit Nebenvorschriften). Beck-Texte im dtv, 31. Aufl. 1998 (dtv-TB 5007)

Strafprozessordnung (mit Auszügen aus dem Gerichtsverfassungsgesetz u. a.). Beck-Texte im dtv, 28. Aufl. 1997 (dtv-TB 5011)

Baumann, J., Weber U.: Strafrecht, Allgem. Teil, Ein Lehrbuch. 10. Aufl. 1995

Lackner, K.: Strafgesetzbuch. 22. Aufl. 1997

Naucke, W.: Strafrecht. Eine Einführung. 7. Aufl. 1995

Eisenberg, U.: Jugendgerichtsgesetz mit Erläuterungen. 7. Aufl. 1997

7   STAATSRECHT

1. Aufgaben, Funktionen und Grundsätze des Staatsrechts

(1)   Der Verleger V. gründet eine Partei, die sich zum Ziele setzt, anstelle der „endlosen Debatten" und „Schwätzereien" im Bundestag und anstelle der als „faule Kompromisse" bezeichneten Beschlüsse wieder eine „wahre Volksregierung" mit klarer Entscheidungsgewalt zu bilden. Die Staatsführung sollte nicht mehr alle vier Jahre von den Launen der Wähler bestimmt sein. Eine „moderne Führungsmannschaft" von Fachleuten sollte die notwendigen Entscheidungen treffen und ausführen. Nach diesem Führerprinzip organisiert V. auch die Partei. In ihrer Satzung ist bestimmt, dass der Vorsitzende von einem „Parteirat" gewählt wird, dessen Mitglieder zur Hälfte vom Vorsitzenden selbst ernannt werden und dem er selbst auch angehört. Als er hört, man wolle seine Partei verbieten, beruft er sich auf sein Grundrecht der freien Meinungsäußerung nach Art. 5 GG und auf die Freiheit, Parteien zu gründen (Art. 21 GG).

(2)   Klaus K. wird wegen Verstoßes gegen das Wehrpflichtgesetz zu sechs Monaten Freiheitsstrafe verurteilt. Er hatte unter Berufung auf Art. 4 Abs. 3 GG beantragt, ihn als Kriegsdienstverweigerer anzuerkennen, mit der Begründung, dass ihm sein Gewissen verbiete, an der Vorbereitung eines atomaren Angriffskrieges teilzunehmen. Dieses Ziel erkenne er in der Politik, die das westliche Verteidigungsbündnis und die Bundesrepublik Deutschland verfolgten.

Art. 4 Abs. 3 GG lautet: „Niemand darf gegen sein Gewissen zum Kriegsdienst mit der Waffe gezwungen werden. Das Nähere regelt ein Bundesgesetz."

(3)   Simone L. stirbt, nachdem ihre Eltern eine dringend notwendige Blutübertragung abgelehnt hatten. Als die Eltern wegen unterlassener Hilfeleistung angeklagt werden (§ 323c StGB), begründen sie vor Gericht ihre Haltung damit, dass ihnen ihre Religion eine Bluttransfusion verbiete. Die Verweigerung einer Blutübertragung entspringe ihrer grundgesetzlich garantierten Glaubens- und Gewissensentscheidung.

Die drei Beispiele sollen zunächst anschaulich machen, wie der Bürger vom Staatsrecht betroffen ist, womit es sich befasst, was Staatsrecht ist. In *Kapitel I, Abschnitt 6* (Überblick über die Rechtsordnung) wurde bereits dargestellt, dass man grundsätzlich unterscheiden kann zwischen Rechtsbeziehungen unter Privatpersonen, die sich mit gleichrangigen Ansprüchen gegenüberstehen (Privatrecht) und Rechtsbeziehungen zwischen Personen und diesen übergeordneten Einrichtungen, die allgemeine Interessen zu wahren haben (öffentliches Recht). „Staatsrecht" ist ein Teil solchen öffentlichen Rechts, jedoch nicht alles öffentliche Recht ist Staatsrecht. Will man Staatsrecht von anderen Bereichen öffentlichen Rechts – z. B. dem Strafrecht, den Verfahrensgesetzen, dem allgemeinen Verwaltungsrecht oder dem Sozialrecht und dem Steuerrecht – unterscheiden, so muss man nach genaueren Merkmalen fragen.

In den Beispielen berufen sich die Bürger, die sich einem staatlichen Anspruch auf Unterlassung (Fall (1)), auf Ableistung des Wehrdienstes (Fall (2)) oder auf Bestrafung (Fall (3)) widersetzen, auf ihre verfassungsmäßigen Grundrechte. Der Verleger V. im Fall (1) möchte sogar unter dem Schutz dieser Grundrechte für eine Veränderung des staatlichen Aufbaus und des Verfahrens der politischen Willensbildung werben. Die Frage, ob der Staat diese Ansprüche gegen seine Bürger überhaupt erheben darf, wird hier *staatsrechtlich* aufgeworfen und beantwortet; denn man fragt hier nach der staatlichen *Grundordnung*, der rechtlich geregelten „Verfassung" des Staates.

VERFASSUNGS-
RECHT
GRUNDGESETZ

Staatsrecht ist also im Wesentlichen *Verfassungsrecht*. Das Staatsrecht der Bundesrepublik Deutschland finden wir im *Grundgesetz* für die Bundesrepublik Deutschland (vom 23. Mai 1949) und in den Verfassungen der Bundesländer. Hierin geht es vor allem um die Festlegung, wie innerhalb eines *Staatsgebietes die Staatsgewalt* zur Sicherung des staatlichen Zusammenlebens der *Staatsbürger* (des Staatsvolkes) ausgeübt werden soll. Als grundlegende Gesetze beschreiben Verfassungen also die allgemeine, grundsätzliche Stellung der Bürger zum Staat, den Aufbau des Staates mit seinen Organen, die Funktionen der Staatsorgane und

PROGRAMMSÄTZE
FÜR DAS
RECHTSSYSTEM
VÖLKERRECHT

allgemeine Programmsätze, nach denen das Rechtssystem im Einzelnen auszugestalten ist. *Völkerrecht* – als überstaatliches Recht – kann Bestandteil des Staatsrechts sein, soweit in der Verfassung die Gültigkeit völkerrechtlicher Regelungen anerkannt ist bzw. Völkerrecht als Bestandteil der staatlichen Rechtsordnung gilt – wie dies Art. 25 GG für die Bundesrepublik Deutschland vorsieht. Ebenso werden völkerrechtliche Verträge mit anderen Staaten, z.B. zur Schaffung übernationaler Sicherheitssysteme, Bestandteil des Staatsrechts, wenn ihre Vereinbarkeit mit der Verfassung festgestellt worden ist.

Vier Funktionen

Um Verfassungsbestimmungen *inhaltlich* einordnen zu können, sollte man sich die *vier wesentlichen Funktionen* vor Augen halten, die das Verfassungsrecht erfüllen soll. In demokratischen Staaten steht die *Schutzfunktion* der Verfassung im Vordergrund, unter rechtsstaatlichem Blickwinkel liefern Verfassungen vor allem die *Rechtfertigung* für staatliches Handeln. Schließlich *einigt* die Verfassung alle Staatsmitglieder innerhalb eines allgemein gültigen *Ordnungsrahmens*.

Ihre *Ordnungsfunktion* erfüllen Verfassungen vor allem dadurch, dass sie den Aufbau, die Zusammensetzung, die Arbeitsweise und die Machtbefugnisse der für den Staat nötigen Staatsorgane beschreiben. Damit ist eine *Rahmenordnung* festgelegt, innerhalb derer sich die konkrete Politik bewegen muss. Ein beständiges Verfassungsproblem liegt darin, dass staatliches Handeln diesen Rahmen einerseits nicht überschreiten oder durchbrechen darf – sonst verlöre die Verfassung ihre Ordnungsfunktion –, dass aber andererseits Veränderungen des gesellschaftlich-politischen Wertbewusstseins eines Staatsvolkes nicht durch die Verfassung für alle Zeiten unmöglich werden dürfen. Ein solcher Wertkonflikt liegt z.B. in der Frage der Mitbestimmung der Arbeitnehmer über Produktions- und Gewinnverteilungsentscheidungen in Großunternehmen. Hier musste das Bundesverfassungsgericht prüfen, ob das Mitbestimmungsgesetz von 1976 *(siehe Kap. 5 Abs. 7)* nicht das Eigentumsgrundrecht der Unternehmenseigentümer (Aktionäre) zu stark beschneide, wenn nach diesem Gesetz die Hälfte der Aufsichtsratmitglieder aus Nicht-Eigentümern (Arbeitnehmervertretung) besteht. Da das Gesetz den Vertretern der Kapitaleigentümer jedoch bei Abstimmungen ein Übergewicht dadurch sichert, dass bei Stimmengleichheit der Vorsitzende (ein Kapitalvertreter) zwei Stimmen hat, wurde das Gesetz als verfassungskonform bestätigt. Es bleibt jedoch offen, ob das Grundgesetz auch eine „echte" gleichgewichtige Mitbestimmung von Nichteigentümern am Betriebskapital zuließe, wenn das überwiegende Rechtsbewusstsein der Bevölkerung eine solche Mitbestimmung für nötig und richtig halten würde. Inhaltlich beschränken sich

ORDNUNGSFUNKTION

Verfassungen deshalb auf wenige grundlegende Prinzipien, Leitideen und Ziele, die möglichst von allen Staatsbürgern und über zeitliche Entwicklungen hinweg anerkannt bleiben. Verfassungen haben hierin eine wichtige *Einigungsfunktion*, indem sie die Werte und grundlegenden Verhaltensnormen zum Ausdruck bringen, unter denen möglichst alle Staatsbürger sich einig wissen können (sog. Grundkonsens).

EINIGUNGS-FUNKTION

Eng verknüpft mit der Ordnungs- und Einigungsaufgabe ist die *Rechtfertigungsfunktion* des Verfassungsrechts. Denn zur Aufrechterhaltung der Ordnung, unter der die grundlegenden Ziele der Verfassung verwirklicht werden können, brauchen die Staatsorgane die Befugnis, Entscheidungen für die Politik zu treffen und diese Entscheidungen dann – auch gegen Widerstände gesellschaftlicher Minderheiten – durchzusetzen. Verfassungen müssen also möglichst genau beschreiben und angeben, unter welchen Bedingungen Staatsorgane Entscheidungs- und Durchsetzungsberechtigung erhalten und wie diese kontrolliert werden. Dies geschieht besonders dadurch, dass das Grundgesetz für die Entscheidungsfindung und die staatliche Durchsetzung demokratische Verfahrensweisen vorschreibt: Wahl der Staatsorgane, Mehrheitsgrundsatz bei Uneinigkeit, Bindung der staatlichen Ausführungsorgane an gesetzliche Grundlagen, Möglichkeit der richterlichen Nachprüfung staatlichen Handelns, Öffentlichkeit. Staatliche Machtausübung muss sich an diesen Verfahrensvorschriften *rechtfertigen* können.

RECHTFERTIGUNGS-FUNKTION

Die Notwendigkeit zur Machtrechtfertigung an der Verfassung verweist schließlich auf die geschichtlich ursprünglichste Aufgabe von Verfassungen, auf ihre *Schutzfunktion*. Nicht persönliche Willkür, sondern nur das auf der Verfassung beruhende Recht und die Verfassung selbst dürfen Grundlage staatlichen Zwangs sein. Obwohl heute so gut wie alle Staaten eine geschriebene Verfassung haben, kann man von *Verfassungsstaaten* im eigentlichen Sinn nur dann reden, wenn die Verfassung jedem Einzelnen unabdingbare Rechte zusichert, die ihn auch vor dem Staat selbst schützen. Der Verfassungsstaat muss also als *Rechtsstaat* organisiert sein, der dem Bürger gegenüber staatlichen Zwangsansprüchen die Möglichkeit des *Rechtsschutzes* durch richterliche Überprüfung sichert. Unantastbare Grundrechte und Aufteilung der Staatsgewalt in Teilgewalten, die sich gegenseitig kontrollieren, sind Voraussetzungen dieser Schutzfunktion der Verfassung.

SCHUTZFUNKTION

Zusammenfassung

Staatsrecht erscheint als Verfassungsrecht, das sich einerseits auf den Teilbereich der staatlichen Grundziele, des Aufbaus der Staatsorgane und auf ihre Zuständigkeiten und Tätigkeiten beschränkt. Andererseits steckt es als allgemeine Grundordnung den Rahmen ab, innerhalb dessen sich jede weitere konkrete Staatstätigkeit bewegen muss. Verfassungen sollen hierbei vier Grundfunktionen erfüllen können. In den Beispielen berufen sich die Bürger auf ihre grundrechtlichen Freiheiten und damit besonders auf die Schutzfunktion. Inhaltlich formulieren die Grundrechte der Meinungs-, Glaubens- und Gewissensfreiheit zugleich allgemeine Grundwerte, in denen die Einigungsfunktion des Verfassungsrechts zum Ausdruck kommt. Der Zeitungsverleger in Fall (1) äußert mit seiner Kritik am parlamentarischen Gesetzgebungsverfahren und am Wahlsystem Zweifel an der Rechtfertigungsfunktion des verfassungsmäßigen Entscheidungsvorgangs, weil dieses Verfahren nicht die von ihm gewünschten Ordnungswirkungen habe. In Fall (2) glaubt der Wehrpflichtige Klaus K., dass die Verteidigungs- und Bündnispolitik nicht mehr den Grundwerten der Verfassung entspreche, eine Verpflichtung zum Wehrdienst also nicht mehr gerechtfertigt sei und er gegen diesen Anspruch den grundgesetzlichen Schutz in Anspruch nehmen könne. An diesen Beispielen zeigt sich, dass die *Schutzfunktion*, die *Einigungsfunktion*, die *Ordnungs-* und *Rechtfertigungsfunktion* des Verfassungsrechts eng miteinander verknüpft sind und sich gegenseitig bedingen.

2. Grundsätze des Verfassungsrechts der Bundesrepublik Deutschland

Aus dem Grundgesetz für die Bundesrepublik Deutschland vom 23. Mai 1949
Art. 1 [Schutz der Menschenwürde, Bindung der staatlichen Gewalt] (1) Die Würde des Menschen ist unantastbar. Sie zu achten und zu schützen ist Verpflichtung aller staatlichen Gewalt.
(2) Das Deutsche Volk bekennt sich darum zu unverletzlichen und unveräußerlichen Menschenrechten als Grundlage jeder menschlichen Gemeinschaft, des Friedens und der Gerechtigkeit in der Welt.
(3) Die nachfolgenden Grundrechte binden Gesetzgebung, vollziehende Gewalt und Rechtsprechung als unmittelbar geltendes Recht.

Die Artikel 1, 20, 28 und 79 aus dem Grundgesetz für die Bundesrepublik Deutschland enthalten alle wesentlichen Grundsätze, die in den übrigen Verfassungsartikeln im Einzelnen zu genaueren Bestimmungen ausformuliert sind. Obwohl man der äußeren Einteilung nach *(s. Abs. 3)* zwischen einem Grundrechtsteil *Grundrechtsteil* – der die Stellung zwischen Einzelnem und Organisations- Staat festlegt – und dem *Organisationsteil*, der im engeren teil Sinne das eigentliche Staatsrecht beinhaltet, unterscheiden kann, muss man diese Grundgesetzartikel inhaltlich im Zusammenhang betrachten. Die am Anfang stehenden Grundrechte (Art. 1 bis Art. 19 GG) beschreiben konkret, welche Freiheiten, Gleichheitsrechte und Schutzgarantien die „Würde des Menschen" ausmachen. Zugleich ergibt sich der fundamentale organisatorische Grundsatz für die gesamte Staatsverfassung: Die Grund- und Menschenrechte sind „Grundlage jeder menschlichen Gemeinschaft", sie stehen also höher als jeder staatliche Anspruch. Deshalb sind auch die staatlichen Organe gemäß Art. 1 Abs. 3 GG an diese Grundrechte unmittelbar gebunden. Nach Art. 79 Abs. 3 GG darf dieser Grundsatz auch durch sonst mit Zweidrittelmehrheit mögliche Verfassungsänderungen nicht berührt werden. Die Grundrechte liegen also ihrem Wesen nach außerhalb des Staates, sind „vorstaatliche" Rechte jedes Einzelnen. Dieser *Grundrechtsschutz* ist die wichtigste Verfassungsgarantie. Aus ihm lassen sich die weiteren Grundsätze erklären.

Grundrechtsschutzgarantie

Bundesstaats- Nach Art. 20 und Art. 28 GG soll die Bundesrepublik
garantie – ein *Bundesstaat* sein, d. h. der Gesamtstaat ist in einzelne Bundesländer mit eigenen Staatsfunktionen (und eigenen Länderverfassungen) gegliedert.

Demokratiegebot – Bund und Länder müssen *demokratisch* aufgebaut sein, d.h. die Staatsgewalt muss vom Volk ausgehen und durch jeweils besondere Organe der Gesetzgebung, Vollziehung
Gewalten- und Rechtsprechung ausgeübt werden *(Gewaltenteilung)*.
teilungsgebot – Bund und Länder sollen *sozialstaatliche* Grundsätze ver-
Sozialstaats- wirklichen, d. h. der Staat muss auch die sozialen (= gesell-
gebot schaftlichen) Bedingungen dafür herstellen oder sichern, dass alle Bürger in möglichst gleicher Weise menschenwürdig leben, möglichst gleiche Chancen zur Entfaltung ihrer grundrechtlichen Freiheiten haben.
– Die staatlichen Organe (insbesondere Verwaltungen und Polizei, aber auch die Gerichte) dürfen nur auf der Grundla-
Rechtsstaats- ge von Recht und Gesetz handeln; die gesetzgebende Volks-
garantie vertretung ist an das Grundgesetz als Rahmen „gebunden".

Dieses Rechtsstaatsgebot wird durch Art. 79 GG unterstrichen, wenn dort eine Änderung der Grundsätze des Art. 1 und des Art. 20 verboten wird.

Im Verhältnis zum Bürger liegt der besondere *staatsrechtliche* Charakter dieser Verfassungsvorschriften darin, dass sie nur für den Staat hinsichtlich seines Aufbaus und seiner Tätigkeit sowie für das Verhältnis des Staates zu seinen Bürgern „als unmittelbar geltendes Recht" bindend sind (Art. 1 Abs. 3 GG). Bürger und gesellschaftliche Gruppen sind untereinander dagegen nicht direkt an die grundgesetzlichen Normen gebunden. So kann sich ein Geschäftsinhaber z. B. weigern, seine Waren an einzelne Personen zu verkaufen, die er wegen ihrer politischen oder religiösen Überzeugungen ablehnt, ohne dass sich diese Menschen ihm gegenüber direkt auf Art. 3 Abs. 3 GG berufen könnten („Niemand darf wegen […] seiner religiösen oder politischen Anschauungen benachteiligt oder bevorzugt werden."). Die Grundrechte haben jedoch eine sogenannte *mittelbare Drittwirkung*, die besonders in das Wirtschafts- und Arbeitsrecht, aber auch in das Bürgerliche Recht hineinwirkt. Kann z. B. der abgelehnte Kunde eine gewünschte Ware sonst nicht oder nur mit großem Aufwand erlangen, dann stellt die private Ablehnung zugleich einen Grundrechtsverstoß dar (der Geschäftsinhaber missbraucht sein Eigentumsrecht nach Art. 14 GG, beachtet nicht die dort geforderte Sozialpflichtigkeit). In einem Zivilprozess könnte dann der Geschäftsmann gezwungen werden, an den Kunden zu verkaufen oder ihm den Mehraufwand für eine weite Einkaufsreise zu ersetzen. Kann der Kunde jedoch ohne besonderen Aufwand in einem großen Geschäft einkaufen, so schützt ihn das Grundrecht nicht vor privater Ungleichbehandlung *(s. auch Kap. 2, Abs. 6, Vertragsfreiheit)*. Deshalb wird die Drittwirkung in der Regel erst durch eine richterliche Prüfung festgestellt und durchgesetzt werden können.

MITTELBARE DRITTWIRKUNG DER GRUNDRECHTE

Zusammenfassung

Obwohl man das Grundgesetz der Bundesrepublik Deutschland in einen *Grundrechtsteil* und in einen *Organisationsteil* unterteilen kann und der Organisationsteil als das eigentliche „Staatsrecht" den größten Umfang beansprucht, ist der Grundrechtsteil mit seinen programmatischen Wertbestimmungen und seinen unveränderlichen Schutzgarantien als Fundament der Verfassung zu betrachten. Die Organisationsgrundsätze des *Demokratie-, Rechtsstaats-* und *Gewaltenteilungsgebots* und der *Sozialstaats-*

grundsatz sind Folgen der auf Menschenwürde gerichteten Staatszweckbestimmung. Auch die *Gliederung in Bund und Länder*, die vor allem geschichtlich begründet ist, dient zugleich dem Demokratie- und Gewaltenteilungsprinzip. Dadurch, dass bei fast allen Gesetzen auch der Bundesrat als Vertretung der Länder zustimmen muss, können die Länder die Politik der Bundesregierung aus ihrer Sicht kontrollieren. Im Übrigen ist hier anzumerken, dass 1949 die Bezeichnung „Grundgesetz für die Bundesrepublik Deutschland" anstelle von „Verfassung" gewählt wurde, weil dieses Grundgesetz nur so lange und vorläufig gelten sollte, bis alle von den Siegermächten nach dem Zweiten Weltkrieg aufgeteilten Gebiete Deutschlands wieder in einem politischen Gesamtgebilde vereinigt sind. Im Einigungsvertragsgesetz aus dem Jahre 1990 erfolgten dann jedoch anlässlich des Beitritts der früheren DDR keine wesentlichen Änderungen des Grundgesetzes.

3. Aufbau des Grundgesetzes im Überblick

Das Grundgesetz (GG) umfasst 146 Artikel, die in 14 Abschnitte gegliedert sind. Der erste Abschnitt enthält in den Artikeln 1 bis 19 die Grundrechte. Es folgen im Abschnitt II insbesondere in den Artikeln 20 und 28 die *Verfassungsprinzipien* der Demokratie, des sozialen Rechtsstaats und des Bundesstaats mit weiteren Bestimmungen über das Verhältnis von Bund und Ländern sowie insbesondere auch über die Beziehung zur Europäischen Union (Art. 23), zum Beitritt zu sonstigen internationalen Einrichtungen (Art. 24) und zur Verbindlichkeit des Völkerrechts (Art. 25). Daran schließen sich Abschnitte über die Staatsorgane Bundestag, Bundesrat, Bundespräsident und Bundesregierung an. Die Abschnitte VII bis IX regeln die *Zuständigkeiten* des Bundes auf den Gebieten der Gesetzgebung, der Vollziehung und der Rechtsprechung. Am Ende findet sich je ein Abschnitt über das *Finanzwesen* (Steuern) und über Sonderregelungen für den *Verteidigungsfall* (Notstandsgesetze) sowie zahlreiche Schlussbestimmungen. Für die nachstehenden Grundinformationen sollte der Leser auch einen Originaltext des Grundgesetzes mitbenutzen.

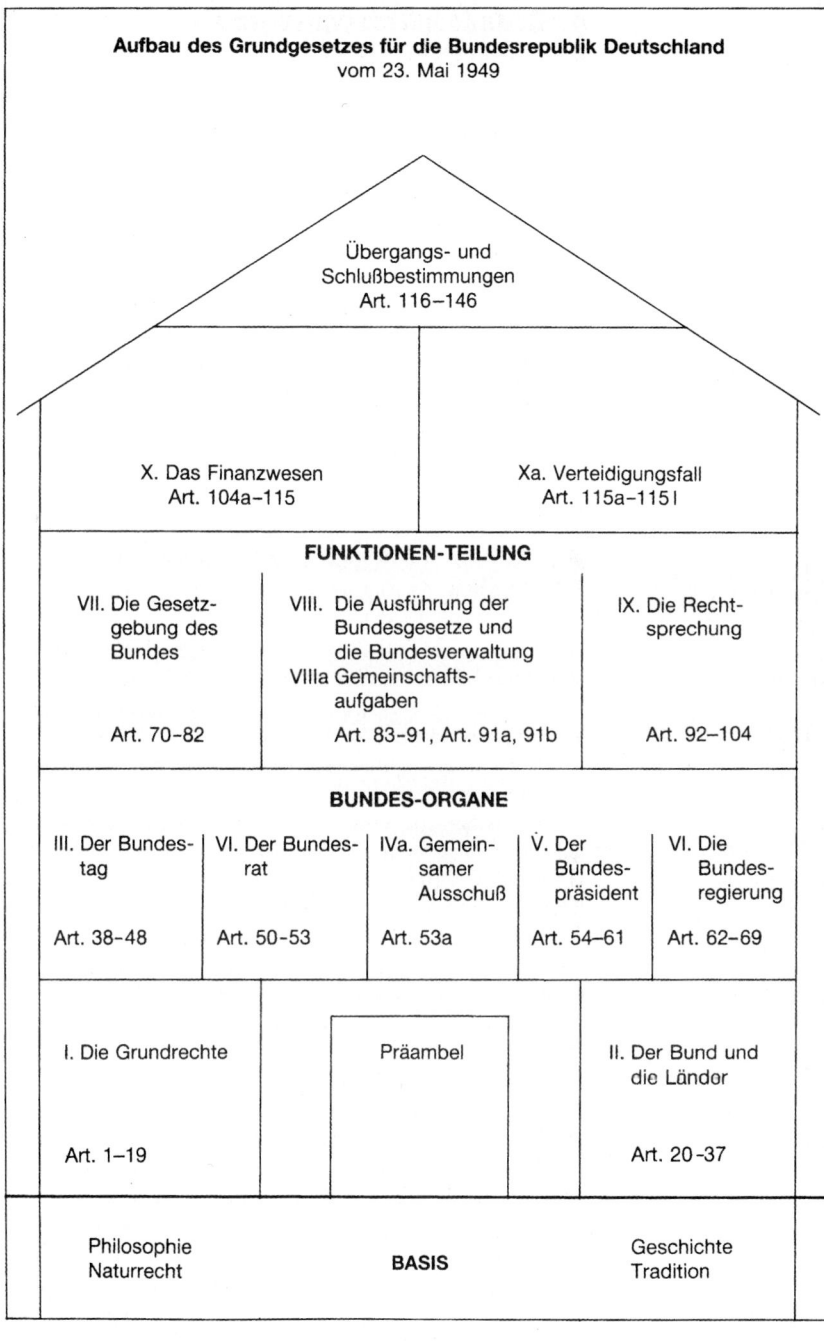

Aufbau des Grundgesetzes für die Bundesrepublik Deutschland
vom 23. Mai 1949

Übergangs- und
Schlußbestimmungen
Art. 116–146

X. Das Finanzwesen
Art. 104a–115

Xa. Verteidigungsfall
Art. 115a–115 l

FUNKTIONEN-TEILUNG

VII. Die Gesetz-
gebung des
Bundes

Art. 70–82

VIII. Die Ausführung der
Bundesgesetze und
die Bundesverwaltung
VIIIa Gemeinschafts-
aufgaben
Art. 83–91, Art. 91a, 91b

IX. Die Recht-
sprechung

Art. 92–104

BUNDES-ORGANE

III. Der Bundes-
tag

Art. 38–48

VI. Der Bundes-
rat

Art. 50-53

IVa. Gemein-
samer
Ausschuß

Art. 53a

V. Der
Bundes-
präsident

Art. 54–61

VI. Die
Bundes-
regierung

Art. 62–69

I. Die Grundrechte

Art. 1–19

Präambel

II. Der Bund und
die Länder

Art. 20-37

Philosophie
Naturrecht

BASIS

Geschichte
Tradition

4. Grundrechtsschutz und Rechtsstaatsgebot

Liest man die Grundgesetzartikel 1 bis 19, so fallen bestimmte, sich wiederholende Formulierungen ins Auge: Die Würde des Menschen ist *unantastbar* (Art. 1), die Freiheit des Glaubens und des Gewissens (Art. 4), das Brief-, Post- und Fernmeldegeheimnis (Art. 10) sowie die Wohnung (Art. 13) sind *unverletzlich;* jeder hat das Recht auf *freie* Entfaltung seiner Persönlichkeit (Art. 2), seine Meinung in Wort, Schrift und Bild *frei* zu äußern (Art. 5); *alle Menschen* sind vor dem Gesetz *gleich, niemand* darf benachteiligt werden (Art. 3); *alle Deutschen* haben das Recht, sich friedlich zu versammeln (Art. 8), Vereine und Gesellschaften zu bilden (Art. 9), sich *frei* im ganzen Bundesgebiet zu bewegen (Art. 11), Beruf und Arbeitsplatz *frei* zu wählen (Art. 12), auf Staatsbürgerschaft und Auslieferungsschutz (Art. 16).

FREIHEITSRECHTE
UNVERLETZLICH-
KEITSRECHTE
GLEICHHEITS-
RECHTE

Diese Formulierungen werden oft dazu benutzt, die Grundrechte äußerlich einzuteilen in *Freiheitsrechte, Unverletzlichkeitsrechte* und *Gleichheitsrechte.* Mit den Wörtern „jeder" und „alle Menschen" kommt zum Ausdruck, dass hier allgemeine Menschenrechte zu Grundrechten für jeden erklärt sind. Daneben stehen Grundrechte, die nur deutschen Staatsangehörigen zustehen; dies sind vor allem jene Bürgerrechte, die die demokratische Beteiligung und Kontrolle der Staatsmacht durch die Staatsbürger absichern sollen (z.B. Versammlungs- und Vereinigungsfreiheit).

ABWEHRRECHTE

Ihrem Sinne nach weisen Begriffe wie „unantastbar, unverletzlich, gewährleistet" (z. B. Eigentum und Erbrecht, Art. 14) darauf hin, dass die Grundrechte vor allem *Abwehrrechte* für den Einzelnen gegen den Staat sind. Dasselbe kommt auch in allen Freiheitsrechten zum Ausdruck – das Freiheitsrecht für jeden oder jeden Deutschen setzt dem Staat Grenzen. Auch wo Einschränkungen vorgesehen sind, dürfen diese nie so weit gehen, dass „ein Grundrecht in seinem Wesensgehalt angetastet" wird (Art. 19 Abs. 2). Den Grundrechten entsprechende, gleichwertige *Grundpflichten* kennt das Grundgesetz nicht. Die in Art. 6 Abs. 2 genannte „Pflicht" der Eltern zur Erziehung ihrer Kinder unterstreicht nur, dass diese Erziehung eben nicht Sache des Staates, sondern ein von diesem zu schützendes Recht der Eltern sein soll. Auch die „Verpflichtung" nach Art. 14 Abs. 2, Eigentum so zu verwenden, dass es zugleich dem Wohle der Allgemeinheit dienen kann, ist keine Grundpflicht. Denn nur bei offenkundiger Sozialschädlichkeit des

Eigentumsgebrauchs ist hier dem Staat die Möglichkeit gegeben, zum Schutz der Allgemeinheit, also zur Sicherung der Grundrechte anderer, einzugreifen. Schließlich ist auch die Wehrpflicht nach Art. 12a nicht als eine Grundpflicht des Einzelnen formuliert, sondern als ein die Freiheit der Berufsausübung einschränkendes Recht des Staates, wonach „Männer vom vollendeten 18. Lebensjahr an zum Dienst in den Streitkräften, im Bundesgrenzschutz oder in einem Zivilverband verpflichtet werden" können. Demgegenüber steht wieder als deutliches individuelles Abwehrrecht, dass (nach Art. 4 Abs. 3) „niemand ... gegen sein Gewissen zum Kriegsdienst mit der Waffe gezwungen werden" darf. Die Bedeutung der Grundrechte geht im modernen Verfassungsstaat über den Gesichtspunkt des Schutzes der Bürger vor unangemessenen staatlichen Eingriffen (Abwehrfunktion) hinaus. Neben der Schutz- und Abwehrfunktion tragen die Grundrechte zugleich auch die Einigungsfunktion *(s. Abs. 1)* der Verfassung, d. h. sie formulieren zugleich die grundlegenden Werte und Ziele, nach denen Staat und Gesellschaft objektiv gestaltet werden sollen. Sie haben also eine *Doppelnatur:* Als *subjektive Abwehrrechte* untersagen sie dem Staat freiheitsschädliche Maßnahmen, als *objektive Gestaltungsgrundsätze* verpflichten sie den Staat, die Freiheit und die menschenwürdige Entfaltung des Einzelnen zu fördern: denn diese können ja nicht nur durch den Staat, sondern auch durch nichtstaatliche, gesellschaftliche Mächte gefährdet werden.

DOPPELNATUR DER GRUNDRECHTE

Aus dieser Doppelfunktion können die in verschiedenen Grundrechtsartikeln angesprochenen Einschränkungsmöglichkeiten verstanden werden. Eine Grundrechtseinschränkung ist immer dann gerechtfertigt, wenn dadurch ein Missbrauch, der die Freiheit anderer gefährdet, verhindert wird, wenn also die Einschränkung für Einzelne zu mehr Freiheit für viele führt. So rechtfertigt sich z.B. die allgemeine Wehrpflicht, die einen erheblichen Eingriff in persönliche Freiheitsrechte Einzelner bedeuten kann, aus dem grundrechtlichen Auftrag an den Staat, die Freiheit jedes einzelnen – hier gegenüber äußerer Bedrohung – zu sichern. Deshalb verpflichtet der Staat durch das Wehrpflichtgesetz jeden dafür geeigneten Mann zu einer militärischen Ausbildung und zur Einsatzbereitschaft als Soldat. Klaus K. *(s. Abs. 1,* Beispiel (2)) weigerte sich, an dieser Ausbildung teilzunehmen, weil er glaubt, dass sie ihn nicht nur zur Verteidigung des Staates, sondern auch zur – nach Art. 26 GG verbotenen – Teilnahme an der Vorbereitung eines Angriffskrieges verpflichte. Deshalb ist er nur bereit, den für anerkannte

BEISPIEL: KRIEGSDIENSTVERWEIGERER KLAUS K.

209

Kriegsdienstverweigerer vorgesehenen Ersatzdienst zu leisten. Sein Antrag wird jedoch abgelehnt, da Klaus K. eine Verteidigung mit Waffengewalt im Falle eines Angriffs auf die Bundesrepublik nicht grundsätzlich ablehnt. Nach der Auslegung durch das Bundesverfassungsgericht bezieht sich das Grundrecht nach Art. 4 Abs. 3 GG nur auf die ganz persönliche Gewissensentscheidung des Einzelnen, in keinem Fall – auch nicht zur Abwehr eines lebensbedrohenden kriegerischen Angriffs – Waffen zur Tötung anderer Menschen einzusetzen. Wer diese Gewissensüberzeugung glaubhaft darlegt – z.B. auch durch sein Verhalten oder seine Aktivität im privaten Bereich – ist durch Art. 4 Abs. 3 GG vor dem Zwang zum Kriegswaffeneinsatz geschützt. Er kann dann zu einem waffenlosen Ersatzdienst herangezogen werden.

BEISPIEL: UNTER-
LASSENE HILFE-
LEISTUNG AUS
GLAUBENS-
GRÜNDEN

Im Fall Simone L. (*s. Abs. 1*, Fall (3)) bestätigte das Bundesverfassungsgericht den richterlichen Freispruch für die Eltern vom Schuldvorwurf nach § 323c StGB (unterlassene Hilfeleistung), weil den Eltern trotz dieses Verbotes eine Einwilligung in eine Bluttransfusion aus Gewissensgründen nicht „zuzumuten" sei. Das Grundrecht der Glaubens- und Gewissensfreiheit überdeckt in diesem Einzelfall die Vorschrift des einfachen Rechts des StGB und schützt die Betroffenen vor Bestrafung.

BEISPIEL: ZEI-
TUNGSVERLEGER V.
UND DIE PARTEIEN-
FREIHEIT

Verleger V. (*s. Abs. 1*, Fall (1)) benützt sein Grundrecht zur freien Meinungsäußerung in Wort, Schrift und Bild und die Freiheit der Parteiengründung (nach Art. 21 GG) dazu, zentrale Verfassungseinrichtungen zu bekämpfen. Seine Vorstellungen würden das Demokratiegebot (Wahlen) und die Gewaltenteilung beseitigen; seine Partei ist in ihrem Aufbau bereits undemokratisch. Als Folge hiervon wäre auch das Recht, auf das er sich beruft (freie Meinungsäußerung, Parteienfreiheit), leicht außer Kraft zu setzen. Deshalb sieht das Grundgesetz sowohl im Grundrechtsteil Art. 18 als auch in Art. 21 vor, dass, wer die Grundrechte oder die Parteienfreiheit zum Kampf gegen die freiheitliche demokratische Ordnung missbraucht, diese Rechte verlieren kann. Die Aberkennung eines Grundrechts nach Art. 18 GG oder die Feststellung nach Art. 21 GG, dass eine Partei verfassungswidrig sei, kann allerdings nur durch das Bundesverfassungsgericht ausgesprochen werden. Die Feststellung der Verfassungswidrigkeit ist bisher in Bezug auf zwei politische Parteien geschehen (1952 Sozialistische Reichspartei SRP mit ähnlichem Aufbau und ähnlichen Zielen wie im Beispiel des Verlegers V., 1956 die Kommunistische Partei KPD).

Zusammenfassung

Die Grundrechte, wie sie am Anfang des Grundgesetzes aufgeführt sind, haben eine verfassungsrechtliche *Doppelnatur.* Zum einen sind sie „als unmittelbar geltendes Recht" (Art. 1 GG) individuelle *Abwehrrechte* des Einzelnen gegenüber dem Staat. Die entsprechenden Unverletzlichkeits-, Freiheits- und Gleichheitsgarantien sind deshalb auch klar und eindeutig formuliert. Selbst die gesetzgebenden Organe sind wie die ausführenden Organe und die Gerichte unmittelbar an diese Grundrechte des Einzelnen gebunden. Eine Änderung dieser Grundsätze nach Art. 1 ist gemäß Art. 79 Abs. 3 GG nicht möglich (d. h. es läge ein Verfassungsbruch vor). Neben dem Verbot der Freiheitsverletzung steht jedoch auch das Gebot an den Staat, die sozialen Bedingungen für diese Freiheiten aktiv herzustellen und zu sichern. Die Grundrechte enthalten also einen objektiven *Gestaltungsauftrag* an den Staat. Unter diesem Auftrag sind *Einschränkungen* von Grundrechten möglich. Vom Bürger sind die Ansprüche auf staatliche Aktivität jedoch nicht – wie die Schutzgarantien – direkt aus der Verfassung einklagbar, sondern hinsichtlich ihrer konkreten Ausgestaltung offen und von den tatsächlichen Möglichkeiten des Staates abhängig. Die Anspruchsrechte z. B. auf schulische und berufliche Ausbildung (zur Persönlichkeitsentfaltung) können nur im Rahmen der hierfür speziell erlassenen Gesetze durchgesetzt werden.

5. Organisationsaufbau des Staates nach dem Grundgesetz

Der im Grundrechtsteil schon auffindbare Grundsatz des Rechtsstaats wird im Abschnitt II des GG in Art. 20 genauer ausgestaltet und mit den weiteren *Organisationsgrundsätzen* verknüpft. Diese Grundsätze sind in Abs. 2 im Zusammenhang mit den Grundrechten und mit den dafür zentralen Verfassungsartikeln (Art. 1, 20, 28, 79) bereits dargestellt. Mit der Verknüpfung des den Staat beschränkenden *Rechtsstaatsprinzips* mit dem die Aktivität des Staates fordernden *Sozialstaatsprinzips* muss die Verfassungsordnung dem Staat sowohl Entscheidungsfreiräume ermöglichen als auch wirksame Kontrollmechanismen gegen Machtmissbrauch einbauen.

Mit dem Rechtsstaatsgrundsatz ist immer auch der Demokratiegrundsatz angesprochen. Denn was im Einzelnen konkretes Recht sein soll, wird immer erst von den aus Wahlen hervorgegangenen Staatsorganen als Ergebnis politischer

Entscheidungsvorgänge bestimmt: Die Gesetzgebungs-organe beschließen die Maßnahmen zur Erfüllung der sich dem Staat stellenden Aufgaben. Die Vollzugsorgane der Regierung – von der Mehrheit der gesetzgebenden Volksvertretung bestellt – setzen diese Beschlüsse über die Verwaltungen in die Praxis um (z. B. Straßenbau, Bildungswesen u.v.a.) und sind dabei an die Gesetze gebunden. Die Gerichte entscheiden bei Streitigkeiten sowohl zwischen Privatpersonen als auch zwischen öffentlich-rechtlichen Einrichtungen bzw. zwischen diesen und Privatpersonen. Jedoch geht alle diese Entscheidungs- und Durchsetzungs-gewalt der staatlichen Organe von den Staatsbürgern aus (Art. 20 Abs. 2 GG), indem diese in Wahlen bestimmen, welche Parteien mit ihren politischen Programmen die Politik für die jeweilige Wahlperiode (vier Jahre) bestimmen sollen. Direkte Volksabstimmungen über Sachfragen sind nur unter bestimmten Bedingungen auf Länderebene und in Gemeinden möglich.

INDIREKTE
DEMOKRATIE

Ihrem Grundsatz nach geht die Verfassung also von einer *indirekten Demokratie* aus, bei der die Entscheidungen von gewählten Volksvertretern in öffentlichen Debatten erarbeitet und beschlossen werden. Die Volksvertreter „repräsen-

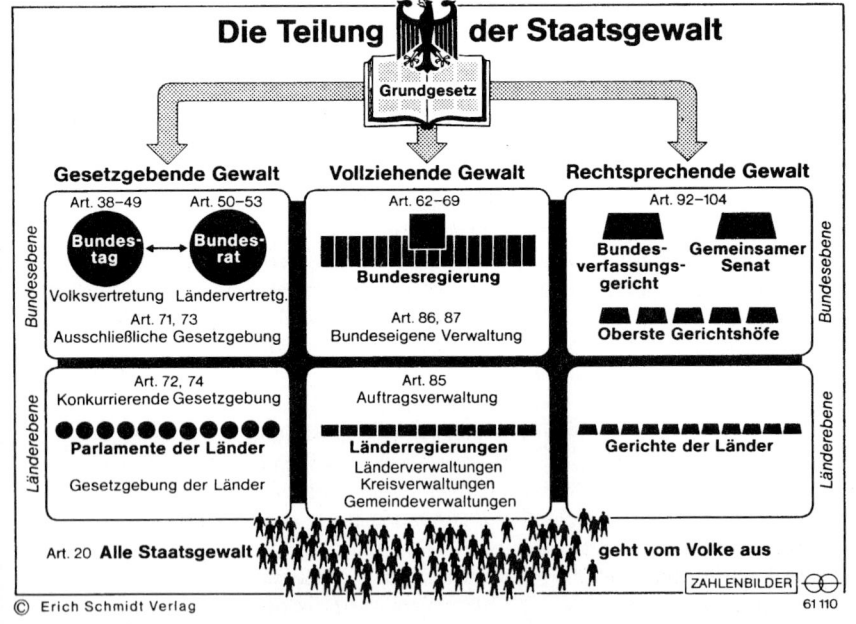

212

tieren" das Volk, das sie gewählt hat. Diese Form der sogenannten *repräsentativen Demokratie* wird oft auch kritisiert, REPRÄSENTATIVE
DEMOKRATIE
weil die Bürger an der Basis kaum einen direkten Einfluss
auf die Entscheidungen der Volksvertretung haben. Denn
Abgeordnete sind „an Aufträge und Weisungen nicht gebunden und nur ihrem Gewissen unterworfen". Indirekt formen jedoch Bürger die Entscheidungen der Volksvertreter
mit, wenn sie öffentlich ihre politischen Wünsche, Zu-
stimmungen oder Kritik äußern, sich in Bürgerinitiativen
zusammenschließen oder sich in einer Partei aktiv an
Programmvorschlägen und bei der Kandidatenauswahl be-
teiligen. Vieles hängt hierbei davon ab, dass sich die Bürger
jederzeit über die Staatstätigkeiten informieren können,
dass jede kritische Meinungsäußerung erlaubt ist und auch
niemand wegen seiner kritischen Haltung verfolgt oder benachteiligt wird. Das Grundrecht der Meinungs-, Informa-
tions- und Pressefreiheit hat so gesehen auch eine
staatsorganisatorische Bedeutung. Es garantiert, dass das
Volk die Entscheidungen seiner gewählten Vertreter verfolgen und so kontrollieren kann.

Bereits in Art. I spricht das GG von drei unterschiedlichen FUNKTIONEN-
TEILUNG
Staatsfunktionen: der *Gesetzgebung*, der *vollziehenden Gewalt* und der *Rechtsprechung*. Diese drei „Teilgewalten" tauchen auch in Art. 20 GG wieder auf; hier wird vorgeschrieben, dass sie durch jeweils *besondere Organe*
ausgeübt werden sollen. Diese Aufteilung der Staatsgewalt
wird als Gewalten- oder Funktionenteilung bezeichnet.
Eine weitere Gewaltenteilung ergibt sich aus der in Art. 20
festgelegten bundesstaatlichen Form: Die Länder haben ei- GLIEDERUNG IN
BUND UND LÄNDER
gene Länderverfassungen, die den Grundsätzen des Grundgesetzes entsprechen. Auch die Selbstverwaltung der Gemeinden und Kreise durch gewählte Volksvertreter ist in
Art. 28 GG festgelegt. So ist die Staatsgewalt mehrfach
aufgeteilt. *Horizontale Gewaltenteilung* besteht durch Auf- HORIZONTALE,
VERTIKALE GEWAL-
TENTEILUNG
teilung in die drei Teilfunktionen, *vertikale Gewaltenteilung*
durch die Gliederung in Bund und Länder.

Staatsorgane

Die *Staatsorgane*, die in der Bundesrepublik die Teilgewalten
ausüben sollen, sind mit ihren wichtigsten Aufgaben in den
Abschnitten III bis IX des Grundgesetzes beschrieben.
Wichtigstes Organ ist der *Bundestag*. Er besteht aus 656 BUNDESTAG
Abgeordneten. Diese Zahl kann sich, je nach Ausgang der
Wahl, durch sogenannte Überhangmandate noch erhöhen.
Der Bundestag erarbeitet im Zusammenwirken mit dem

Bundesrat die gesetzlichen Normen, mit denen die Regierung ihre politischen Ziele in praktische Politik umsetzt.

BUNDESRAT

Der *Bundesrat* vertritt hierbei als zweites gesetzgebendes Bundesorgan die besonderen Interessen der einzelnen Bundesländer. Seine 69 Mitglieder werden von den Länderregierungen jeweils zu den Sitzungen entsandt. Je nach Größe haben die einzelnen Bundesländer sechs (Baden-Württemberg, Bayern, Niedersachsen, Nordrhein-Westfalen), fünf (Hessen), vier (Berlin, Brandenburg, Rheinland-Pfalz, Sachsen, Sachsen-Anhalt, Schleswig-Holstein und Thüringen) oder drei (Bremen, Hamburg, Mecklenburg-Vorpommern und das Saarland) Sitze.

GEMEINSAMER
AUSSCHUSS

Je ein Vertreter der sechzehn im Bundesrat vertretenen Länder und 32 Abgeordnete des Bundestages, die nicht Regierungsmitglieder sein dürfen, werden in einen *Gemeinsamen Ausschuss* gewählt, der für den Verteidigungsfall als Not-Gesetzgebungsorgan bereitstehen soll. Falls durch kriegerische Ereignisse der Bundestag nicht rechtzeitig zusammentreten kann, übernimmt dieser Ausschuss die Stellung von Bundestag und Bundesrat. Der Gemeinsame Ausschuss muss deshalb von der Regierung über ihre jeweiligen Planungen für den Verteidigungsfall unterrichtet werden (Art. 53a GG).

BUNDESREGIERUNG

Die vollziehende Gewalt liegt in der Hand der *Bundesregierung.* Sie wird dadurch gebildet, dass der Bundestag mit der Mehrheit seiner Mitglieder den vom Bundespräsidenten vorgeschlagenen *Bundeskanzler* wählt. Dieser schlägt als „Regierungs-Chef" dem Bundespräsidenten die von ihm ausgewählten Bundesminister zur Ernennung vor. Bundeskanzler und Bundesminister bilden dann zusammen die Bundesregierung. Hierbei bestimmt der Kanzler die Richtlinien der Politik (Art. 65 GG). Innerhalb dieser Richtlinien leitet jedoch jeder Minister seinen Bereich in eigener Verantwortung *(Ressortprinzip).* Meinungsverschiedenheiten und Zielkonflikte müssen von der gesamten Regierung unter der Leitung des Bundeskanzlers beraten und geklärt werden *(Kollegialprinzip).* In diesen „Kabinettssitzungen" werden auch die meisten Gesetzesentwürfe vorberaten, über die dann im Parlament beraten und abgestimmt werden muss (s. *Abs. 7*, Gesetzgebung des Bundes). Hat eine Regierung nicht mehr die Mehrheit des Bundestages hinter sich – was dadurch eintreten kann, dass mehrere Fraktionen (d. h. Vertreter verschiedener Parteien) die Regierungsmehrheit bilden und diese sogenannte Koalition an strittigen Fragen zerbricht – dann kann das Parlament die Regierung nur dadurch stützen, dass es mit der Mehrheit seiner Mitglieder einen

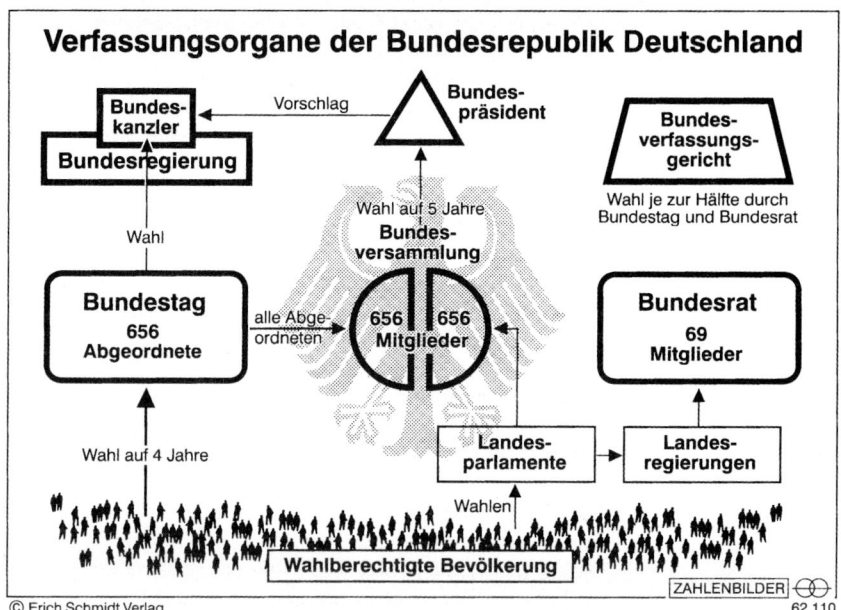

Verfassungsorgane der Bundesrepublik Deutschland

Bundeskanzler
Bundesregierung

Vorschlag

Bundespräsident

Bundesverfassungsgericht

Wahl je zur Hälfte durch
Bundestag und Bundesrat

Wahl

Wahl auf 5 Jahre
Bundesversammlung

Bundestag
656
Abgeordnete

alle Abgeordneten

656 | 656
Mitglieder

Bundesrat
69
Mitglieder

Wahl auf 4 Jahre

Landesparlamente

Landesregierungen

Wahlen

Wahlberechtigte Bevölkerung

© Erich Schmidt Verlag

ZAHLENBILDER
62 110

neuen Bundeskanzler wählt (Art. 67 GG). Man nennt dieses Verfahren *konstruktives Misstrauensvotum*; es ist konstruktiv (= aufbauend), indem es verhindert, dass – wie in manchen anderen Staaten – durch Mehrheitsverlust einer Regierung der Staat über längere Zeit ohne Regierung bleibt.

Der *Bundespräsident* ist das verfassungsmäßige Staatsoberhaupt. Er steht über den im System der Gewaltenteilung aufeinander bezogenen anderen Staatsorganen und über den wechselnden politischen Mehrheiten. In diesem Amt vertritt er die Bundesrepublik völkerrechtlich nach außen. Er schließt also z.B. Verträge, die die Regierung mit anderen Staaten ausgehandelt hat, rechtswirksam ab. Innenpolitisch sind seine Funktionen darauf beschränkt, die ordnungsgemäß verabschiedeten Gesetze auszufertigen (zu unterzeichnen) und zu verkünden, den Bundeskanzler vorzuschlagen und ihn nach seiner Wahl zu ernennen. Ebenso sind die Ernennungen und Entlassungen der Bundesminister, der Bundesrichter und höheren Bundesbeamten und Offiziere erst durch die Ausfertigung durch den Bundespräsidenten rechtswirksam. Hat der Bundespräsident gegen eine Beamtenernennung oder ein Gesetz in Einzelfällen Bedenken oder verweigert er seine Unterschrift, so wird dies von den betroffenen Staatsorganen respektiert und die Er-

BUNDESPRÄSIDENT

215

nennung oder das Gesetz werden zurückgenommen. Inhaltlich hat der Bundespräsident jedoch keine politische Entscheidungsgewalt, sondern er handelt eher wie eine Art Staatsnotar, der kontrolliert und bestätigt, dass die Maßnahmen der politischen Entscheidungsorgane dem Wohl des ganzen Volkes dienen.

Eine gewisse politische Entscheidungsgewalt fällt dem Bundespräsidenten dann zu, wenn Parlament oder Regierung nicht in der vorgesehenen Weise funktionieren. So kann der Bundespräsident den Bundestag auflösen, wenn dieser sich auch in einem zweiten Wahlgang nicht mit der Mehrheit seiner Mitglieder auf die Wahl eines Bundeskanzlers einigen kann (Art. 63 Abs. 4 GG). Ebenso kann er auf Vorschlag des Bundeskanzlers den Bundestag auflösen, wenn der Bundeskanzler im Bundestag die Vertrauensfrage stellt und er hierbei nicht die Zustimmung der Mehrheit des Bundestages erhält (Art. 68 GG). In beiden Fällen liegt eine Art „Notstand" vor: Im ersten Fall kommt keine handlungsfähige Regierung zustande, im zweiten Fall hat die Regierung die Unterstützung (das Vertrauen) der Parlamentsmehrheit verloren. Durch die Bundestagsauflösung wird dann die Entscheidung an die Wähler gegeben; diese entscheiden in einer Neuwahl, welchen Parteiengruppierungen sie eine Mehrheit für eine stabilere Regierung oder zur Durchführung eines wichtigen politischen Programms (z.B. in der Sozial- oder Sicherheitspolitik) geben möchten. Gewählt wird der Bundespräsident für jeweils fünf Jahre – eine einmalige Wiederwahl ist zulässig – von der hierzu vorgesehenen *Bundesversammlung.* Diese wird vom Präsidenten des Bundestages einberufen. Sie besteht zur einen Hälfte aus den Abgeordneten des Bundestages, zur anderen Hälfte aus Mitgliedern, die von den Länderparlamenten nach dem Grundsatz der Verhältniswahl gewählt worden sind. Bundespräsident wird, wer im ersten oder in einem eventuellen zweiten Wahlgang die Stimmen der Mehrheit aller Mitglieder (also i.d.R. mehr als 656 Stimmen) erhält. Erreicht keiner der Bewerber die absolute Mehrheit, dann ist nach einem dritten Wahlgang derjenige zum Bundespräsidenten gewählt, der die meisten Stimmen auf sich vereinigt.

BUNDESVERFAS-
SUNGSGERICHT UND
BUNDESGERICHTE

Die Rechtsprechung wird als „Dritte Gewalt" vom *Bundesverfassungsgericht* und den *Bundesgerichten* ausgeübt. Dazu kommen die Gerichte der Länder (s. *Kap. 10,* Aufbau der Gerichtsbarkeit). Während die gesetzgebende Gewalt (Bundestag) und die ausführende Gewalt (Bundesregierung) dadurch eng miteinander verknüpft sind, dass die Regierung von der jeweiligen Bundestagsmehrheit gewählt und auf deren Unterstützung bei den Gesetzesvorlagen angewiesen ist, sind die Gerichte deutlich von diesen zwei anderen Teilgewalten abgetrennt. Besonders das Bundesverfassungsgericht, das als fünftes Staatsorgan gilt, muss ja auch den Gesetzgeber daraufhin kontrollieren können, ob seine Entscheidungen grundgesetzkonform sind. Ebenso muss es bei Streitigkeiten zwischen den Verfassungsorganen (z. B. über Zuständigkeiten oder über den Umfang ihrer Rechte und Pflichten) unparteiisch und unabhängig entscheiden. Deshalb dürfen die Bundesverfassungsrichter als „Hüter der Verfassung" keinem anderen Staatsorgan des Bundes oder der Länder (Bundestag, Länderparlamente oder Regierungen) angehören. Die Richter werden je zur Hälfte alle vier Jahre für eine Amtsdauer von zwölf Jahren gewählt, und zwar so, dass jeweils eine Hälfte der Richter durch den Bundestag, die andere Hälfte durch den Bundesrat gewählt wird. Für alle Richter an allen Gerichten gilt, dass sie nach dem Grundgesetz ihr Amt völlig unabhängig ausüben: Sind sie erst einmal zum Richter ernannt, kann ihnen niemand Weisungen darüber erteilen, wie sie das Gesetz anzuwenden haben. Sie können gegen ihren Willen auch an kein anderes Gericht versetzt oder abgesetzt werden, es sei denn wegen Verfehlungen, die strafrechtlich in einem ordentlichen Verfahren festgestellt wurden und zum Verlust des Richteramtes führen können. Im Gegensatz zum Richter sind Staatsanwälte weisungsgebunden und z.B. versetzbar. Gleichwohl dürfen auch sie nicht nur gegen, sondern müssen auch zur Entlastung von Beschuldigten, also unparteiisch, ermitteln. Rechtsanwälte üben ihren Beruf frei aus und können sich vor Gericht einseitig, also parteiisch, auf die Geltendmachung der Ansprüche der von ihnen vertretenen „Mandanten" beschränken.

6. Bundestagswahlen

Das demokratische Fundament des Staates liegt in dem Recht der Bürger, das gesetzgebende Organ als Volksvertretung in bestimmten Zeitabständen zu wählen. Mit der Wahl erscheint das Volk als „Souverän", oberste und letzte Entscheidungsinstanz. Art. 38 GG bestimmt deshalb, dass die Abgeordneten zum Deutschen Bundestag *„in allgemeiner, unmittelbarer, freier, gleicher und geheimer* Wahl gewählt" werden. Diese *Wahlgrundsätze* beinhalten, dass jeder, der das 18. Lebensjahr vollendet hat, ohne sonstige Bedingungen (= allgemein) aktiv wählen darf (und sich auch zur Wahl

WAHLGRUNDSÄTZE

Das Wahlrecht der Bundesrepublik Deutschland

656 Sitze im Bundestag

Erststimme ✗
für einen
Wahlkreiskandidaten
Relative Mehrheitswahl
Namentliche Wahl
von 328 Kandidaten
in 328 Einer-Wahlkreisen
mit einfacher Mehrheit

→ 328 + 328
Abgeordnete
Jeder Wähler hat 2 Stimmen

✗ **Zweitstimme**
für die
Landesliste einer Partei
Reine Verhältniswahl
Entscheidet über die
Gesamtzahl der Mandate
jeder Partei. Nach Abzug der
Wahlkreismandate werden
die noch offenen Mandate
an die Landeslisten-
Kandidaten vergeben

Die Wahlberechtigten wählen in allgemeiner, unmittelbarer,
freier, gleicher und geheimer Wahl

ZAHLENBILDER

© Erich Schmidt Verlag   86 010

stellen kann = passives Wahlrecht). Die Wahl ist frei, d.h. es
gibt keine Wahlpflicht, und jede über Wahlwerbung hinaus-
gehende Beeinflussung von Wählern ist untersagt. Geheim
sind die Wahlen insofern, als die Stimmabgabe auf einem
anonymen Stimmzettel durch ankreuzen so erfolgt, dass
niemand nachprüfen kann, wem der Wähler seine Stimme
gegeben hat. Die Wahl erfolgt direkt und nicht über irgend-
welche Zwischenmänner und jeder Wähler hat die gleiche
Anzahl von Stimmen, also dasselbe Stimmengewicht.

WAHLVERFAHREN

Bei der alle vier Jahre stattfindenden *Bundestagswahl* gibt
jeder Wähler zwei Stimmen ab. Mit der *Erststimme* kreuzt
er den Namen des Bewerbers an, den er als Person für seinen Wahlkreis wählen möchte. Das gesamte Bundesgebiet
ist für die Bundestagswahl in 328 Wahlkreise mit möglichst
gleicher Wählerzahl und möglichst ähnlicher Wählerzusam-
mensetzung eingeteilt. Wer im Wahlkreis die meisten Stimmen erhält, ist direkt zum Bundestag gewählt (Persönlich-
keitswahl, Direktmandat).

Mit der *Zweitstimme* kreuzt der Wähler auf der zweiten
Hälfte des Stimmzettels diejenige Partei an, von der er
möchte, dass sie im Bundestag vertreten sein soll. Für diese
Zweitstimmen haben die auf dem Stimmzettel aufgeführten
Parteien in jedem Bundesland eine Liste von Kandidaten zur
Wahl angemeldet; die ersten aus diesen *Landeslisten* sind auf

Stimmzettel
Sie haben 2 Stimmen

218

dem Stimmzettel ebenfalls angegeben. Aus diesen für die Parteien abgegebenen Zweitstimmen wird dann prozentual errechnet, wie viele der 656 Sitze die einzelnen Parteien erhalten. Dieses Verfahren bewirkt, dass die Zusammensetzung der Volksvertretung möglichst genau dem Verhältnis der für die jeweiligen Parteien abgegebenen Wählerstimmen entspricht *(Verhältniswahl)*. Aus diesem Grunde hat gerade die Zweitstimme besonderes politisches Gewicht. Sind so alle 656 Sitze anteilmäßig verteilt, dann werden die jeder Partei zustehenden Sitze zunächst mit den insgesamt 328 Abgeordneten besetzt, die in ihrem Wahlkreis das Direktmandat gewonnen haben. Die danach verbleibenden Sitze werden auf die Bundesländer im Verhältnis der von jeder Partei dort erzielten Zweitstimme verteilt. Hat dann z.B. die Partei X im Bundesland B noch 7 zustehende Abgeordnetensitze zu besetzen, dann kommen die auf der Landesliste dieser Partei stehenden Kandidaten der Listenplätze 1 bis 7 als Abgeordnete in den Bundestag. Haben einige dieser Listenbewerber in ihrem Wahlkreis bereits das Direktmandat, dann folgen Kandidaten auf den weiteren Listenplätzen. Hat in einem Bundesland eine Partei mehr Direktmandate erreicht, als ihr nach der Verhältnisberechnung überhaupt Sitze zustehen würden, so kommen dennoch alle direkt Gewählten in den Bundestag. Durch solche sogenannten „Überhangmandate" kann sich die Zahl der Abgeordneten im Bundestag leicht erhöhen. Scheidet während der Wahlperiode ein Abgeordneter aus dem Bundestag aus, so rückt für ihn der für diese Partei auf derselben Liste stehende nächste Bewerber nach.

Erreicht eine Partei bei der Wahl nicht mindestens 5% der im Bundesgebiet abgegebenen Stimmen oder gewinnt sie nicht mindestens drei Direktmandate, dann scheidet sie bei der Sitzverteilung aus.

7. Die Gesetzgebung des Bundes

Aus dem GG für die Bundesrepublik Deutschland
Art. 70 (Gesetzgebung des Bundes und der Länder)
(1) Die Länder haben das Recht der Gesetzgebung, soweit dieses Grundgesetz nicht dem Bunde Gesetzgebungsbefugnisse verleiht.
(2) Die Abgrenzung der Zuständigkeit zwischen Bund und Ländern bemisst sich nach den Vorschriften dieses Grundgesetzes über die ausschließliche und die konkurrierende Gesetzgebung.

Die Gesetzgebung ist im demokratischen Rechtsstaat die wichtigste Aufgabe, weil die Staatsorgane nicht ohne gesetzliche Ermächtigung handeln dürfen. In den Gesetzen, nach denen der Staat handelt, muss der politische Wille zumindest der Mehrheit der Bevölkerung zum Ausdruck kommen – ohne dass die Minderheiten dabei unterdrückt werden. Daher dürfen die Gesetze nur von den dafür frei gewählten *Volksvertretungen* im Bund (Bundestag) und in den Ländern (Länderparlamente) beschlossen werden. Damit in der Fülle der so entstehenden Rechtsvorschriften keine Widersprüche entstehen, ist in den Art. 70 bis 75 GG festgelegt, für welche Fälle der Bundestag und für welche die Landtage Gesetze beschließen können. Das GG geht in Art. 70 davon aus, dass die Länder die Befugnis zur Gesetzgebung haben (siehe oben), soweit nicht das Grundgesetz dem Bund diese Aufgabe zuweist. Im Folgenden wird dann – in Art. 73 GG – aufgeführt, in welchen Bereichen der Bund *ausschließlich* für die Gesetzgebung zuständig ist. In 26 Unterpunkten zählt danach Art. 74 GG jene Bereiche auf, in denen eine *konkurrierende* Gesetzgebung vorgesehen ist. In diesen Bereichen sollen die Länder die Gesetzgebung übernehmen, solange für den Bund keine Notwendigkeit hierzu gegeben ist. Wenn der Bund von seinem Gesetzgebungsrecht Gebrauch macht, erlischt die Gesetzgebungsbefugnis der Länder.

In den Fällen der konkurrierenden Gesetzgebung gilt selbst in Bezug auf die Länderverfassungen der Grundsatz des Art. 31 GG: „Bundesrecht bricht Landesrecht". Damit dennoch möglichst wenig Konflikte zwischen Länder- und Bundesgesetzen entstehen, wirken die Länder über den Bundesrat direkt bei der Bundesgesetzgebung mit. Das folgende Schaubild zeigt den Ablauf des Gesetzgebungsverfahrens. Danach haben sowohl Abgeordnete aus der Mitte des Bundestages selbst (Gruppen von mindestens 5% der Mitglieder des Bundestages oder Fraktionen) als auch die Bundesregierung und der Bundesrat das Recht, Gesetzentwürfe (Gesetzesvorlagen) zur Beratung im *Bundestag* einzubringen. Diese Gesetzesvorlagen werden dann im Bundestag und besonders in den von diesem gebildeten Fachgruppen, den *Ausschüssen*, intensiv besprochen, diskutiert und oftmals abgeändert.

Hat in der Schlussabstimmung die jeweils erforderliche Mehrheit der Abgeordneten der Gesetzesvorlage zugestimmt, dann wird das Gesetz nochmals im *Bundesrat* beraten. Hierbei muss zwischen sogenannten „einfachen" Gesetzen, bei denen keine Länderinteressen berührt werden, und „zustimmungsbedürftigen" Gesetzen unterschieden werden. Die zustimmungsbedürftigen Gesetze kommen nicht zustande, wenn der Bundesrat die Zustimmung verweigert. Bei den einfachen Gesetzen dagegen kann der Bundestag nach dem gescheiterten Vermittlungsversuch und dem Einspruch des Bundesrates diesen Einspruch zurückweisen, wenn im Bundestag mehr als 50% der Abgeordneten (qualifizierte Mehrheit) dafür stimmen. Verfassungsändernde Gesetze müssen vom Bundestag und vom Bundesrat mit einer Zweidrittelmehrheit aller Mitglieder beschlossen werden.

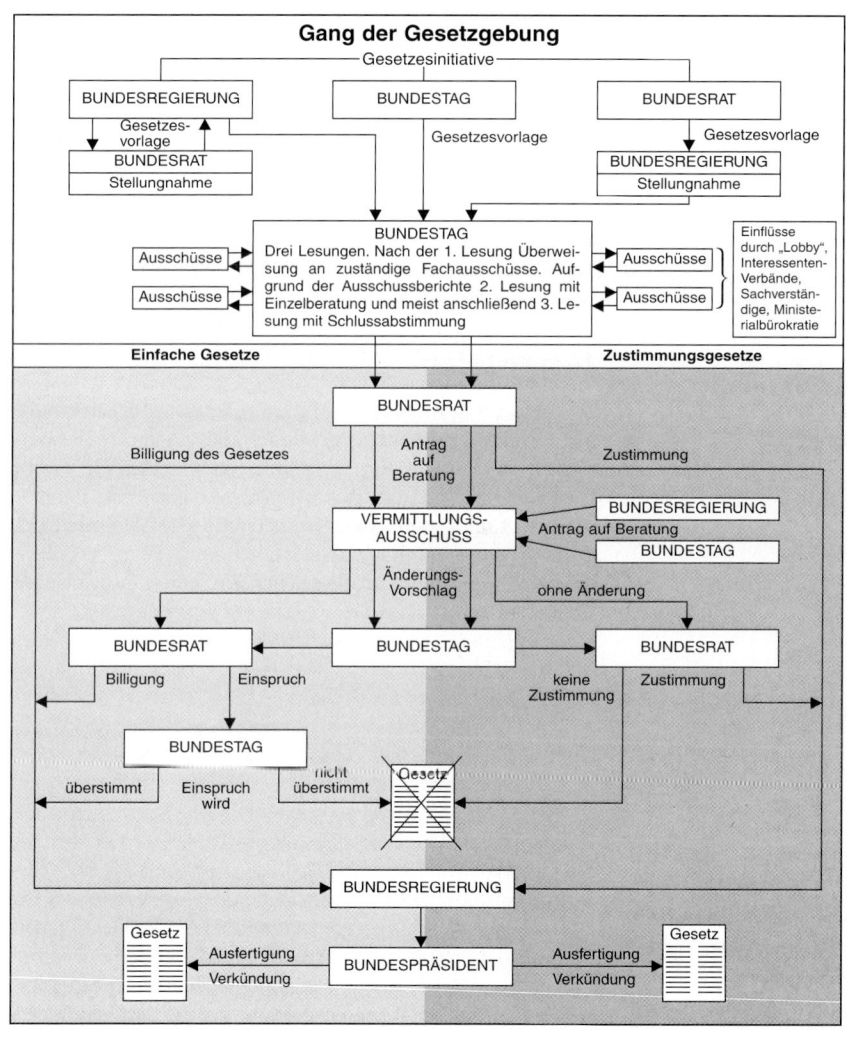

Eine besondere Rolle spielt der *Vermittlungsausschuss*. Er wird immer dann eingeschaltet, wenn die Gefahr besteht, dass ein vom Bundestag beschlossenes Gesetz im Bundesrat abgelehnt wird. Im Vermittlungsausschuss sitzen elf Vertreter des Bundestags und elf Vertreter des Bundesrats; diese sind hier nicht an die Weisungen ihrer Landesregierungen gebunden. Der Vermittlungsausschuss versucht, das Gesetz so abzuändern, dass es der vom Bundestag beschlossenen Absicht noch entspricht und zugleich die Bedenken aus dem Bundesrat berücksichtigt; er kann aber auch die Aufrechterhaltung des vorgelegten Gesetzes oder dessen Aufhebung empfehlen. Bei Änderungen oder einem Aufhebungsvorschlag muss dann der Bundestag erneut über den Vorschlag beschließen, bevor dann im Bundesrat endgültig über das Zustandekommen des Gesetzes entschieden wird. Stimmt der Bundesrat zu oder wird dessen Einspruch gegen ein einfaches Gesetz vom Bundestag zurückgewiesen, dann wird das Gesetz wirksam. Es wird von den jeweils zuständigen Fachministern und vom Bundeskanzler unterzeichnet, vom Bundespräsidenten ausgefertigt und im Bundesgesetzblatt verkündet.

Zusammenfassung

Der organisatorische Teil des Grundgesetzes ist gekennzeichnet von dem Grundsatz einer rechtsstaatlichen, repräsentativen Demokratie, in der die Staatsgewalt unter dem Recht steht und die Staatsfunktionen auf verschiedene Staatsorgane verteilt sind. Es zeigt sich hierbei, dass die im Verfassungstext vorgesehene klassische Gewaltenteilung in gesetzgebende, ausführende und rechtsprechende Gewalt in der Praxis der parlamentarischen Demokratie nur zwischen der rechtsprechenden Gewalt auf der einen und der von der Parlamentsmehrheit (Gesetzgebung) getragenen ausführenden Gewalt (Regierung) auf der anderen Seite besteht. Allerdings werden die Entscheidungen und Handlungen der regierenden Mehrheit durch die als „Opposition" tätige Parlamentsminderheit dadurch kontrolliert, dass die Opposition in den öffentlichen Parlamentsberatungen ihre Kritik vorträgt und die Massenmedien den Bürger über diese Kritik informieren. Eine zusätzliche Kontrolle der Regierungsmacht besteht durch die „vertikale" Gewaltenteilung in Bund und Länder.
Für die Wahrnehmung der verschiedenen Staatsaufgaben sieht das Grundgesetz fünf Staatsorgane vor: den *Bundestag* und den *Bundesrat* als Gesetzgebungsorgane, den *Bundespräsidenten* als Staatsoberhaupt und völkerrechtlichen Ver-

treter der Bundesrepublik Deutschland, die *Bundesregierung* als ausführendes Organ und schließlich das *Bundesverfassungsgericht* als „Hüter der Verfassung".

Das Gesetzgebungsverfahren erscheint als ein komplizierter und zeitaufwendiger Vorgang, wodurch jedoch ein hohes Maß an Kontrolle durch die verschiedenen beteiligten Instanzen möglich wird. Hat allerdings dieselbe Partei oder Koalition sowohl im Bundestag als auch im Bundesrat die Mehrheit, dann hängt die politische Kontrolle davon ab, dass die Massenmedien den Bürger über die von der Opposition erhobene Kritik eingehend informieren. Denn staatsrechtlich aktiv kann der Bürger nur in der Form werden, dass er bei der nächsten Wahl mit seiner Stimme die bisherige Gesetzgebungsmehrheit nicht mehr unterstützt und der Opposition zur Mehrheit im Bundestag verhilft.

Literaturhinweise

Grundgesetz für die Bundesrepublik Deutschland (z. B. Taschenbuchausgabe Beck-Texte im dtv mit weiteren staatsrechtlichen Vorschriften wie Menschenrechtskonvention, Bundeswahlgesetz, Staatsangehörigkeitsgesetze). 34. Aufl. 1998

Model, O./Zierl, G.: Staatsbürger-Taschenbuch. 29. Aufl. 1997

v. Unruh, G.-Ch./Greve, F.: Grundkurs öffentliches Recht. 4. Aufl. 1991

Degenhart, Ch.: Staatsrecht I. 13. Aufl., 1997

Pieroth, B./Schlink, B.: Staatsrecht II (Grundrechte). 13. Aufl. 1997

1. Aufgaben und Arten der Verwaltung

Ein Tag im Leben der Susanne A.
Eine erfrischende Dusche und eine flotte Musik aus dem Radio helfen Susanne, morgens richtig wach zu werden. Zum Ausbildungsbetrieb fährt sie mit ihrem Motorroller und freut sich, dass sie seit kurzem durch den Ausbau einer Umgehungsstraße dabei zehn Minuten spart. Im Betrieb will sie heute noch einen Bericht für ihr Ausbildungsnachweisheft, das sie demnächst für ihre Prüfung bei der Handwerkskammer vorlegen muss, anfertigen. Für 11.00 Uhr ist der Besuch eines Vertreters des Gewerbeaufsichtsamtes angekündigt, der sich einige Arbeitsplätze auf ihre Sicherheit anschauen will. Nachmittags hat Susanne Unterricht in der Berufsschule. Auf dem Weg nach Hause besucht sie ihre Freundin Sandra, die wegen eines gebrochenen Beines im Städt. Krankenhaus liegt. Zu Hause freut sie sich über einen Brief ihrer Tante, die ihr eine Karte für eine Aufführung des Staatstheaters schenkt. Leider war aber in der Post auch ein Bußgeldbescheid der Polizei wegen einer Geschwindigkeitsüberschreitung.

Öffentliche Aufgaben

Staatliches Handeln begegnet dem Bürger in sehr unterschiedlicher Gestalt. Das Netz öffentlicher Leistungen und Maßnahmen wird ständig dichter. Manche öffentlichen Leistungen erscheinen dem Bürger so selbstverständlich, dass er sich über ihren Charakter als Verwaltungsmaßnahmen keine Gedanken macht. Einige Ausschnitte aus dem Tageslauf der Susanne A. mögen zeigen, wie vielfältig und hautnah sich öffentliche Verwaltung darstellt.

Bei all den oben genannten Ereignissen ist Susanne A. mit Tätigkeiten *öffentlicher Einrichtungen* in Berührung gekommen. Das Wasser wird von den Stadtwerken geliefert, Radio (und Fernsehen) werden trotz zwischenzeitlich zahlreicher privater Sender zu einem erheblichen Teil noch von den öffentlich-rechtlichen Rundfunkanstalten betrieben, Straßenbau ist Sache der zuständigen Straßenbaubehörden, die Handwerkskammer regelt u. a. die Prüfungsordnung und die Berufsförderung des Handwerks, die Gewerbeaufsichtsämter überwachen u. a. die Arbeitsschutzvorschriften, die große Mehrzahl der Schulen sind staatlich, die meisten Krankenhäuser werden von der öffentlichen Hand getragen. Dies gilt auch für viele Theater, Museen, Sportplätze usw. Schließlich ist die Tätigkeit der Polizei der – teils gefürchtete, teils gewünschte – klassische Verwaltungsbereich schlechthin.

Wenn man sich nun fragt, warum man die Arbeit dieser Stellen als „öffentlich" bezeichnet, fällt eine generelle Antwort nicht leicht. Die Polizei (im Allgemeinen) und das Gewerbeaufsichtsamt (in einem speziellen Bereich) achten darauf, dass bestimmte Spielregeln des Zusammenlebens eingehalten werden. Die Versorgung der Bevölkerung mit Krankenhäusern, Schulen und Straßen ist für die Erhaltung der Lebens- und Wirtschaftsgrundlage wichtig. Schließlich sind auch die aufgeführten technischen und kulturellen Leistungen für das Allgemeinwohl von besonderer Bedeutung. Es ist mithin das *Interesse der Allgemeinheit*, das den öffentlichen Charakter dieser Aufgaben ausmacht. Teilweise liegt es in der Natur dieser öffentlichen Aufgaben, dass sie nur vom Staat mit seinen besonderen *Machtbefugnissen* wirkungsvoll und gerecht durchgeführt werden können. Neben dem Polizeiwesen sind z.B. das Finanzwesen, das Straßen- und Verkehrsrecht, das Baurecht und der Naturschutz zu nennen. Andere Belange des Allgemeinwohls sind dadurch gekennzeichnet, dass der Staat eine besondere Verantwortung für die *Sicherung der Existenz* seiner Bürger hat. So muss er eine ausreichende Versorgung der Bevölkerung mit Krankenhäusern gewährleisten. Eine Gemeinschaft braucht aber nicht nur eine wirtschaftliche Grundlage. Für ihr Gedeihen ist auch die *geistige* und *kulturelle Entwicklung* (Schulen, Hochschulen, Theater, Museen) wichtig. Dies schließt keineswegs aus, dass auf diesen Gebieten nicht auch Privatpersonen oder private Organisationen tätig werden dürften (private Krankenhäuser, Theater usw.). Soweit jedoch der Staat diese Aufgaben übernimmt, sind dafür verschiedene Gründe maßgeblich. Zum einen sind in diesen Bereichen die *Kosten* vielfach so hoch, dass sie aus sozialen Gründen auf die Allgemeinheit (die Steuerzahler) verteilt werden müssen (man berechne nur einmal, was Eltern bezahlen müssten, wenn sie alle Kosten für die Schule ihrer Kinder zu tragen hätten). Zum anderen will der Staat diese Gebiete durch die öffentliche Verwaltung auch *lenken*, um z.B. gleiche Bildungschancen für Kinder und Jugendliche zu ermöglichen. Es sei hier am Rande erwähnt, dass sich hinter dem Gesichtspunkt der *öffentlichen Daseinsfürsorge* eines der

INTERESSE DER ALLGEMEINHEIT

ORDNUNG DURCH STAATLICHE MACHT

EXISTENZ-SICHERUNG

SOZIALSTAAT UND BÜRGERVERANT-WORTUNG

wichtigsten gesellschaftspolitischen Probleme der Gegenwart verbirgt. Dem Staat sind in diesem Bereich eine Vielzahl von Aufgaben zugewachsen, die alle für sich gesehen bedeutsam sind, die aber durch ihre Häufung zu einem *Übergewicht der Verwaltung* geführt haben. Je mehr Aufgaben der Staat wahrnimmt, umso mehr wirkt er auch in die persönliche Sphäre jedes einzelnen Bürgers hinein und begrenzt dessen Möglichkeiten zu selbstverantwortlichem Handeln. Die Fürsorge des Staates kann auf diese Weise zu einer Überbürokratisierung führen, die den Staat als allgegenwärtigen „großen Bruder" erscheinen lässt. Private und öffentliche Aufgaben können nicht immer scharf voneinander getrennt werden. Als Beispiel sei die Aufgabe des Wohnungsbaus genannt. Einerseits handelt es sich hier um die Erstellung oder Beschaffung eines wirtschaftlichen Gutes, eine Aufgabe, die der Staat im Allgemeinen dem Privatbereich überlässt. Zunehmende Knappheit und Verteuerung der Grundstücke und Wohnungen führen andererseits dazu, dass die Versorgung der Bevölkerung mit menschenwürdigen Wohnungen staatlich beeinflußt werden muss. Es ist daher in vielen Fällen eher eine politische als eine rechtliche Frage, ob eine Aufgabe öffentlicher oder privater Natur ist, da sich vielfach die Interessen des Einzelnen mit denen der Allgemeinheit vermengen.

Arten der Verwaltung

Aus dem bisherigen Überblick lässt sich schon erkennen, dass verschiedene *Arten der Verwaltung* zu unterscheiden sind. Wir haben gesehen, dass ein Teil der Verwaltungstätigkeit überwiegend *ordnende Funktion* hat (Polizei regelt Verkehr und verhindert Straftaten). Die ordnende Verwaltung arbeitet überwiegend (keineswegs ausschließlich) mit den Mitteln der *Anordnung*, des *Befehls* und des *Eingriffs*. Dies ist in rechtlicher Hinsicht bedeutsam, weil solche eingreifende Maßnahmen stets einer gesetzlichen Grundlage *(Ermächtigung)* bedürfen. So ist im Baurecht festgelegt, unter welchen Voraussetzungen bei einem ohne Baugenehmigung errichteten Haus eine Abbruchsverfügung ergehen kann.

Ein weiterer Teil der Verwaltung ist dadurch gekennzeichnet, dass dem Bürger *Leistungen* gewährt werden (u.a. Ausbildungsförderung für Studierende, finanzielle Unterstützung – sogenannte Subventionen für bestimmte Betriebe). Hier hat die Verwaltung mehr eigene Entscheidungsbefugnisse. Es genügt nach überwiegender Auffassung, dass das

ORDNUNGS-
VERWALTUNG

GESETZLICHE
ERMÄCHTIGUNG

LEISTUNGS-
VERWALTUNG

Parlament durch den Haushaltsbeschluss entsprechende Mittel zur Verfügung stellt. Um eine gleichmäßige Anwendung zu sichern, ist jedoch auch der Bereich der Leistungsverwaltung in den allermeisten Fällen gesetzlich geregelt. Wo die Verwaltung allerdings in nicht vorhersehbaren Situationen (Naturkatastrophen u.Ä.) schnell zu helfen hat, muss es ihr möglich sein, sofort, ohne langwieriges Gesetzgebungsverfahren, einzugreifen.

Die Verwaltung erschöpft sich schließlich nicht darin, Gesetze nur zu vollziehen. Ebenso notwendig ist ihre *planende* und *gestaltende* Tätigkeit. Die Idee und die Vorbereitung einer Maßnahme kommt in den meisten Fällen nicht vom Gesetzgeber, sondern von Verwaltungsstellen, die auf dem entsprechenden Gebiet besonders fachkundig sind. Dies gilt für örtlich begrenzte Vorhaben (Planung einer Fußgängerzone) genauso wie für die allgemeine Entwicklung eines Bundeslandes, für die in der Regel ein Landesentwicklungsplan von der Verwaltung entworfen und nach Stellungnahme durch den Landtag von der Landesregierung beschlossen wird. Hier sind die Grenzen zur Tätigkeit des Regierens (staatslenkende Tätigkeit) fließend. In diesem Bereich ist die Verwaltung frei, d.h. sie kann nach eigenem Ermessen tätig werden, solange sie dabei nicht gegen bestehende Gesetze verstößt.

Rechtsformen des Verwaltungshandelns

Von der Einteilung der Verwaltungstätigkeit in verschiedene *Arten* ist die Frage zu unterscheiden, in welcher *Rechtsform* die öffentliche Aufgabe durchgeführt wird. Zwischen diesen beiden Merkmalsgruppen gibt es aber einen engen Zusammenhang, wie im Einzelnen noch gezeigt wird. Die Verwaltung handelt nicht nur in den Formen des *öffentlichen Rechts*, sie tritt mitunter auch *privatrechtlich* auf. Dies ist nicht ganz einfach zu verstehen, aber insofern wichtig, als von der rechtlichen Gestaltung u.a. die Frage abhängt, auf welchem Rechtsweg man Streitigkeiten mit der Verwaltung austragen muss. Es sind folgende Fallgruppen zu unterscheiden:

(a) Wie oben erläutert ist die Ordnungsverwaltung gekennzeichnet durch einseitige Anordnungen und Ausübung von Zwang. Darin kommt die *hoheitliche Befugnis* der Verwaltung zum Ausdruck, die sich aus der *Überordnung* des Staates über seine Bürger ergibt (Staat als Obrigkeit). Das Verwaltungsrecht stellt hier Regelungen zur Verfügung, mit deren Hilfe die Verwaltung ihre Anordnungen einseitig und notfalls mit besonderer Gewalt durchsetzen kann. Stellt die Polizei fest, dass ein abgemeldetes (und damit aus dem Verkehr gezogenes) Fahrzeug auf einer öffentlichen Straße abgestellt wurde, so ermittelt sie den Eigentümer und ordnet diesem gegenüber die Beseitigung des Fahrzeugs an (die Straße ist kein Abstellplatz für Schrottfahrzeuge). Wenn der Eigentümer dieser Anordnung nicht folgt, kann die Polizei *Zwangsmittel* anwenden, etwa die Festsetzung eines Zwangsgeldes oder die sogenannte *Ersatzvornahme* (Durchführung der Maßnahme auf Kosten des Eigentümers). Das verwaltungsrechtliche Instrument einer solchen einseitigen Anordnung, der Verwaltungsakt, wird noch näher zu betrachten sein (s. *Abs. 3*).

SCHLICHTHOHEIT-
LICHE VERWAL-
TUNG

(b) Bei anderen Maßnahmen der Verwaltung ist zwar kein Zwang erforderlich, gleichwohl tritt die Verwaltung dem Bürger gegenüber als Träger öffentlicher Gewalt (Über-Unterordnungsverhältnis) in Erscheinung. Dieses sogenannte *schlichthoheitliche* Tätigwerden der Verwaltung erfolgt überwiegend in der leistenden Verwaltung (Bau einer Straße, Errichtung eines Museums). Auch hier finden die Regeln des Verwaltungsrechts Anwendung.

FISKALISCHE
VERWALTUNG

(c) Soweit die Art der Aufgabe nicht eine hoheitliche Befugnis erfordert, kann die Verwaltung sich auch auf das Gebiet des Privatrechts begeben und dort wie alle Bürger Rechtsgeschäfte vornehmen, insbesondere Verträge schließen. Man bezeichnet dies als *fiskalische Verwaltung*, wobei unter dem Begriff des Fiskus (fiskus: lateinisch Korb, Geldkorb) der Staat als Träger von privaten Rechten (insbesondere Vermögensrechten) und Pflichten zu verstehen ist. Solche fiskalischen Geschäfte findet man in zwei verschiedenen Formen:

FISKALISCHE
HILFSGESCHÄFTE

– Die Einrichtungen der öffentlichen Verwaltung haben wie jeder andere Dienstleistungsbetrieb einen bestimmten Bedarf an Ausstattung und Hilfsmitteln. Es müssen z. B. ein Verwaltungsgebäude angemietet, Schreibmaschinen gekauft und Dienstfahrzeuge zur Reparatur gebracht werden. Es liegt auf der Hand, dass die Verwaltung diesen Bedarf wie jeder Bürger durch entsprechende Verträge decken muss. Da diese Maßnahmen nicht unmittelbar der Erfüllung einer öffentlichen Aufgabe dienen, sondern erst die Voraussetzungen für eine Verwaltungstätigkeit schaffen, werden sie als *fiskalische Hilfsgeschäfte* bezeichnet.

– Aber auch bei der unmittelbaren Aufgabenerfüllung, insbesondere bei Leistungen im Bereich der Daseinsvorsorge und der Gewährung von Darlehen, kann die Verwaltung privatrechtlich handeln, wenn nicht gesetzliche Vorschriften eine hoheitliche Wahrnehmung vorsehen. Dieses sogenannte *Verwaltungsprivatrecht* begegnet dem Bürger am häufigsten bei der Lieferung von Strom, Gas und Wasser sowie bei dem Betrieb von öffentlichen Verkehrsmitteln. Der Betrieb solcher Leistungen erfolgt häufig in der Gestalt einer Aktiengesellschaft oder einer Gesellschaft mit beschränkter Haftung (Straßenbahn AG, Stadtwerke GmbH). Dies darf nicht darüber hinwegtäuschen, dass es sich inhaltlich um Maßnahmen der öffentlichen Verwaltung handelt, wobei die Verwaltungsträger (z. B. die Stadt) als Gesellschafter der AG oder der GmbH auftreten. Der öffentliche Kern im Verwaltungsprivatrecht zeigt sich in gewissen öffentlich-rechtlichen Bindungen, insbesondere in der Bindung an das Gleichheitsgebot des Art. 3 GG. Während es einem privaten Unternehmer von Ausnahmefällen abgesehen *(Kap. 2, Abs. 6)* freisteht, mit wem und zu welchen Bedingungen er Verträge abschließt, kann z. B. ein öffentlicher Verkehrsbetrieb keinen Verkehrsgast aus unsachlichen Gründen vom Transport ausschließen.

Zusammenfassung

Die Verwaltung ist der Teil der staatlichen Tätigkeit, in dem (neben Gesetzgebung und Rechtsprechung) öffentliche Aufgaben durch ordnendes, leistendes, planendes oder gestaltendes Handeln wahrgenommen werden. Soweit Verwaltungsmaßnahmen in Rechte der Bürger eingreifen (hauptsächlich – aber nicht ausschließlich – auf dem Gebiet der ordnenden Verwaltung), kann dies nur aufgrund einer gesetzlichen Ermächtigung geschehen. Als Träger hoheitlicher Gewalt handelt die Verwaltung auf der Grundlage des öffentlichen Rechts. Öffentliche Aufgaben können aber auch in den Formen des Privatrechts wahrgenommen werden.

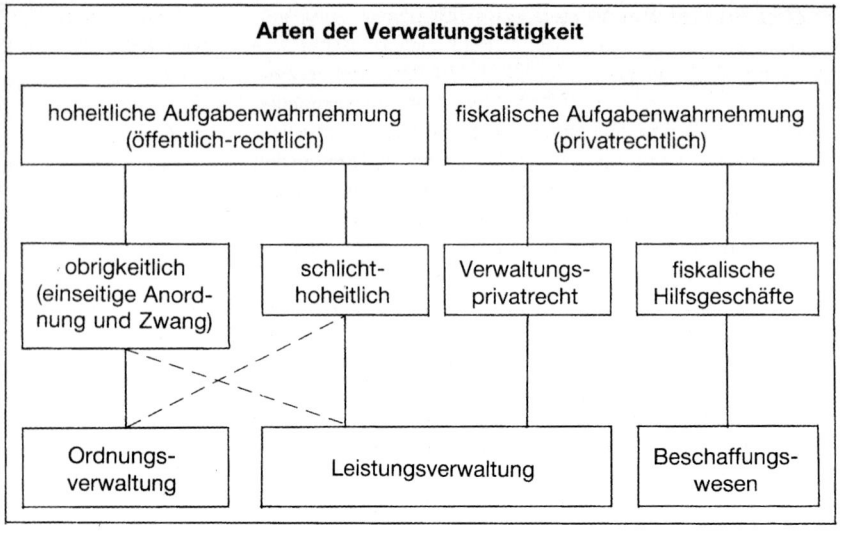

Arten der Verwaltungstätigkeit

hoheitliche Aufgabenwahrnehmung (öffentlich-rechtlich)		fiskalische Aufgabenwahrnehmung (privatrechtlich)	
obrigkeitlich (einseitige Anordnung und Zwang)	schlicht-hoheitlich	Verwaltungs-privatrecht	fiskalische Hilfsgeschäfte
Ordnungs-verwaltung	Leistungsverwaltung		Beschaffungs-wesen

2. Rechtliche Grundlagen der Verwaltung

(1) Das Innenministerium eines Bundeslandes hat in Abstimmung mit dem Finanzministerium Richtlinien an die ihm nachgeordneten Dienststellen erlassen, wonach bei Beschaffungsmaßnahmen Angebote von Firmen aus strukturschwachen Gebieten bevorzugt zu berücksichtigen sind, sofern allgemeine Wirtschaftlichkeitsgründe nicht dagegen sprechen. Ein Regierungspräsidium dieses Landes will eine neue Druckmaschine kaufen. Drei Hersteller reichen ungefähr gleichwertige Angebote ein; einer davon hat seinen Betrieb in einem strukturschwachen Gebiet. Kann dieser Hersteller auf Abschluss des Kaufvertrages klagen?

(2) In der Landesbauordnung (förmliches Gesetz) ist geregelt, dass gegen den Eigentümer eines ohne Baugenehmigung errichteten und gegen Bestimmungen des Baurechts verstoßenden Gebäudes eine Abbruchsverfügung ergehen kann. Die zuständige Baubehörde teilt dem E. mit, da diese Voraussetzungen bei seinem Wochenendhaus vorlägen und er als notorischer Rechtsverletzer bekannt sei, müsse dieses Gebäude abgerissen werden.

Rechtsquellen des Verwaltungsrechts

Bei einem Blick auf die *Rechtsquellen des Verwaltungsrechts* kann an die allgemeine Darstellung der Rechtsquellen *(Kap. 1, Abs. 5)* angeknüpft werden, wobei lediglich einige besondere Gesichtspunkte zu ergänzen sind. Dort wurden die Rechtsnormen nach der Rechtssetzungsbefugnis in drei Gruppen eingeteilt: *Gesetze* im formellen Sinne werden von den Parlamenten (des Bundes oder der Länder) erlassen, *Rechtsverordnungen* ergehen durch Regierung oder Verwaltung aufgrund einer gesetzlichen Ermächtigung und *Satzungen* sind Rechtsvorschriften, die von einer Selbstverwaltungskörperschaft *(Abs. 3)* erlassen werden. Ihnen ist der Charakter der Rechtsnorm gemeinsam, nämlich die abstrakte (nicht auf den Einzelfall bezogene) und generelle (für eine Vielzahl von Personen geltende) Regelung, die sowohl für den Bürger gegenüber dem Staat als auch umgekehrt für den Staat im Verhältnis zum Bürger *verbindlich* ist (Gesetze im materiellen Sinne). Wenn also in einer Rechtsverordnung die Voraussetzungen festgelegt sind, unter denen eine gesetzlich vorgesehene Leistung des Staates (etwa Gewährung eines Darlehens für junge Familien) erfolgen soll, so hat der Bürger, der diese Voraussetzungen erfüllt, einen Anspruch auf diese Leistung, den er notfalls auch durch eine Klage geltend machen kann.

GESETZ

RECHTS-
VERORDNUNG
SATZUNG

Über allen genannten Normen steht die Verfassung, an die alle staatliche Gewalt gebunden ist *(Kap. 7, Abs. 2)*. Innerhalb der Rechtsnormenarten ergibt sich die *Stufenfolge:* Verfassung – formelles Gesetz – Rechtsverordnung – Satzung. Widersprechen sich Vorschriften auf verschiedenen Stufen, so geht das höherrangige Recht dem nachgeordneten vor. Daneben gilt der allgemeine Grundsatz des Artikel 31 GG, wonach Bundesrecht das Landesrecht aller Stufen bricht, freilich nur insoweit, als dem Bund auf diesem Gebiet nach der Verfassung eine Rechtssetzungsbefugnis zusteht. Wenn dies der Fall ist, geht also z.B. eine Rechtsverordnung des Bundes selbst einem Landesverfassungsrecht vor (s. *Kap. 7, Abs. 8)*.

RANGORDNUNG
DER
NORMEN

Die bisher genannten Arten von Regelungen stellen das sogenannte *Außenrecht* dar, das die Beziehung des Staates zu seinen Bürgern in verbindlicher Weise bestimmt. Im Gegensatz dazu erfasst das *Innenrecht* die innere Organisation der Verwaltung und den inneren Dienstbetrieb. Insbesondere bei den *Verwaltungsvorschriften* handelt es sich um interne Anweisungen, die entweder von einer übergeordneten an die nachgeordneten Behörden ergehen können (Fall 1) oder

AUSSEN- UND
INNENRECHT

VERWALTUNGS-
VORSCHRIFTEN

die von einer Behörde für die Regelung ihres eigenen Betriebs erlassen werden (Regelung der Arbeitszeit, Verwendung bestimmter Formulare). Als interne Bestimmungen wirken die Verwaltungsvorschriften grundsätzlich nicht unmittelbar auf das Rechtsverhältnis zwischen Verwaltung und Bürger ein. Die vom Innenministerium im Beispielsfall (1) erlassenen Richtlinien sind solche Verwaltungsvorschriften (oft auch Verwaltungsanweisungen oder irreführend Verwaltungsverordnungen genannt), mit denen das Ministerium das Handeln der nachgeordneten Behörden steuern will, um ein bestimmtes Ziel (hier Strukturförderung) zu erreichen. Der außenstehende Bürger kann regelmäßig aus einer Verwaltungsvorschrift keinen Anspruch ableiten. Ausnahmsweise erhält die Verwaltungsvorschrift dann Außenwirkung, wenn sie zu einer ständigen Verwaltungspraxis geführt hat, auf die sich der Bürger z. B. wegen mehrerer Vergleichsfälle berufen kann *(Selbstbindung der Verwaltung)*. Soweit hierfür in Fall (1) keine Anhaltspunkte gegeben sind, hat der im strukturschwachen Gebiet produzierende Hersteller keinen durchsetzbaren Anspruch auf Abschluss des Kaufvertrages.

Freiheit und Bindung der Verwaltung

Verschiedentlich ist oben schon die Frage aufgetaucht, wie weit die Verwaltung einerseits an Rechtsnormen *gebunden* ist und wo sie sich andererseits *frei* betätigen kann. Selbstverständlich darf die Verwaltung nicht gegen Verfassung und Gesetze verstoßen. Man nennt diesen Grundsatz den *Vorrang des Gesetzes*. Wenn also z. B. der Gesetzgeber eine Wohngeldhilfe für bestimmte Personenkreise anordnet, kann die Verwaltung diese Leistung nicht verweigern, weil sie andere soziale Zwecke für wichtiger hält. Davon zu unterscheiden ist der *Vorbehalt des Gesetzes*. Hier geht es um die Frage, ob eine Verwaltungsmaßnahme, für die keine gesetzliche Regelung besteht, überhaupt zulässig ist. Hier gilt, dass bei Maßnahmen, die in die Rechts- und Freiheitssphäre des einzelnen Bürgers eingreifen oder die Grundrechte des einzelnen Bürgers nachhaltig betreffen (sog. Wesentlichkeitstheorie), eine gesetzliche *Ermächtigungsgrundlage* erforderlich ist. In vielen Fällen räumt der Gesetzgeber der Verwaltung allerdings einen Handlungsspielraum nach eigenem *Ermessen* ein. Die Verwaltung kann hierbei zwischen mehreren möglichen Maßnahmen selbst entscheiden. Solche Rechtsvorschriften sind häufig als „Kann-Bestimmung" formuliert (vgl. Fall (2)). Dies bedeutet aber nicht, dass die

Verwaltung nach Belieben entscheiden kann. Sie muss vielmehr ihr Ermessen pflichtgemäß ausüben und hat sich dabei am Zweck der Vorschrift zu orientieren. Im Fall (2) des baurechtswidrigen Wochenendhauses bedeutet es einen Ermessensfehler, wenn die Abbruchsverfügung als Strafe für verschiedene Rechtsverstöße des E. dienen soll. Die Baubehörde muss vielmehr das Interesse der Allgemeinheit an der Beseitigung des baurechtswidrigen Zustandes gegen das Interesse des E. an der Erhaltung des Gebäudes abwägen.

Gebiete des Verwaltungsrechts

Abschließend noch einen Blick auf die verschiedenen *Gebiete des Verwaltungsrechts*. Wie das Bürgerliche Recht und das Strafrecht kennt auch das Verwaltungsrecht die Einteilung in ein allgemeines und ein besonderes Verwaltungsrecht. Allerdings gibt es für die allgemeinen Regeln und Grundsätze kein einheitliches und systematisches Gesetz im Sinne eines „Allgemeinen Verwaltungsgesetzbuches". Vor 1977 war sogar der überwiegende Teil der allgemeinen Regelungen nicht in geschriebenem Recht niedergelegt, sondern beruhte gewohnheitsrechtlich auf den von der Rechtsprechung, der Wissenschaft und der Verwaltungspraxis entwickelten Grundsätzen. Seit 1977 sind viele (keineswegs alle) allgemeinen Vorschriften in den *Verwaltungsverfahrensgesetzen* des Bundes und der Länder (fast gleich lautend) enthalten. Auch das besondere Verwaltungsrecht ist nicht in einem einheitlichen Gesetzbuch zusammengefasst, sondern auf viele Einzelgesetze verteilt. Nur einige der wichtigsten seien hier aufgezählt: Gewerbeordnung, Polizeigesetze der Länder, Bundesbeamtengesetz, Baugesetzbuch, Landesbauordnungen, Straßenverkehrsgesetze, Personenbeförderungsgesetz, Wasserhaushaltsgesetz, Schulgesetze der Länder usw.

Zusammenfassung

Im Bereich des Verwaltungsrechts werden Rechtsnormen auf verschiedenen Ebenen der staatlichen Organisation erlassen (Bund, Länder und Gemeinden). Dabei können sich einzelne Vorschriften widersprechen. Um eine einheitliche Ordnung zu gewährleisten, stehen die Normen in einer gestuften Rangordnung zueinander. Es gilt die Stufenfolge: Verfassung – formelles Gesetz – Rechtsverordnung – Satzung; dabei ist der Grundsatz zu beachten, dass Bundesrecht Landesrecht bricht. Keinen Normcharakter haben

Verwaltungsvorschriften, die nur interne Verwaltungsanweisungen darstellen. Die gesetzlichen Bestimmungen des Verwaltungsrechts sind auf viele Einzelgesetze verstreut. Das allgemeine Verwaltungsrecht ist nur teilweise gesetzlich geregelt, im Übrigen gelten historisch gewachsene und von der Rechtsprechung gefestigte allgemeine Regeln.

3. Der Aufbau der Verwaltung und die für sie tätigen Personen

(1) Beim Skatabend unterhalten sich die drei Skatspieler über ihre derzeitigen Schwierigkeiten mit dem „Staat". Paul A. ärgert sich über den Bescheid des Bundesamtes für den Zivildienst, durch den sein Antrag auf Zurückstellung vom Zivildienst abgelehnt wurde. Heinz B. betreibt eine Gaststätte. Er muss sich ständig gegen Beanstandungen der Gewerbeaufsichtsbehörde wehren, die ihm sogar schon eine Gewerbeuntersagung angedroht hat. Maja C. streitet sich seit Wochen mit dem Leiter des städtischen Rechtsamtes über die Höhe eines Erschließungsbeitrages. Alle drei beklagen, dass sie sich in dem Gestrüpp von Ämtern, Behörden, Beamten und sonstigen Stellen, die offenbar wahllos auf Bund, Länder und Gemeinden verteilt sind, nicht zurechtfinden. Sie fragen sich, ob es nicht besser wäre, wenn es nur eine staatliche Verwaltungsstelle gäbe, die für alle öffentlichen Belange zuständig ist.

(2) In einer Bundestagsdebatte kritisiert die Abgeordnete Bach, dass mit den Sonderrechten der Beamten endlich Schluss gemacht werden müsse. Insbesondere sei nicht einzusehen, wieso Beamte kein Arbeitsplatzrisiko tragen müssten. Im Übrigen solle der Staat in Zukunft mehr Angestellte und Arbeiter einstellen, die die Aufgaben der Beamten übernehmen könnten.

Die öffentliche Verwaltung tritt dem Bürger in einer oft verwirrenden *organisatorischen Vielfalt* gegenüber. Meist bezeichnet der Einzelne die verschiedenen öffentlichen Stellen, mit denen er es zu tun hat, gemeinhin als den „Staat". Dies ist insofern richtig, als alle hoheitliche Macht letztlich vom Staat ausgeht. Allerdings ist gerade im Bereich der Verwaltung wichtig zu wissen, welche öffentliche Einrichtung für einzelne Aufgaben verantwortlich ist. Danach richtet sich insbesondere die Frage, von wem der Bürger bestimmte Leistungen verlangen kann und gegen wen sich der

Bürger wehren muss, wenn er mit einer ihn berührenden Maßnahme nicht einverstanden ist. Man muss sich daher – wenigstens in groben Zügen – die Gliederung der öffentlichen Verwaltung klarmachen.

Träger der öffentlichen Verwaltung

Träger der öffentlichen Verwaltung können nur juristische Personen des öffentlichen Rechts sein. Diese nehmen genauso wie die juristischen Personen des Privatrechts selbstständig am Rechtsverkehr teil und sind Träger von Rechten und Pflichten. Sie können also z. B. Verträge abschließen und Eigentum erwerben. Darüber hinaus haben sie aber die Befugnis, zur Erfüllung ihrer öffentlichen Aufgaben Hoheitsrechte auszuüben. Man unterscheidet Körperschaften, Anstalten und Stiftungen.

Eine Ausnahme stellen die sog. „*Beliehenen*" dar. Das sind Einzelpersonen oder juristische Personen des Privatrechts, die mit der hoheitlichen Wahrnehmung bestimmter Verwaltungsaufgaben im eigenen Namen betraut sind (z.B. TÜV, Bezirksschornsteinfeger).

Bei den meisten täglichen Verwaltungsaufgaben hat es der Bürger mit *Körperschaften* zu tun. Es sind dies rechtsfähige Verwaltungseinheiten, die über ihre Mitglieder hoheitliche Gewalt ausüben können. Zwei Organisationsmerkmale sind zu unterscheiden. Die *Gebietskörperschaften* erstrecken ihre hoheitlichen Befugnisse auf alle Personen, die sich in einem bestimmten Gebiet aufhalten. Dazu gehören der Gesamtstaat Bundesrepublik sowie alle Bundesländer (also alle staatlichen Einheiten), aber auch die Gemeinden und Gemeindeverbände (Landkreise). Für den Bürger ist es nicht immer ganz einfach zu erkennen, welcher Körperschaft er eine Maßnahme zuordnen muss. Von den Skatspielern in Fall (1) muss sich Paul A. mit einer Verfügung des Bundes, Heinz B. mit einer Aufsichtsmaßnahme des Landes und Maja C. mit dem Bescheid einer Gemeinde auseinander setzen.

Dagegen knüpft die Mitgliedschaft bei *Personalkörperschaften* an bestimmte Eigenschaften der Mitglieder (insbesondere beruflicher Art) an. Von den vielen verschiedenen Personalkörperschaften seien die Industrie- und Handelskammern, die Handwerkskammern, die Ärztekammern und die Universitäten nur als Beispiele genannt.

Weniger bekannt ist, dass auch die *rechtsfähigen Anstalten* des öffentlichen Rechts selbständige Träger öffentlicher Verwaltung sind. Sie haben keine Mitglieder, sondern Benutzer, denen sie im Rahmen des Anstaltszwecks Leistungen erbringen. Zu diesen selbständigen Anstalten gehören u. a. die Rundfunkanstalten, die Stadt- und Kreissparkassen und die Studentenwerke. Nur am Rande ist hier zu erwähnen, dass es auch zahlreiche unselbständige Anstalten gibt, die selbst keine Verwaltungsträger sind, sondern zu einem anderen Verwaltungsträger gehören (so ist die städtische Badeanstalt der Körperschaft „Gemeinde" zuzuordnen).

STIFTUNGEN
Schließlich sind auch die *Stiftungen* des öffentlichen Rechts selbständige Träger der öffentlichen Verwaltung. Es handelt sich dabei um rechtlich verselbständigte Vermögensmassen, BEHÖRDEN die einem öffentlichen Zweck zu dienen bestimmt sind. Die 1971 geschaffene Stiftung „Hilfswerk für behinderte Kinder" hat z.b. den Zweck, die contergangeschädigten Kinder zu unterstützen.

Organe

Da die juristischen Personen des öffentlichen Rechts genauso wie die des Privatrechts künstliche Rechtsgebilde sind, können sie nicht selbst handeln. Für sie handeln die *Organe*, deren Aufgaben bestimmten natürlichen Personen als Organwalter zugewiesen sind. Regelmäßig hat die juristische Person mehrere Organe, z. B. eine Gemeinde den Bürgermeister und den Gemeinderat. Die Organe, mit denen die Bürger am meisten in Berührung kommen, sind die *Behörden*. Diese haben dem Bürger gegenüber Verwaltungsaufgaben zu erfüllen. Verdeutlicht sei dies nochmals am Beispiel der Gemeinde. Während der Gemeinderat als Organ der internen Willensbildung die Grundzüge der Verwaltung festlegt (Innenwirkung), vollzieht der Bürgermeister (als Behörde, nicht als natürliche Person) die Verwaltungshandlungen nach außen (Außenwirkung). Natürlich kann der Bürgermeister nicht alle Geschäfte allein erledigen, er wird dabei von der Gemeindeverwaltung unterstützt.

GLIEDERUNG DER BEHÖRDEN
Der Bürger, der von der Verwaltung etwas haben oder sich gegen deren Handlungen wehren will, muss sich also immer an eine Behörde wenden. Da das Schwergewicht der Verwaltung bei den Ländern liegt, sei deren Verwaltungsorganisation kurz (und vereinfacht) dargestellt:
Regelmäßig sind drei Stufen der Verwaltung eingerichtet. Die Oberstufe besteht aus den *obersten Landesbehörden* (Ministerpräsident, Landesregierung und die einzelnen Ministerien) sowie aus *Landesoberbehörden*, die besondere Verwaltungsaufgaben in unmittelbarer Verantwortung unter dem zuständigen Ministerium durchführen (Statisti-

sches Landesamt, Landeskriminalamt usw.). Auf der Mittelstufe handelt das *Regierungspräsidium* in einem weit gefassten Zuständigkeitsbereich. Auf dieser Stufe gibt es verhältnismäßig wenig Sonderverwaltungsbehörden. Die Unterstufe der staatlichen Verwaltung bilden die *Landratsämter*, die *kreisfreien Städte* sowie zahlreiche *Sonderbehörden* (Schulamt, Straßenbauamt, Forstamt usw.).

Bei vielen Verwaltungsvorgängen taucht schließlich noch der Begriff des *Amtes* auf. Er wird mit unterschiedlicher Bedeutung benutzt. Teilweise werden ganze Behörden (Bundeskanzleramt, Finanzamt) oder Teile von Behörden (Rechtsamt der Gemeinde X) als Amt bezeichnet. Im organisatorischen Sinne ist das Amt die kleinste Verwaltungseinheit einer Behörde. Jeder im öffentlichen Dienst arbeitende Mensch, der konkrete Aufgaben der öffentlichen Verwaltung ausführt, übt damit ein Amt aus; man nennt ihn daher auch Amtswalter. Dies muss keineswegs ein Beamter sein (siehe unten), auch Angestellte und Arbeiter können ein Amt in diesem Sinne ausüben.

AMT

Unmittelbare und mittelbare Staatsverwaltung

Wir haben nun eine Grundform der staatlichen Verwaltungsorganisation kennen gelernt: Die rechtsfähigen Träger der öffentlichen Verwaltung handeln durch Organe. Soweit diese Aufgaben gegenüber dem Bürger wahrnehmen, nennt man sie Behörden. Behörden sind hierarchisch gegliedert; die kleinste Verwaltungseinheit einer Behörde bildet das Amt. Ein weiteres Gestaltungsmerkmal der öffentlichen Verwaltung ist die Unterscheidung in *unmittelbare* und *mittelbare* Staatsverwaltung. Bei der unmittelbaren Verwaltung übt der Staat die Verwaltung durch eigene Behörden aus (s. Abb.: Organisation einer Landesverwaltung). Viele wichtige staatliche Aufgaben werden aber nicht von staatlichen Behörden, sondern von anderen selbständigen rechtsfähigen Verwaltungsträgern wahrgenommen. Man nennt dies daher mittelbare Staatsverwaltung. Sie obliegt in den meisten Fällen sogenannten *Selbstverwaltungskörperschaften*, die im Rahmen ihres Selbstverwaltungsrechts nicht den Weisungen des Staates unterliegen (Gemeinden, Ärztekammern, Industrie- und Handelskammern, Universitäten usw.).

SELBST-
VERWALTUNGS-
KÖRPERSCHAFT

Die weitaus wichtigste Rolle spielt in diesem Bereich die kommunale Selbstverwaltung der Gemeinden und Kreise, die auch verfassungsrechtlich abgesichert ist (Art. 28 Abs. 2 GG). Ihr großer Vorzug liegt darin, dass bei vielen

Verwaltungsangelegenheiten die örtlichen Gegebenheiten eine besondere Rolle spielen und die betroffenen Bürger über den Gemeinderat auf die Verwaltungstätigkeit der Gemeinde Einfluss nehmen können (Bau einer Gemeindestraße, Einrichtung eines städtischen Museums usw.). Mit dem Selbstverwaltungsrecht eng verbunden ist die Satzungsgewalt, d. h. die Gemeinden (und auch andere Selbstverwaltungsträger) können in ihren eigenen Angelegenheiten Recht setzen.

Die Selbstverwaltungskörperschaften unterstehen hinsichtlich der Aufgaben, die sie eigenverantwortlich und weisungsfrei erfüllen nur einer *Rechtsaufsicht*. Das bedeutet, dass eine staatliche Behörde darüber wacht, ob das Handeln der Selbstverwaltungskörperschaft rechtmäßig ist, ohne dabei auch die Zweckmäßigkeit des Handelns prüfen zu dürfen. Die Aufsichtsbehörde darf also nicht eine rechtmäßige Entscheidung der Selbstverwaltungskörperschaft aufheben, nur weil sie im Ergebnis eine andere Entscheidung für besser hält. Bei den Gemeinden gibt es im Gegensatz zu den meisten anderen Selbstverwaltungskörperschaften die Besonderheit, dass sie neben den eigenen Selbstverwaltungsaufgaben noch zahlreiche weitere Aufgaben zugeteilt bekommen haben, bei denen sie als Teil der Staatsverwaltung tätig werden und daher auch Weisungen unterliegen (Weisungsaufgaben). Solche Weisungen werden im Rahmen der sog. *Fachaufsicht* erteilt. Dies ist besonders bei den oben erwähnten kreisfreien Städten der Fall. Daneben können aber auch beispielsweise kreisangehörige Gemeinden ab einer bestimmten Größe für die Erteilung von Baugenehmigungen zuständig sein.

Mit Hilfe dieses Organisationsgerüsts lässt sich nunmehr feststellen, mit welchen Einrichtungen der öffentlichen Verwaltung es die drei Skatspieler in Fall (1) zu tun haben. Das Bundesamt für den Zivildienst ist eine Sonderbehörde des Bundes, eine eventuelle Klage ist daher gegen die Bundesrepublik Deutschland als Gebietskörperschaft zu richten. Dagegen ist das Gewerbeaufsichtsamt eine Sonderbehörde des Landes. Erschließungsmaßnahmen und die damit verbundenen Erschließungsbeiträge sind Angelegenheiten der kommunalen Selbstverwaltung. Wenn es zur Klage kommt, muss diese gegen die Gemeinde (nicht etwa gegen das Rechtsamt) gerichtet werden. Bleibt noch die Frage zu beantworten, ob es nicht besser wäre, wenn alle öffentlichen Aufgaben von einer staatlichen Einheitsverwaltung wahrgenommen würden, denn damit wäre manche organisatorische Unklarheit beseitigt. Ein wesentlicher Vorteil ginge aber verloren: Durch die Aufspaltung hoheitlicher Gewalt in viele verschiedene Glieder unmittelbarer und mittelbarer staatlicher Verwaltung wird staatliche Macht „gebändigt" und die Bürger können insbesondere im Bereich der Selbstverwaltungskörperschaften besser auf die Verwaltung ihrer eigenen Angelegenheiten Einfluss nehmen.

Recht des öffentlichen Dienstes

Zur Organisation der öffentlichen Verwaltung gehört auch das *öffentliche Dienstrecht*. Eine noch so gut gegliederte Verwaltung würde wenig nützen, wenn es nicht Menschen gäbe, die möglichst objektiv, sachkundig und verantwortungsvoll öffentliche Aufgaben erledigen. Nun trifft es zwar zu, dass diese Merkmale auch für alle nichtöffentlichen Berufstätigkeiten erforderlich sind. Es hat sich jedoch die Vorstellung gebildet, dass insbesondere die hoheitlichen Aufgaben an Personen übertragen werden müssten, die in einem besonderen Dienst- und Treueverhältnis zum Staat stehen. Daraus hat sich das *Berufsbeamtentum* entwickelt. Die Rechtsbeziehungen des Beamten zu seinem Dienstherrn unterliegen nicht dem Arbeitsrecht, sondern einem speziellen öffentlichen Dienstrecht. Dies kommt schon dadurch zum Ausdruck, dass der Beamte mit seinem Dienstherrn keinen Arbeitsvertrag abschließt, sondern von diesem unter Aushändigung einer *Ernennungsurkunde* in ein Amt berufen wird. Sofern der Beamte nach Ableistung seines Vorbereitungsdienstes und nach erfolgreicher Bewährung in der Probezeit zum *Lebenszeitbeamten* ernannt wird, kann er nicht mehr aus dem Dienst entlassen werden, wenn er nicht eine schwerwiegende Dienstverfehlung begeht. Dies ist ein besonderes Vorrecht des Beamten (kein Kündigungsrisiko wie bei einem „normalen" Arbeitsverhältnis), das ihm eine selbständige und gerechte Amtsführung ermöglichen soll. Die besondere *Treuepflicht* des Beamten erfasst zum einen die volle Hingabe an die Ausübung seines Amtes, zum anderen aber auch eine persönliche Haltung, die über die Dienstleistung hinausgeht: Er muss stets für die freiheitlich demokratische Grundordnung eintreten und auch außerhalb des Dienstes in einer Weise auftreten, die die Achtung vor seinem Amt gebietet. Auch dürfen Beamte zur Durchsetzung von beruflichen Forderungen *nicht streiken*. Dieser engen Treuebindung des Beamten an seinen Dienstherrn entspricht andererseits eine besondere *Fürsorgepflicht* des Dienstherrn, der den Beamten angemessen zu besolden hat und ihn bei Krankheit und Unfall versorgen muss. Nun ar-

BEAMTENRECHT

ERNENNUNG ZUM BEAMTEN

TREUEPFLICHT DES BEAMTEN

KEIN STREIKRECHT DES BEAMTEN FÜRSORGEPFLICHT DES DIENSTHERRN

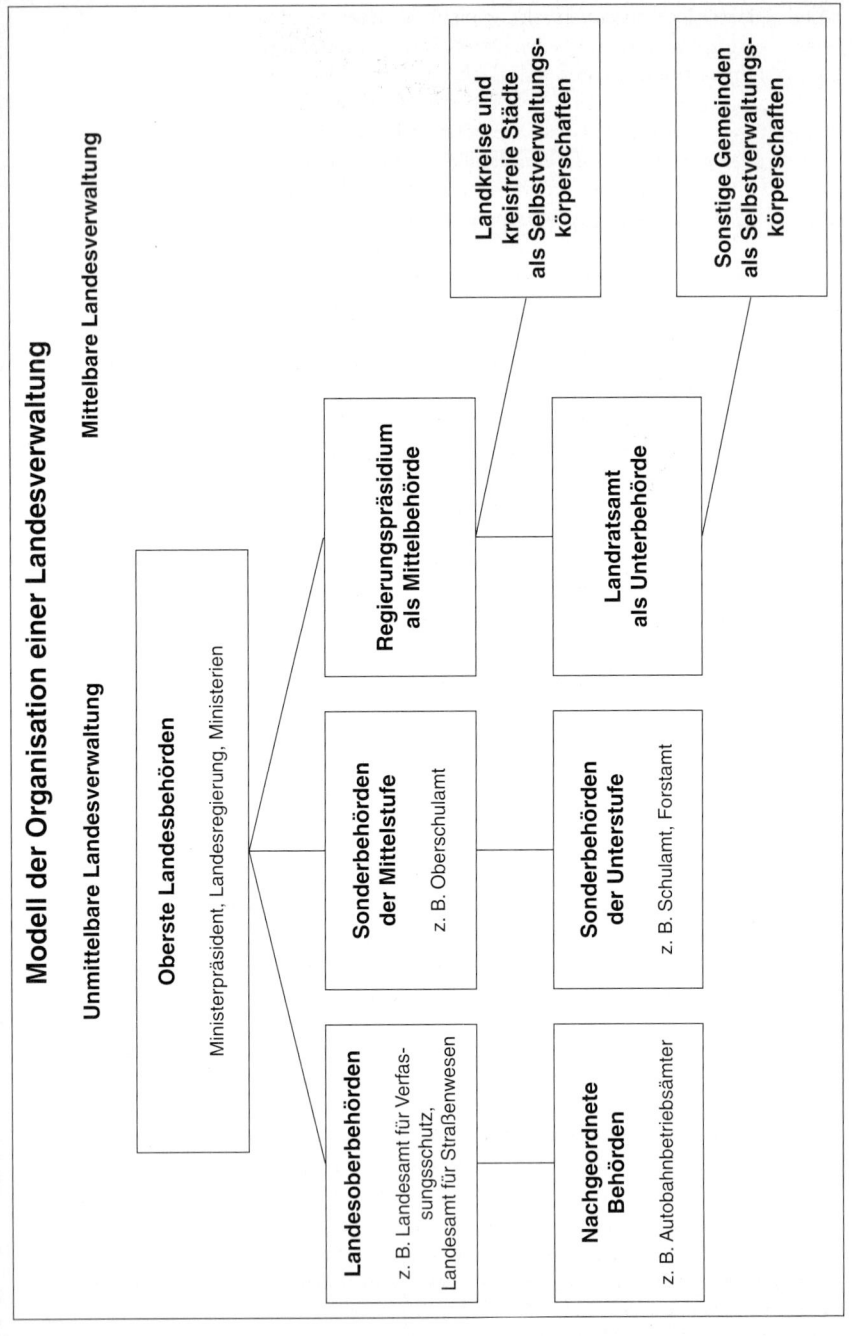

Modell der Organisation einer Landesverwaltung

Unmittelbare Landesverwaltung   **Mittelbare Landesverwaltung**

Oberste Landesbehörden

Ministerpräsident, Landesregierung, Ministerien

Landesoberbehörden

z. B. Landesamt für Verfassungsschutz, Landesamt für Straßenwesen

Nachgeordnete Behörden

z. B. Autobahnbetriebsämter

Sonderbehörden der Mittelstufe

z. B. Oberschulamt

Sonderbehörden der Unterstufe

z. B. Schulamt, Forstamt

Regierungspräsidium als Mittelbehörde

Landratsamt als Unterbehörde

Landkreise und kreisfreie Städte als Selbstverwaltungskörperschaften

Sonstige Gemeinden als Selbstverwaltungskörperschaften

beiten in der öffentlichen Verwaltung nicht nur Beamte, sondern auch *Angestellte* und *Arbeiter*. Deren Rechtsbeziehungen zu ihrem Dienstherrn richten sich nach den Regelungen des Arbeitsrechts. Allerdings sind viele Einzelheiten des Arbeitsverhältnisses tarifrechtlich dem Beamtenrecht angenähert. Obwohl ursprünglich für die Angestellten und Arbeiter die nichthoheitlichen Aufgaben vorgesehen waren, ist es zulässig, dass diese Bediensteten auch hoheitliche Funktionen ausüben. Insgesamt erscheint die historisch gewachsene Unterscheidung zwischen Beamten und nichtbeamteten Arbeitnehmern reformbedürftig. Es wird daher immer wieder erörtert, für alle öffentlichen Bediensteten ein einheitliches Dienstrecht zu schaffen. Dabei muss freilich berücksichtigt werden, dass die sogenannten hergebrachten Grundsätze des Beamtentums verfassungsrechtlich abgesichert sind (Art. 33 Abs. 5 GG). Soweit wesentliche Merkmale des Beamtenrechts aufgegeben würden, könnte dies wohl nur über den Weg einer Verfassungsänderung geschehen (Fall 2).

4. Das Verwaltungshandeln, insbesondere der Verwaltungsakt

(1) Der Innenminister erklärt vor einem Naturschutzverband, die Landesverwaltung werde in Zukunft aus Gründen des Landschaftsschutzes unnachsichtig gegen ungenehmigte Gebäude außerhalb von Ortschaften vorgehen. Kurz darauf erhält der Landwirt L., der auf seinem Feld einen nicht genehmigten Geräteschuppen erstellt hat, eine schriftliche Aufforderung der zuständigen Baubehörde, diesen Schuppen innerhalb von einem Monat zu beseitigen.

(2) Bei einer politischen Kundgebung in einer Gemeindehalle kommt es zu gewalttätigen Auseinandersetzungen. Die Polizei greift ein und fordert mit Lautsprecher alle Anwesenden auf, den Saal sofort zu verlassen.

(3) Die Gastwirtin Gretel H. wurde schon mehrfach vom Gewerbeaufsichtsamt wegen Ausgabe von verdorbenen Speisen gerügt. Schließlich geht ihr am 1. 3. ein Bescheid des Aufsichtsamtes zu, dass ihr nunmehr die Ausübung ihres Gastwirtsgewerbes untersagt werde, da der Gast Hermann Z. am 15. 2. durch den Genuss von verdorbenem Fleisch erheblich erkrankt sei. Gretel H. kümmert sich nicht um diesen Bescheid, da sie inzwischen erfahren hat, dass der besagte Gast sie durch eine falsche Anzeige in Schwierigkeiten bringen wollte.

(4) Familienvater Otto V. beantragt für seine drei Kinder den Höchstsatz an Kindergeld, wobei er mit falschen Unterlagen sein Einkommen viel zu niedrig angibt. Nach drei Jahren erhält Otto V. von der das Kindergeld bearbeitenden Behörde eine schriftliche Verfügung, dass er 3 600,– DM zu viel ausbezahltes Kindergeld zurückbezahlen müsse, da nunmehr sein tatsächliches Einkommen bekannt geworden sei.

(5) Der Bauherr B. will auf seinem Grundstück ein größeres Mehrfamilienhaus errichten und beantragt eine entsprechende Baugenehmigung. Die Baubehörde hat wegen der engen Zufahrt und des knappen Parkraumes Bedenken. Nach mehreren Verhandlungen schließt die Behörde einen Vertrag mit B., in dem sie die Baugenehmigung erteilt und B. sich verpflichtet, die Zufahrt auf seine Kosten zu vergrößern und zehn Einstellplätze zu schaffen.

Aus dem Verwaltungsverfahrensgesetz (VwVfG):

§ 35 Satz 1 Begriff des Verwaltungsaktes: „Verwaltungsakt ist jede Verfügung, Entscheidung oder andere hoheitliche Maßnahme, die eine Behörde zur Regelung eines Einzelfalles auf dem Gebiet des öffentlichen Rechts trifft und die auf unmittelbare Rechtswirkung nach außen gerichtet ist."

Genauso verschieden wie die Aufgaben und Tätigkeitsarten der Verwaltung sind auch ihre *Handlungsformen*. In vielen Fällen kommt es bei Verwaltungshandlungen nicht auf eine rechtliche Wirkung, sondern auf einen *tatsächlichen* Zweck an: Ein Streifenwagen der Polizei fährt eine bestimmte Route, um auf eventuelle Verkehrsstörungen zu achten; der Lehrer erteilt Unterricht, um die Schüler auszubilden. Wir haben weiterhin bereits gesehen, dass die Verwaltung im fiskalischen Bereich privatrechtlich handelt *(Abs. 1)*, insbesondere Verträge abschließt. Die Handlungen im hoheitlichen Bereich haben wir zunächst allgemein durch die Merkmale Über-Unterordnungsverhältnis, einseitige Anordnung und Ausübung von Zwang gekennzeichnet. Die zentrale Handlungsform im hoheitlichen Bereich ist der Verwaltungsakt. Ihn gilt es näher zu betrachten.

VERWALTUNGSAKT Auch wenn der Begriff des Verwaltungsaktes gesetzlich erst Mitte der Siebzigerjahre in den Verwaltungsverfahrensgesetzen des Bundes und der Länder festgelegt wurde, handelt es sich um ein klassisches Instrument des Verwaltungsrechts. Man hat den Verwaltungsakt in einem Vergleich mit dem Zivilrecht oft als die Willenserklärung der hoheitlich handelnden Behörde bezeichnet. Daran ist so viel richtig, dass auch hier eine einseitige Willenskundgabe (Verfügung der Behörde) auf eine rechtliche Wirkung (Regelung eines Einzelfalles) gerichtet ist. Mit dem Erlass eines Verwaltungsaktes will die Behörde die allgemein und für eine Vielzahl von Fällen formulierten Gesetze auf einen konkreten Einzelfall anwenden und gewissermaßen Klarheit schaffen, was der Bürger zu tun hat oder was er vom Staat verlangen kann. Der Verwaltungsakt stellt damit eine *konkrete Rechtsbeziehung* zwischen dem Träger öffentlicher Gewalt und dem Bürger her, auf die sich der Bürger entweder einstellen oder gegen die er sich – notfalls durch gerichtliche Überprüfung – wehren kann. Gerade die Notwendigkeit eines wirkungsvollen Rechtsschutzes gegen Maßnahmen der öffentlichen Verwaltung gebietet es, dass die Verwaltung eine möglichst genau bestimmte Regelung trifft, deren Rechtmäßigkeit vom Gericht nachgeprüft werden kann. Dies wird anhand von Beispielsfall (1) deutlich: Selbst wenn der Landwirt L. aufgrund der Rede des Ministers schon Befürchtungen wegen seines ungenehmigten Schuppens haben sollte, so kann er sich gegen die Erklärung des Ministers nicht wehren, da diese ersichtlich keine Regelung eines Einzelfalles bedeutet, sondern lediglich eine politische Absichtserklärung darstellt. Dagegen sagt die Verfügung der Baubehörde konkret verbindlich, was mit dem Geräteschuppen geschehen soll: Er muss beseitigt werden. Diese klare Regelung kann L. gerichtlich anfechten, wenn er sie für rechtswidrig hält.

Freilich ist für den Bürger nicht in allen Fällen so leicht wie im Beispiel (1) zu erkennen, ob ein Verwaltungsakt vorliegt. Insbesondere ist in Schriftstücken die Bezeichnung „Verwaltungsakt" zur Kennzeichnung ihrer Rechtsnatur nicht üblich; es werden meist Begriffe wie Verfügung, Anordnung, Bescheid, Regelung, Untersagung, Gestattung usw. gebraucht. Als Empfänger eines behördlichen Schreibens sollte man sich nicht auf die Bezeichnung verlassen, sondern prüfen, ob die gesetzlichen Merkmale eines Verwaltungsaktes vorliegen. Ein wichtiger Hinweis dafür, dass ein behördliches Schreiben ein Verwaltungsakt ist, ist die Anfügung einer sog. *Rechtsmittelbelehrung* am Ende des Schreibens. Eine Rechtsmittelbelehrung ist eine Erklärung, wie man sich gegen die in dem Schreiben liegende Anordnung wehren kann, wenn man die Entscheidung der Behörde für falsch hält. Im Übrigen können Verwaltungsakte nicht nur in schriftlicher, sondern auch in *mündlicher* oder *anderer Form* ergehen (§ 37 Abs. 3 VwVfG). Ein typisches Beispiel dafür ist das Stoppzeichen eines Verkehrspolizisten. Aus seiner Handlung ergibt sich die verbindliche Regelung (Anordnung), dass der Verkehrsteilnehmer, dem das Zeichen gilt, anhalten muss.

ALLGEMEINVERFÜGUNG

Eine Sonderform des Verwaltungsaktes stellt die sogenannte *Allgemeinverfügung* dar. Diese bezieht sich nicht auf eine ganz bestimmte Person, sondern auf einen nach allgemeinen Merkmalen gekennzeichneten Personenkreis. Bei der Aufforderung der Polizei, den Versammlungssaal zu räumen, liegt zweifellos eine verbindliche Maßnahme einer Behörde vor. Regelt diese einen Einzelfall? Im Sinne einer Allgemeinverfügung ja, da der angesprochene Personenkreis eindeutig bestimmbar ist: Gemeint sind alle im Saal anwesenden Personen.

Fehlerhafte Verwaltungsakte

Die rechtlichen Probleme eines Verwaltungsaktes tauchen meist erst auf, wenn ein betroffener Bürger diesen für rechtswidrig hält oder sich aus sonstigen Gründen benachteiligt fühlt. Auch eine noch so gesetzestreue Verwaltung kann nicht verhindern, dass ihr bei der tatsächlichen oder rechtlichen Beurteilung eines Falles Fehler unterlaufen, die zu einem rechtswidrigen Verwaltungsakt führen. Doch Vorsicht, solche rechtswidrigen Verwaltungsakte entfalten in der Regel für den betroffenen Bürger so lange volle Wirkung, bis sie zurückgenommen oder anderweitig aufgehoben werden. Wer die Wirkungen eines *rechtswidrigen Verwaltungsaktes* beseitigen will, muss diesen innerhalb einer bestimmten Frist *(s. Abs. 5) anfechten*. Versäumt der durch den Verwaltungsakt Belastete diese Frist, so erlangt der Verwaltungsakt *Bestandskraft*, d.h. er wird unanfechtbar. Das hat zur Folge, dass die von der Behörde getroffene Entscheidung verbindlich bleibt und befolgt werden muss. Lediglich bei (in der Praxis seltenen) schwerwiegenden und offenkundigen Fehlern ist der Verwaltungsakt *nichtig* und damit ohne rechtliche Wirkung. Man kann daher der Gastwirtin Gretel H. in Fall (3) nur den Rat geben, innerhalb der Widerspruchsfrist die Untersagungsverfügung des Gewerbeaufsichtsamtes anzufechten. Wenn sich erweist, dass die angebliche Erkrankung des Gastes am 15. 2. nur vorgespiegelt war, um Gretel H. in Schwierigkeiten zu bringen, beruhte die Verfügung auf einer falschen Tatsachenbasis und ist damit rechtswidrig. Einen solchen Bescheid muss die Behörde, wenn er angefochten wird, aufheben. Wehrt sich Gretel H. nicht fristgemäß gegen diese Verfügung, so wird

RECHTSWIDRIGER VERWALTUNGSAKT

die Untersagung unanfechtbar. Die formale Rechtssicherheit erhält dann auch gegen die materielle Ungerechtigkeit den Vorrang.

Von der zeitlich befristeten Möglichkeit der Anfechtung eines Verwaltungsaktes durch den von ihm betroffenen Bürger ist zu unterscheiden, dass die Verwaltung von sich aus einen Verwaltungsakt *aufheben kann*. Dies ist grundsätzlich auch nach Eintritt der Bestandskraft möglich; allerdings sind dieser Befugnis wegen des oben erwähnten Bedürfnisses nach Rechtssicherheit Grenzen gesetzt. Dabei kann man sich als Faustregel merken, dass die Behörde einen *belastenden* Verwaltungsakt *stets aufheben* oder im Sinne eines günstigeren Bescheides *abändern* kann (nicht muss). Es liegt auf der Hand, dass der von diesem Verwaltungsakt belastete Bürger kein Interesse an dessen Fortbestand hat. In Fall (3) kann also das Gewerbeaufsichtsamt auch nach Eintritt der Bestandskraft die Untersagungsverfügung zurücknehmen (sie muss es aber nicht).

Anders liegen die Dinge bei einem *begünstigenden* Verwaltungsakt. Wer in den Genuss eines vorteilhaften Bescheides kommt, richtet sich oft auf diesen ein. Dieses Vertrauen verdient uneingeschränkten Schutz, wenn es sich um einen rechtmäßigen begünstigenden Verwaltungsakt handelt. Ein solcher kann regelmäßig *nicht widerrufen* werden (den Begriff Widerruf verwendet man für die Aufhebung eines zum Zeitpunkt seines Erlasses rechtmäßigen Verwaltungsaktes). Auch bei *rechtswidrigen begünstigenden* Verwaltungsakten wird das Vertrauen des Bürgers geschützt, soweit ihm dadurch Geld- oder Sachleistungen gewährt wurden. Eine *Rücknahme* (Bezeichnung für die Aufhebung eines rechtswidrigen Verwaltungsaktes) kann jedoch dann erfolgen, wenn das Vertrauen des Begünstigten nicht schutzwürdig ist, insbesondere wenn er bewusst durch falsche Angaben die Leistung erwirkt hat. Der Kindergeldbescheid in Beispiel (4) war rechtswidrig, weil er auf einer falschen Berechnungsgrundlage beruhte. Diesen begünstigenden Bescheid kann die Behörde zurücknehmen, weil Otto V. die Leistung der Kindergeldstelle durch vorsätzlich unwahre Angaben verursacht hat. Sein Vertrauen darauf, dass er die überhöhten Geldleistungen behalten kann, verdient keinen Schutz.

Öffentlich-rechtlicher Vertrag

Obwohl der Verwaltungsakt die für den hoheitlichen Bereich typische Handlungsform ist, kann die Verwaltung auch zur Erfüllung hoheitlicher Aufgaben sogenannte *öf-*

fentlich-rechtliche Verträge abschließen. Wie im Privatrecht *(Kap. 2, Abs. 6)* werden die Rechtsfolgen durch die Einigung von mindestens zwei Vertragspartnern herbeigeführt. Dies erscheint auf den ersten Blick merkwürdig, denn der Vertrag als Rechtsgeschäft zweier gleichberechtigter Partner passt zunächst nicht in das Bild der obrigkeitlichen Verwaltung. Der öffentlich-rechtliche Vertrag hat sich aber heute entgegen manchen Bedenken durchgesetzt, weil mit ihm gerade komplizierte Fälle geschickter gelöst werden können als durch einseitige Verwaltungsmaßnahmen. So wird die von B. beantragte Baugenehmigung in Fall (5) von der Baubehörde zunächst nicht erteilt, weil die Zufahrts- und Parksituation unzureichend ist. Die Behörde hätte die Genehmigung als Verwaltungsakt mit der Auflage erteilen können, bestimmte Verbesserungen vorzunehmen. Sie konnte in diesem Fall aber auch die strittigen Fragen durch einen Vertrag regeln. Dies hat unter anderem den Vorzug, dass der Bürger stärker in die Lösung eines Problems einbezogen wird und nicht den Eindruck hat, ihm werde von oben herab eine Lösung aufgezwungen.

5. Der Rechtsschutz in der Verwaltung

(1) Renate F. will beim Landratsamt einen vor kurzem gekauften Gebrauchtwagen auf sich ummelden lassen. Der dortige Sachbearbeiter ist in grober Weise unhöflich und verweigert wegen einiger technischer Mängel die Umschreibung. Renate F. hält zwar nichts von einem förmlichen Verfahren gegen das Landratsamt, da sie kein Kostenrisiko eingehen will. Trotzdem möchte sie sich irgendwie wehren.

(2) Der 75-jährige pensionierte Gärtner G. verbrennt wie schon immer seine Abfallstoffe auf seinem Grundstück. Am 1. 6. erhält er eine schriftliche Verfügung der Ortspolizeibehörde, mit der ihm künftig Müllverbrennung wegen der damit verbundenen Schadstoffentwicklung und Geruchsbelästigung verboten wird. Die Verfügung schließt mit dem Satz, dass G. gegen diesen Bescheid innerhalb eines Monats Widerspruch einlegen könne. Da G. sehr ungern Schriftliches erledigt, unternimmt er zunächst nichts. Am 1. 9. fragt er seinen rechtskundigen Neffen, der ihn gerade besucht, ob er sich das gefallen lassen müsse.

(3) Das Studentenehepaar Margot und Werner S. hat beim Bürgermeisteramt einen Antrag auf Wohngeld ge-

stellt. Trotz einiger telefonischer Nachfragen bekommen die Eheleute S. innerhalb eines halben Jahres nach Antragstellung keinen Bescheid.

(4) Die Landespolizeidirektion hat gegen Hary T. wegen des Verdachts der Teilnahme an einer kriminellen Vereinigung erkennungsdienstliche Maßnahmen vorgenommen (Fingerabdrücke, Körpermaße, Fotoaufnahmen usw.). In den weiteren Ermittlungen wird der Verdacht ausgeräumt. Die erkennungsdienstlichen Unterlagen bleiben aber bei der Polizei.

Arten des Rechtsschutzes

In den vorangegangenen Abschnitten war immer wieder die Rede von den besonderen einseitigen Befugnissen, mit denen ein Träger öffentlicher Verwaltung in das Dasein des Bürgers einwirken oder existenzsichernde Leistungen vornehmen kann. Es ist geradezu das Merkmal eines *Rechtsstaates*, dass diese erhebliche Machtstellung der Verwaltung durch ein wirksames System von *Rechtsschutzmöglichkeiten* kontrolliert wird. Je nachdem, ob die Verwaltung selbst die Überprüfung vornimmt oder ob diese von einer außerhalb der Verwaltung stehenden Kontrollinstanz erfolgt, spricht man von verwaltungsinterner oder verwaltungsexterner Kontrolle. Es wird im Folgenden dargestellt, welche *Rechtsbehelfe* und *Rechtsmittel* hierbei zur Verfügung stehen. Es soll aber nicht übersehen werden, dass es in einer freien und demokratisch organisierten Gesellschaft eine Reihe von anderen Möglichkeiten gibt, sich gegen fehlerhafte oder missbräuchliche Verwaltungsmaßnahmen zu wehren: Man kann sich an Abgeordnete wenden, die Hilfe von Verbänden in Anspruch nehmen (Berufsverbände, Interessenverbände) und insbesondere die Presse einschalten.

Verwaltungsinterne Kontrolle

Bei der *verwaltungsinternen Kontrolle* unterscheidet man zwischen formlosen und förmlichen Rechtsbehelfen. Die sogenannte *Gegenvorstellung* und die *Aufsichtsbeschwerde* haben als *formlose Rechtsbehelfe* den Vorzug, dass sie weder an eine bestimmte Form noch an eine bestimmte Frist gebunden sind. Mit der Gegenvorstellung wendet man sich an die Behörde, deren Handeln man für fehlerhaft hält, während die Beschwerde an die Aufsichtsbehörde gerichtet wird. Von beiden Möglichkeiten kann die mit dem Landrats-

FORMLOSE
RECHTSBEHELFE

amt unzufriedene Renate F. in Fall (1) gleichzeitig Gebrauch machen, wobei das dienstliche Verhalten des unhöflichen Sachbearbeiters in Gestalt der sogenannten *Dienstaufsichts-beschwerde* gerügt wird. Der Nachteil der formlosen Rechtsbehelfe besteht darin, dass sie keinen Anspruch auf eine bestimmte Art der Erledigung geben, insbesondere nicht auf einen förmlichen Prüfungsbescheid. Die Behörde muss lediglich mitteilen, dass sie überprüft hat und zu welchem Ergebnis sie gekommen ist.

FÖRMLICHER
RECHTSBEHELF:
WIDERSPRUCH

Der *förmliche Rechtsbehelf* im Rahmen der Selbstkontrolle der Verwaltung ist der *Widerspruch* nach der Verwaltungs-gerichtsordnung (VwGO). Er ist insofern wirksamer, als er einen Anspruch auf sachliche Prüfung und Entscheidung gibt (§ 68 Abs. 1 VwGO) und den Weg zur gerichtlichen Überprüfung öffnet. Das Widerspruchsverfahren ist gewissermaßen die Brücke vom Verwaltungsverfahren zum Verwaltungsprozess, soweit der Bürger sich durch einen Verwaltungsakt belastet fühlt und ihn anfechten will oder den Erlass eines günstigen Verwaltungsaktes begehrt, den die Behörde zunächst auf seinen Antrag hin abgelehnt hat. Mit dem Widerspruchsverfahren soll die Verwaltung die Gelegenheit haben, in allen den Fällen, wo sie durch Verwaltungsakt entscheidet, ihre Maßnahme nochmals zu überdenken und gegebenenfalls eine andere Entscheidung zu treffen. Dabei hat sie nicht nur die *rechtliche Seite* der Maßnahme, sondern auch deren *Zweckmäßigkeit* zu prüfen. Allerdings steht für den Bürger vor dem Widerspruchsverfahren ein großes Achtungszeichen. Er muss den Widerspruch innerhalb *eines Monats* nach Bekanntgabe des anzufechtenden oder abgelehnten Verwaltungsaktes schriftlich oder zur Niederschrift der Behörde einlegen. Versäumt er diese relativ kurze Frist, so ist regelmäßig eine verwaltungsinterne Kontrolle und darüber hinaus auch ein Gerichtsverfahren ausgeschlossen. Auf den ersten Blick scheint damit in Fall (2) für G. keine Hoffnung zu bestehen, da er nicht innerhalb eines Monats gegen die polizeiliche Verfügung Widerspruch eingelegt hat. Sein rechtskundiger Neffe kann ihm jedoch helfen. Die kurze Monatsfrist beginnt nämlich nur dann zu laufen, wenn bei einem schriftlichen Bescheid eine ordnungsgemäße Rechtsmittelbelehrung mitgeteilt wird. In der am 1. 6. zugegangenen Verfügung hatte die Polizeibehörde lediglich über die Widerspruchsfrist, nicht aber über die Form belehrt. Die Möglichkeit, den Widerspruch nicht nur schriftlich, sondern auch zur Niederschrift bei der Behörde (mündliche Erklärung bei der Behörde, die dort von einem Amtswalter niedergeschrieben wird) erheben zu können

KONTROLLE DER
RECHTMÄSSIGKEIT
UND ZWECK-
MÄSSIGKEIT
WIDERSPRUCHS-
FRIST

(§ 70 Abs. 1 VwGO), soll gerade jenen Bürgern zugute kommen, die im förmlichen Schriftverkehr ungeübt sind. Ist die Rechtsmittelbelehrung unterblieben oder unvollständig erteilt, ist der Widerspruch innerhalb eines Jahres nach Bekanntgabe des Verwaltungsaktes zulässig. G. kann also bis zum 1. 6. des nächsten Jahres Widerspruch gegen die Untersagungsverfügung erheben.

Gerichtlicher Rechtsschutz

Der *gerichtliche Rechtsschutz* gegen rechtswidrige Handlungen oder Unterlassungen der Verwaltung umfasst ein breites Band von *Klagearten*, deren Einzelheiten hier nicht dargestellt werden können. Wir knüpfen zunächst an die Fälle an, wo ein Widerspruchsverfahren durchgeführt wurde und ein *ablehnender Widerspruchsbescheid* erging. Nach dessen Bekanntgabe hat der Bürger wiederum eine kurze Frist von *einem Monat* zu beachten, innerhalb der er Klage beim Verwaltungsgericht erheben muss. Die oben genannten Gesichtspunkte der Rechtsmittelbelehrung gelten entsprechend. Mit der *Anfechtungsklage* beantragt der Bürger, dass das Gericht mit seinem Urteil den belastenden Verwaltungsakt aufhebt. Will der Bürger dagegen umgekehrt den Erlass eines Verwaltungsaktes erzwingen, den die Behörde abgelehnt hat, so macht er dies mit einer *Verpflichtungsklage* geltend. Wie die Bezeichnung ausdrückt, wird das Gericht, falls der Anspruch auf den gewünschten Verwaltungsakt besteht, die Behörde durch Urteil zum Erlass dieses Verwaltungsaktes verpflichten. Da die Eheleute S. in Beispiel (3) einen Bescheid über die Gewährung von Wohngeld, also einen begünstigenden Verwaltungsakt erstreben, müssen sie ihren Anspruch mit einer Verpflichtungsklage geltend machen. Nun hat allerdings das Bürgermeisteramt auf den Antrag des Ehepaars S. überhaupt nichts unternommen, weder einen günstigen noch einen ablehnenden Bescheid erlassen. Eine solche *Untätigkeit* der Behörde kann natürlich nicht dazu führen, dass dem Bürger wegen des fehlenden Widerspruchsverfahrens der Weg zum Gericht versperrt ist. Der Bürger kann auch ohne einen Bescheid der Behörde regelmäßig drei Monate nach Einlegung des Widerspruchs oder Stellung des Antrags die Anfechtungs- bzw. Verpflichtungsklage erheben. Die Eheleute S. müssen also nicht länger um einen Bescheid „betteln", sondern können das Verwaltungsgericht anrufen.

Nun gibt es, wie in Abs. 1 erörtert, auch öffentlich-rechtliche Verwaltungsmaßnahmen, die keine Verwaltungsakte

Klagefrist nach Widerspruchsbescheid

Anfechtungsklage

Verpflichtungsklage

Untätigkeit der Behörde

sind (schlichthoheitliches Verwaltungshandeln). Hier steht dem Bürger die *allgemeine Leistungsklage* zur Verfügung, die auf Verurteilung der Behörde zu einem Tun (oder Unterlassen) gerichtet ist, das keinen Verwaltungsakt darstellt. Der allgemeinen Leistungsklage ist kein Widerspruchsverfahren vorgeschaltet. Im Beispielsfall (4) hat Hary T. ein berechtigtes Interesse daran, dass die über ihn angefertigten erkennungsdienstlichen Unterlagen beseitigt werden, nachdem der gegen ihn erhobene Verdacht nicht mehr besteht. Sein Begehren richtet sich daher auf ein tatsächliches Handeln der Polizeibehörde (Vernichten der Unterlagen), das er – sofern die Behörde dies nicht von sich aus erledigt – mit der Leistungsklage erzwingen kann. Schließlich sei aus Gründen der Vollständigkeit noch die *Feststellungsklage* genannt, mit der man die Feststellung der Nichtigkeit eines Verwaltungsaktes oder (in engen Grenzen) das Bestehen eines öffentlich-rechtlichen Rechtsverhältnisses verlangen kann.

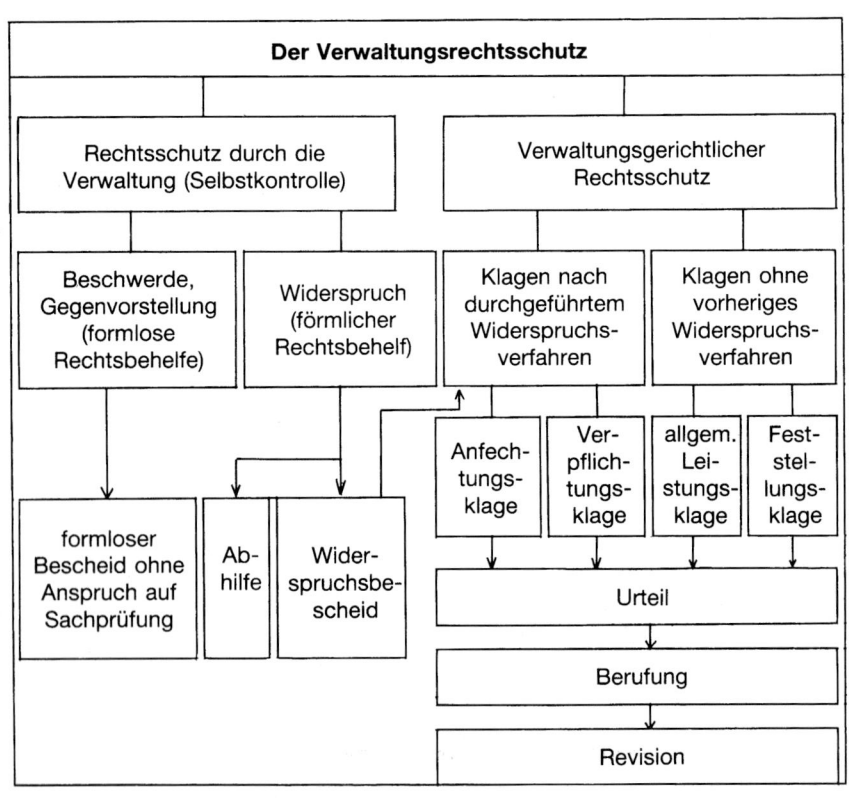

Für die genannten Klagen sind die *Verwaltungsgerichte* zuständig. Im Gegensatz zu den Zivilgerichten sind sie nicht an das Vorbringen der Parteien gebunden, sondern haben den Sachverhalt von Amts wegen zu erforschen *(Untersuchungsgrundsatz)*. Über die Klage entscheidet das Verwaltungsgericht regelmäßig nach mündlicher Verhandlung durch Urteil. Dagegen können die Beteiligten die Zulassung der Berufung beim *Oberverwaltungsgericht* (teilweise auch Verwaltungsgerichtshof genannt) beantragen. Über diese entscheidet das Oberverwaltungsgericht. Wenn die Berufung zugelassen wird, führt dies zu einer vollen tatsächlichen und rechtlichen Nachprüfung des erstinstanzlichen Urteils. Das Rechtsmittel der Revision gegen Berufungsurteile ist nur möglich, wenn das Oberverwaltungsgericht diese ausdrücklich zugelassen hat. Das *Bundesverwaltungsgericht* als Revisionsinstanz überprüft das Berufungsurteil nur in rechtlicher Hinsicht.

Literaturhinweise

Becker, F.: Grundzüge des öffentlichen Rechts. 6. Aufl. 1995

Unruh, G.-Ch.: Grundkurs Öffentliches Recht. 4. Aufl. 1991

Schweickhard, R. (Hrsg.): Allgemeines Verwaltungsrecht. 7. Aufl. 1995

Maurer, H.: Allgemeines Verwaltungsrecht. 11. Aufl. 1997

Bull: Allgemeines Verwaltungsrecht. 5. Aufl. 1997

9 SOZIALRECHT

1. Überblick über die soziale Gesetzgebung

URSPRÜNGE DER SOZIALGESETZGEBUNG

Menschen können durch verschiedene Umstände in Notlagen geraten, die sie nicht selbst verschuldet haben und aus denen sie sich andererseits nicht mit eigener Kraft heraushelfen können. Notlagen, wo z. B. durch Verlust des Arbeitsplatzes oder durch Krankheit, Unfall oder auch Alter kein Arbeitseinkommen mehr erworben werden kann, sind in Deutschland besonders ab etwa 1870 zu einem gesellschaftlichen und politischen Problem geworden. In jenen Jahren bildeten sich – nach der Gründung eines einheitlichen Deutschen Reiches 1871 – schlagartig viele Industriezentren. Diese boten der in jener Zeit ebenfalls rasch anwachsenden Bevölkerung Arbeitsplätze. Hunderttausende kamen in die Industriestädte. Wer hier allerdings durch Unfall, Krankheit oder Invalidität nicht mehr arbeiten konnte, geriet mit seiner Familie in absolute Not. Denn das Arbeitseinkommen bildete die einzige Lebensgrundlage. Bei den damals sehr niedrigen Löhnen waren eine Familien- oder Verwandtenhilfe, Nachbarschaftshilfe oder kirchliche Almosen nicht mehr möglich.

KAISERLICHE BOTSCHAFT 1881

Als Geburtsurkunde der deutschen Sozialversicherung lässt sich die „Kaiserliche Botschaft" vom 17. Nov. 1881 bezeichnen, in der der damalige Reichskanzler Otto v. Bismarck die Einführung einer dreigliedrigen *Zwangsversicherung* ankündigte; damit begann in Deutschland die auch für viele andere Staaten Vorbild gewordene Sozialgesetzgebung. Diese Botschaft, die v. Bismarck im Auftrag des erkrankten Kaisers vor dem deutschen Reichstag verlas, ging auf eine Anregung v. Bismarcks zurück und skizzierte die Gesetzgebung in der Sozialversicherung. Danach sollten Arbeiter gegen Krankheit, Unfall, Invalidität und materielle Not im Alter versichert werden, sie sollten einen Rechtsanspruch auf die Leistungen haben und die Versicherung sollte auf der Grundlage der Selbstverwaltung organisiert werden. Die Finanzierung sollte über Beiträge sichergestellt werden, die von den Arbeitnehmern und Arbeitgebern prozentual vom Arbeitslohn aufgebracht werden. Wörtlich hieß es in der Kaiserlichen Botschaft u. a.:

„[...] Wir halten es für Unsere Kaiserliche Pflicht, dem Reichstag diese Aufgabe von neuem ans Herz zu legen, und würden Wir mit um so größerer Befriedigung auf alle Erfolge, mit denen Gott Unsere Regierung sichtlich gesegnet hat, zurückblicken, wenn es Uns gelänge, dereinst das Bewußtsein mitzunehmen, dem Vaterlande neue und dauernde Bürgschaften des inneren Friedens und den Hilfsbedürftigen größere Sicherheit und Ergiebigkeit des Beistandes, auf den sie Anspruch haben, zu hinterlassen [...]

In diesem Sinne wird zunächst der von den verbündeten Regierungen in der vorigen Session vorgelegte Entwurf eines Gesetzes über die Versicherung der Arbeiter gegen Betriebsunfälle mit Rücksicht auf die im Reichstag stattgehabten Verhandlungen über denselben einer Umarbeitung unterzogen, um die erneute Berathung desselben vorzubereiten. Ergänzend wird ihm eine Vorlage zur Seite treten, welche sich eine gleichmäßige Organisation des gewerblichen Krankenkassenwesens zur Aufgabe stellt. Aber auch diejenigen, welche durch Alter oder Invalidität erwerbsunfähig werden, haben der Gesamtheit gegenüber begründeten Anspruch auf ein erhöhtes Maß staatlicher Fürsorge, als ihnen bisher hat zu Theil werden können [...]"

Der Kaiserlichen Botschaft folgten Taten: Mit Gesetz v. 15. 6. 1883 wurde die *Krankenversicherung* der Arbeiter eingeführt. Dieses Gesetz führte den Versicherungszwang ein, womit der gesetzlich aufgeführte Personenkreis, insbesondere Personen, die gegen Entgelt beschäftigt wurden, kraft Gesetzes gegen Krankheit versichert waren. Es folgte am 6. 7. 1884 die *Unfallversicherung*. Der nunmehr gesetzlich versicherte Arbeiter bzw. seine Hinterbliebenen konnten, wenn der Arbeiter im Betrieb verunglückt war, von den Berufsgenossenschaften als Versicherungsträger Rente erhalten. Hinzu kam schließlich das Gesetz über die *Invaliditäts- und Altersversicherung* v. 22. 6. 1889, das die Gewährung einer Altersrente (bei Vollendung des 70. Lebensjahres) oder Invalidenrente bei Erwerbsunfähigkeit vorsah.

1883–1889 SOZIAL-VERSICHERUNGEN

Diese Gesetze – nach einer Reihe von Verbesserungen 1911 in der *Reichsversicherungsordnung* (RVO) neu zusammengefasst – verschafften dem einzelnen Arbeitnehmer einen Rechtsanspruch auf Versicherungsleistungen. Als öffentlich-rechtliche Körperschaften (die sog. Versicherungsträger) werden diese Versicherungen von gewählten Vertretern der Arbeitnehmer und Arbeitgeber selbst verwaltet, der Staat beschränkt sich auf Aufsichtsmaßnahmen. Die Sozialversicherungen – 1927 wurde zur bestehenden Kran-

1911 REICHS-VERSICHERUNGS-ORDNUNG

ken-, Unfall- und Rentenversicherung als vierte noch die *Arbeitslosenversicherung*, 1995 als fünfte die *Pflegeversicherung* hinzugefügt – bilden die geschichtliche Wurzel des bei uns heute geltenden Rechts der sozialen Sicherung.

(1) Sozialgesetzbuch I
„§ 1 Aufgaben des Sozialgesetzbuchs (1) Das Recht des Sozialgesetzbuchs soll zur Verwirklichung sozialer Gerechtigkeit und sozialer Sicherheit Sozialleistungen einschließlich sozialer und erzieherischer Hilfen gestalten. Es soll dazu beitragen,
ein menschenwürdiges Dasein zu sichern,
gleiche Voraussetzungen für die freie Entfaltung der Persönlichkeit, insbesondere auch für junge Menschen, zu schaffen,
die Familie zu schützen und zu fördern,
den Erwerb des Lebensunterhalts durch eine frei gewählte Tätigkeit zu ermöglichen und
besondere Belastungen des Lebens, auch durch Hilfe zur Selbsthilfe, abzuwenden oder auszugleichen.
(2) Das Recht des Sozialgesetzbuchs soll auch dazu beitragen, dass die zur Erfüllung der in Absatz 1 genannten Aufgaben erforderlichen sozialen Dienste und Einrichtungen rechtzeitig und ausreichend zur Verfügung stehen."

(2) Bundessozialhilfegesetz
„§ 1 Inhalt und Aufgabe der Sozialhilfe (1) Die Sozialhilfe umfasst Hilfe zum Lebensunterhalt und Hilfe in besonderen Lebenslagen.
(2) Aufgabe der Sozialhilfe ist es, dem Empfänger der Hilfe die Führung eines Lebens zu ermöglichen, das der Würde des Menschen entspricht. Die Hilfe soll ihn so weit wie möglich befähigen, unabhängig von ihr zu leben; hierbei muss er nach seinen Kräften mitwirken."

Das heutige System der Sozialgesetzgebung

Um das heute gültige System der sozialen Sicherung richtig einzuordnen, genügt der geschichtliche Rückblick auf Bismarcks Gesetzeswerk nicht mehr. Wie sich schon aus § 1 des am 11. Dez. 1975 bekannt gemachten Ersten Buches zu einem neuen *Sozialgesetzbuch* (SGB) ablesen lässt, wird heute das Recht der sozialen Sicherung als konkrete rechtliche Ausgestaltung des sogenannten *Sozialstaatsgebots* nach Art. 20 und 28 des Grundgesetzes verstanden (s. oben

SOZIALSTAATS-
GEBOT

S. 247 f.). Dem Staat wird hiermit die Verpflichtung auferlegt, die gesellschaftlichen (d. h. „sozialen") Bedingungen dafür zu schaffen, dass die in den *Grundrechten* (Art. 1 bis 19) jedem Einzelnen garantierten Freiheits-, Gleichheits- und Schutzrechte auch tatsächlich erfüllt werden. Die Aufgaben des Sozialrechts sind in § 1 SGB I in einer Aufzählung der dafür stehenden Grundgesetzartikel aufgeführt (Art. 1 – Menschenwürde, Art. 2 – Recht auf freie Persönlichkeitsentfaltung sowie auf Leben und körperliche Unversehrtheit, Art. 6 – Schutz und Förderung der Familie und der Kinder, Art. 12 – freie Berufs- und Arbeitsplatzwahl, s. oben (1)).

Sozialrecht muss deshalb heute als Ausgestaltung des Sozialstaatsgebots des GG angesehen werden. Im Unterschied zum überwiegend privatrechtlichen Arbeitsrecht ist Sozialrecht somit „öffentliches Recht", d.h. es bindet den Bürger an allgemein verbindliche, inhaltliche Vorschriften (z.B. hinsichtlich der Verpflichtung zur Mitgliedschaft und Beitragsentrichtung im Rahmen der Sozialversicherungen). Bedeutsamer hierbei ist jedoch der Rechtsanspruch des Bürgers auf seine *sozialen Rechte* (aufgezählt in den §§ 3–10 SGB I) bzw. auf die hierzu vorgesehenen Leistungen, s. oben (2). Man kann damit sagen: Regelungsgegenstand des Sozialrechts sind die *Sozialleistungen*. Gemeint sind ausschließlich die Leistungen *öffentlicher* Träger, nicht hingegen die ebenfalls sozial motivierten Leistungen privater Wohlfahrtsverbände (z. B. Müttergenesungswerk, Aktion Sorgenkind, Heilsarmee etc.).

Im Rechtssystem ist das Sozialrecht deshalb ein Teil des Verwaltungsrechts *(siehe Kap. 8)*, und zwar der sogenannten *Leistungsverwaltung* (im Unterschied zur Ordnungsverwaltung). Die verschiedenen sozialrechtlichen Gesetze (zu finden im Sozialgesetzbuch sowie in Einzelgesetzen, vgl. hierzu Sozialgesetzbuch I, Artikel II, § 1) enthalten die einzelnen Ansprüche, Leistungen und Verpflichtungen, mit denen jedem Bürger ein Mindestmaß sozialer Sicherheit und sozialer Gerechtigkeit ermöglicht werden soll. In den folgenden zwei Abbildungen wird dargestellt, wie dieses System der sozialen Absicherungen auf drei verschiedenen Ebenen wirkt und welches System des Sozialrechts sich aus den wichtigsten Sozialgesetzen erkennen lässt.

Sozialversicherungen und Versorgungsanwartschaften vermitteln Ansprüche auf Leistungen, die das regelmäßige Einkommen weitgehend ersetzen, falls der Berechtigte arbeits- oder erwerbsunfähig werden sollte. Damit soll der Besitzstand des in eine besondere Lebenssituation geratenen Menschen gesichert werden. Wer etwa für längere Zeit erkrankt, dessen Einkommen wird nach dem Ende der Entgeltfortzahlungsleistungen seitens des Arbeitgebers (Beschränkung auf sechs Wochen, vgl. *Kap. 5 Abs. 5*) durch Geldleistungen der Krankenkasse (sog. *Krankengeld)* für einen bestimmten Zeitraum (vgl. § 48 SGB V) ersetzt, wenn auch mit gewissen finanziellen Abstrichen (70% des sog. Regelentgelts). Der Anspruch auf solche Leistungen ist durch vorausgehende Beitragszahlungen und durch Dienstleistungen bzw. durch Opfer (z.B. von Gesundheit oder Leben) für den Staat erworben. Sozialversicherungs- und Versorgungsleistungen sind ihrem Grunde nach also Gegenleistungen für zuvor erfüllte Pflichten; die Höhe der Leistungen orientiert sich an diesen vorausgegangenen Verpflichtungen sowie an dem hierbei erarbeiteten Einkommensniveau. Der Leistungsanspruch hängt dagegen nicht davon ab, ob die Anspruchsberechtigten auf die Leistung auch tatsächlich angewiesen sind oder nicht. Versicherungs- und Versorgungsansprüche dienen also besonders der sozialen Sicherung durch *Vorsorge* (s. Abb. Ebene I).

Nicht wenige Menschen, insbesondere kinderreiche Familien oder Behinderte, sind in ihren Möglichkeiten der Einkommenserzielung und damit auch in der Wahrnehmung ihrer persönlichen Entfaltung – z. B. durch Schul-, Hochschul- oder Berufsausbildung benachteiligt. Sie müssen in aller Regel höhere Belastungen als der Bevölkerungsdurchschnitt tragen. Besonders in diesen Fällen muss der Staat das Sozialstaatsgebot unter dem Ziel *sozialer Gerechtigkeit* verwirklichen. Wer seine Chancen nicht selbst ohne Hilfe wahrnehmen kann, soll dies aufgrund staatlicher *Fürsorge* tun können. Diese zweite Ebene hat also eine *Ausgleichs- und Angleichungsfunktion*. Der Leistungsanspruch des Bürgers muss hier nicht erst durch vorausgehende Gegenleistungen erworben und durch ein besonderes Ereignis verursacht sein; er entspringt dem im Grundgesetz abstrakt formulierten Recht auf Menschenwürde, Gleichheit der Entfaltungschancen und Selbstverwirklichung. Die Höhe der Leistungen ist hier allerdings auf das Notwendige begrenzt. Die Leistungen werden „subsidiär", d. h. hilfsweise nur in dem Rahmen geleistet, als der Leistungsbedürftige oder die unterhaltspflichtigen Angehörigen dazu nicht selbst in der Lage sind. Z. B. kann eine kinderreiche Familie mit geringem Einkommen auf einen Mietzuschuss nach dem Wohngeldgesetz angewiesen sein, um eine ausreichend große Wohnung mieten zu können (Ebene II).

Dasselbe gilt für die dritte Ebene. Wer – aus welchen Gründen auch immer – seinen Lebensunterhalt nicht selbst bestreiten kann, hat Anspruch auf Sozialhilfe nach dem *Bun-

SOZIALE
GERECHTIGKEIT

CHANCENGERECH-
TIGKEIT, ANGLEI-
CHUNGSFUNKTION

ALLGEMEINE FÜR-
SORGE, BUNDESSO-
ZIALHILFEGESETZ
(BSHG)

Ebenen der Sozialen Sicherung

Sozialversicherungen, Versorgungsansprüche Arbeitsförderung

I. Ebene

Sicherung der durchschnittlichen Lebensverhältnisse und Schadensausgleich

Spezielle Fürsorge bei eingeschränkten Lebensverhältnissen = bedarfsabhängig, hilfsweise = „subsidiär" z. B. Ausbildungsförderung, Jugendwohlfahrt, Schwerbehinderte, Wohngeld,

II. Ebene

Chancenangleichung bei Nachteilen aufgrund besonderer Belastung oder verminderten Entfaltungschancen

Allgemeine Fürsorge durch Sozialhilfe

III. Ebene

Hilfe in besonderen Lebenslagen und Sicherung des Existenzminimums

Menschenunwürdige Lebensverhältnisse

257

dessozialhilfegesetz (BSHG). Dieses Gesetz soll wie ein Sicherheitsnetz all jene Bürger „auffangen", die durch die Lücken der ersten beiden Ebenen „hindurchgefallen" sind, und schafft damit eine Zone allgemeiner Bedarfsgerechtigkeit. Damit wird sichergestellt, dass niemand in menschenunwürdiger Armut zu leben braucht (vgl. oben (2) § 1 BSHG).

KODIFIKATION DES
SOZIALRECHTS

Wir haben oben gesehen, dass der Kernbereich der Sozialversicherung ursprünglich in der Reichsversicherungsordnung (RVO) zusammengefasst wurde. Von einer Vereinheitlichung im Sinne einer Gesamtkodifikation war das Sozialrecht damit aber noch weit entfernt. Man muss zudem wissen, dass seit dem Beginn des 20. Jahrhunderts bis heute zahlreiche sozialgesetzliche Regelungen dazugekommen sind, die sich überwiegend verstreut in Einzelgesetzen finden (z. B. BAFöG, OEG, WoGG etc.).

Seit Anfang der siebziger Jahre ist der Gesetzgeber jedoch damit befasst, das Sozialrecht in einem Gesetzbuch – dem Sozialgesetzbuch (SGB) – zu kodifizieren. Beabsichtigt ist dabei, das Sozialrecht in einem Gesamtsystem transparenter und einfacher zu gestalten. Begrenzt ist dieses Vorhaben auf das Recht der sozialen Sicherheit, soweit es dem öffentlichen Recht entspringt. Diese einheitliche Kodifikation setzt der Gesetzgeber stufenweise um; mittlerweile sind eine ganze Reihe von Büchern des SGB verabschiedet worden. Die folgende Übersicht gibt den derzeitigen Stand wieder. Die übrigen sozialrechtlichen Einzelgesetze gelten als „besondere Teile des SGB" (Art. 2 § 1 SGB I) bis zu deren endgültiger Eingliederung in das SGB fort.

Das Sozialgesetzbuch

1	SGB I	Allgemeine Regeln des Sozialrechts
2	SGB III	Arbeitsförderung
3	SGB IV	Allgemeine Regeln der Sozialversicherung
4	SGB V	Krankenversicherung
5	SGB VI	Rentenversicherung
6	SGB VII	Unfallversicherung
7	SGB VIII	Kinder- und Jugendhilfe
8	SGB X	Verwaltungsverfahren
9	SGB XI	Pflegeversicherung

2. Das Recht der Sozialversicherungen

(1) Lehrlinge wehren sich gegen Lohnerhöhung: Zum 1. 5. 1998 wurde für die Auszubildenden im 2. Jahr bei der Pharma-Firma Z. die Ausbildungsvergütung von 580,– auf 635,– DM erhöht. Die Auszubildenden sind darüber empört und fordern eine Rücknahme auf 620,– DM.

(2) Patrick N., der als Diskjokey in der Diskothek „Heavens Gate" arbeitet, ärgert sich schon seit einigen Jahren über die Form seiner Stupsnase. Er befragt einen Rechtsanwalt, ob die Krankenkasse die Kosten für eine kosmetische Operation übernehmen würde.

(3) Frank W. stürzt bei einer waghalsigen Skiabfahrt infolge überhöhten Tempos und bricht sich die Schulter. Die Krankenkasse will die Kosten der Heilbehandlung wegen des grob fahrlässigen Verhaltens nicht übernehmen.

(4) Elmar O. erkrankt mit 42 Jahren schwer, weil sich von dem im Betrieb früher verarbeiteten Asbest trotz modernster Sicherheitsmaßnahmen feinste Staubteilchen in seiner Lunge festgesetzt haben. Elmar O. kann nicht mehr arbeiten. Er ist erwerbsunfähig.

(5) Volker S. benutzt am Samstagvormittag auf seinem Weg ins Büro wie immer die Treppe am Marktplatz; er missachtet das Schild „Bei Vereisung Begehen auf eigene Gefahr", rutscht aus und erleidet einen komplizierten Ellbogenbruch. Etwa eine Stunde später trifft Eva K. genau dasselbe Schicksal, als sie ihre Frühstücksbrötchen einkaufen will. Beide behalten eine gewisse Versteifung des Gelenks zurück. Volker S. erhält über ein Jahr lang kostenlose Heilgymnastik, alle Kosten für eine Weiterbildung zum Maschinenbuchhalter und eine monatliche Verletztenrente von 760,– DM. Eva K. wurde lediglich kostenlos ärztlich behandelt und erhielt während ihrer Arbeitsunfähigkeit weiterhin ihren Arbeitslohn. Ihr Antrag auf eine vom Arzt empfohlene Bäderkur wurde zwar genehmigt, der Antrag auf Berufsunfähigkeitsrente jedoch abgelehnt.

(6) Martha T. wird nach mehrjähriger Tätigkeit in der Firma X gekündigt. Beim Arbeitsamt meldet sie sich arbeitslos. Kurz darauf zieht sie in eine billigere Wohnung, unterlässt es aber, dem Arbeitsamt die neue Anschrift mitzuteilen. Als das Arbeitsamt die Zahlung des Arbeitslosengeldes einstellt, beschwert sie sich.

(7) Die Firma Z. hat zur Modernisierung über 4 Mio. DM Schulden gemacht. Weil ihre bisherigen Erzeugnis-

Systematik zur sozialen Sicherung im Überblick

	Vorsorge	Entschädigung	Förderung	Hilfe
Leistungs-grund	Eintritt sozialen Risikos	Ausgleich von Sonderopfern für die Allgemeinheit	Chancengleichheit	Sicherung des Existenzminimums
Institutionen	Krankenversicherung (KV) Unfallversicherung (UV) Rentenversicherung (RV) Arbeitslosenversicherung (AV) Pflegeversicherung (PV)	z. B. – Kriegsopferversorgung – Soldatenversorgung – Verbrechensopferentschädigung – Impfschadenentschädigung – Unechte UV	Familienlastenausgleich Ausbildungsförderung Arbeitsförderung Wohngeld	Sozialhilfe Jugendhilfe Unterhaltsvorschuß
Leistungs-inhalt	Geldleistungen beitragsorientiert, z. T. auch nach Bedarf (Arbeitslosehilfe) Bei RV, KV, UV und PV Dienst- und Sachleistungen bedarfsorientiert	Geldleistungen abstrakt; Dienst- und Sachleistungen nach Bedarf	Abstrakte und bedarfsorientierte Leistungen; letzteres vor allem bei der Ausbildungs- und Arbeitsförderung	Bedarfsorientierte Leistungen
Träger	Sondervermögen	Staat	Staat	Kommunen

se plötzlich aus dem Ausland billiger eingeführt werden,
bleiben die erwarteten Aufträge aus. Das Unternehmen
wird zahlungsunfähig, muss Konkurs anmelden und 90
von 120 Arbeitnehmern sofort entlassen. Die Löhne
und Gehälter der letzten drei Wochen kann Firma Z.
nicht mehr bezahlen.

(8) Die 87-jährige Paula M. ist nach einem Schlagan-
fall gelähmt und hat ihr Sprachvermögen komplett ver-
loren. Sie muss in ein Pflegeheim aufgenommen werden,
wo sie rund um die Uhr betreut wird.

(9) Der Rentner Karl M. regt sich immer wieder auf,
dass der Brauereiinhaber und Millionär Alois R. diesel-
be Kriegsversehrtenrente von z. Z. 246,– DM für das
im Krieg verlorene Auge erhält wie er.

Überblick

Zur Beurteilung der Fälle sind Einzelkenntnisse aus dem Sozialversicherungsrecht nötig. Z. T. ist erkennbar, dass das Sozialversicherungsrecht betroffen ist – etwa wenn es wie in den
Fällen (3)–(9) um Unfälle und deren Heilbehandlung, um Wiederherstellung der Verdienstmöglichkeiten bzw. um die Gewährung und Versagung von Renten geht.

Im Folgenden werden die allgemeinen Grundsätze und die
wichtigsten Bestimmungen der einzelnen Sozialversicherungszweige dargestellt. Ähnlich wie im Arbeitsrecht können komplizierte Einzelfälle oft erst vor Gericht genau geklärt werden. Das Grundwissen kann aber dem Leser eine
allgemeine Orientierung geben, mit deren Hilfe er seine Ansprüche wahren und die dafür vorausgesetzten Pflichten
beachten kann.

Im Zentrum des Rechts der sozialen Vorsorge stehen die
Sozialversicherungen, d.h. die Vorsorge ist nach dem Versi-
cherungsgrundsatz gestaltet: Das Vorsorgeverhältnis begründet in erster Linie Leistungsansprüche, erschöpft sich
darin aber nicht. Regelmäßig ist ein Vorsorgeverhältnis mit
Beitragspflichten gegenüber einem Träger sozialer Vorsorge
verbunden. Die Mitglieder entrichten Beiträge, deren Höhe
von ihrem Bruttoeinkommen abhängig ist, und die Versicherungen finanzieren aus diesen Beiträgen die notwendigen
Leistungen. Den Arbeitnehmern werden die Beiträge wie
Steuern von ihrem Arbeitsentgelt abgezogen; dabei zieht
der Arbeitgeber alle Beiträge zur Renten-, Kranken-, Pfle-
ge- und Arbeitslosenversicherung für sämtliche Sozialversicherungszweige einheitlich ein und führt diesen *Ge-*
samtsozialversicherungsbeitrag an die Krankenkassen als

VORSORGE DURCH
VERSICHERUNG

Beitragseinzugsstelle ab. Auch sozialversicherungspflichtige Selbständige (z. B. selbständige Handwerksmeister, Landwirte) müssen ihre Beiträge wie eine Art Steuer entrichten. Angehörige nichtversicherungspflichtiger Berufsgruppen (z. B. Ärzte, Anwälte) können sich in der Renten- und Krankenversicherung auch freiwillig versichern. Unter den Vorsorgeverhältnissen unterscheidet man zwischen den auf Eigen- und Fremdvorsorge gerichteten Verhältnissen. Regelfall ist die *Eigenvorsorge,* in der den Leistungsberechtigten zugleich Beitragspflichten treffen (Kranken-, Renten-, Arbeitslosen- und Pflegeversicherung). Bei der *Fremdvorsorge* fallen Leistungsberechtigter und Beitragsverpflichteter auseinander. In Deutschland unterfällt dem Fremdvorsorgeprinzip lediglich die Unfallversicherung. Die Beiträge an die Berufsgenossenschaften werden nämlich ausschließlich von den Arbeitgebern erbracht.

SELBSTVERWAL-TUNGSKÖRPER-SCHAFTEN

Die Beitragsgelder gehen jedoch nicht an den Staat. Denn die Sozialversicherungen sind Anstalten, die als *Selbstverwaltungskörperschaften* eingerichtet sind und ihre Mittel selbst verwalten. Das Vorsorgeverhältnis begründet zudem *Mitgliedschaftsrechte* in den entsprechenden Trägerorganisationen. Alle sechs Jahre werden in den sogenannten Sozialwahlen Vertreter von Arbeitnehmern und Arbeitgebern (getrennt je zur Hälfte) in *Vertreterversammlungen* gewählt. Diese wählen dann gemeinsam einen Vorstand. Die Vertreterversammlung ist das beschließende Organ; sie regelt durch Satzungsbestimmungen alle Angelegenheiten, die nicht schon durch Gesetz festliegen. Der jeweilige Vorstand bestellt und überwacht die Geschäftsführung der einzelnen Versicherungen.

In der nachstehenden Übersicht und in den folgenden Textabschnitten werden die für die Arbeitnehmer wichtigen Sozialversicherungszweige dargestellt:

(1) Rentenversicherung,
(2) Krankenversicherung,
(3) Unfallversicherung,
(4) Arbeitslosenversicherung.
(5) Pflegeversicherung

Die Tabelle auf den Seiten 264/265 fasst die wichtigsten Regelungen dieser Versicherungen stichwortartig zusammen.

Die Rentenversicherung

Die rechtlichen Grundlagen der Rentenversicherung finden sich seit dem 1.1.1992 im Sozialgesetzbuch VI. Zuvor waren die Rentenversicherung der Arbeiter in der Reichsversicherungsordnung (RVO von 1911 i. d. Fassung von 1924 mit vielen Änderungen), die der Angestellten im Angestelltenversicherungsgesetz (AVG) sowie die der Bergleute im Reichsknappschaftsgesetz geregelt. Organisatorisch ist die Rentenversicherung verschiedenen Trägern für verschiedene Berufsgruppen übertragen. Während für die Arbeiter die *Landesversicherungsanstalten* zuständig sind, ist es für die Gruppe der Angestellten die *Bundesversicherungsanstalt für Angestellte* (mit Sitz in Berlin), für Seeleute die Seekasse und für Beschäftigte im Bergbau die *Bundesknappschaft*. Trotz verschiedener Trägerorganisationen gelten inhaltlich für alle Versicherten die gleichen Regelungen. Darüber hinaus werden die Berechnungsgrundlagen für die Beiträge zur Rentenversicherung auch auf die Krankenversicherung und z. T. auf die Arbeitslosenversicherung angewendet. Die Informationen zur Rentenversicherung enthalten also auch allgemeine sozialversicherungsrechtliche Grundlagen.

Ihrem Zweck der Vorsorge bei Berufs- und Arbeitsunfähigkeit sowie der Alters- und Hinterbliebenenvorsorge entsprechend, gewährt die Rentenversicherung folgende *Leistungen:*

"VORBEUGUNG UND REHABILITATION"

Die Rentenversicherung erbringt medizinische, berufsfördernde und ergänzende Leistungen (z. B. Haushaltshilfe, Reisekosten) zur Rehabilitation, um den Auswirkungen einer Krankheit auf die Erwerbsfähigkeit des Versicherten entgegenzuwirken oder sie zu überwinden. Um frühzeitige Invalidität zu vermeiden, haben Versicherte bereits nach kurzer Mitgliedschaft Anspruch auf Heil- und Kurmaßnahmen, Umschulungen und damit verbundene finanzielle Hilfen (Übergangsgeld), wenn die Maßnahmen einer drohenden Erwerbsunfähigkeit vorbeugen sollen. Dabei gilt das Prinzip: *Rehabilitation geht vor Rente* (§ 9 I 2 SGB VI). Deshalb prüft der Rentenversicherungsträger jeden Antrag auf Rente wegen verminderter Erwerbsfähigkeit darauf, ob Rehabilitationsmaßnahmen die Rentenleistung vermeiden können.

RENTEN WEGEN VERMINDERTER ERWERBSFÄHIGKEIT

Die Renten wegen verminderter Erwerbsfähigkeit (*Berufs- und Erwerbsunfähigkeitsrente*) ersetzen Einkommen, wenn der Versicherte eingeschränkt oder gar nicht mehr erwerbsfähig ist. Dabei gelten folgende Voraussetzungen: Wenn die Berufs- oder Erwerbsunfähigkeit eintritt, muss der Versicherte in den letzten fünf Jahren davor (zuzüglich Ersatzzeiten, Anrechnungszeiten, Berücksichtigungszeiten wegen Kindererziehung) mindestens drei Jahre lang Pflichtbeiträge gezahlt und vor Eintritt der Erwerbsminderung die Wartezeit von fünf Jahren erfüllt haben. Das gilt ausnahmsweise

Übersicht über die Sozialversicherungen (geregelt im Sozialgesetzbuch)

	Krankenversicherung (seit 1883)	Unfallversicherung (seit 1884)	Rentenversicherung (seit 1889/1911)	Arbeitslosenversicherung (seit 1927)	Pflegeversicherung (seit 1995)
Gesetzliche Regelung	SGB V	SGB VII	SGB VI	SGB III	SGB XI
Zweck	Versicherungsschutz bei – Krankheit – Mutterschaft – Tod	Vorsorge und Hilfe bei – Arbeits- und Wegeunfällen – Berufskrankheiten	Vorsorge für – Berufs- und Erwerbsunfähigkeit durch Invalidität – Alter – Hinterbliebene bei Tod des Versicherten	Hilfe bei – Vollarbeitslosigkeit – Teilarbeitslosigkeit (z. B. Kurzarbeit) – Insolvenz des Arbeitgebers	Vorsorge für – Pflegebedürftigkeit
Versicherungspflichtige	Alle Arbeitnehmer bis zum monatlichen Höchsteinkommen von z. Z. (1998) 6300,– DM. Ferner u. a. – Auszubildende – Studierende – Rentner – Wehr- und Zivildienstleistende – Arbeitslose – Mitarbeitende Familienangehörige – Behinderte	Alle in einem Betrieb beschäftigten AN und Auszubildende. Geschützt sind ferner – Landwirte – Kindergartenkinder – Schüler – Studierende – Zivil- und Katastrophenschutzhelfer – Blut- und Organspender	Alle Arbeitnehmer, Auszubildende, Wehr- und Zivildienstleistende, Selbständige (ohne Arbeitgebereigenschaft), Arbeitslose, Behinderte	Alle Arbeitnehmer und Auszubildende	Kreis der Pflichtversicherten ist deckungsgleich mit Krankenversicherung
Höhe der Versicherungsbeiträge	Durchschnittlicher Beitragssatz (1998) bei 13,3 % des Bruttolohns (Beitragsbemessungsgrenze bei DM 6300,– pro Monat) – Schwankungen je nach Versicherungsträger	Beitragshöhe unterschiedlich, Umlage der Kosten in den einzelnen Wirtschaftsbereichen	20,3 % vom Bruttolohn (Beitragsbemessungsgrenze bei DM 8400,– pro Monat [1998])	6,5 % vom Bruttolohn (Beitragsbemessungsgrenze bei DM 8400,– pro Monat [1998])	1,7 % vom Bruttolohn (Beitragsbemessungsgrenze bei DM 6300,– pro Monat [1998])

Beitrags-schuldner	Arbeitgeber und Arbeit-nehmer je ½	Arbeitgeber allein	Arbeitgeber und Arbeit-nehmer je ½	Arbeitgeber und Arbeit-nehmer je ½	Arbeitgeber und Arbeit-nehmer je ½
Versicherungs-leistungen	– Krankheitsprävention (z. B. Gesundheitserziehung, Zahnprophylaxe, Vorsorgeuntersuchungen, Kuren) – Ärztliche und zahnärztliche Behandlung – Krankengeld – Sterbegeld	– Unfallverhütungsmaßnahmen – Berufshilfe (Maßnahmen zur Wiederherstellung der Erwerbsfähigkeit, Umschulungen etc.) – Verletztengeld ab 7. Woche – Renten (Teil-, Vollrente, Hinterbliebenenrente)	– Vorbeugung und Rehabilitation (Maßnahmen, Besserung, Wiederherstellung der Erwerbsfähigkeit) – Bei Invalidität: Berufs- oder Erwerbsunfähigkeitsrente – Altersrente – Hinterbliebenenrente	– Arbeitslosengeld (67 % vom Nettolohn, ohne Kinder 60 %) – Arbeitslosenhilfe (57 % vom Nettolohn, ohne Kinder 53 %) – Kurzarbeitergeld (67 % vom Nettolohn, ohne Kinder 60 %) – Insolvenzgeld – Beiträge zur Kranken- und Rentenversicherung des Arbeitslosen – Umschulung	– Sachleistungen (Häusliche Pflegehilfe, Pflegehilfsmittel, technische Mittel, Tages- oder Nachtpflege in teilstationären Einrichtungen, vollstationäre Pflege) – Pflegegeld (Höhe je nach Pflegebedürftigkeit)
Versicherungs-träger	– Allgemeine Ortskrankenkassen (AOK), Betriebs- und Innungskrankenkassen – Ersatzkassen (z. B. BARMER, DAK, TKK, BEK u. a.)	– Berufsgenossenschaften, fachlich gegliedert (z. B. Süddeutsche Eisen- und Stahl-Berufsgenossenschaft)	– Landesversicherungsanstalt (der Arbeiterrentenversicherung) – Bundesversicherungsanstalt für Angestellte – Seekasse (für Seeleute) – Bundesknappschaft (für Beschäftigte im Bergbau)	– Bundesanstalt für Arbeit – Landesarbeitsämter – Arbeitsämter	Pflegekassen (bei Trägern der gesetzlichen Krankenversicherung errichtet und mit den entsprechenden Organen des zugeordneten Krankenversicherungsträgers personengleich)

dann nicht, wenn die Berufs- oder Erwerbsunfähigkeit aufgrund eines Umstandes eingetreten ist, durch den die allgemeine Wartezeit als erfüllt gilt, etwa durch einen Arbeitsunfall.

BERUFSUNFÄHIG-
KEITSRENTE
Renten wegen Berufsunfähigkeit werden gezahlt, wenn die Erwerbsfähigkeit des Versicherten aufgrund einer Krankheit so sehr gemindert ist, dass er in seinem oder in einem zumutbaren anderen Beruf nur noch weniger als die Hälfte dessen verdienen kann, was ein vergleichbarer gesunder Mensch verdienen könnte. Als Berufsunfähigkeitsrente erhält der Versicherte zwei Drittel der Altersrente oder der Rente wegen Erwerbsunfähigkeit.

ERWERBSUNFÄHIG-
KEITSRENTE
Renten wegen Erwerbsunfähigkeit werden gezahlt, wenn die Erwerbsfähigkeit des Versicherten aufgrund seiner Gesundheit so sehr gemindert ist, dass er eine regelmäßige Erwerbstätigkeit nicht mehr ausüben oder höchstens geringfügige Einkünfte (die Grenze liegt 1998 bei DM 620,–) erzielen kann. Die Erwerbsunfähigkeitsrente wird in Höhe der Altersrente gezahlt.

ALTERSRENTE
Altersruhegeld kann – unabhängig vom Gesundheitszustand – jeder Versicherte bei Erreichen des 65. Lebensjahres beanspruchen, falls er die Wartezeit von 60 Monaten (Beitragsmonate oder Ersatzzeiten) erfüllt hat. Wer mindestens 35 Jahre versichert war, kann bereits ab dem 63. Lebensjahr Rente beantragen (sogenannte „flexible" Altersgrenze). Für Schwerbehinderte und Berufsunfähige wird die Altersrente ab dem 60. Lebensjahr gewährt. Frauen können, wenn sie in den vorangegangenen 20 Jahren mindestens 121 Monatsbeiträge entrichtet haben, bereits mit dem 60. Lebensjahr Altersrente erhalten. Dasselbe gilt für Männer und Frauen, wenn sie in den letzten 52 Wochen vor ihrem 60. Geburtstag arbeitslos waren. Der Gesetzgeber hat hier mittlerweile aber eingegriffen: Die Altersgrenzen für die Renten wegen Arbeitslosigkeit und für Frauen werden von 60 Jahren auf 65 Jahre gleitend angehoben. Ebenso wird die Altersgrenze für Rente für langjährige Versicherte von 63 Jahren auf 65 Jahre angehoben. Der Grund hierfür ist vor dem Hintergrund der zunehmend schwieriger werdenden Finanzierung der Renten zu sehen. Mit der Anhebung des Rentenalters wird zum einen die Rentenlaufzeit verkürzt, zum anderen die Lebensarbeitszeit verlängert, was wiederum eine Erhöhung des Beitragsaufkommens bewirkt.

HINTERBLIEBENEN-
RENTE
RENTENHÖHE
Hinterbliebenenrente erhalten überlebende Ehegatten und Kinder (in Form der sog. Waisenrente).

Die *Höhe* der Rente wird durch verschiedene Faktoren beeinflusst:

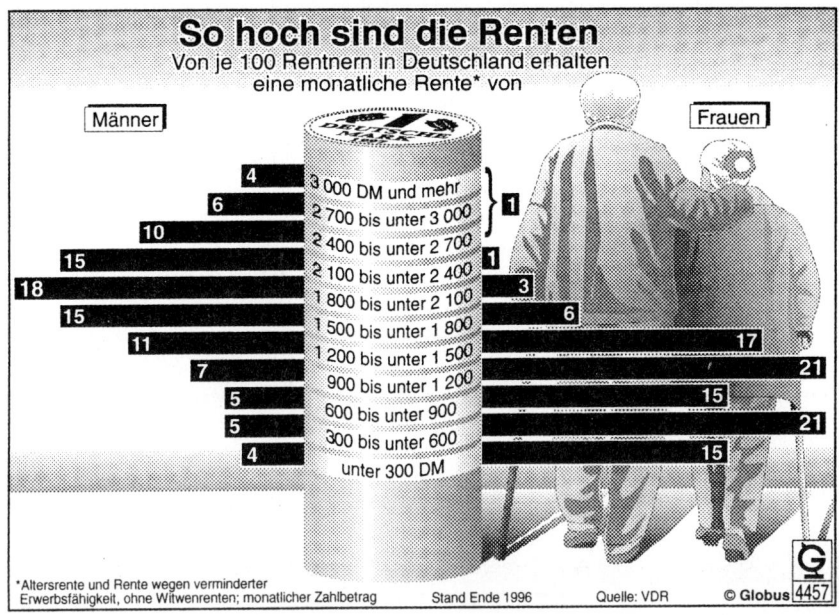

So hoch sind die Renten
Von je 100 Rentnern in Deutschland erhalten
eine monatliche Rente* von

Männer				Frauen
4		3 000 DM und mehr	1	
6		2 700 bis unter 3 000		
10		2 400 bis unter 2 700	1	
15		2 100 bis unter 2 400		
18		1 800 bis unter 2 100	3	
15		1 500 bis unter 1 800	6	
11		1 200 bis unter 1 500		17
7		900 bis unter 1 200		21
5		600 bis unter 900	15	
5		300 bis unter 600		21
4		unter 300 DM	15	

*Altersrente und Rente wegen verminderter
Erwerbsfähigkeit, ohne Witwenrenten; monatlicher Zahlbetrag   Stand Ende 1996   Quelle: VDR   © Globus 4457

(1) Durch die *persönlichen Entgeltpunkte*: Jedem Versicherten werden jährlich persönliche Entgeltpunkte zugeschrieben. Diese Entgeltpunkte drücken aus, in welchem Verhältnis das beitragspflichtige Einkommen des Versicherten zum Einkommen aller Versicherten steht. Stimmt das Einkommen des Versicherten mit dem Durchschnittseinkommen aller Versicherten überein, wird ihm für das entsprechende Kalenderjahr 1 Entgeltpunkt (EP) gutgeschrieben. Bei Abweichungen nach unten bzw. oben wirkt sich das auf die Entgeltpunkte jeweils vermindernd oder erhöhend aus. Man sieht: Wer besser verdient als der Durchschnitt aller Versicherten, wird in der Regel auch eine höhere Rente beziehen. Entgeltpunkte gibt es aber auch für Zeiten, in denen der Versicherte kein oder ein nur gemindertes Einkommen hatte (sog. *beitragsfreie* bzw. *beitragsgeminderte* Zeiten). Das gilt etwa für Zeiten der Kindererziehung, der Berufsausbildung, Zeiten der Pflege etc. In die Rentenformel (siehe unten) gehen sodann sämtliche in einem Versicherungsleben erzielten Entgeltpunkte ein.

(2) Durch den *Rentenartfaktor:* Der Rentenartfaktor ordnet den für die unterschiedlichen Versicherungsfälle (Alter, Berufsunfähigkeit etc.) vorgesehenen Rentengattungen unterschiedliche Faktoren zu. Bei Alters- und Erwerbsunfähigkeitsrente wird z. B. der Faktor 1,0 angesetzt, bei einer

Berufsunfähigkeitsrente hingegen nur der Faktor 0,6667, die damit lediglich 2/3 der Höhe einer Alters- oder Erwerbsunfähigkeitsrente erreichen kann. Das leuchtet aber auch ein: Während bei Erreichen des Rentenalters oder im Falle einer Erwerbsunfähigkeit die Rente das bisherige Einkommen ersetzen soll, stellt die Berufsunfähigkeitsrente nur eine Ergänzungsleistung dar, weil der Versicherte noch in der Lage ist, eine geringer bewertete Tätigkeit auszuüben.

(3) Durch den *aktuellen Rentenwert:* Der aktuelle Rentenwert ist der Betrag, der einer monatlichen Rente wegen Alters entspricht, die sich aus den Beiträgen aufgrund eines Durchschnittsentgelts für ein Kalenderjahr ergibt. Dieser Wert wird jährlich an die Veränderungen des Durchschnittseinkommens der Versicherten angepasst, womit die Renten *dynamisiert* werden. Renten und Nettolöhne entwickeln sich somit in gleicher Weise oder anders gewendet: Die Rentnergeneration nimmt proportional zur Generation der Erwerbstätigen an deren Einkommenszuwachs teil.

Die Berechnung der Rente lässt sich somit in folgender Formel darstellen:

Die neue Rentenformel

PEP	Persönliche Entgeltpunkte
X	Verhältnis des beitragspflichtigen Einkommens des Versicherten zum Durchschnittseinkommen aller Versicherten

RAF	Rentenartfaktor
X	Nach Rentenart festgelegter Faktor z.B. 1,0 für Alters- und Erwerbsunfähigkeitsrente, 0,6667 für Berufsunfähigkeitsrente

AR	Aktueller Rentenwert
=	Betrag, der einer monatlichen Rente wegen Alters entspricht

PEP x RAF x AR = Monatsrente

VERSICHERUNGS-
BEITRÄGE
Die Sozialversicherungsbeiträge stellen die wichtigste Grundlage für die Leistungen sozialer Vorsorge dar. Das gilt auch für die Rentenversicherung, die sich von den anderen Vorsorgeverhältnissen (Kranken-, Unfall-, Arbeitslosen- und Pflegeversicherung) insoweit unterscheidet, dass der Staat Zuschüsse an die Rentenversicherungsträger zahlt (§ 287 IV SGB VI). Bezugsgröße für die Beitragserhebung

in der Rentenversicherung ist das Bruttoeinkommen des Versicherten. Von diesem Einkommen muss er einen bestimmten Prozentsatz als Beitrag für seine Rentenversicherung abführen. Dieser sog. *Beitragssatz* wird durch Rechtsverordnung der Bundesregierung für jedes Kalenderjahr neu festgesetzt, zum 1. 1. 1998 betrug er in den alten Bundesländern 20,3%. Freilich bezieht er sich nicht auf das gesamte Bruttoeinkommen, sondern findet seine Höchstgrenze in der sog. *Beitragsbemessungsgrenze*, die dem doppelten Durchschnittseinkommen aller Versicherten entspricht. Zum 1. 1. 1998 betrug sie in den alten Bundesländern monatlich 8400,– DM. Daraus lässt sich zweierlei ersehen: Die Versicherungsbeiträge hängen von der Entwicklung der Durchschnittsverdienste aller Versicherten ab. Die Beitragsbemessungsgrenze soll ferner bewirken, dass nur das für die Daseinssicherung notwendige Arbeitsentgelt der Vorsorge erschlossen wird, hingegen nicht Einkommensbestandteile, die das Durchschnittseinkommen um ein Vielfaches übersteigen. Je mehr das Einkommen eines Versicherungspflichtigen also die Beitragsbemessungsgrenze übersteigt, desto geringer ist der Anteil des Beitrags am Einkommen.

So steigen jährlich nicht nur die Renten, sondern auch die Höchstbeiträge und die Mindesteinkommen, ab denen die Arbeitnehmer Versicherungsbeiträge leisten müssen. Hier finden wir die Lösung zum Fall (1). Nach den Vorschriften des SGB IV sind Geringverdiener, die weniger als 15 Stunden pro Woche arbeiten und deren Arbeitsverdienst im Monat regelmäßig höchstens 620,– DM beträgt, versicherungsfrei. Bei rund 20% Abzug würden die Lehrlinge von ihren 635,– DM noch rund 504,– DM statt bisher 580,– DM ausbezahlt erhalten.

Zur gesetzlichen Rentenversorgung kommen heute – besonders für Arbeitnehmer in Großbetrieben – nicht selten auch betriebliche Zusatzrenten oder tarifvertraglich ausgehandelte Zusatzversorgungen hinzu. Auch für Arbeiter und Angestellte im öffentlichen Dienst bestehen solche Zusatzversorgungsmöglichkeiten. Die hieraus entstehenden Ansprüche sind in der Regel wesentlich von der Dauer der Betriebs- bzw. der Tarifzugehörigkeit abhängig.

TARIFLICHE UND BETRIEBLICHE VOR-SORGELEISTUNGEN

Die gesetzliche Krankenversicherung

GESETZLICHE
KRANKEN-
VERSICHERUNG
PRIVATE KRANKEN-
VERSICHERUNG

Die Krankenversicherung ist der älteste Zweig der Sozialversicherung und im V. Buch des Sozialgesetzbuches geregelt. Dort finden sich allerdings nur die Vorschriften der *gesetzlichen* Krankenversicherung. In Deutschland existiert daneben die *private* Krankenversicherung, in der vor allem Selbständige, Organmitglieder juristischer Personen sowie Arbeitnehmer versichert sind, deren Einkommen über der Beitragsbemessungsgrenze der gesetzlichen Krankenversicherungen liegen (im Jahr 1998 monatlich 6 300,– DM in den alten Bundesländern). Im Unterschied zur Pflichtmitgliedschaft in der gesetzlichen Krankenversicherung werden in der privaten Krankenversicherung privatrechtliche Versicherungsverträge abgeschlossen. Eine Besonderheit gilt für die Beamten. Sie erhalten für Gesundheitsleistungen in

BEIHILFE

Form der *Beihilfe* eine Aufwendungserstattung vom Staat. Da diese aber nur einen Teil der entstehenden Kosten abdeckt, sichern sich die Beamten für den Restbetrag im Regelfall durch den Abschluss privater Krankenversicherungen ab.

KRANKENKASSEN
ALS TRÄGER

Träger der gesetzlichen Krankenversicherung sind die *Krankenkassen*, wobei das Gesetz in den §§ 143 ff. SGB V zwischen Orts-, Betriebs-, Innungskrankenkassen und Ersatzkassen unterscheidet. Bis Ende 1995 hing die Zugehörigkeit der Versicherten zu einer Krankenkasse vom ausgeübten Beruf oder der Betriebszugehörigkeit ab. Seit 1996 können alle Mitglieder zwischen der kraft Gesetzes für sie zuständigen Orts-, Betriebs- und Innungskrankenkasse einerseits oder einer Ersatzkasse andererseits *wählen*. Infolge unter-

WAHLRECHT

schiedlicher Beitragssätze kann für die versicherten Mitglieder ein Vergleich der verschiedenen Kassen durchaus lohnenswert sein.

VERSICHERUNGS-
PFLICHT

Arbeitnehmer sind automatisch *pflichtversichert*, wenn ihr regelmäßiges Bruttoentgelt eine bestimmte Höchstgrenze pro Jahr nicht übersteigt. Diese Grenze beträgt 75% der Beitragsbemessungsgrenze in der Rentenversicherung und steigt jährlich mit der Entwicklung der Löhne und Gehälter. Im Jahr 1998 lag sie in den alten Bundesländern bei 75 600,– DM, was dem o.g. monatlichen Betrag von 6 300,– DM entspricht. Außer den Arbeitnehmern sind u.a. Studierende, Praktikanten, Rentner und Arbeitslose, wenn sie Leistungen der Bundesanstalt für Arbeit erhalten, pflichtversichert. Eine freiwillige Weiterversicherung ist möglich, wenn ein Arbeitnehmer z. B. die Höchsteinkommensgrenze überschreitet oder ein Arbeitnehmer Beamter wird oder sich selbständig macht. Unter bestimmten Bedingungen ist auch eine freiwillige Selbstversicherung möglich. Die gesetzliche Krankenversicherung umfasst auch eine *Familienversicherung*. Daher sind Ehepartner und Kinder (bis zu einer bestimmten Altersgrenze) mitversichert. Voraussetzung ist aber, dass das Einkommen der Ehepartner und Kinder einen monatlichen Höchstbetrag nicht übersteigt (1998: 620,– DM in den alten Bundesländern) und sie nicht selbst versichert sind.

Die gesetzliche Krankenversicherung bezweckt eine Absicherung des Versicherten und seiner Familienangehörigen für den Fall der *Krankheit*. Was unter einer Krankheit zu verstehen ist, sagt das Gesetz selbst nicht. Verwaltung und Rechtsprechung haben es daher unternommen, den Begriff zu definieren, und verstehen unter einer Krankheit *jeden regelwidrigen Körper- oder Geisteszustand, der ärztlicher Behandlung bedarf oder – zugleich oder ausschließlich – Arbeitsunfähigkeit zur Folge hat*. Die Regelwidrigkeit orientiert sich dabei am Normalbild des Menschen, so dass nicht jede Abweichung eines Einzelnen etwa von ästhetischen Idealen unter den Krankheitsbegriff fällt. Im Fall (2) kann Patrick N. daher für eine Korrektur seiner Stupsnase keine Leistungen der gesetzlichen Krankenversicherung in Anspruch nehmen. Es bleibt ihm freilich unbenommen, eine Korrektur von einem Schönheitschirurgen vornehmen zu lassen und für die Kosten selbst aufzukommen. Ob den Versicherten ein Verschulden am Eintritt der Krankheit trifft, ist im Grunde ohne Belang. Nur dann, wenn sich der Versicherte die Krankheit vorsätzlich oder infolge eines Verbrechens zugefügt hat, scheiden Leistungsansprüche aus (§ 52 SGB V). Im Beispiel (3) muss die Krankenkasse die entstandenen Kosten zur Behandlung der Schulterverletzung folglich tragen.

KRANKHEIT

Die Leistungen der Krankenversicherung sind weitreichend. Versicherte haben Anspruch *auf ärztliche und zahnärztliche Behandlung* sowie Krankenhausleistungen. Ferner übernimmt die Krankenkasse Kosten für behandlungsbegleitende *Sachleistungen* (z. B. Arznei-, Verbands-, Heil- und Hilfsmittel, etwa Hörgeräte oder Rollstühle), bietet auch Leistungen im Bereich der *Krankheitsprävention* (z. B. Gesundheitserziehung, Zahnprophylaxe, Vorsorgeuntersuchungen, Kuren) und zahlt dem Versicherten *Krankengeld*, wenn der Arbeitgeber das Entgelt nicht weiterbezahlt. Letzteres ist vor allem der Fall nach Ablauf der sechswöchigen Frist zur Entgeltfortzahlung nach dem EFZG (vgl. *Kap. 5 Abs. 5*). Das Krankengeld beträgt 70% des regelmäßig erzielten Bruttoarbeitsentgelts, soweit es der Bei-

LEISTUNGEN DER KRANKEN-VERSICHERUNG

tragsberechnung unterliegt (sog. *Regelentgelt*), d. h. angerechnet wird nur das Durchschnittsentgelt bis zur Höhe der Beitragsbemessungsgrenze. Es ist der Höhe nach somit geringer als der Anspruch auf Arbeitsentgelt. Gewährt wird es maximal für 78 Wochen innerhalb von drei Jahren. Dauert eine Krankheit über diesen Zeitraum hinaus, ist zu vermuten, dass eine chronische Erkrankung vorliegt und der Versicherte auf nicht absehbare Zeit arbeitsunfähig ist. Dieses Risiko abzudecken, ist aber nicht Aufgabe der Krankensondern vielmehr der Renten- und Unfallversicherung, soweit es sich um eine Berufskrankheit handelt.

BEITRÄGE
Die gesetzliche Krankenversicherung finanziert ihre Ausgaben durch *Beiträge*, die hälftig von Arbeitnehmer und Arbeitgeber erbracht werden. Wer als Angestellter freiwillig versichert ist, weil er die Verdienstgrenze überschreitet, erhält vom Arbeitgeber einen Beitragszuschuss. Die Höhe der Beiträge ist einkommensabhängig. In den alten Bundesländern betrug der durchschnittliche Beitragssatz zur Krankenversicherung im Jahr 1998 rund 13,3% der beitragspflichtigen Einnahmen des Versicherten. Dabei gilt jedoch die Beitragsbemessungsgrenze (s. o.). Der Beitrag bemisst sich höchstens nach dieser Grenze, selbst wenn der einzelne Arbeitnehmer mehr verdient.

Die gesetzliche Unfallversicherung

Neben der Renten- und Krankenversicherung sieht das Sozialgesetzbuch VII eine gesonderte *Unfallversicherung* (UV) vor. Die 1884 eingeführte Unfallversicherung war eine Reaktion des Gesetzgebers auf die durch die Industrialisierung und Technisierung der Arbeitsabläufe eingetretenen Veränderungen des Arbeitsrechts. Nachdem sich privatrechtliche Haftungsmodelle als nicht ausreichend für den Schutz der Arbeitnehmer erwiesen haben, löste der Gesetzgeber das Problem auf der sozialrechtlichen Schiene. Die Unfallversicherung beruht dabei auf drei Säulen:
— Betriebe einzelner Unternehmer sind per Gesetz unfallversichert
— Eine privatrechtliche Haftung der Unternehmer für Arbeitsunfälle wird ausgeschlossen (vgl. § 104 SGB VII).
— Leistungen an verletzte Arbeitnehmer werden durch Berufsgenossenschaften gewährt, zu denen sich die Unternehmer bestimmter Wirtschaftszweige zusammenschließen und deren Aufwendungen sie durch Beiträge finanzieren.

Obwohl ihre Leistungen gegenüber dem einzelnen Versicherten den Leistungen von Kranken- und Rentenversicherung sehr ähnlich sind, gibt es doch wichtige Unterscheidungsmerkmale.

Zunächst haben die Unfallversicherungen einen *größeren Kreis von Pflichtmitgliedern*. KREIS DER VERSICHERTEN Wer in einem Betrieb beschäftigt ist, in kleineren Betrieben auch der mitarbeitende Unternehmer, ist unabhängig von einer schon erfolgten Anmeldung automatisch unfallversichert. Dies gilt nicht nur während der beruflichen Tätigkeit, sondern auch auf dem üblichen Weg zur und von der Arbeitsstätte. Ebenso sind Kindergartenkinder, Schüler und Studierende, Zivil- und Katastrophenschutzhelfer und jeder, der bei Unglücksfällen Hilfe leistet, unfallversichert.

Im Weiteren unterscheidet sich die UV von der RV und KV dadurch, dass sie ihre Kosten im Umlageverfahren auf die BEITRÄGE UND FINANZIERUNG Unternehmen direkt überträgt, d.h. die Unternehmen müssen das Unfallkosten-Risiko allein übernehmen. Die Ausgaben einer *Berufsgenossenschaft* als Träger der UV im abgelaufenen Jahr werden so auf die Unternehmen verteilt, dass Gewerbezweige mit hohem Unfallrisiko (z. B. Abbruch-Unternehmen, Brückenbauer) bis zu 20fach so hoch belastet werden wie Betriebe in der geringsten Gefahrenklasse. Da die Beiträge allein von den Unternehmern erbracht werden, die Arbeitnehmer aber versicherungsberechtigt sind, handelt es sich bei der UV um ein *Fremdvorsorgeverhältnis*.

Ein dritter Unterschied liegt darin, dass die Unfallversicherungen durch Zwangsmittel und Strafbestimmungen Unternehmen und Arbeitnehmer zur Beachtung und Einhaltung VERSICHERUNGS-LEISTUNGEN von *Unfallverhütungsvorschriften* zwingen können. Mit Ordnungsstrafen bis zu 20 000,– DM und ggf. mit der finanziellen Haftung für Unfallfolgen können Unternehmer belegt werden, die Gebäude, Arbeitsstätten, Maschinen, Einrichtungen und Geräte nicht so einrichten, dass Arbeitnehmer weitestmöglich vor Unfällen und Berufskrankheiten geschützt sind. Auch müssen die Arbeitnehmer immer wieder auf die Beachtung aller Unfallverhütungsvorschriften hingewiesen werden. In Betrieben mit mehr als 20 Beschäftigten hat der Unternehmer einen oder mehrere Sicherheitsbeauftragte – zusammen mit dem Betriebsrat – zu bestellen. Die Berufsgenossenschaften können technische Aufsichtsbeamte zur Überwachung und Beratung in die Betriebe schicken. Damit ist die Unfallverhütung die wichtigste Aufgabe der Unfallversicherungen.

Als *Unfallfolgen* im Sinne des SGB VII gelten Verletzungen UNFALLFOLGEN durch Unfälle bei der Arbeit *(Arbeitsunfälle)*, auf dem üblichen Weg von der Wohnung bis zur Arbeitsstätte und zurück

(Wegeunfälle) sowie *Berufskrankheiten*. In solchen Fällen wird nicht die Kranken- oder Rentenversicherung sondern die Unfallversicherung beansprucht. Der Arzt kann dem Verunglückten sofort die besten *Heilmaßnahmen* verordnen und bei Bedarf den Patienten in Spezialkliniken einweisen; dabei spielt es keine Rolle, wie lange diese Leistungen in Anspruch genommen werden müssen. Erhält der Verunglückte keine Entgeltfortzahlung, dann wird für die Dauer der Arbeitsunfähigkeit *Verletztengeld* nach denselben Bestimmungen wie für das Krankengeld bezahlt. Der Höhe nach beträgt es 80% des entgangenen Bruttoentgelts bis maximal zur Höhe des Nettolohns und ist von der Leistungsdauer her auf höchstens 78 Wochen begrenzt. Darüber hinaus leistet die UV *Berufshilfe*, d. h. sie führt Maßnahmen zur vollen Wiedereingliederung in das Arbeitsleben durch (z. B. eine Umschulungsmaßnahme) und bezahlt hierzu auch Unterhaltsbeihilfen. Bleibt eine Erwerbsunfähigkeit von mindestens 20% als Unfallfolge ganz oder für einen Zeitraum von mindestens 26 Wochen zurück (d. h. dass ein Verletzter z. B. durch Verlust des rechten Daumens als so behindert gilt, dass er nur noch etwa 80% aller

vergleichbaren Berufstätigkeiten ausführen kann), so erhält der Verletzte eine *Unfallrente* von 20% der Vollrente. Vollrente wird bezahlt, wenn eine 100%ige Erwerbsminderung eingetreten ist. Die Rente beträgt dann zwei Drittel des vorangegangenen Brutto-Jahresverdienstes. So verhält es sich in Beispiel (4): Die Asbestlunge von Elmar O. ist eine Berufskrankheit, weshalb er von der zuständigen Berufsgenossenschaft neben Heil- und Kurbehandlung eine Rente von 2/3 seines Bruttolohns als Versorgungsleistung erhält. Hatte der Verletzte vor dem Unfall kein Einkommen, so wird als Jahresverdienst bei Personen, die das 18. Lebensjahr vollendet haben, 60%, für Personen unter 18 Jahren 40% der zum Unfallzeitpunkt geltenden Bezugsgröße für die Sozialversicherung (= Durchschnittsverdienst aller Versicherten der Rentenversicherung, für 1998 z. B. 52 080,– DM) zugrunde gelegt. Für Kinder unter 14 Jahren gelten besondere Berechnungen.

Schwerverletzte mit über 50% Erwerbsminderung erhalten, wenn sie keine regelmäßige Erwerbstätigkeit mehr finden, eine 10%ige Zulage. Hat der Verletzte Kinder, so erhält er für diese bis zum 18. bzw. 25. Lebensjahr eine Kinderzulage.

Stirbt der Versicherte an den Folgen eines Unfalls oder einer Berufskrankheit, so erhalten der überlebende Ehegatte und die Kinder Hinterbliebenenrenten. Die Witwenrente beträgt 30%, bei Vollendung des 45. Lebensjahres oder wenn mindestens ein Kind zu erziehen ist, 40% des Jahresarbeitsverdienstes. Halbwaisen erhalten 20% als Waisenrente. Die Hinterbliebenen können jedoch zusammen höchstens 80% des Bruttoeinkommens als Rente beziehen. Wie in der Rentenversicherung sind auch die Unfallrenten *dynamisch*, d. h. sie steigen jeweils um die Zunahme des mittleren Einkommens aller Versicherten.

Die gesetzliche Unfallversicherung

Versicherungsschutz

bei ● Arbeitsunfällen
● Wegeunfällen
● Berufskrankheiten
für ● Arbeitnehmer
● Auszubildende
● Landwirte
● Kinder in Kindertagesstätten, Schüler, Studenten
● Helfer bei Unglücksfällen und im Zivilschutz
● Blutspender u.a.

Aufgaben und Leistungen

● Verhütung von Arbeitsunfällen, Berufskrankheiten, arbeitsbedingten Gesundheitsgefahren
● Heilbehandlung
● Verletztengeld
● Leistungen zur beruflichen und sozialen Rehabilitation
● Übergangsgeld
● Verletztenrente
● Pflegegeld
● Hinterbliebenenrente

Versicherungsträger

Gewerbliche Berufsgenossenschaften	Landwirtschaftliche Berufsgenossenschaften	Versicherungsträger der öffentlichen Hand

ZAHLENBILDER

147 114

Unfallrenten können auch „*kapitalisiert*", d. h. als Abfindung in einem Gesamtbetrag ausbezahlt werden. Art und Höhe der Kapitalisierung sind je nach dem Prozentsatz der Erwerbsunfähigkeit unterschiedlich. Ein besonderer Verwendungsnachweis wie nach früherem Recht, nach dem das Kapital existenzsichernd verwendet werden musste (z. B. Haus- oder Wohnungskauf, Betriebsgründung), ist heute nicht mehr erforderlich.

KAPITALISIERUNG

Die oben in Fall (5) herausgestellten Unterschiede zwischen dem Armbruch des Volker S. und der Eva K. ergeben sich aus den Unterschieden zwischen Unfallversicherung und Kranken- bzw. Rentenversicherung. Volker S. hat sich seine Armverletzung auf dem Weg zur Arbeit zugezogen (Wegeunfall) und hat deshalb Anspruch auf die Leistungen der UV. Eva K.s Unfall dagegen war privat. Sie erhält zwar Heilfürsorge durch die KV und eine Bäderkur (die entweder von der KV oder der RV übernommen wird). Ein Rentenanspruch jedoch entsteht nicht, da durch die Verletzung keine Berufsunfähigkeit im Sinne der RV eingetreten ist. Die Leistungen der UV sind also sowohl bei den Heilmaßnahmen als auch insbesondere bezüglich der Verletzungsfolgen besser als die Leistungen aus der KV und der RV.

Die Arbeitslosenversicherung

Aus dem SGB III - Arbeitsförderung -

> § 1 (1) Durch die Leistungen der Arbeitsförderung soll vor allem der Ausgleich am Arbeitsmarkt unterstützt werden, indem Ausbildung- und Arbeitsuchende über Lage und Entwicklung des Arbeitsmarktes und der Berufe beraten, offene Stellen zügig besetzt und die Möglichkeiten von benachteiligten Ausbildung- und Arbeitsuchenden für eine Erwerbstätigkeit verbessert und dadurch Zeiten der Arbeitslosigkeit sowie des Bezugs von Arbeitslosengeld, Teilarbeitslosengeld und Arbeitslosenhilfe vermieden oder verkürzt werden.
>
> (2) Die Leistungen der Arbeitsförderung sind so einzusetzen, dass sie der beschäftigungspolitischen Zielsetzung der Sozial-, Wirtschafts- und Finanzpolitik der Bundesregierung entsprechen sowie der besonderen Verantwortung der Arbeitgeber für Beschäftigungsmöglichkeiten und der Arbeitnehmer für ihre eigenen beruflichen Möglichkeiten Rechnung tragen und die Erhaltung und Schaffung von wettbewerbsfähigen Arbeitsplätzen nicht gefährden.

ARBEITSFÖRDE-
RUNG, SGB III

Mit der Einordnung des Arbeitsförderungsrechts in das Sozialgesetzbuch (SGB III) wurde auch ihre Zielrichtung neu umschrieben. Wie aus dem oben abgedruckten § 1 SGB III hervorgeht, soll die Arbeitsförderung einen *Ausgleich am Arbeitsmarkt* unterstützen. Arbeitsförderung ist nicht in erster Linie Arbeitslosenversicherung. Durch die Instrumente der *Arbeitsmarktverwaltung* (u. a. Arbeitsvermittlung, -beratung, Arbeitnehmerüberlassung oder Regelung des Arbeitsmarktzugangs für Ausländer) und einer *aktiven Arbeitsmarktpolitik* und *Arbeitsmarktgestaltung* (z. B. Förderung der Erstausbildung oder Umschulung, Schaffung von Arbeitsplätzen, Eingliederung von Arbeitnehmern) soll zunächst erreicht werden, dass möglichst viele Menschen beschäftigt sind. Freilich kann die Arbeitsförderung hierzu nur einen Teilbeitrag leisten, da ein hoher Beschäftigungsstand von vielen Faktoren beeinflusst ist, konjktureller und volkswirtschaftlicher auf der einen, arbeitsmarktbedingter (tarif-

liche Gestaltung der Arbeitsbedingungen, Ladenöffnungs-
zeiten etc.) auf der anderen Seite. Das SGB III (§§ 4, 5)
räumt von seiner Zielsetzung her der Arbeitsvermittlung
und der aktiven Arbeitsförderung den Vorrang vor sozialen
Entgeltersatzleistungen ein. Erst wenn diese vorrangigen
Ziele in Bezug auf den einzelnen Arbeitnehmer nicht erreicht werden, tritt die Arbeitslosenversicherung bei Teil-
oder Vollarbeitslosigkeit mit Geldleistungen ein. Weil das
Gesetz davon ausgeht, dass Arbeitslosigkeit ein nur vorübergehender Zustand ist, muss der Arbeitslose während des
Bezugs von Arbeitslosengeld oder -hilfe für Vermittlungsmaßnahmen der Arbeitsverwaltung stets verfügbar sein.

Trägerin der Arbeitsförderung ist die *Bundesanstalt für Ar-*
beit (BA) mit Sitz in Nürnberg, die regional in *Landesar-*
beitsämter und lokal in Arbeitsämter untergliedert ist. Die
BA ist eine Selbstverwaltungskörperschaft des öffentlichen
Rechts. Sie finanziert sich überwiegend aus Beiträgen, die je
zur Hälfte von Arbeitgeber und Arbeitnehmer aufgebracht
werden. Der Arbeitgeber behält diese Beiträge vom Bruttoentgelt des Arbeitnehmers ein und führt sie als Teil des
Gesamtsozialversicherungsbeitrages an die Krankenkasse
ab. Die Beiträge werden nach dem jeweils gültigen Beitragssatz erhoben; 1998 lag er bei 6,5% des Bruttoentgelts,
wird aber, wie in der Kranken- und Rentenversicherung
auch, begrenzt durch die Beitragsbemessungsgrenze, die
1998 in den alten Bundesländern bei 8 400,– DM monatlich
lag. Weitere Einnahmen erhält die BA aus Mitteln, die im
Umlageverfahren von Arbeitgebern und Berufsgenossenschaften aufgebracht werden.

Die Arbeitslosenversicherung besteht ausschließlich als
Pflichtversicherung. Eine freiwillige Weiter- oder Höherver-
sicherung wie etwa in der Rentenversicherung gibt es nicht.
Versicherungspflichtig sind alle Personen, die gegen Arbeitsentgelt oder zu ihrer Berufsausbildung beschäftigt sind.

Leistungskatalog

Die Leistungen der Arbeitsförderung sind weit reichend.
Arbeitnehmer erhalten u. a.
– Berufsberatung sowie Ausbildungs- und Arbeitsvermitt-
  lung und diese unterstützende Leistungen
– Trainingsmaßnahmen zur Verbesserung der Eingliede-
  rungsaussichten
– Mobilitätshilfen
– Überbrückungsgeld zur Aufnahme einer selbständigen
  Tätigkeit

- Berufsausbildungsbeihilfe
- Übernahme von Weiterbildungskosten
- Unterhaltsgeld
- Leistungen zur beruflichen Eingliederung Behinderter
- Arbeitslosengeld und Arbeitslosenhilfe
- Kurzarbeitergeld
- Insolvenzgeld bei Zahlungsunfähigkeit des Arbeitgebers
- Wintergeld und Winterausfallgeld in der Bauwirtschaft

Im Folgenden beschränken sich die Ausführungen auf die versicherungsrechtlichen Leistungen der Arbeitsförderung, insbesondere auf Kurzarbeitergeld, Arbeitslosengeld und Arbeitslosenhilfe.

Für einen Arbeitnehmer kann durch unterschiedliche Gründe der Zustand eintreten, dass er zwar seinen Arbeitsplatz nicht verliert, seine Erwerbstätigkeit aber vorübergehend eingeschränkt ist und er dadurch einen Teil seines Arbeitseinkommens einbüßt. Der wichtigste Fall dieser sog. Teilarbeitslosigkeit ist die *Kurzarbeit*. Können die Arbeitnehmer, z. B. wegen vorübergehenden Auftragsmangels, nur zu einem Teil der regelmäßigen Arbeitszeit beschäftigt werden, erhalten sie als Ausgleich für den entstandenen Entgeltausfall gem. §§ 169 ff. SGB III *Kurzarbeitergeld*. Ausbezahlt wird es durch den Beschäftigungsbetrieb und wird dem Arbeitgeber auf Antrag durch das zuständige Arbeitsamt erstattet. Der Höhe nach beträgt es für Arbeitnehmer, die mindestens einem minderjährigen Kind unterhaltspflichtig sind, 67% des ausgefallenen Netto-Arbeitsentgelts, sonst 60%.

Anspruch auf *Arbeitslosengeld* hat, wer arbeitslos ist, sich beim Arbeitsamt arbeitslos gemeldet und die Anwartschaftszeit erfüllt hat. Arbeitslosigkeit setzt Beschäftigungssuche voraus, d.h. der Arbeitslose muss für Vermittlungsmaßnahmen der Arbeitsverwaltung *verfügbar* sein. In Beispiel (6) ist das bei Martha T. gerade nicht der Fall, da sie für das Arbeitsamt nicht erreichbar ist. Die Anwartschaftszeit ist erfüllt, wenn der Arbeitslose innerhalb der vorangegangenen drei Jahre mindestens 12 Monate versicherungspflichtig beschäftigt war. Hier zeigt sich der Eigenvorsorgecharakter der Arbeitslosenversicherung: Anspruchsberechtigt soll nur sein, wer sich in einem vor der Arbeitslosigkeit liegenden Zeitraum durch Beiträge an den finanziellen Aufwendungen für die Arbeitslosenversicherung beteiligt hat. Arbeitslosengeld wird nur für einen bestimmten Zeitraum gezahlt, wobei es dabei im Unterschied zur Arbeitslosenhilfe nicht auf die Bedürftigkeit des Arbeitslosen ankommt. Verfügt dieser über finanzielle Rücklagen oder über Vermögen in Form von Immobilien, so schränkt dies den Anspruch auf Arbeitslosengeld nicht ein.

Die Bezugsdauer von Arbeitslosengeld, die im Einzelfall von der Dauer der der Arbeitslosigkeit vorangegangenen Beschäftigungszeit sowie dem Lebensalter des Arbeitslosen abhängt, ist in der nachfolgenden Tabelle dargestellt:

Bezugsdauer von Arbeitslosengeld
Der Höchstanspruch beträgt

nach einer Beschäftigung von mindestens	für Arbeitslose	Monate
12 Monaten	unter dem 45. Lebensjahr	6
16 Monaten		8
20 Monaten		10
24 Monaten		12
28 Monaten	ab dem 45. Lebensjahr	14
32 Monaten		16
36 Monaten		18
40 Monaten	ab dem 47. Lebensjahr	20
44 Monaten		22
48 Monaten	ab dem 52. Lebensjahr	24
52 Monaten		26
56 Monaten	ab dem 57. Lebensjahr	28
60 Monaten		30
64 Monaten		32

Die Höhe des Arbeitslosengeldes hängt davon ab, ob der Arbeitslose einem minderjährigen Kind unterhaltspflichtig ist. Ist das der Fall, beträgt es 67% des pauschalierten Nettoentgelts, für dessen Berechnung besondere Vorschriften gelten, für alle übrigen Arbeitslosen 60% (§ 129 SGB III).

Der Anspruch auf Arbeitslosengeld wird allerdings für bis zu 12 Wochen gesperrt (Sperrzeiten), wenn der Arbeitslose
— selbst das Beschäftigungsverhältnis gelöst oder durch ein arbeitsvertragswidriges Verhalten Anlass für die Lösung gegeben und er dadurch vorsätzlich oder grob fahrlässig die Arbeitslosigkeit herbeigeführt hat (*Sperrzeit wegen Arbeitsaufgabe*)
— trotz Belehrung über die Rechtsfolgen eine vom Arbeitsamt unter Benennung des Arbeitgebers und der Art der Tätigkeit angebotene Beschäftigung *nicht angenommen oder nicht angetreten hat (Sperrzeit wegen Arbeitsablehnung)*
— sich trotz Belehrung über die Rechtsfolgen geweigert hat, an einer Trainingsmaßnahme oder einer Maßnahme zur beruflichen Ausbildung oder Weiterbildung oder einer

SPERRZEITEN

Maßnahme zur beruflichen Eingliederung Behinderter teilzunehmen (*Sperrzeit wegen Ablehnung einer beruflichen Eingliederungsmaßnahme*)

– die Teilnahme an einer der soeben genannten Maßnahmen abgebrochen oder durch maßnahmewidriges Verhalten Anlass für den Ausschluss aus einer dieser Maßnahmen gegeben hat *(Sperrzeit wegen Abbruchs einer beruflichen Eingliederungsmaßnahme)*.

Ferner ruht der Anspruch *kraft Gesetzes*, wenn dem Arbeitslosen anderweitige Sozialleistungen zuerkannt worden sind, die wie das Arbeitslosengeld einen Einkommensersatz bezwecken (Krankengeld, Berufs- oder Erwerbsunfähigkeitsrente, Altersrente, § 142 SGB III).

ARBEITSLOSEN-
HILFE

Arbeitslosenhilfe ist zu gewähren, wenn die Wartezeit für das Arbeitslosengeld noch nicht erfüllt war oder der Leistungsanspruch auf Arbeitslosengeld erschöpft ist. Der Arbeitslose muss die Arbeitslosenhilfe wie das Arbeitslosengeld selbst beantragen und er muss der Arbeitsvermittlung zur Verfügung stehen.

BEDÜRFTIGKEIT ALS
VORAUSSETZUNG

Im Unterschied zum Arbeitslosengeld wird Arbeitslosenhilfe jedoch nur gewährt, wenn der Arbeitslose *bedürftig* ist. Bedürftigkeit liegt vor, wenn das sonstige Einkommen oder das Vermögen des Arbeitslosen oder seiner Familienangehörigen zur Erhaltung des durchschnittlichen Lebensstandards nicht ausreichen. So kann z. B. das Einkommen des Ehegatten zur Aussetzung der Arbeitslosenhilfe führen. Arbeitslosenhilfe hat demnach den Charakter einer *Fürsorgeleistung*. Sie wird deshalb auch nicht aus den Versicherungsbeiträgen, sondern aus dem Bundeshaushalt finanziert. Ist die Bedürftigkeit festgestellt, erhalten Arbeitslose ohne Kinder 53%, mit Kindern 57% des maßgeblichen Nettolohns als Arbeitslosenhilfe, solange die Bedürftigkeit besteht. Außerdem zahlt die Arbeitslosenversicherung die jeweils entsprechenden Beiträge zur Kranken- und Rentenversicherung.

RENTEN- UND
KRANKENVERSICHE-
RUNGSBEITRÄGE

INSOLVENZGELD

Die BA ist außerdem Trägerin der Insolvenzsicherung für Arbeitsentgeltansprüche. *Insolvenzgeld* wird gezahlt, wenn der Arbeitgeber zahlungsunfähig ist und der Arbeitnehmer ihm zustehende Arbeitsentgelte nicht erhalten hat. Anspruch auf Insolvenzgeld hat der Arbeitnehmer für Arbeitsentgeltansprüche, die in den letzten drei Monaten des Arbeitsverhältnisses vor Eintritt des Insolvenzereignisses (Eröffnung des Insolvenzverfahrens oder Ablehnung der Eröffnung mangels Masse) nicht erfüllt worden sind. Das Insolvenzgeld beläuft sich dabei auf die Höhe des Nettoarbeitsentgelts. Daraus ergibt sich die Lösung für Fall (7): Die von der Insolvenz der Firma Z. betroffenen Arbeitnehmer können von der BA zum Ausgleich für die nicht bezahlten Löhne Insolvenzgeld verlangen, im Einzelfall dann auch Arbeitslosengeld oder -hilfe bis zu einer Neuvermittlung. Das Arbeitsamt zahlt für den genannten Zeitraum auch die noch offenen Pflichtbeiträge zur gesetzlichen Kranken-, Renten- und Pflegeversicherung sowie Beiträge zur Bundesanstalt für Arbeit. Finanziert wird die Insolvenzsicherung durch eine von den Arbeitgebern aufzubringende und von der Berufsgenossenschaft einzuziehende Umlage.

Die Pflegeversicherung

Menschen können ihr Leben nicht vorausbestimmen. Vieles geschieht, ohne dass sie Einfluss darauf haben. Auch für die Menschen, die heute auf Pflege angewiesen sind, lief häufig alles glatt bis zu dem Tag, an dem sie pflegebedürftig wurden. Viele Pflegebedürftige und ihre Familien mussten von einem Tag auf den anderen die großen Belastungen tragen, die mit der Pflege verbunden sind. Dabei erschöpft die Pflege häufig die persönliche und finanzielle Leistungskraft der Angehörigen. Wie groß das Problem der Pflegebedürftigkeit ist, sollen einige Zahlen verdeutlichen: Im Jahr 1998 sind rund 1,6 Millionen Menschen in der Bundesrepublik ständig auf Pflege angewiesen. 400 000 Pflegebedürftige leben in Heimen, die übrigen rund 1,2 Mio. Pflegebedürftigen werden zu Hause versorgt. Familienangehörige, Nachbarn, ehrenamtliche Helfer und hauptberufliche Pflegekräfte kümmern sich um sie.

Seit dem 1.1.1995 ist mit der Einführung der *Pflegeversicherung* (geregelt im SGB XI) als *fünftem Sozialversicherungszweig* die letzte große Lücke im sozialen Versorgungssystem geschlossen. Damit haben die rund 82 Millionen Bürger der Bundesrepublik einen Versicherungsschutz bei Pflegebedürftigkeit erhalten, den es zuvor nicht gab. Im Grundsatz gilt: Wer in der *gesetzlichen* Krankenversicherung versichert ist, gehört der gesetzlichen Pflegeversicherung an. Wer in einer *privaten* Krankenversicherung mit Anspruch auf allgemeine Krankenhausleistungen versichert ist, muss seit dem 1.1.1995 eine private Pflegeversicherung abschließen.

Getragen wird die Pflegeversicherung von den *Pflegekassen*. Diese sind zwar eigenständige rechtsfähige Körperschaften des öffentlichen Rechts mit Selbstverwaltung und eigenem Vermögen. Da die Pflegeversicherung jedoch systematisch der Krankenversicherung folgt, sind die Pflegekassen jeweils bei einem Träger der gesetzlichen Krankenversicherung er-

281

richtet und mit den entsprechenden Organen des zugeordneten Krankenversicherungsträgers personengleich.

Die Ausgaben der gesetzlichen Pflegeversicherung werden durch *Beiträge* finanziert. Die Höhe der Beiträge ist einkommensabhängig, letztlich aber durch die Beitragsbemessungsgrenze der Krankenversicherung (1998: monatlich 6 300,– DM in den alten Bundesländern) begrenzt. Seit dem 1.7.1996 beträgt der Beitragssatz 1,7% der beitragspflichtigen Einkommen. Arbeitgeber und Arbeitnehmer erbringen die Beiträge je zur Hälfte. Um die Belastungen der Arbeitgeber aus dieser Beitragspflicht zu kompensieren, wurde in fast allen Bundesländern der Buß- und Bettag als gesetzlicher Feiertag abgeschafft.

Ist ein Versicherter pflegebedürftig, werden für die Bestimmung des Leistungsumfanges drei Pflegestufen unterschieden:

– Pflegebedürftige der *Pflegestufe I* sind erheblich pflegebedürftig.
– Pflegebedürftige der *Pflegestufe II* sind schwer pflegebedürftig.
– Pflegebedürftige der *Pflegestufe III* sind schwerstpflegebedürftig.

Gewährt werden von der Pflegeversicherung Sach- und Geldleistungen. *Sachleistungen* sind etwa häusliche Pflegehilfe, Pflegehilfsmittel und technische Mittel (z. B. eine Badevorrichtung), Tages- oder Nachtpflege in teilstationären Einrichtungen oder die vollstationäre Pflege. Als Geldleistung wird das *Pflegegeld* bezahlt, das den Pflegebedürftigen in die Lage versetzen soll, die erforderliche Pflege in geeigneter Weise selbst sicherzustellen, z.B. durch Anstellung einer Pflegekraft. In Beispiel (8) ist davon auszugehen, dass Paula M. schwerstpflegebedürftig ist. Im Rahmen der stationären Pflege zahlt die Pflegeversicherung für die Aufwendungen der Grundpflege, der sozialen Betreuung und der medizinischen Behandlungspflege 2 800,– DM pro Monat. Für die Unterkunftskosten im Pflegeheim muss Paula M. hingegen selbst aufkommen.

Versorgungsanwartschaften

Versorgungsansprüche an den Staat entstehen aufgrund von Diensten, die z. B. als Beamter oder Wehrpflichtiger und Soldat über längere Zeit geleistet wurden. Hier beruht der Versorgungsanspruch also nicht auf vorherigen Geldbeiträgen, sondern auf persönlichem Einsatz für das Allgemeinwohl. Empfänger von Kriegsopferrenten oder Be-

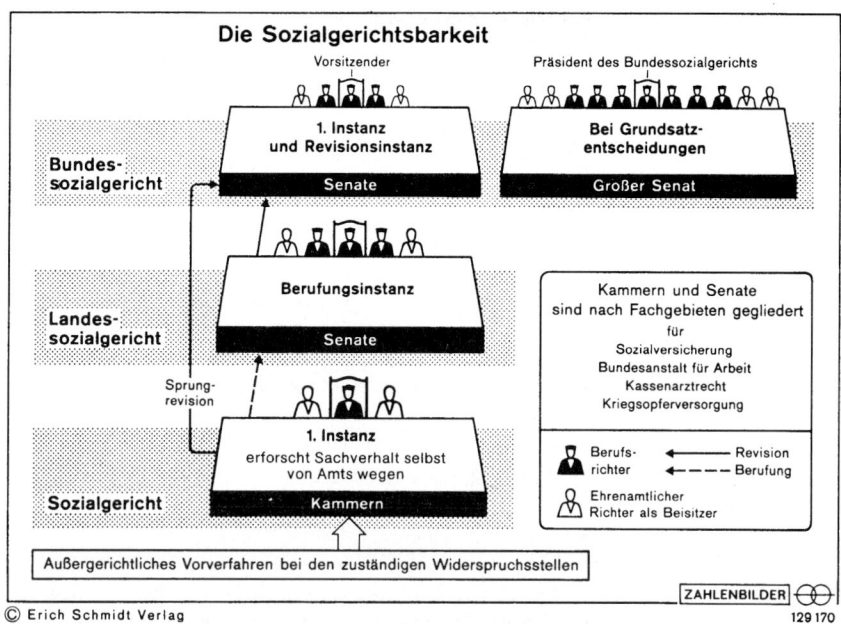

Die Sozialgerichtsbarkeit

Vorsitzender

Präsident des Bundessozialgerichts

Bundes-sozialgericht

1. Instanz und Revisionsinstanz

Senate

Bei Grundsatz-entscheidungen

Großer Senat

Landes-sozialgericht

Berufungsinstanz

Senate

Sprung-revision

Sozialgericht

1. Instanz
erforscht Sachverhalt selbst
von Amts wegen

Kammern

Kammern und Senate
sind nach Fachgebieten gegliedert
für
Sozialversicherung
Bundesanstalt für Arbeit
Kassenarztrecht
Kriegsopferversorgung

Berufs-richter — Revision
Ehrenamtlicher Richter als Beisitzer — Berufung

Außergerichtliches Vorverfahren bei den zuständigen Widerspruchsstellen

ZAHLENBILDER

© Erich Schmidt Verlag

129 170

amtenpensionen, von Lastenausgleichszahlungen oder Flüchtlingshilfe haben dem Staat durch ihren Dienst oder durch politisch bedingte Opfer Vorleistungen erbracht, die ihre Versorgungsansprüche begründen. Deshalb kann auch bei der Kriegsversehrtenrente im Beispiel (9) kein Unterschied zwischen dem Rentner M. und dem Millionär Alois R. gemacht werden.

3. Sozialgerichtsbarkeit

Fühlt sich ein Bürger in seinen Versorgungsansprüchen ungerecht behandelt, so steht ihm der Rechtsweg über die Sozialgerichtsbarkeit offen. Diese besonderen Gerichte sind darauf spezialisiert, aus der Vielzahl der Rechtsvorschriften im Einzelfall zu entscheiden, ob ein Sozialversicherungsträger eine vom Betroffenen erwartete Leistung verweigern kann. Das Verfahren entspricht dem vor den Verwaltungsgerichten (s. *Kap. 8*), ist jedoch in einem eigenen Sozialgerichtsgesetz (SGG, vgl. Abb. unten) geregelt. Für den Sozialversicherten ist das Verfahren – abgesehen von seinen außergerichtlichen Kosten – gerichtskostenfrei.

283

Zusammenfassung

Mit dem Recht der Sozialversicherungen ist durch Gesetz ein Vorsorgesystem geschaffen, durch das zumindest alle abhängig Beschäftigten sowie ein Teil der Selbständigen verpflichtet werden, mit von ihrem Einkommen aufzubringenden Beiträgen jene Versicherten mitzuversorgen, die wegen Krankheit, Unfallverletzung oder Arbeitslosigkeit Lohnausfälle erleiden bzw. wegen Invalidität oder Alter kein Einkommen mehr erwerben können. Aus der gesetzlichen Beitragspflicht entsteht für jeden Versicherten das Recht auf Versicherungsleistungen, d.h. der Versorgungsanspruch ist durch vorangegangene eigene Beitragsleistungen begründet. Staatliche Versorgungsleistungen beruhen dagegen auf persönlich erbrachten Opfern oder Diensten. Vor den Sozialgerichten (als speziellen Verwaltungsgerichten) kann der Bürger seine Versorgungsansprüche gegebenenfalls gerichtlich überprüfen lassen.

4. Sozialfürsorgerechte – Konkretisierung sozialer Grundrechte

(1) Harald S. (22) und Sabine H. (18) wundern sich: Harald studiert in M. Maschinenbau und erhält monatlich 520,– DM Ausbildungsbeihilfe nach dem BAFöG. Sabine erhält ebenfalls einen Zuschuss von 410,– DM pro Monat, da sie zum Besuch des musischen Gymnasiums auswärts wohnen muss. Obwohl Haralds Vater als Frührentner ein geringeres Einkommen hat als Sabines Eltern, muss Harald seine Beihilfe später wieder zurückzahlen, während Sabines Zuschuss nicht zurückgezahlt werden muss. Kann das mit rechten Dingen zugehen?

(2) Das Ehepaar Gerd und Carola M. hat drei Kinder. Weil Gerd M.s Mutter immer wieder Schwächeanfälle erleidet, ihre geringe Witwenrente für einen Altersheimaufenthalt aber nicht ausreicht, wollen Gerd und Carola M. sie in ihren Haushalt nehmen. Dazu bräuchten sie jedoch eine größere 5-Zimmer-Wohnung. Sie wissen jedoch nicht, wie sie die Mehrkosten aufbringen sollen.

(3) Aus dem Bundessozialhilfegesetz
§ 3 Sozialhilfe nach der Besonderheit des Einzelfalles
*(1) Art, Form und Maß der Sozialhilfe richten sich nach
der Besonderheit des Einzelfalles, vor allem nach der
Person des Hilfeempfängers, der Art seines Bedarfs und
den örtlichen Verhältnissen.*
§ 4 Anspruch auf Sozialhilfe
   *(1) Auf Sozialhilfe besteht ein Anspruch, soweit
dieses Gesetz bestimmt, dass die Hilfe zu gewähren ist.
Der Anspruch kann nicht übertragen, verpfändet oder
gepfändet werden.*
   *(2) Über Form und Maß der Sozialhilfe ist nach
pflichtmäßigem Ermessen zu entscheiden, soweit dieses
Gesetz das Ermessen nicht ausschließt.*

Grundsätze und Überblick

Auf den ersten Blick kann es verwundern, dass zu demsel-
ben Abschnitt ein Beispiel über Ausbildungsbeihilfen zum
Fachhochschulbesuch und Auszüge aus dem Bundessozialhilfegesetz zusammengestellt werden. Sozialrechtlich gehören Ausbildungsförderung und Sozialhilfeanspruch jedoch systematisch insoweit zusammen, als beide (und noch
weitere) Gesetze in Situationen eingreifen, wo der Einzelne
nicht aus eigener Kraft in der Lage ist, ihm grundgesetzlich
zugestandene Menschenrechte auch tatsächlich wahrzunehmen. Die Menschenwürde nach Art. 1 GG beinhaltet
die Forderung des Art. 2 GG, wonach jedem möglichst in
gleichem Maße „die Entfaltung seiner Persönlichkeit gewährleistet" sein muss. Dazu gehört – über die Sicherung
eines Existenzminimums hinaus – insbesondere auch das
Recht auf freie Berufs- und Arbeitsplatzwahl (Art. 12 GG).
Unter dem „Recht der sozialen Fürsorge" werden deshalb
jene Rechtsregelungen zusammengefasst, die staatliche
Hilfen vorsehen, wenn durch zu geringes Einkommen oder
aufgrund persönlicher Behinderungen eine Wahrnehmung
der sozialen Grundrechte sonst nicht möglich wäre.
Somit handelt es sich bei den nachfolgenden Sozialgesetzen
ebenfalls um Rechtsansprüche, die dem Einzelnen zustehen.
Im Unterschied zu Sozialversicherungs- und Versorgungsansprüchen sind *Fürsorgeansprüche* jedoch von der *Förderungs-*
und *Hilfsbedürftigkeit* des Anspruchsstellers abhängig. Diese
Hilfsbedürftigkeit muss beim jeweils zuständigen Amt offen
gelegt und nachgewiesen werden. Besonders ältere Menschen, die nicht wissen, dass sie einen grundrechtlichen Anspruch auf Hilfe für ein menschenwürdiges Leben haben,

FÜRSORGE-
ANSPRÜCHE BEI
BEDÜRFTIGKEIT

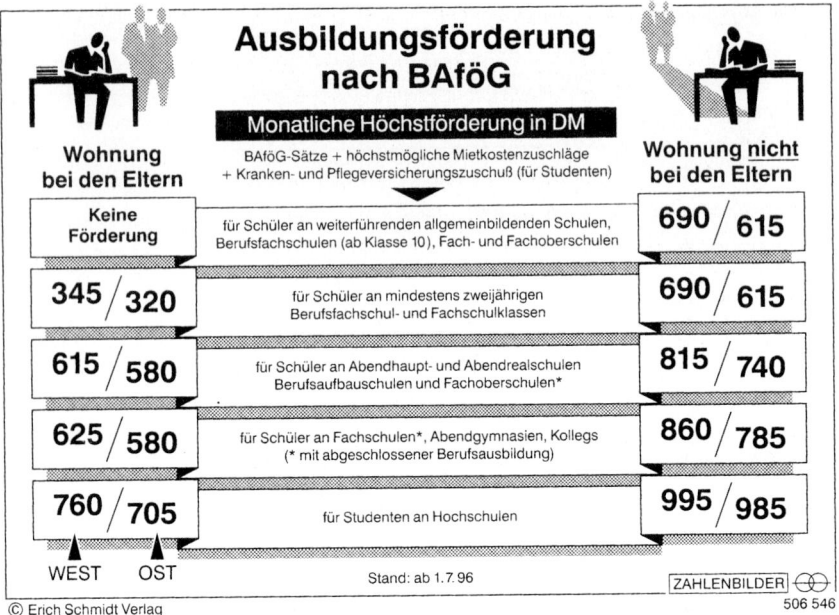

Ausbildungsförderung nach BAföG

Monatliche Höchstförderung in DM

BAföG-Sätze + höchstmögliche Mietkostenzuschläge + Kranken- und Pflegeversicherungszuschuß (für Studenten)

Wohnung bei den Eltern		Wohnung nicht bei den Eltern
Keine Förderung	für Schüler an weiterführenden allgemeinbildenden Schulen, Berufsfachschulen (ab Klasse 10), Fach- und Fachoberschulen	690 / 615
345 / 320	für Schüler an mindestens zweijährigen Berufsfachschul- und Fachschulklassen	690 / 615
615 / 580	für Schüler an Abendhaupt- und Abendrealschulen Berufsaufbauschulen und Fachoberschulen*	815 / 740
625 / 580	für Schüler an Fachschulen*, Abendgymnasien, Kollegs (* mit abgeschlossener Berufsausbildung)	860 / 785
760 / 705	für Studenten an Hochschulen	995 / 985

WEST   OST

Stand: ab 1.7.96

ZAHLENBILDER

506 546

© Erich Schmidt Verlag

scheuen und schämen sich oft, diese Hilfe in Anspruch zu nehmen. Zwar verlangen die gesetzlichen Bestimmungen, dass jeder nach Kräften selbst bei der Überwindung seiner Notlage mithelfen soll (vgl. oben § 1 BSHG). Wo dies jedoch die eigenen Möglichkeiten übersteigt, sollte man seine Scheu und auch eventuelle Ängste vor Behörden überwinden und Hilfe beantragen. Nachstehend sind diesbezüglich einige Informationen zusammengestellt zur

AUSBILDUNGS-FÖRDERUNG
– Ausbildungsförderung nach dem Bundesausbildungsförderungsgesetz (BAföG i. d. Fassung der Bekanntmachung v. 6. 6. 1983) und nach dem Sozialgesetzbuch III (v. 24. 3. 1997),

ÖFFENTLICHE JUGENDHILFE
– Chancenangleichung durch öffentliche Jugendhilfe nach dem Sozialgesetzbuch VIII (Kinder- und Jugendhilfe) v. 15. 3. 1996,

EINGLIEDERUNG SCHWERBEHINDERTER
– Eingliederung Schwerbehinderter in Arbeit, Beruf und Gesellschaft nach dem Schwerbehindertengesetz (SchwbG in der Fassung der Bekanntmachung v. 26. 8. 1986),

WOHNRAUMSICHERUNG
– Wohnraumsicherung nach dem Wohngeldgesetz (WoGG i.d. Fassung der Bekanntmachung v. 1. 2. 1993),

SOZIALHILFE IN NOTLAGEN
– Sicherung in Notlagen nach dem Bundessozialhilfegesetz (BSHG i.d. Fassung der Bekanntmachung v. 23. 3. 1994).

Das BAFöG kann in Anspruch genommen werden, wenn eine förderungsfähige Ausbildung begonnen wurde und die Mittel hierzu nicht aus eigener Kraft erbracht werden können. Als förderungsfähige Ausbildung im Sinne des BAFöG gilt fast jede Hochschul- und Schulausbildung nach der 10. Klasse.

Die Höhe des Förderungsanspruchs hängt zum einen von den im Gesetz festgelegten *Bedarfssätzen,* zum anderen vom *Einkommen* der Eltern und des Auszubildenden selbst – oder, falls er verheiratet ist, vom Einkommen des erwerbstätigen Ehepartners – ab.

Liegt die Höhe der Förderung fest, muss allerdings auch die *Förderungsart* berücksichtigt werden: Die Förderung wird für Schüler als nicht rückzahlbarer *Zuschuss,* für *Studenten* der höheren Fachschulen, Akademien und Hochschulen als Kombination von Zuschuss und unverzinslichem Staatsdarlehen gewährt - siehe oben Fall (1). Wegen der sehr günstigen Rückzahlungsbedingungen für das Darlehen ist der Subventionsanteil weit höher als 50%. Außerdem kann die Rückzahlung des Darlehens bei gutem oder vorzeitigem Examen, vorzeitiger Rückzahlung, Behinderung oder sonstigen sozialen Gründen teilweise oder ganz ausgesetzt werden. Das Darlehen muss in Raten von mindestens 200,– DM pro Monat in längstens 20 Jahren zurückgezahlt werden, wobei die ersten fünf Jahre nach Studienabschluss jedoch rückzahlungsfrei bleiben.

Bei nichtschulischer Ausbildung, Fortbildung oder Umschulung gewährt das Arbeitsamt ähnliche Beihilfen nach dem Sozialgesetzbuch III (§§ 59 ff.).

Die *Kinder- und Jugendhilfe* ist im SGB VIII geregelt, das am 1. 1. 1991 in Kraft getreten ist. Es soll die Chancenangleichung insbesondere für jene Kinder und Jugendlichen fördern, deren Entwicklung durch den Ausfall familiärer Erziehung (z. B. durch Krankheit, Inhaftierung oder Tod der Eltern) gefährdet ist. Jugendhilfe sieht in erster Linie soziale Dienstleistungen vor. Das Gesetz beschreibt Handlungsmöglichkeiten für öffentliche und freie Träger der Jugendhilfe. Die dafür zuständigen Jugendämter leisten persönliche *Erziehungshilfen* derart, dass die von den Eltern begonnene Erziehung unterstützt und ergänzt wird durch Beratung, Anregungen, Hilfen bei der Schul- und Berufswahl, bei der Ausbildung und der Berufstätigkeit. Diese Hilfe können sowohl Eltern als auch Jugendliche selbst in Anspruch nehmen. Ist eine Unterbringung außerhalb des Elternhauses in einer Pflegefamilie oder einem Heim erforderlich, so stellt das Jugendamt die finanziellen Mittel für den Lebensunterhalt bereit. Es beaufsichtigt auch die Pflegekinder, um deren leibliches, geistiges und seelisches Wohlergehen zu sichern.

ALLGEMEINE
JUGENDFÖRDERUNG

Allgemein sollen die Jugendämter auch Träger der nichtstaatlichen Jugendhilfe (Vereine, Religionsgemeinschaften u. Ä.) unterstützen sowie durch eigene Aktivitäten und Veranstaltungen der Jugend Möglichkeiten bieten, ihre Interessen in für sie förderlicher Weise zu entfalten, z.b. in Jugendhäusern, durch Kultur-, Sport- oder politische Veranstaltungen.

Schließlich wirkt das Jugendamt auch bei gerichtlichen Entscheidungen des Vormundschaftsgerichts und im Jugendstrafverfahren im Interesse des Jugendlichen mit, um die Wahrscheinlichkeit zu erhöhen, dass gerichtliche Anordnungen und Entscheidungen die Entwicklung des Jugendlichen nicht gefährden, sondern fördern helfen.

DAS SCHWERBE-
HINDERTENGESETZ

Durch das *Schwerbehindertengesetz* (SchwbG) soll den Personen, die durch eine körperliche, geistige oder seelische Behinderung zu mehr als 50 %, mindestens jedoch zu 30% erwerbsunfähig sind, die Eingliederung in die Berufs- und Arbeitswelt erleichtert werden. Dazu verpflichtet das Gesetz allgemein alle privaten und öffentlichen Arbeitgeber, die mehr als 16 Arbeitsplätze haben, mindestens 6% der Arbeitsplätze mit Schwerbehinderten zu besetzen. Diese Verpflichtung ist mit einem besonderen Kündigungsschutz gekoppelt: Schwerbehinderte können nach sechsmonatiger Beschäftigung nur noch mit Zustimmung der Hauptfürsorgestelle (zuständiges Amt) entlassen werden.

BESCHÄFTIGUNGS-
PFLICHT

Betriebe, die keine für Schwerbehinderte geeigneten Arbeitsplätze einrichten können oder aus anderen Gründen keine Schwerbehinderten beschäftigen, müssen für jeden unbesetzten Pflichtplatz eine Abgabe von monatlich 200,– DM entrichten. Deren Verwendung ist zweckgebunden. Nach den §§ 11f. SchwbG kann ihr Ertrag nur für Zwecke der Beschäftigungsförderung von Schwerbehinderten verwendet werden.

Zusammen mit dem Arbeitsamt werden auch berufliche Förderungsmaßnahmen für Einzelpersonen organisiert. Betriebs- und Personalräte sollen die Interessen der Schwerbehinderten besonders beachten. In Betrieben mit mindestens fünf Schwerbehinderten wählen diese deshalb auch eine Vertrauensperson in den Betriebsrat.

DAS WOHNGELD-
GESETZ

Durch das *Wohngeldgesetz* (WoGG i.d. Fassung der Bekanntmachung v. 1. 2. 1993) werden Einzelpersonen und Familien unterstützt, wenn sie für eine angemessene Wohnung so viel bezahlen müssen, dass ihr Einkommen dadurch unverhältnismäßig belastet wäre. Für die Festlegung, wie

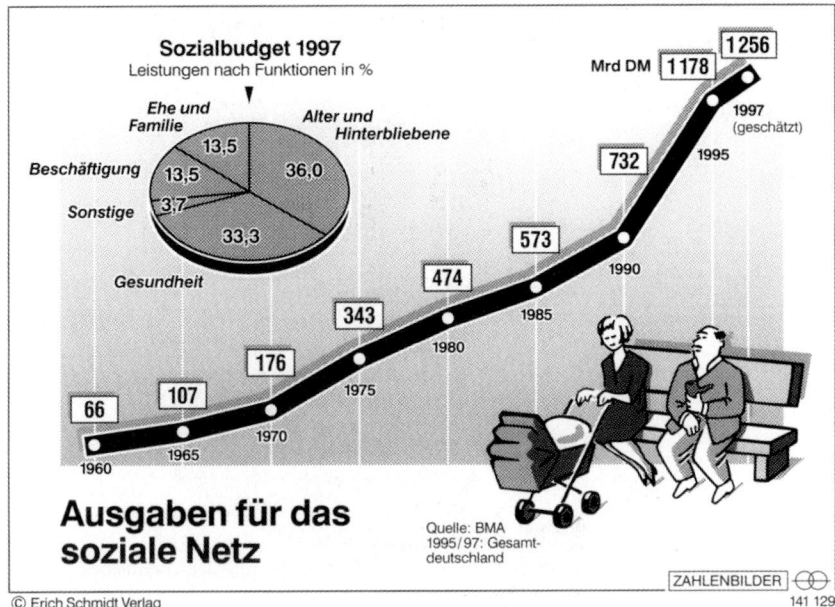

Sozialbudget 1997
Leistungen nach Funktionen in %

- Ehe und Familie: 13,5
- Alter und Hinterbliebene: 36,0
- Beschäftigung: 13,5
- Sonstige: 3,7
- Gesundheit: 33,3

Ausgaben für das soziale Netz

Mrd DM

1960	66
1965	107
1970	176
1975	343
1980	474
1985	573
1990	732
1995	1 178
1997 (geschätzt)	1 256

Quelle: BMA
1995/97: Gesamtdeutschland

ZAHLENBILDER

© Erich Schmidt Verlag

141 129

hoch die zumutbare Mietbelastung sein kann und welche Zuschüsse dann zu zahlen sind, enthält das Gesetz umfangreiche Tabellen. Die Höhe des Wohngeldes hängt ab von der Familiengröße, dem Alter, der Ausstattung der Wohnung sowie der Gemeinde, in der die Wohnung liegt (§ 8 WohnGG). Die Leistungshöhe wird ferner auch vom Einkommen des Empfängers beeinflusst. In Fall (2) können Gerd und Carola M. zur Anmietung einer größeren Wohnung Wohngeld nach dem WoGG beantragen. Auch müsste Gerd M.s Mutter mit dem Sozialamt ihrer Gemeinde klären, ob ihr nicht durch Sozialfürsorgeleistungen ein Altenheimplatz mitfinanziert oder ihre für eine menschenwürdige Lebensführung eventuell zu geringe Witwenrente aufgebessert werden könnte.

Nach § 23 Abs. 1 WohnGG bestimmt das Landesrecht die zuständigen Stellen, die Wohngeld bewilligen. In der Regel sind dies die kreisfreien Städte und Landkreise. Finanziert werden die Mittel hingegen vom Bund.

Wie in der Abb. „Ebenen der Sozialen Sicherung" in Abs. 1 dargestellt, tritt der Staat durch die im *Bundessozialhilfegesetz* (BSHG i.d. Fassung der Bekanntmachung vom 23. 3. 1994) enthaltenen Regelungen dann ein, wenn Einzelpersonen trotz aller zuvor dargestellten Vorsorge- und Angleichungshilfen in Not geraten. Dass diese *Grundsiche-*

DAS BUNDES-SOZIALHILFEGESETZ

289

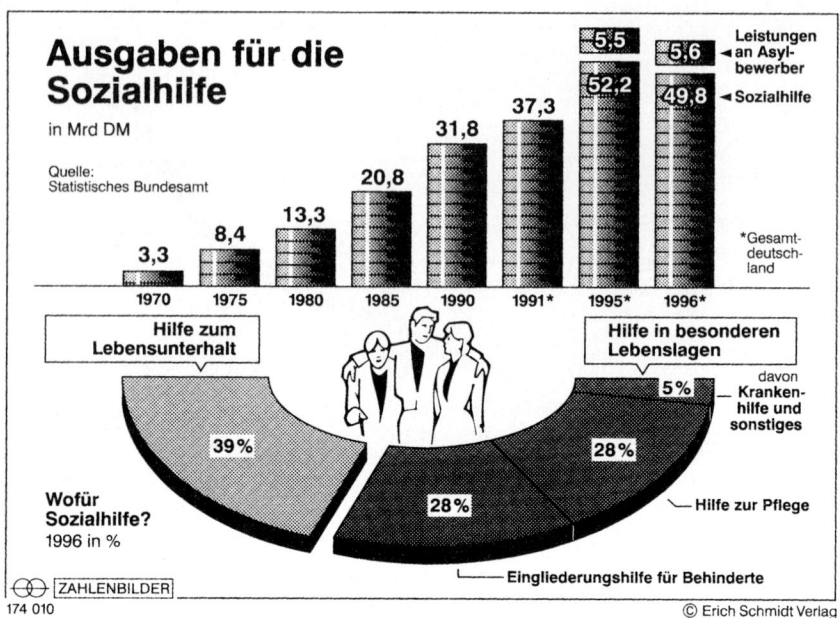

Ausgaben für die Sozialhilfe

in Mrd DM

Quelle: Statistisches Bundesamt

Leistungen an Asylbewerber
Sozialhilfe

*Gesamtdeutschland

	1970	1975	1980	1985	1990	1991*	1995*	1996*
	3,3	8,4	13,3	20,8	31,8	37,3	52,2 / 5,5	49,8 / 5,6

Hilfe zum Lebensunterhalt

Hilfe in besonderen Lebenslagen

davon Krankenhilfe und sonstiges 5%

39%

28%

28%

Hilfe zur Pflege

Wofür Sozialhilfe? 1996 in %

Eingliederungshilfe für Behinderte

ZAHLENBILDER

174 010

© Erich Schmidt Verlag

rung notwendig ist, wird daraus deutlich, dass seit 1970 der Anteil der Sozialhilfeaufwendungen bezogen auf das Sozialprodukt enorm gestiegen ist (vgl. dazu Abb. unten). Das Ziel des BSHG wird in § 1 grundsätzlich formuliert (siehe oben (3)). Aus dem ausdrücklichen Rückbezug auf eine Lebensführung, „die der Würde des Menschen entspricht", ergibt sich gemäß § 4 ein *Rechtsanspruch* auf Sozialhilfe. Dies bedeutet allerdings nicht, dass – wie beim Wohngeld oder BAFöG – bei bestimmten allgemeinen Voraussetzungen Anspruch auf eine bestimmte Leistung bestünde. Sozialhilfe ist immer *Einzelfallhilfe*, die nur „subsidiär", d. h. unterstützend gewährt wird, soweit sich der Einzelne nicht selbst helfen kann. Daraus ergibt sich für den Hilfeberechtigten die Pflicht, nach Kräften selbst mitzuhelfen, aus der Notsituation wieder herauszukommen. Weigert sich z. B. der Bedürftige, eine zumutbare Arbeit anzunehmen, so ist – nach § 25 (1) BSHG – der Anspruch auf Hilfe zum Lebensunterhalt ausgeschlossen. Auch müssen unter Umständen eigenes Vermögen und Hilfen nächster Verwandter ausgeschöpft werden, bevor Sozialhilfeleistungen einsetzen.

Die Abb. „Sozialhilfe" zeigt, dass Leistungen überwiegend für Fälle *spezieller Hilfebedürftigkeit* in Anspruch genommen werden: Kranken- und Blindenhilfe; Hilfe für werdende

RECHTSANSPRUCH

EINZELFALLHILFE
SUBSIDIÄR

SPEZIELLE HILFE-
BEDÜRFTIGKEIT

290

Mütter und Wöchnerinnen, die in der Regel den Leistungen der gesetzlichen Krankenversicherung entsprechen sollen; Eingliederungshilfen für Behinderte, Hilfe zur Pflege, Altenhilfe und Hilfe bei Unfähigkeit zur Fortführung des Haushalts. In allen diesen Fällen können die Sozialämter der Stadt- und Landkreise auch vorbeugend Leistungen gewähren.

Bei *genereller* (d. h. allgemeiner) *Hilfebedürftigkeit* werden Hilfen zum Lebensunterhalt laufend oder einmalig gewährt (§ 21 BSHG). Einmalige Leistungen werden u. a. zur Sicherstellung von Ernährung, Unterkunft, Kleidung oder Heizung erbracht. Laufende Hilfe zum Lebensunterhalt wird als Geldleistung gewährt. Nur in seltenen, eng begrenzten Fällen – z. B. bei einer kurzfristigen Notlage – müssen diese zurückgezahlt werden. Die Höhe der Leistungen orientiert sich hierbei an allgemeinen Regelsätzen, die von den Bundesländern auf der Grundlage einer vom Bund erlassenen Regelsatzverordnung festgelegt werden. Der Regelsatz wird aufgrund eines statistischen Modells ermittelt, welches sich an den Verbrauchsgewohnheiten der unteren Einkommensgruppen orientiert. Der Regelsatz für den Haushaltsvorstand beträgt im rechnerischen Durchschnitt in den westlichen Bundesländern derzeit 530,– DM und für den Ehepartner 80% davon. Die Regelsätze für Kinder betragen je nach Alter zwischen 50 und 90 % des Regelsatzes, der für den Haushaltsvorstand gilt. Jedoch muss in jedem Einzelfall berücksichtigt werden, wie viel der Betroffene selbst aus eigenen Mitteln und Möglichkeiten beitragen kann (s. oben, Abs. 3, § 1 BSHG).

GENERELLE HILFEBEDÜRFTIGKEIT

Zusammenfassung

Fürsorgeleistungen entspringen dem Sozialstaatsgebot des Grundgesetzes. Rechtsansprüche leiten sich nicht aus zuvor erbrachten Leistungen ab, sondern dienen dem Zweck der Chancenangleichung und der Grundsicherung einer menschenwürdigen Lebensführung. In dieser Abhängigkeit von der Erfüllung dieses bestimmten Zweckes unterscheiden sich diese Gesetzesregelungen von den Sozialversicherungs- und Versorgungssystemen. In der juristischen Fachsprache heißt dies: Sozialversicherung und Versorgung folgen einem „kausalen" (d. h. ursächlichen) Anspruchsgrundsatz, die Gesetze mit Fürsorgecharakter dagegen einem „finalen" (d. h. zweckbestimmten) Anspruchsgrund.

Diese Unterscheidung wirkt sich auch auf die gesetzliche Zuständigkeit bei Rechtsstreitigkeiten aus. Fühlt sich ein Anspruchsberechtigter in seinen Ansprüchen gemäß dem BAFöG, dem SGB VIII, dem SchwbG, dem WoGG und dem BSHG vom jeweils zuständigen Amt nicht rechtmäßig behandelt, so kann er seine Ansprüche vor einem Verwaltungsgericht (nicht vor einem Sozialgericht) klären lassen (s. *Kap. 8*). Auch das Verwaltungsgerichtsverfahren ist – wie das Sozialgerichtsverfahren – „bürgerfreundlich": Der Bürger kann seine Beschwerden mündlich beim Gericht vortragen, das für ihn die Klageschrift fertigt und von sich aus die Zusammenhänge im Interesse des Antragstellers erforscht.

Literaturhinweise

Aichberger, Sozialgesetzbuch (Textsammlung), 56. Ergänzungslieferung (Stand: Mai 1998)

Sartorius, Verfassungs- und Verwaltungsgesetze der Bundesrepublik (Textsammlung), 56. Ergänzungslieferung (Stand: Februar 1998)

Bley, H./Kreikebohm, R.: Sozialrecht. 7. Aufl. 1993

Eichenhofer, E.: Sozialrecht. 2. Aufl. 1997

Schulin, B.: Sozialversicherungsrecht. 6. Aufl. 1996

Zacher, H. F: Einführung in das Sozialrecht der Bundesrepublik Deutschland. 3. überarb. Aufl. Heidelberg 1985

(1) Der Friseurmeister F. erhielt vom Gewerbeaufsichtsamt eine Verfügung mit Strafandrohung, die ihm nach § 18 Ladenschlussgesetz untersagte, sein Friseurgeschäft auch montagvormittags offen zu halten. Da F. diese Vorschrift für grundgesetzwidrig hielt, klagte er vor dem Verwaltungsgericht. Gegen das Urteil, das der Gewerbeaufsicht Recht gab, legte F. zunächst Berufung beim Verwaltungsgerichtshof, nach dortigem Unterliegen Revision beim Bundesverwaltungsgericht ein. Als er auch diesen Prozess verlor, wandte er sich mit einer Verfassungsbeschwerde an das Bundesverfassungsgericht. Dieses entschied, dass die Ladenschlussfestlegung für Friseure verfassungswidrig sei. Nach der vom Gesetzgeber daraufhin geänderten Fassung des § 18 LadenschlussG können Friseure nun wählen, ob sie am Samstagnachmittag oder montagvormittags ihr Geschäft öffnen wollen.

(2) In Fall 1 hat das Verwaltungsgericht Bedenken gegen die Verfassungsmäßigkeit von § 18 LadenschlussG, setzt das Verfahren aus und legt die Entscheidung über die Wirksamkeit dieser Regelung dem Bundesverfassungsgericht vor. Dieses hält § 18 LadenschlussG für verfassungswidrig.

(3) Art. 19 Abs. 4 GG – Auszug: „Wird jemand durch die öffentliche Gewalt in seinen Rechten verletzt, so steht ihm der Rechtsweg offen. Soweit eine andere Zuständigkeit nicht begründet ist, ist der ordentliche Rechtsweg gegeben [...]

(4) Art. 95 Abs. 1 GG (Oberste Bundesgerichte): „Für die Gebiete der ordentlichen, der Verwaltungs-, der Finanz-, der Arbeits- und der Sozialgerichtsbarkeit errichtet der Bund als oberste Gerichtshöfe den Bundesgerichtshof, das Bundesverwaltungsgericht, den Bundesfinanzhof, das Bundesarbeitsgericht und das Bundessozialgericht."

(5) Art. 101 GG (Verbot von Ausnahmegerichten): „(1) Ausnahmegerichte sind unzulässig. Niemand darf seinem gesetzlichen Richter entzogen werden. (2) Gerichte für besondere Sachgebiete können nur durch Gesetz errichtet werden."

Für den rechtsunkundigen Bürger ist es oft verwirrend, wenn ihm Begriffe wie „2. Instanz", „Revisionsverfahren",

AUFBAU UND INSTANZEN DER GERICHTE

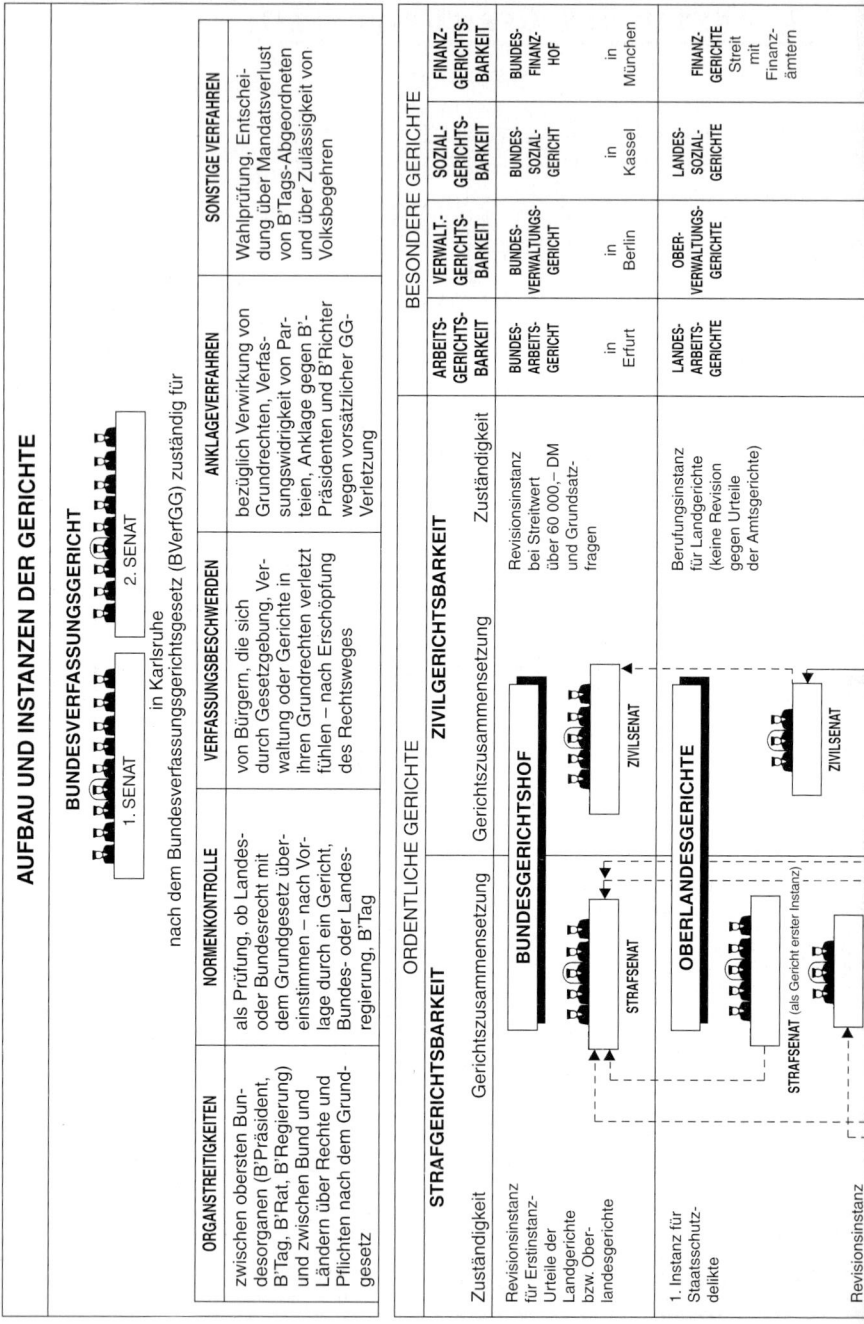

BUNDESVERFASSUNGSGERICHT

in Karlsruhe

1. SENAT **2. SENAT**

nach dem Bundesverfassungsgerichtsgesetz (BVerfGG) zuständig für

ORGANSTREITIGKEITEN	NORMENKONTROLLE	VERFASSUNGSBESCHWERDEN	ANKLAGEVERFAHREN	SONSTIGE VERFAHREN
zwischen obersten Bundesorganen (B'Präsident, B'Tag, B'Rat, B'Regierung) und zwischen Bund und Ländern über Rechte und Pflichten nach dem Grundgesetz	als Prüfung, ob Landesrecht oder Bundesrecht mit dem Grundgesetz übereinstimmt – nach Vorlage durch ein Gericht, Bundes- oder Landesregierung, B'Tag	von Bürgern, die sich durch Gesetzgebung, Verwaltung oder Gerichte in ihren Grundrechten verletzt fühlen – nach Erschöpfung des Rechtsweges	bezüglich Verwirkung von Grundrechten, Verfassungswidrigkeit von Parteien, Anklage gegen B'Präsidenten und B'Richter wegen vorsätzlicher GG-Verletzung	Wahlprüfung, Entscheidung über Mandatsverlust von B'Tags-Abgeordneten und über Zulässigkeit von Volksbegehren

ORDENTLICHE GERICHTE

STRAFGERICHTSBARKEIT

Zuständigkeit

BUNDESGERICHTSHOF — Gerichtszusammensetzung

STRAFSENAT

OBERLANDESGERICHTE — Gerichtszusammensetzung

STRAFSENAT (als Gericht erster Instanz)

Revisionsinstanz für Erstinstanz-Urteile der Landgerichte bzw. Oberlandesgerichte

1. Instanz für Staatsschutzdelikte

Revisionsinstanz

ZIVILGERICHTSBARKEIT

Gerichtszusammensetzung Zuständigkeit

ZIVILSENAT

ZIVILSENAT

Revisionsinstanz bei Streitwert über 60 000,– DM und Grundsatzfragen

Berufungsinstanz für Landgerichte (keine Revision gegen Urteile der Amtsgerichte)

BESONDERE GERICHTE

	ARBEITS-GERICHTS-BARKEIT	VERWALT.-GERICHTS-BARKEIT	SOZIAL-GERICHTS-BARKEIT	FINANZ-GERICHTS-BARKEIT
	BUNDES-ARBEITS-GERICHT	BUNDES-VERWALTUNGS-GERICHT	BUNDES-SOZIAL-GERICHT	BUNDES-FINANZ-HOF
	in Erfurt	in Berlin	in Kassel	in München
	LANDES-ARBEITS-GERICHTE	OBER-VERWALTUNGS-GERICHTE	LANDES-SOZIAL-GERICHTE	FINANZ-GERICHTE Streit mit Finanzämtern

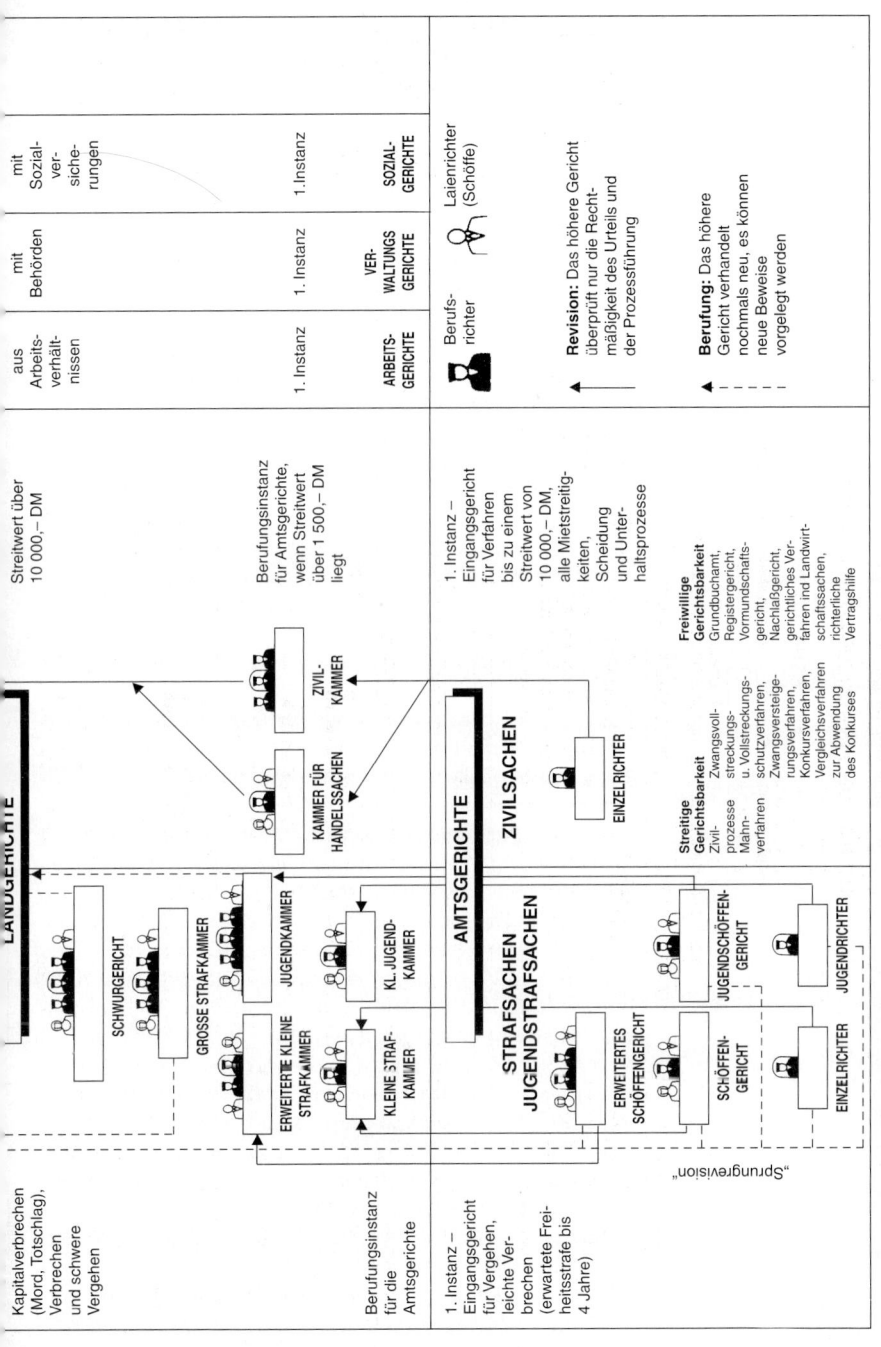

„Sozialgerichtsbarkeit" u.Ä. begegnen. Verschiedene Gerichtszweige und Gerichtsebenen erschweren die Orientierung darüber, an welchen Gerichtszweig ein Bürger sich wenden soll, wenn er sein Recht sucht. Auch Rechtspolitiker und Rechtswissenschaftler erarbeiten immer wieder Vorschläge, den Gerichtsaufbau zu vereinfachen. Solche Reformversuche sind bisher jedoch nicht verwirklicht worden. Es gibt eine Reihe guter Gründe für die Aufgliederung der Gerichte nach verschiedenen Sachbereichen und Funktionen; organisatorische Vereinfachungen würden i. d. R. den Rechtsschutz für die Bürger beeinträchtigen.

Die Aufteilung in verschiedene Gerichtszweige, wie sie Art. 95 GG aufzählt (s. oben (4)), ist dadurch gerechtfertigt, dass verschiedene öffentliche Aufgabenbereiche immer speziellere und kompliziertere Rechtsregelungen nach sich ziehen, die von „Einheitsgerichten" gar nicht mehr überblickt werden könnten. Deshalb bestehen neben den *ordentlichen Gerichten*, bei denen zum einen alle Strafsachen (Strafgerichtsbarkeit, s. *Kap. 6 Abs. 5*) und zum anderen alle allgemeinen privaten Streitigkeiten verhandelt sowie Aufgaben der sogenannten „freiwilligen Gerichtsbarkeit" (wie z. B. Vereins- und Handelsregistersachen, Grundbuch- und Erbangelegenheiten u. a.) erledigt werden (Zivilgerichtsbarkeit s. *Kap. 4*), noch vier *besondere Gerichtsbarkeiten*. Die (zivilrechtlichen) Streitigkeiten aus Arbeitsverhältnissen (also zwischen Arbeitnehmern und Arbeitgebern), aber auch zwischen Tarifparteien und in betriebsverfassungsrechtlichen Angelegenheiten zwischen den Betriebspartnern (also zwischen Arbeitgeber und Betriebsrat) (s. *Kap. 5 Abs. 7*) werden vor speziellen *Arbeitsgerichten* (s. *Kap. 5 Abs. 8*) verhandelt. Für öffentlich-rechtliche Streitigkeiten mit den Sonderverwaltungsorganen der Sozialen Sicherung (s. *Kap. 9*) und mit der Finanzverwaltung bestehen neben den allgemeinen *Verwaltungsgerichten* (s. *Kap. 8 Abs. 5*) die *Sozialgerichte* (s. Kap. 9 Abs. 3) und die *Finanzgerichte* als besondere Verwaltungsgerichte.

Etwas komplizierter erscheint der vertikale Aufbau der Gerichte von unten nach oben, wie die Abbildung auf Seite 294/295 zeigt. Rein äußerlich hat das System der *ordentlichen* Gerichtsbarkeit vier, die *besonderen* Gerichte haben drei bzw. zwei Stufen (Finanzgerichte). Die verschiedenen Stufen unterscheiden sich darin, dass sie für verschiedene *Funktionen* zuständig sind. In allen Fällen ist die *Zuständigkeit* gesetzlich festgelegt. Dies erfüllt die Forderung des Art. 101 GG (s. oben (5)), dass für jeden Rechtsstreit schon vorher gesetzlich festliegen muss, welches Gericht zuständig

ORDENTLICHE
GERICHTE

BESONDERE
GERICHTE

ist. Somit kann eine Regierung ihr missliebige Personen nicht etwa vor ein Gericht bringen, von dem sie eventuell besonders regierungsfreundliche Urteile erwarten könnte. Ausnahmegerichte sind zudem ausdrücklich verboten und besondere Gerichte kann nur das Parlament durch Gesetz, nicht die Regierung einrichten. Selbst innerhalb der einzelnen Gerichte besteht ein Geschäftsverteilungsplan, nach dem feststeht, welcher Richter für welche Fallgruppen zuständig ist (Prinzip des gesetzlichen Richters).

Das *Gerichtsverfassungsgesetz* (GVG), das den Aufbau der ordentlichen Gerichtsbarkeit beschreibt, geht in der Regel davon aus, dass Erkenntnisverfahren über drei Instanzen laufen können (s. *Kap. 4*). Die erste Instanz ist das jeweilige „Eingangsgericht", in dem das Verfahren beginnt. Eingangsgerichte sind die *Amtsgerichte* (AG) oder die *Landgerichte* (LG), je nachdem, ob in einem Zivilprozess der „Streitwert" unter oder über 10 000,– DM liegt bzw. ob im Strafverfahren eine Strafe von weniger oder mehr als vier Jahren Freiheitsstrafe zu erwarten ist. Die zweite Instanz sind dann die *Berufungsgerichte*. Gegen Urteile des Amtsgerichts sind dies sowohl im Zivil- als auch im Strafverfahren die *Landgerichte*. Für Zivilsachen, die beim Landgericht beginnen, ist das *Oberlandesgericht* (OLG) Berufungsinstanz, während bei Strafverfahren, für die das Landgericht oder das OLG erste Instanz waren, nur die *Revision* beim *Bundesgerichtshof* (BGH) möglich ist. Revision kann nach einem Berufungsurteil als dritter Rechtszug, aber auch direkt gegen Urteile des Amtsgerichts beantragt werden, ohne dass zuerst die zweite Instanz durchlaufen werden müsste *(Sprungrevision)*. Die wichtigsten Zuständigkeitsmerkmale können in der Grafik (S. 296/297) abgelesen werden.

Berufung und Revision sind *Rechtsmittel*, mit denen die Prozessparteien entweder durch eine erneute Verhandlung (Berufungsverhandlung) oder durch eine rechtliche Überprüfung des Prozesses auf Verfahrens- und Rechtsmängel anhand der Prozessakten (Revision) ein anderes Urteil als in der Vorinstanz erstreben können. Der Unterschied zwischen den beiden Rechtsmitteln liegt darin, dass die *Berufung* eine zweite Tatsacheninstanz eröffnet, d.h. in einem Zivilprozess sind beispielsweise neue Tatsachenbehauptungen und Beweisangebote zulässig. Die Revision ermöglicht hingegen nur die Kontrolle, ob das angefochtene Urteil verfahrensfehlerfrei zustande kam und nach materiellem Recht richtig ist. Allerdings wächst mit jedem Rechtszug auch das Kostenrisiko; Verfahren an höheren Gerichten sind teurer. Und für die Kosten gilt der Grundsatz: Derjenige, der im Prozess unterliegt, muss die Kosten tragen.

GERICHTSVER-
FASSUNGSGESETZ

RECHTSMITTEL

BERUFUNG

REVISION

Die Unabhängigkeit der richterlichen Gewalt ist ein elementarer Bestandteil der Gewaltentrennung und Gewaltenkontrolle. Durch die Existenz des *Bundesverfassungsgerichts* (mit Sitz in Karlsruhe) ist diese Gewaltenkontrolle gewährleistet. Es nimmt aufgrund seiner Zuständigkeiten die Stellung als *„Hüter der Verfassung"* ein. Das Bundesverfassungsgericht (BVerfG) steht deshalb auch außerhalb des normalen Gerichtsaufbaus und ist nicht wie die anderen obersten Bundesgerichte (vgl. Art. 95 GG) dem Geschäftsbereich eines Bundesministeriums zugeordnet. Als besonderes Verfassungsorgan ist es nur für Angelegenheiten *verfassungsrechtlicher* Art zuständig, d. h. alle anderen öffentlich-rechtlichen Streitigkeiten *nicht* verfassungsrechtlicher Art gehören an die Verwaltungsgerichte oder die entsprechenden Sondergerichtsbarkeiten. In der Grafik sind die wichtigsten Aufgaben des BVerfG nach dem Bundesverfassungsgerichtsgesetz zusammengestellt. In Beispiel (1) gelangt Friseurmeister F. mit einer *Verfassungsbeschwerde* (Art. 93 Abs. 1 Nr. 4a GG) vor das Bundesverfassungsgericht. Eine solche kann von jedermann mit der Behauptung erhoben werden, er sei durch die öffentliche Gewalt in einem seiner Grundrechte verletzt. Allerdings ist die Verfassungsbeschwerde erst dann zulässig, wenn F. den Rechtsweg ausgeschöpft hat. Hier hat F. mit der Revision zum Bundesverwaltungsgericht alle Instanzen, die die Verwaltungsgerichtsbarkeit bietet, durchlaufen, so dass der Weg zum Bundesverfassungsgericht möglich war. Im Beispielsfall (2) führt das Bundesverfassungsgericht ein sog. *konkretes Normenkontrollverfahren* (Art. 100 GG) durch; in diesem Verfahren wird überprüft, ob eine bundes- oder landesgesetzliche Regelung mit dem Grundgesetz vereinbar ist. Kommt das BVerfG – wie in Fall (2) – zum Ergebnis, dass eine Norm verfassungswidrig ist, so erklärt es sie für *nichtig.* Hingegen ist das BVerfG nicht für verfassungsrechtliche Entscheidungen zuständig, die sich nur auf Landesrecht beziehen. Dafür haben die Bundesländer eigene *Staatsgerichtshöfe* eingerichtet.

Literaturhinweise

Eine geschlossene Sammlung von Gesetzestexten liegt nicht vor; das unten angegebene GVG enthält die Grundzüge für die ordentlichen Gerichte, das Staatsbürger-Taschenbuch ist etwas ausführlicher als das Grundwissen-Kapitel.

Gerichtsverfassungsgesetz (GVG), in: Strafprozessordnung. Beck-Texte im dtv, 28. Aufl. 1997 (dtv-TB 5011)
Model, O./Zierl, G.: Staatsbürger-Taschenbuch. 29. Aufl. 1997

Abkürzungen

Abb.	– Abbildung	GVG	– Gerichtsverfassungsgesetz
Abs.	– Abschnitt, bei Gesetzestexten Absatz	HGB	– Handelsgestzbuch
AG	– Aktiengesellschaft	i.d.F.	– in der Fassung
AGBG	– Gesetz zur Regelung der Allgemeinen Geschäftsbedingungen	i.d.R.	– in der Regel
		IG	– Industriegewerkschaft
		JarbSchG	– Jugendarbeitsschutzgesetz
AO	– Abgabenordnung		
ArbGG	– Arbeitsgerichtsgesetz	JGG	– Jugendgerichtsgesetz
AV.	– Arbeitslosenversicherung	Kap.	– Kapitel
AÜG	– Arbeitnehmerüberlassungsgesetz	KG	– Kommanditgesellschaft
		KgaA	– Kommanditgesellschaft auf Aktien
ArbeitszeitG	– Arbeitszeitgesetz		
ArbPlSchG	– Arbeitsplatzschutzgesetz	KSchG	– Kündigungsschutzgesetz
BA	– Bundesanstalt für Arbeit	KV	– Krankenversicherung
BAFÖG	– Bundesausbildungsförderungsgesetz	LG	– Landgericht
		LVA	– Landesversicherungsanstalt
BbiG	– Berufsbildungsgsetz		
BDA	– Bundesvereinigung Deutscher Arbeitgeberverbände	MitbestG	– Mitbestimmungsgesetz
		MuSchG	– Mutterschutzgesetz
		NachwG	– Nachweisgesetz
BerzGG	– Bundeserziehungsgeldgesetz	OEG	– Opferentschädigungsgesetz
BetrVG	– Betriebsverfassungsgesetz	OHG	– Offene Handelsgesellschaft
BfA	– Bundesversicherungsanstalt für Angestellte		
		OLG	– Oberlandesgericht
BGB	– Bürgerliches Gesetzbuch	OwiG	– Ordnungswidrigkeitengesetz
BGH	– Bundesgerichtshof		
BSHG	– Bundessozialhilfegesetz	pVV	– positive Vertragsverletzung
BurlG	– Bundesurlaubsgesetz		
BverfG	– Bundesverfassungsgesetz	RV	– Rentenversicherung
BZRG	– Bundeszentralregistergesetz	RVO	– Reichsversicherungsordnung
DAG	– Deutsche Angestelltengewerkschaft	SchwbG	– Schwerbehindertengesetz
		SGB	– Sozialgesetzbuch
DGB	– Deutscher Gewerkschaftsbund	SGG	– Sozialgerichtsgesetz
		StGB	– Strafgesetzbuch
d.h.	– das heißt	StPO	– Strafprozessordnung
EAG	– Europäische Atomgemeinschaft	TÜV	– Technischer Überwachungsverein
EFZG	– Entgeltfortzahlungsgesetz	TVG	– Tarifvertragsgesetz
EG	– Europäische Gemeinschaft	UV	– Unfallversicherung
		VerbrKG	– Verbraucherkreditgesetz
EGKS	– Europäische Gemeinschaft für Kohle und Stahl	VwGO	– Verwaltungsgerichtsordnung
		VwVfG	– Verwaltungsverfahrensgesetz
EGV	– EG-Vertrag		
EheG	– Ehegesetz	WoGG	– Wohngeldgesetz
EU	– Europäische Union	ZPO	– Zivilprozessordnung
e.V.	– eingetragener Verein		
f./ff.	– der/die folgende(n)		
GeWO	– Gewerbeordnung		
GG	– Grundgesetz		
ggfs.	– gegebenenfalls		
GmbH	– Gesellschaft mit beschränkter Haftung		

Die im Buch zitierten gesetzlichen Bestimmungen entsprechen dem Stand vom Juli 1998.

REGISTER